# 認知言語学論考
## STUDIES IN COGNITIVE LINGUISTICS

### 14

ひつじ書房

認知言語学論考　No.14

# 目次

状態変化動詞を伴う英語使役移動構文に課される意味的制約
　　―事象統合の観点から―
　　　　　　　　　　　　　　　……貝森有祐……　1

［形容詞語幹＋形容詞］型複合形容詞の意味
　　―フレーム意味論・構文彙に基づいた複合形容詞の意味記述―
　　　　　　　　　　　　　　　……阪口慧……　41

認識的 have to の使用依拠的一考察
　　―その好まれる文法パターンと主観性―
　　　　　　　　　　　　　　　……眞田敬介……　83

〈実現〉を表す視覚動詞「みる」の構文化
　　　　　　　　　　　……高橋暦・堀江薫……117

英語の中の「日本語」論理
　　―「主体化」現象としての「中間構文」―
　　　　　　　　　　　　　　　……中野研一郎……155

［手＋形容詞・形容動詞］における「手」の実質的意味
　　―行為のフレームに基づくメトニミーを中心に―
　　　　　　　　　　　　　　　……有薗智美……179

古代・中世の日本語オノマトペの比喩による
意味拡張を中心とした認知言語学的考察
　　　　　　　　　　　……大澤（伊藤）理英……217

時間認知による副詞と名詞の分類考
　　—副詞的名詞句の品詞分類研究から—
　　　　　　　　　　　　　　……寺﨑知之……265

親子のやりとりにおける前置詞の使用
　　—対話統語論のアプローチ—
　　　　　　　　　　　　　　……堀内ふみ野……291

簡潔性の機能的動機づけについて
　　　　　　　　　　　　　　……坪井栄治郎……329

理論言語学の文法観に関する批判的検討
　　　　　　　　　　　　　　……山梨正明……353

# 状態変化動詞を伴う英語使役移動構文に課される意味的制約
## —事象統合の観点から—[*]

貝森有祐

## 1. はじめに

　本論では状態変化動詞を伴う英語使役移動構文に課される意味的制約について検討し，この構文に課される意味的制約は事象統合の観点から捉えられることを主張する[1]。使役移動構文（caused-motion construction）とは，経路句（path phrase）を伴い，主語名詞句が目的語名詞句を移動させることを表す項構造構文であり，(1)に示す形式と意味を持つものである。(2)がその例である。

（1）　形式：Subj V Obj Obl
　　　意味：X CAUSES Y to MOVE (to/from) Z [2]

（Goldberg 1995: 3 より一部改変）

（2）a.　Pat kicked the football into the stadium. 　　（ibid.: 11）
　　b.　Pat sneezed the napkin off the table. 　　（ibid.: 3）

　使役移動構文の中でも本論が考察対象とするのは，(3)のように，状態変化動詞を伴う事例である。状態変化動詞を伴う使役移動構文に考察対象を限定する

のは，先行研究において(3)のような事例が理論的問題を提起するものとして見なされ，それ故，使役移動構文一般には見られない特異な特徴や制約を持つものと考えられてきたからである(詳しくは2節を参照)。

(3) a. The cook cracked the eggs into the glass.
(Levin & Rappaport Hovav 1995: 60)
b. I sliced the mushrooms into the bowl. (ibid.: 60 より一部改変)

本論では，(3)のような事例に課されると考えられてきた意味的制約は，「状態変化と位置変化が単一の事象として解釈される」という事象統合の観点から捉え直すことが可能であることを主張する。2節では先行研究を概観し，その問題点を指摘する。3節では事象統合の基本的性質を確認する。4節では，状態変化を受けるモノと位置変化を受けるモノの間に一定の統合性がなければならないとする「物理的統合の制約」を提案する。5節では，状態変化と位置変化が同一の時空間で生じるか，もしくは1つの慣習的シナリオとして見なされなければならないとする「時空的／慣習的統合の制約」を提案する。6節では，状態変化と位置変化が一定の関係で結び付けられなければならないとする「事象関係付けの制約」を提案する。7節では，非選択目的語を伴う事例についても本論で提案する制約によって捉えられることを論じる。8節では提案した制約間の関係をまとめる。9節では本論の議論をまとめ，今後の課題を述べる。

## 2. 先行研究

本節では，状態変化動詞を伴う使役移動構文に課される制約に関する先行研究を概観し，その問題点を指摘する。ただしその前に，状態変化動詞を伴う使役移動構文が先行研究において注目されてきた背景を確認しておきたい。

## 2.1 背景

　状態変化動詞を伴う使役移動構文が先行研究において注目されてきたのは，この構文が「1つの節で表現できるのは1つの変化まで」という広く認められている制約への反例として考えられてきたからである．後述するように定式化の仕方は様々であるが，「1つの節で表現できるのは1つの変化まで」という制約は，次の(4)，(5)，(6)に示す言語事実を説明するために必要となる．例えば，(4a)では out of the room という位置変化，(4b)では black and blue という状態変化がそれぞれ表されている．(4a, b)ではそれぞれ1つの変化のみが表されているため，「1つの節で表現できるのは1つの変化まで」という制約が守られており，容認可能となる．一方，(5)に示すように，複数の別々の変化が単一節内に現れる場合，「1つの節で表現できるのは1つの変化まで」という制約に違反し，容認不可能となる．例えば(5a)のように，into the kitchen と into the garden という2つの別々の位置変化を単一節内で表現することはできない．ただし，変化が1つの節内に複数現れていても，一方の変化がもう一方の変化について詳述している場合，併せて1つの変化であると見なすことができる．その場合，「1つの節で表現できるのは1つの変化まで」という制約に違反せず，容認可能となる．例えば(6a)では，through the back door が out of the house の経路をより具体的に指定しているため容認可能となる．まとめると，「1つの節で表現できるのは1つの変化までである．ただし，一方の変化がもう一方の変化を詳述することで併せて1つの変化であると見なせる場合には単一節で表現できる」と言える．

(4) a.　Sam kicked Bill <u>out of the room</u>.　　　　　［位置変化］
　　 b.　Sam kicked Bill <u>black and blue</u>.　　　　　　［状態変化］
(5) a.　*Shirley sailed <u>into the kitchen</u> <u>into the garden</u>.

　　　　　　　　　　　　　　　　　　　　［位置変化＋位置変化］
　　 b.　*He wiped the table <u>dry</u> <u>clean</u>.　　　［状態変化＋状態変化］
　　 c.　*Sam kicked Bill <u>black and blue</u> <u>out of the room</u>.

　　　　　　　　　　　　　　　　　　　　［状態変化＋位置変化］

(Goldberg 1991: 368–370, 1995: 81–82)
( 6 )a.　She kicked him <u>out of the house through the back door</u>.
　　　　　　　　　　　　　　　　　　　　［位置変化＋詳述指定］
　　　b.　He pounded the dough <u>flat into a pancake-like state</u>.
　　　　　　　　　　　　　　　　　　　　［状態変化＋詳述指定］
　　　　　　　　　　　　　　　　　　　(Goldberg 1991: 370–371)

　以上の言語事実を捉えて，Tenny(1987, 1994)は(7)のように定式化している。「アスペクト的限定」とは事象が時間的終点を含んでいるということである。(4a)を例にとると，彼が部屋から出ればそれで移動が完了するため，out of the room は事象をアスペクト的に限定していることになる。(5a)は into the kitchen と into the garden という 2 つの着点によって二重に限定されているため容認不可能になると説明される。また，Goldberg(1991, 1995)は(4)，(5)，(6)のデータに基づいて(8)のように定式化している。「アスペクト限定」ではなく「経路」によって制約を捉えている点が Tenny と異なる。(5a)が容認不可能なのは，単一節内で同時に 2 つの経路(into the kitchen と into the garden)が指定されているからであると説明される。注意すべきは，ここで言う「経路」には通常の物理的経路(位置変化)のみならず，「状態変化は位置変化である」というメタファーによるメタファー的経路も含まれるということである。そのため，例えば(5c)における結果句 black and blue はメタファー的経路を指定していることになる。単一限定制約と単一経路制約は(4)，(5)，(6)の事例については基本的に同じ予測をするものの，(9)については異なった予測をする。(9)における toward the door は事象の終点を表さないためアスペクト的限定表現ではないが，経路を表す表現ではある。そのため，単一限定制約は(9)が容認可能になることを予測する一方，単一経路制約は容認不可能になることを予測する。実際には(9)は容認不可能であるため，この点においては単一経路制約の方がより幅広いデータを説明できると言ってもよいだろう。

( 7 )　単一限定制約(The Single Delimiting Constraint)：
　　　 1 つの動詞が表す事象はアスペクト的に一度しか限定できない。

(Tenny 1994: 79；影山 1996: 225 による日本語訳)
(8) 単一経路制約(The Unique Path Constraint)：
項 X が物体を指している場合，単一の節内で X について叙述する独立した経路が複数あってはならない。この単一経路の概念は，次の二つの事柄を論理的に含意する。
(i)任意の時間 t において，X が二つの異なる場所に移動すると叙述することはできない。
(ii)その移動は，単一の場面内における一つの経路をたどるものでなくてはならない。
(Goldberg 1991: 368, 1995: 82；河上他(訳)2001: 111 による日本語訳)
(9) *She kicked him black and blue toward the door.
　　　　　　　　　　　　　　　　　　　　　　　　［状態変化＋位置変化］
(Goldberg 1991: 377, 1995: 86)

　状態変化動詞を伴う使役移動構文を見てみると，単一節内に状態変化と位置変化が共起し，さらに，一方の変化がもう一方の変化を詳述しているとは言えない。例えば，(10a)では crack の表す状態変化を into the glass がより具体的に特定しているとは言えないにもかかわらず，(10a)は容認可能である。このことから，(10)のような状態変化動詞を伴う使役移動構文は単一限定制約や単一経路制約への反例として見なされ，それ故，他の使役移動構文には見られない特徴を持つものと考えられてきた。以下では，(10)のような事例に課されると先行研究において想定されている制約を概観し，その問題点について論じる[3]。

(10) a. The cook cracked the eggs into the glass. (＝3a)
　　　　　　　　　　　　　　　　　　　　　［状態変化＋位置変化］
　　b. I sliced the mushrooms into the bowl. (＝3b) ［状態変化＋位置変化］

## 2.2 目的語名詞句の性質に注目する研究

**Levin & Rappaport Hovav (1995: 60-61)**

　Levin & Rappaport Hovav は, (10)のような事例が単一限定制約に違反しているとし, それを踏まえ, 「1つの節において, 1つのモノ(entity)につき1つの変化」であれば容認可能になると指摘している。例えば(10a)が2つの変化を含んでいるにもかかわらず容認可能となるのは, 目的語である the eggs が本来的に「卵全体」と「卵の中身」を指すことが可能であり, 状態変化(割れる)を受けるのは「卵全体」, 位置変化(グラスに入る)を受けるのは「卵の中身」と見なすことが可能だからであるとされる。(10b)も同様に考えることができる。the mushrooms は「マッシュルーム全体」と「マッシュルームのスライス」を本来的に指すことができ, そのため, 状態変化(スライスになる)を受けるのは「マッシュルーム全体」, 位置変化(ボールに入る)を受けるのは「マッシュルームのスライス」と見なすことができる。(11)は容認不可能であるが, これは, the eggs や the mushrooms とは異なり, the mirror は「鏡全体」と「鏡の破片」を指すことはできず, 1つのモノが2つの変化を受けることになってしまうからであると説明される。

(11)　　*I broke the mirror into the garbage pail.

　　　　　　　　　　　　　　　(Levin & Rappaport Hovav 1995: 61)

　問題点は, Goldberg & Jackendoff(2004: 551–552, fn. 23)が指摘するように, この制約には(12)のような明らかな反例が存在するということである。(12a)においては, 同じ the chocolate が状態変化(溶ける)と位置変化(カーペットに流れる)を受けている。つまり, 1つのモノが2つの変化を受けている。それにもかかわらず容認可能である。(12b)についても同様である。同じ the butter が状態変化(広がる)と位置変化(パンに載る)を受けている。

(12)a.　 The sun melted the chocolate onto the carpet.

　　　　　　　　　　　　　　　(Goldberg & Jackendoff 2004: 551, fn. 23)

b. He spread the butter onto the bread.

## 奥野(2003)

奥野は，基本的には先述した Levin & Rappaport Hovav(1995)の制約を受け入れつつも，状態変化前のモノと状態変化後のモノを同じ name で呼ぶことができる時に容認可能になると論じている。「二つの変化を同一文で叙述できるのは，全体と部分が同じ name で表されるものに限られるようである。［…］言いかえると，状態変化を受ける前と後で同じ name であれば，二つの変化が表せる」(奥野 2003: 165)と述べている。(10a)で言えば，「卵全体」(全体・状態変化を受ける前)と「卵の中身」(部分・状態変化を受けた後)がどちらも egg という同じ name で指せるため容認可能となる。一方，(11)については，「鏡全体」(全体・状態変化を受ける前)は mirror という name で呼べるものの，「鏡の破片」(部分・状態変化を受けた後)は mirror という name で呼べないため，容認不可能になるとされる。

確かに奥野(2003)の制約であれば，(12)については問題なく扱える。状態変化を受ける前であっても後であっても，chocolate や butter という同じ name で呼ぶことができるからである。しかし，奥野はどのような時に同じ name で呼び得るのかについての明確な基準を示していない。そのため，例えば(13a)について，「(液体が入った)タンク」(状態変化前・全体)と「(タンクの中にあった)液体」(部分・状態変化後)を tank という同じ name で呼んでよいのかどうか疑問が残る。また，(13b)のように，状態変化前と状態変化後で同じ name で呼ぶことができる場合であっても容認性が低く判断されるものもあるため，この制約だけで全ての事例を説明できるわけではない。

(13) a. I emptied the tank into the sink. (Levin & Rappaport Hovav 1995: 61)
b. ?I folded the money onto the table.

Levin & Rappaport Hovav(1995)と奥野(2003)に共通する問題点として，そもそも，議論の前提としている例文の容認性判断が誤っていることが挙げられる。どちらの研究も(11)の容認不可能性に基づいて議論しているが，Yasuhara

(2013a)は little by little を付加した(14)であれば容認可能となることを指摘している。little by little を付加することで「ゴミ箱の上で鏡を少しずつ割っていき，破片をそのままゴミ箱に入れていった」という意味解釈が促され，そのような解釈の下であれば容認可能となる(英語母語話者に確認したところ，たとえ(11)であっても，つまり little by little がなくても，上記の解釈であれば問題なく容認可能であるとのことであった)。Yasuhara の指摘を踏まえると，(11)の容認不可能性は，目的語名詞句の性質と言うよりも構文の意味解釈に起因していると考えるのが妥当である。

(14) John broke the mirror into the trash can little by little.

(Yasuhara 2013a: 360)

## 2.3 構文の意味解釈に注目する研究

### Yasuhara(2013a, b)

　Levin & Rappaport Hovav(1995)が提案する「1つの節において，1つのモノにつき1つの変化」という制約に対し，Yasuhara は先に見た(14)の例を挙げて反論している。(14)は目的語として the mirror を伴っており，Levin & Rappaport Hovav の制約だと容認不可能となるはずであるが，「ゴミ箱の上で鏡を少しずつ割っていき，破片をそのままゴミ箱に入れていった」という解釈であれば容認可能となる。この事実に対して，Yasuhara は次の説明を与えている。「目的語指示物が固定され，そこからその一部が移動される」という「固定された移動」(anchored motion)を経路句が表す時には，経路句が動詞の意味を詳述していると見なすことができるため，動詞が指定するメタファー的経路(状態変化)と経路句が指定する物理的経路(位置変化)が併せて1つの経路であると解釈でき，そのため単一経路制約に違反せずに容認可能となる。特に状態変化動詞を伴う使役移動構文の場合は物理的分離を伴い，例えば(10a)であれば，「卵の殻」は手元に固定され，そこから「卵の中身」のみが分離し，経路に沿って移動する。「目的語指示物が固定され，そこからその一部が移動される」という状況ではない場合には容認不可能になるとされる。例えば，John broke the mirror into the trash can という文は,「ジョンが鏡を床に落として粉々に割り, その後, 鏡の破片を一度にゴミ箱に入れる」という解釈の下では容認不可能であるが, その理由は, 鏡が破片になってゴミ箱に移動する時に手元に固定されておらず,「固定された移動」を表していないために位置変化が状態変化を詳述しているとは見なせないからであるとされる。

　Yasuharaの制約は, 確かに, 多くの事例を説明することを可能とする。ただし, (15)のような反例も見つかる。

(15) a.　The girl threw a heavy crystal condiment container across the table, and it hit the condiment container set, <u>shattering glass into our dinners</u>.

（松本 2002: 196 より改変）

　b.　I folded the money into the envelope.　　（Goldberg 2001: 522）

(15a)は, 少女が調味料入りのガラス製容器をテーブルに投げ, それがテーブルに置いてあったガラス製調味料容器のセットに当たり, 夕食の中にガラスの破片が飛び散った, という状況を表している。この場面において,「ガラス」の一部がどこか(例えばテーブル)に固定され, その一部が分離して移動した, と解釈することは難しい。(15b)については, 動詞 fold が対象の状態変化を表しているものの, money の一部分が手元に固定されたまま money の一部分が分離して封筒の中に移動するという状況を表しているわけではない。従って, Yasuhara の言う「固定された移動」の解釈は, 確かに典型的に見られる解釈ではあるかもしれないものの, それ自体が説明原理となるものではない[4]。

## Goldberg (1995: 171-172, 2001: 519-521)

　Goldberg は状態変化動詞を伴う使役移動構文に課される制約として(16)を提案し, (17)の事例に説明を与えている。(16)の制約は, ①状態変化を引き起こす行為に付随して慣習的(慣例的)な移動が起こるということ, ②その移動が意図的に引き起こされるということ, という2点から成っている。

(16)　ある状態変化(もしくは結果)を引き起こすことになるある行為が,

慣例的にある移動を付随的にもたらし，かつその行為自体にそうした移動を引き起こそうという「意図」が認められる場合，その移動の経路を指定することができる。

(Goldberg 1995: 172；河上他(訳)2001: 231 による日本語訳)

(17) The butcher sliced the salami onto the wax paper.

(Goldberg 1995: 171, 2001: 520)

(17)を例に説明すると次のようになる。①について，サラミを薄くスライスにすると，サラミが下に落ちていくのが普通である。確かにサラミが下に落ちていかない場合も想定できるものの，サラミをスライスにするという行為が慣習的に行われる中立的な文脈では，サラミが落ちていくという付随的な移動が含意される。このように状態変化が慣習的な移動を伴う場合には容認可能となる。②について，Goldbergは(18)の例を用いて説明している。(18a)のように引き続いて起こる移動が意図的に引き起こされる時には容認可能となる一方，(18b)のように意図的に引き起こされていない時には容認不可能となる。

(18) a. Sam carefully broke the eggs into the bowl.

(Goldberg 1995: 171, 2001: 521)

b. *Sam unintentionally broke the eggs onto the floor. (ibid.)

(16)の制約の問題点を見てみよう。先ずは，(16)の制約の「①状態変化を引き起こす行為に付随して慣習的な移動が起こる」という点についてであるが，Goldbergは(17)のような例が「慣習的移動」と見なせるとは論じているものの，どのような例が「慣習的移動」として見なせないかについては例を挙げていないため，「慣習的移動」の内実が不明である。また，「②その移動が意図的に引き起こされる」という点については，松本(2002: 196)や奥野(2003: 169, endnote 4)が指摘するように明らかな反例が存在する。unintentionallyではなく accidentally を用いた(19a)であれば問題なく容認され，さらに，(19b)の主語はそもそも無生物であるため意図性を持っているとは言えない。②についてはこのように明らかな反例が存在することから，本論ではこれ以上議論し

ない。

(19) a. Sam accidentally broke the eggs onto the floor. （松本 2002: 196）
b. The machine sliced the salami onto the wax paper. （奥野 2003: 169）

## 2.4 事象構造の適格性に注目する研究：
Rappaport Hovav & Levin (1996), Horita (1995)

Rappaport Hovav & Levin (1996) は (20) の容認不可能性を事象構造に課される制約として捉えている。(20) の事例が容認不可能であるのは，2 つの変化 (break と off the table) の間に必然的な繋がりがないために因果連鎖 (causal chain) が分岐してしまうからであると説明している (cf. Croft 1991: 173, 269)。一方で (10a) が容認可能であるのは，通常であれば 2 つの変化を同時に引き起こす意図を持っているために，2 つの変化で単一の因果連鎖を形成するからであると論じている (cf. Goldberg 2001: 519–521)。また，Horita (1995: 165–167) は (21) について同様の議論をしており，(21) が容認不可能であるのは連鎖が分岐するものとして捉えられるからであると論じている。

(20) *Kim broke the dishes off the table. （Rappaport Hovav & Levin 1996）
［意図する解釈：キムが皿を割って，皿がテーブルから吹き飛んだ］
(21) *Sam kicked Bill black and blue out of the room. (=5c)

ただし，Rappaport Hovav & Levin も Horita も，どのような条件で連鎖が分岐するのか具体的に示しているわけではないため，どのような時に分岐が生じるのか必ずしも明らかではない。

## 2.5 単一経路制約の修正案を提案する研究：
Matsumoto (2006, to appear)

Matsumoto (2006, to appear) は単一経路制約への反例として (22) に示すよう

な多様な事例を挙げている。(22a)では into thick pieces という結果句と into the bowl という経路句が共起している。(22b)では open という結果句と inwards, into the bedroom という経路句が共起している(ただし，ここでの swung, inwards, into the bedroom は Iwata(2008)の言う internal motion を表している(5))。(22c)では home という位置変化に加えて，Matsumoto がイベント参加句(event participation phrase)と呼ぶ句である to a family dinner が後続している。イベント参加句とは，前置詞にイベント名詞句が後続し，移動する人がそのイベントの主要な参加者として参加することを表す句であるとされる(6)。

(22) a. I sliced the cheese into thick pieces into the bowl.

［状態変化＋位置変化］

b. The door swung open inwards into the bedroom.

［internal motion＋状態変化］

c. He came home to a family dinner.　　［位置変化＋イベント参加］

(Matsumoto to appear)

(22)のような様々な事例を踏まえ，Matsumoto は単一経路制約を修正し，(23)に示す単一展開制約を提案している。この制約によれば，たとえ複数の経路が単一節内に共起していたとしても，それらの経路が自然な連続を成し，一本線上に展開していれば容認可能となる。(22a)について言えば，「厚くスライスすること」と「ボールに入れること」が自然な連続を成していると見なせるため容認可能になると考えられる。一方で(11)が容認不可能であるのは，「鏡を割ること」と「ゴミ箱に入れること」が自然な連続を成していると見なすことが難しいからであると説明される。

(23) 単一展開制約(The Single Development Constraint)(改訂版単一経路制約)：
単一節内で，同じモノの場所や状態を表す(空間的もしくは非空間的な)全ての経路は，そのモノがたどる一本線上の展開の諸側面を指すものでなければならない。

(Matsumoto to appear；執筆者による日本語訳)

そうすると問題は、どのような時に2つの経路(変化)が「自然な連続を成し、一本線上に展開している」と見なせるのか、ということになる。Matsumoto は(22)のような幅広いデータを捉える目的で(23)の制約を提案しているため一般的な規定に留まっており、個々の場合でどのような時に容認可能／不可能となるのかということについてはより具体的に明らかにしていくことが必要となる。

## 2.6　先行研究全体に関わる問題点

概観してきた先行研究全体に関わる問題点として、容認性を決定する要因が混乱されているということが挙げられる。状態変化動詞を伴う使役移動構文はそれ自体が主たる考察対象になることが少なく、散発的に論じられることが多いことにも起因しているように思われるが、どのような制約がどのように働いているのか、また、仮に制約が複数あった場合にそれぞれの制約がどのような形で容認性に貢献するのか明らかではない。それぞれの制約を俯瞰、整理、統合していくことが必要である。また、先行研究においては「何故そのような制約が課されるのか」という点が必ずしも明らかではない。本論では以上の問題点を踏まえ、状態変化動詞を伴う使役移動構文に課される制約について検討し、「状態変化事象と位置変化事象が単一の事象として解釈される」という事象統合の観点から諸制約を捉え直すことができることを主張する。

## 3.　事象統合

分析に入る前に、事象統合の基本的性質や特徴を確認してみよう。

### 3.1　マクロ事象とその概念構造

2つの下位事象を統合して単一の高次事象とすることは事象統合(event integration)と呼ばれる(Tamly 2000: Ch. 3)。(24)を例として見てみよう。

(24a)では,「ロウソクを吹いた」という事象と「ロウソクの火が消えた」という事象がそれぞれ従属節と主節という2つの節で表現されている。一方(24b)では,「ロウソクを吹いた」という事象がblowによって,「ロウソクの火が消えた」という事象がoutによって表現されており,2つの事象を単一節でまとめて表現している。(24b)が表すような,複数の下位事象が統合されたより高次の複合的な事象はマクロ事象(macro-event)と呼ばれる。

(24) a. The candle went out because something blew on it.（Talmy 2000: 217）
  b. The candle blew out. (ibid.)

マクロ事象は主事象と副事象から成る。主事象(framing event)とは移動や状態変化などを表す事象のことであり,(24b)では「消える」(out)がこれに該当する。副事象(co-event)とは,主事象を何らかの形で精緻化する事象のことであり,(24b)では「吹く」(blew)がこれに該当する。マクロ事象は,図1に示すように,主事象と副事象,そしてそれらを一定の仕方で結び付ける支持関係(support relation)から成る。(24b)について言えば,吹かれたことが原因となってロウソクの火が消えていると考えられるため,「原因」という支持関係によって主事象と副事象が結び付けられていると言える[7]。

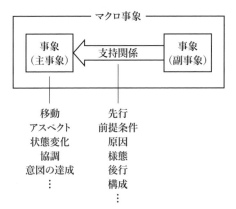

図1 マクロ事象の概念構造（Talmy 2000: 221, 野村 2016: 196より一部改変）

## 3.2 事象統合に見られる意味的特徴

　事象統合の意味的特徴として，Givón (2001: Ch. 12, 2009: Ch. 4) は (25) を挙げている。(25a) は，2つの事象が指示対象を共有していればしているほど，それらの事象が単一の事象として捉えられやすくなるということである (Givón 2001: 50)。(25b) は，2つの事象が時間を共有していればしているほど，それらの事象が単一の事象として捉えられやすくなるということである (ibid.: 45)。(25c) は，2つの事象が場所を共有してればしているほど，それらの事象が単一の事象として捉えられやすくなるということである (ibid.: 47–48)。

(25) a. 指示対象統合 (referential integration)：2つの事象間での指示対象の共有
　　 b. 時間的統合 (temporal integration)：2つの事象の同時性，もしくは直接の時間的隣接関係
　　 c. 空間的統合 (spatial integration)：2つの事象間での同一空間の共有
　　　　　　　　　　　　　　(Givón 2009: 65；執筆者による日本語訳)

　本論では，状態変化動詞を伴う使役移動構文に課される意味的制約は，動詞が表す状態変化事象と，経路句が表す位置変化事象の統合という観点から捉えられることを論じる。特に，状態変化動詞を伴う使役移動構文は，事象統合に関わる次の制約を全て満たすことで容認可能となることを提案する。

(26) a. 物理的統合の制約：
　　　　状態変化と位置変化を受けるそれぞれのモノの間には，一定の物理的一体性がなければならない (Givón が言う「指示対象統合」に概ね対応)。
　　 b. 時空的／慣習的統合の制約：
　　　　同一空間において，一方の変化がもう一方の変化と同時に，もしくは一方の変化がもう一方の変化に直接引き続く形で生じていな

ければならない。もしくは，2つの変化を併せて1つの慣習的シナリオであると見なせなければならない（Givón が言う「時間的統合」と「空間的統合」に概ね対応）。

c. 事象関係付けの制約：
状態変化と位置変化は，［原因―結果］もしくは［前提条件］の関係で結び付けられていなければならない（Talmy が言う「支持関係」に概ね対応）。

以下，4節では(26a)，5節では(26b)，6節では(26c)について議論する。

## 4. 物理的統合の制約

　本節では，状態変化事象と位置変化事象を単一の事象として捉えることを可能とする条件の1つとして，状態変化を受けるモノと位置変化を受けるモノとの間に一定の物理的統合性がなければならないという制約が課されることを見る。

### 4.1　それぞれの変化を受けるモノどうしの関係

　状態変化を受けるモノと位置変化を受けるモノの関係に注目して(27)を見てみよう。(27a)において，状態変化(広がる)を受けるモノは「バターの塊」であり，位置変化(パンの上に載る)を受けるモノは「バターの層」である。塊を広げることによって層状となり，層状のバターがパンを覆う状況を表しているからである。「バターの塊」と「バターの層」の関係は［同一物の異なる形態］であると言える。(27b)において，状態変化(溶ける)を受けるモノは「固体のチョコレート」であり，位置変化(カーペットに流れる)を受けるモノは「液体のチョコレート」である。固体のチョコレートが溶けて液体となり，それがカーペットへと流れるからである。「固体のチョコレート」と「液体のチョコレート」の関係も［同一物の異なる形態］であると言える。(27c)において，状態変化(スライスになる)を受けるモノは「マッシュルーム全体」であり，位

置変化(ボールに入る)を受けるモノは「マッシュルームのスライス」である。マッシュルームを切ることでそのスライスがボールに入っていくからである。両者の関係は［同一物の異なる形態］であると言うこともできるし，もしくは［全体―部分］と言うこともできるだろう。(27d)において，状態変化(割れる)を受けるモノは「卵全体(もしくは，卵の殻)」であり，位置変化(グラスに入る)を受けるモノは「卵の中身」である。両者は［全体―部分］の関係にあると言える。

(27) a. He spread the butter onto the bread. (=12b)
　　 b. The sun melted the chocolate onto the carpet. (=12a)
　　 c. I sliced the mushrooms into the bowl. (=3b)
　　 d. The cook cracked the eggs into the glass. (=3a)

(27)が容認可能である一方，(28)は容認不可能である。(28)の意図する解釈において，状態変化(壊れる)を受けるモノは「テーブル」であり，位置変化(床に落ちる)を受けるモノは「テーブルの上のもの」である。これらの関係を考えると，(27)の場合とは異なり，状態変化を受けるモノと位置変化を受けるモノが［別物］であると言える。「テーブル」と「テーブルの上のもの」は接触しているため隣接関係にあるものの，両者は同一物ではない。

(28) *John broke the table onto the floor.
　　 ［意図する解釈：ジョンがテーブルを壊し，その結果として，テーブルの上のものが床に落ちた］

以上のことから，モノどうしの関係が［同一物の異なる形態］もしくは［全体―部分］である場合には容認可能となり，［別物］の場合には容認不可能となることが分かる。以上のことを一般化すると，状態変化動詞を伴う使役移動構文には(29)の制約が課されていると考えられる。(27)のそれぞれの例においては，状態変化を受けるモノと位置変化を受けるモノが同一物であるため容認される一方，(28)の例ではそれぞれのモノが同一物ではないため容認不可能

となる。

(29) 物理的統合の制約(暫定版)
状態変化と位置変化を受けるそれぞれのモノの間には，1つの物体としての物理的一体性がなければならない。

## 4.2 反例に思われる事例：
[別物] の関係でも容認可能となる場合

　ここまでの議論からすると，状態変化を受けるモノと位置変化を受けるモノが何らかの形で同一物である時に容認可能となるように思われる。しかし，2つの変化を受けるモノどうしの関係は，実際には，動詞の種類によって異なってくる。(30)を見てみよう。(30a)においては，中身を出すことで容器の状態を変化させる動詞である empty が用いられている。I emptied the tank と言えば，タンク内のモノを出すことでタンクが空の状態になる変化を表す。(30a)において，状態変化(空になる)を受けるのは「タンク」であり，位置変化(シンクに入る)を受けるのは「タンクの中の液体」であり，これらは [別物] であるものの，特に [容器―中身] という関係にあることが分かる。(30b)においては，表面にあるモノを除去することで対象を状態変化させる動詞である clear が用いられている。The waiter cleared the table と言えば，テーブルの上にあるモノを除去することでテーブルがきれいな状態になる状況を表す。(30b)において，状態変化(きれいになる)を受けるのは「テーブル」であり，位置変化(テーブルから除去される)を受けるのは「テーブルの上のモノ」であるため，これらの関係は [表面接触] であると言える[8]。(30)の例を踏まえると，(29)の一般化が適切ではないことが分かる。

(30) a. I emptied the tank into the sink. (= 13a)
　　 b. The waiter cleared the table off.　　　(Levin & Sells 2009: 319)

　モノどうしの関係として [表面接触] が(30b)では容認可能となる一方(28)

では容認不可能となるのは，用いられている動詞の種類に依っているように思われる。(30b)では clear という何かの表面にあるモノを除去することで対象を状態変化させる動詞が用いられている。動詞が表面における変化や移動を表しているため，［表面接触］という関係が可能となるのではないかと思われる。一方(28)では break が用いられているが，break は対象の表面における変化や移動ではなく，対象自体の構造の変化を表す動詞である。そのことから，動詞が break の時には［表面接触］という関係は不可能であり，［全体―部分］のような対象自体の構造に関わる関係が可能となるのではないかと思われる。このように，それぞれの変化を受けるモノどうしの可能な関係は，動詞の種類によって異なってくると考えるのが妥当である。

以上のことを踏まえ，物理的統合の制約を(31)のように改訂する。

(31) 物理的統合の制約(改訂版)
状態変化と位置変化を受けるそれぞれのモノの間には，一定の物理的一体性がなければならない。どのようにして対象の状態変化が引き起こされるかによって，それぞれの変化を受けるモノどうしの可能な関係は異なってくる。
(i) 対象の形態や構造の変化を表す動詞(break, melt, slice など)：［同一物の異なる形態］［全体―部分］
(ii) 対象の中身や表面から何かが除去されること表す動詞(clear, empty など)：［容器―中身］［表面接触］

## 4.3 先行研究再検討

Levin & Rappaport Hovav(1995)は「1つの節において，1つのモノにつき1つの変化」という制約を提案していた。この制約によって(27c, d)と(30a, b)は捉えられるものの，(27a, b)は捉えられない。また，奥野(2003)の「状態変化を受ける前と後で同じ name であれば容認可能」という制約は(27)については捉えられるものの，(30)については捉えることが難しい。本論の観点からすると，Levin & Rappaport Hovav(1995)と奥野(2003)が提案した制約は，物理的

統合の制約を部分的に捉えたものであると言える。Levin & Rappaport Hovav (1995)は(31i)の一部の例と(31ii)を，奥野(2003)は(31i)を捉えている。目的語名詞句の性質に注目したLevin & Rappaport Hovav(1995)と奥野(2003)における観察及び分析は，物理的統合の制約によって適切な形で捉え直すことができる。

## 5. 時空的／慣習的統合の制約

　本節では，状態変化事象と位置変化事象を単一の事象として捉えることを可能とする条件の1つとして，状態変化事象と位置変化事象が同一の時空間で生じているか，もしくは2つの変化を併せて1つの慣習的なシナリオとして見なせなければならないという制約が課されることを論じる。

### 5.1　可能な解釈と不可能な解釈

　構文の意味解釈，特に2つの変化の時間関係に注目してみよう。(32)はLevin & Rappaport Hovav(1995: 61)が容認不可能であるとした例であるが，2.2節で見たように，特定の解釈の下であれば問題なく容認可能であると判断される。(32)の可能な解釈と不可能な解釈は(33)の通りである(cf. Yasuhara 2013a)。(33a)の解釈では，「鏡が割れる」という状態変化に直接引き続く形で「鏡の破片がゴミ箱に入っていく」という位置変化が生じている。この解釈であれば，状態変化と位置変化が時間的に連続して生じているため単一の事象として捉えられ，単一節で表すことが可能となると考えられる。一方(33b)の解釈では，「鏡が割れる」という状態変化が生じ，その後，「鏡の破片がまとめてゴミ箱に入る」という位置変化が生じている。この解釈の下では，状態変化と位置変化が時間的に連続していないため，2つの別々の変化として捉えられる。そのため単一節で表現することはできず，この状況を表すためには2つの節に分けて表現しなければならないと考えられる。

(32)　　I broke the mirror into the garbage pail.（＝11）
(33) a.　可能な解釈：鏡をゴミ箱の上で少しずつ割っていき，それぞれの破片をそのままゴミ箱に入れていった。
　　 b.　不可能な解釈：鏡を粉々に割り，その後，破片をまとめてゴミ箱に入れた。

　状態変化と位置変化の生起順序に注目すると，(34)と(35)のタイプが認められる。(34)では，状態変化(割れる／溶ける)が生じ，それに引き続いて位置変化(グラスに入る／カーペットに流れる)が生じている。(35)では，位置変化事象(パンの上に置く／シンクに液体を流す)が生じ，それに引き続いて状態変化事象(バターが広がる／タンクが空になる)が生じている。ただし，実際にはどちらが時間的に先行しているか言うことが難しい場合も多い。例えば(34b)では，実際には溶けながらカーペットに移動しているため，状態変化と位置変化が同時進行的であると言うこともできる。(35a)でも，実際にはバターは広がりながらパンを覆っていく。(35b)についても，実際には液体がシンクに移動しながらタンクが徐々に空になっていくことを考えると，位置変化と状態変化が同時進行的であると言った方が正確である。

(34)　　「状態変化」の直後に「位置変化」が生じる
　　 a.　The cook cracked the eggs into the glass.（＝3a）
　　 b.　The sun melted the chocolate onto the carpet.（＝12a）
(35)　　「位置変化」の直後に「状態変化」が生じる
　　 a.　He spread the butter onto the bread.（＝12b）
　　 b.　I emptied the tank into the sink.（＝13a）

　以上，時間関係に注目して2つの事象が単一の事象として捉えられる条件を見てきたが，状態変化と位置変化が同一の時間に生じていることに加えて，同一の空間で生じていなければならないことは明らかである。例えば(32)の例について，太郎の家で鏡を割っていったものが，次郎の家のゴミ箱に入っていったという状況は通常起こり得ない。

以上の議論から，(36)の制約を考えることができる。

(36) 時空的統合の制約(暫定版)
同一空間において，一方の変化がもう一方の変化と同時に，もしくは一方の変化がもう一方の変化に直接引き続く形で生じていなければならない。

(36)の制約を踏まえると，Yasuhara(2013a, b)の「経路句が『固定された移動』を表す時に容認可能となる」という制約への反例となり得る(37)についても説明を与えることができる。(37)においては，「ガラスが壊れる」という状態変化にそのまま引き続く形で「割れたガラスが夕食の中に入る」という位置変化が生じているため，2つの変化を単一の事象として捉えることが可能となり，単一節で表現される。ガラスがどこかに固定されているかどうかは問題ではなく，状態変化にそのまま引き続く形で位置変化が生じている点が重要である。

(37) The girl threw a heavy crystal condiment container across the table, and it hit the condiment container set, <u>shattering glass into our dinners</u>.(＝15a)

## 5.2 反例に思われる事例：2つの変化の慣習的一体性

次に示す(38)の例は，時空的統合の制約への反例であるように思われる。(38)の表す状況において，「お金を折る」という状態変化が生じ，状態変化がいったん完結したその後に，「折ったお金を封筒に入れる」という位置変化が生じている。そのため，(32)，(34)，(35)，(37)の例と比べると，状態変化に直接引き続いて位置変化が生じているとは言いづらい。

(38) I folded the money into the envelope.(＝15b)

(38)では確かに時間的な一体性が存在しているとは言い難いものの，「お金を折る」ことと「折ったお金を封筒に入れる」ことは，慣習的に行われる一連の動作であると言うことができる。つまり，「お金を折って封筒に入れる」とは

一続きに生じる慣習的シナリオである。このように，厳密には状態変化にそのまま引き続いて位置変化が生じていないものの，2つの変化で併せて1つの慣習的シナリオであると考えることができる場合には単一節で表現することができると考えられる。その証拠として，例えば(39)のように，2つの変化が連続して生じることが慣習的シナリオとは言えない場合には容認性が低く判断される。「お金を折る」ことと「折ったお金をテーブルに置く」ことは慣習的シナリオとは言えない。

(39) ?I folded the money onto the table.(＝13b)

2つの事象の慣習的な一体性が特定の言語使用域(register)で保証される場合もある。(40)はレシピにおいて調理手順を説明する文章の一部であるが，レシピにおいては(40)の下線部のような表現が観察されることがある。この場合，キャベツとタマネギをまな板の上で刻み，それをボールに入れるという状況であると考えるのが妥当である。そうすると，「キャベツとタマネギを刻む」という状態変化が一旦完結し，それから「刻んだキャベツとタマネギをボールに入れる」という位置変化が生じているということになり，状態変化に直接引き続いた形で位置変化が生じていると言いづらい。それにもかかわらず(40)のような表現が観察されるのは，「食材を刻む」という状態変化事象と「刻んだ食材をボールに入れる」という位置変化事象が調理においては慣習的に行われる一連の動作であるため，1つのシナリオとして見なすことができるからであると考えられる。つまり，レシピという言語使用域が2つの変化事象の一体性を保証していると言える[9]。

(40) <u>Chop cabbage and onion into a large bowl</u>. In a saucepan, bring ingredients to a boil. Cook for 1 minute, then remove from heat. [10,11]

(38)と(40)を踏まえ，時空的統合の制約を次のように改訂する。

(41) 時空的／慣習的統合の制約(改訂版)

(i) 同一空間において，一方の変化がもう一方の変化と同時に，もしくは一方の変化がもう一方の変化に直接引き続く形で生じていなければならない。

(ii) (i)が満たされていない場合は，2つの変化を併せて1つの慣習的シナリオであると見なせなければならない。

## 5.3 先行研究再検討

　先行研究を時空的／慣習的統合の制約の観点からどのように位置付けることができるだろうか。先ず，Yasuhara(2013a, b)の「経路句が『固定された移動』を表す場合には容認可能となる」という制約について，この制約が(37)と(38)の事例を説明できないことはすでに見た(2.3節参照)。本論の観点からすると，「固定された移動」の解釈は，2つの変化が1つの事象として見なされる時に生じ得る1つの典型的な解釈に過ぎず，「固定された移動」自体が説明原理となるものではない。また，Goldberg(1995)は，「状態変化を引き起こす行為に付随して慣習的な移動が起こる時に容認可能となる」と論じているものの，どのようなものが容認可能／不可能かを示しているわけではなく，内実が不明であった。本論の分析は，ここで言う「慣習的移動」が，実際には，「時空的一体性を持つこと，かつ／もしくは，慣習的一体性を持つこと」であるということを例とともに具体的に示していることになる。従って，本節の分析はGoldberg(1995)の制約に内実を与えるものであると考えてもよいだろう。

## 6. 事象関係付けの制約

　本節では，状態変化事象と位置変化事象を単一の事象として捉えることを可能とする条件の1つとして，状態変化事象と位置変化事象の間に一定の必然的な関係がなければならないことを論じる。先ずは，状態変化動詞を伴う事例ではないものの，状態変化と位置変化が単一節内に共起する(42)について確認しておきたい。(42)は単一経路制約に違反した結果として容認不可能になるとされている事例である(2.1節参照)。(42)では，「ビル」という同一の対

象が同一の時空間において,「あざだらけになる」という状態変化と「部屋から出る」という位置変化を受けているため,物理的統合の制約及び時空的／慣習的統合の制約が満たされているように思われる。それにもかかわらず,(42)は容認不可能であると判断される。

(42)　*Sam kicked Bill black and blue out of the room.(＝5c)

ここで注目したいのは,2つの変化の関係である。(42)における「あざだらけになる」という状態変化と「部屋から出る」という位置変化の間には,一方が生じなければもう一方も生じないといったような,必然的結び付きは認められない。「あざだらけになった」結果として「部屋から出た」わけではないし,逆もまた然りである(cf. 岩田 2010: 44-45)。そのため,2つの変化が一体のものとしては見なされず,2つの別個の変化であると捉えられるため,単一節では表現できないと考えられる。

それに対して以下の(43)においては,2つの変化の間に何らかの必然的結び付きが存在する。(43a)において,「卵が割れる」という状態変化と「卵がグラスに入る」という位置変化は［原因―結果］の関係にある。(43b)においても,「タンクが空になる」という状態変化と「タンクの中の液体がシンクに入る」という位置変化の間には［原因―結果］の関係があると言うことができるだろう。(43c)において,「お金を折る」という状態変化は「お金を封筒に入れる」という位置変化の前提条件であると考えられる(お金を折らないと封筒には入れられない)。

(43)a.　The cook cracked the eggs into the glass.(＝3a)
　　b.　I emptied the tank into the sink.(＝13a)
　　c.　I folded the money into the envelope.(＝15b)

以上のことから,(44)の制約が課されることを提案する。つまり,2つの事象は［原因―結果］もしくは［前提条件］関係で結び付けられていなければならず,そのように見なせない場合には単一節で表現することができない。

(44) 事象関係付けの制約
状態変化と位置変化は，［原因―結果］もしくは［前提条件］の関係で結び付けられていなければならない[12]。

2.4節で見たように，Rappaport Hovav & Levin(1996)は(45)の容認不可能性について「2つの変化の間に必然的な繋がりがないために因果連鎖が分岐してしまうから」と述べているが，事象関係付けの制約からすると，これはつまり，「2つの変化を［原因―結果］もしくは［前提条件］の関係で結び付けることができないから」と捉え直すことができる。「皿が割れた結果として皿がテーブルから吹き飛んだ」もしくは「皿が割れたことを前提条件として皿がテーブルから吹き飛んだ」という状況を想定することは困難である。

(45) *Kim broke the dishes off the table.(＝20)
［意図する解釈：キムが皿を割って，皿がテーブルから吹き飛んだ］

## 7. 非選択目的語を伴う事例について

動詞が本来は選択しない目的語(非選択目的語)を伴う使役移動構文の事例を見てみよう。7.1節では先行研究として鈴木(2013)が提案する制約を紹介し，その問題点を指摘する。7.2節では代案を提示し，非選択目的語を伴う事例についても事象統合の観点から説明できることを示す。

### 7.1 先行研究：鈴木(2013)

状態変化動詞を伴う使役移動構文の事例の中には，(46)のように，非選択目的語を伴うものもある。(46a)が表す状況において，実際に折っているのは目的語名詞句である some grapes ではなく，経路句に現れている the branch である(He broke some grapes ではなく，むしろ He broke the branch という状況を表している)。(46b)においても，溶けているのは目的語名詞句である the handle と言うより，むしろ経路句に現れている the coffee pot であると言える

(She melted the handle ではなく，むしろ She melted the coffee pot という状況を表している)。

(46) a. He broke some grapes off the branch. (鈴木 2013: 114)
    b. She melted the handle off the coffee pot. (ibid.)

以上の事例に基づき，鈴木(2013)は状態変化動詞が非選択目的語を伴う場合の条件として(47)を提案している。これはつまり，状態変化動詞が非選択目的語を伴うには，①動詞が本来的に選択する目的語名詞句が経路句内に現れていること，②非選択目的語名詞句と経路句内の名詞句との間に［部分―全体］関係，もしくは［図―地］関係が成立していること，という２つの条件を満たしている必要があるということである。

(47) ［…］状態変化動詞の場合，いずれも基本的には義務的な他動詞であることを反映して，本来の目的語が必ず述部の PP 内に表示され，非選択目的語とのあいだで「部分／全体」，あるいは「図／地」の解釈関係が成立すること(復元されること)が，非選択目的語を伴う結果構文の認可条件となる。 (鈴木 2013: 116)

確かに(47)の制約は状態変化動詞が非選択目的語を伴う多くの事例を捉えることを可能とするが，(47)だけでは捉えられない事例も存在する。例えば(48a)において，経路句に現れている the pot は動詞が本来的に選択するものではない(He cut the pot という状況ではない)。(48b)においても，経路句に現れている the hollow は動詞が本来的に選択する目的語名詞句ではない(Break the hollow という状況ではない)。従って，(48)の事例においては，①動詞が本来選択する目的語名詞句が経路句内に現れておらず，そのため，②非選択目的語名詞句と経路句内の名詞句の間に［部分―全体］関係が成立していない[13]。

(48) a. He cut slices of dough into the pot. (貝森 2018: 234)
    ［解釈：生地をスライスにしていきながら，そのままスライスを飛

ばして鍋へと入れていった(cf. 刀削麺)]

b. Place the tartare on a plate, neatly in a mound. Make a slight hollow in the centre, <u>break an egg yolk into the hollow</u> and serve.[14]
［解釈：卵を割って，黄身を牛挽肉のくぼみに入れる（レシピにおける調理手順）］

## 7.2 代案

　本論では，(46)や(48)の事例についても事象統合の観点から捉えることができることを提案する。例えば(46a)において，break という状態変化を受けるモノ(枝)と off the branch という位置変化を受けるモノ(ぶどう)の間には［全体―部分］の関係があり，物理的統合の制約を満たしている。また，同一の場所において，「枝が折れる」という状態変化にそのまま引き続く形で「ブドウが取れる」という位置変化が生じているため，時空的／慣習的統合の制約を満たしている。さらに，折った結果として枝が分離しているため，［原因―結果］の関係を持つものとして見なせる。つまり事象関係付けの制約を満たしている。このように3つの制約を満たしているため，(46a)が容認可能になると考えられる。(48)についても同様である。例えば(48a)において，cut という状態変化を受けるモノ(生地全体)と into the pot という位置変化を受けるモノ(生地のスライス)の間には［同一物の異なる形態］もしくは［全体―部分］という関係があり，物理的統合の制約を満たしている。「生地(全体)を切る」ことと「生地のスライスがボールに入る」ということが同一空間において時間的に連続して生じているため，時空的／慣習的統合の制約を満たしている。さらに，生地を切った結果としてそのスライスが分離しているため，［原因―結果］関係として見なすことができ，事象関係付けの制約を満たす。事象統合に関わる3つの制約を満たすため，(48a)は容認可能となる。(48b)については，卵を割って，白身を取り除き，黄身をくぼみに入れているため，2つの変化が時間的に連続していないものの，卵を割って黄身をどこかに入れることは調理における慣習的手順であると考えられるため，慣習的一体性を持っているものとして見なすことができる[15]。

実際，これらの制約を満たさなければ，(49)に示すように容認不可能となる。(49a)において，壊したのは「テーブル」であり，その結果としてテーブルから落ちたのは「(テーブルの上の)皿」である。両者の関係は［表面接触］であるが，break は［同一物の異なる形態］もしくは［全体—部分］の関係を要請するため，物理的統合の制約に違反し，容認不可能となる。(49b)については，パンをスライスにしていきながらそのままオーブンに飛ばして入れていくという状況は想像しづらく，また慣習的な調理手順であると見なすこともできないため，時空的／慣習的統合の制約に違反し，容認不可能となる(ただし，「パンを切ってそのままオーブンに入れていく」という意味解釈であれば (49b)は容認可能であると判断される)。

(49) a.   *Kelly broke the dishes off the table.

(Rappaport Hovav & Levin 1998: 103)

［解釈：ケリーがテーブルを壊し，その結果として，皿がテーブルから落ちた］

b.   *He cut a slice of bread into the oven.

［解釈：パンをスライス状に切って，それから，スライスをオーブンに入れた］

以上のように，非選択目的語を伴う事例についても本論で提案した事象統合の制約によって捉えることができる。

## 8. 制約間の関係

状態変化動詞を伴う使役移動構文に課される意味的制約について，事象統合の観点から議論してきた。この構文に課されると考えられてきた様々な制約は事象統合の観点から適切に捉え直すことができる。より具体的には，この構文に課される制約は，「物理的統合の制約」，「時空的／慣習的統合の制約」，「事象関係付け制約」によって捉えることができ，これら3つの制約が全て満たされた時に容認可能となる。このことをまとめたのが，(50)及び表1である。

表1において,「OK」は当該の制約を満たしていること,「*」は当該の制約に違反していることを表している。

(50) a. The cook cracked the eggs into the glass.(=3a)
　　…「物理的統合の制約」,「時空的/慣習的統合の制約」,「事象関係付けの制約」を全て満たしている。
　b. *John broke the table onto the floor.(=28)
　　［意図する解釈：ジョンがテーブルを壊し,その結果として,テーブルの上のものが床に落ちた］
　　…状態変化(壊れる)を受けるモノは「テーブル」,位置変化(床に落ちる)を受けるモノは「テーブルの上のもの」であり,両者は［表面接触］の関係にある。［表面接触］は break が要請する関係ではないため,「物理的統合の制約」に違反している。
　c. *I broke the mirror into the garbage pail.(=11)
　　［意図する解釈：鏡を粉々に割り,その後,破片をまとめてゴミ箱に入れた］
　　…「鏡が割れる」という状態変化が一旦完結してから「ゴミ箱に入る」という位置変化が生じており,また2つの変化を1つの慣習的シナリオと見なすこともできないため,「時空的/慣習的統合の制約」に違反している(それに伴い,2つの変化の間に必然的な結び付きが存在せず,「事象関係付けの制約」にも違反している)。
　d. *Kim broke the dishes off the table.(=20)
　　［意図する解釈：キムが皿を割って,皿がテーブルから吹き飛んだ］
　　…「皿が割れる」という状態変化と「テーブルから吹き飛ぶ」という位置変化の間に［原因―結果］／［前提条件］の関係がないため,「事象関係付けの制約」に違反している。

ただし,これら3つの制約はそれぞれ独立したものではなく,相互に関係したものであることには留意する必要がある。例えば,状態変化と位置変化を受けるのが同じモノであれば,同一の時空間で2つの変化が起こっていると

表1 制約と容認性の関係

|  | (50a) | (50b) | (50c) | (50d) |
|---|---|---|---|---|
| 物理的統合の制約 | OK | * | OK | OK |
| 時空的／慣習的統合の制約 | OK | OK | * | OK |
| 事象関係付けの制約 | OK | OK | * | * |
| 容認性 | 容認可能 | 容認不可能 | 容認不可能 | 容認不可能 |

考えるのが普通であるため，物理的統合の制約と時空的／慣習的統合の制約の間には密接な関係があると言える(cf. 野村 2016: 201–202)。また，2つの変化が同一空間上で時間的に連続して生じていれば，一方の変化ともう一方の変化が何らかの形で関係していると考えるのが一般的であるし，逆に，2つの変化が何らかの形で関係付けられていれば，2つの変化が同一の時空間を共有していると考えるのが妥当である。そのため，時空的／慣習的統合の制約と事象関係付けの制約に間にも密接な繋がりがあると言える。それぞれの制約がどのように相互作用しているかということについては更なる検討を要する。

Matsumoto は単一展開制約を提案し，2つの変化が自然な連続を成している時には容認可能となる一方，そのように見なせない場合には容認不可能になると論じていた。本論の提案は正に，状態変化と位置変化(translational motion)が共起する事例について，どのような時に2つの変化が自然な連続を成して一本線上に展開すると見なせるのかということを具体的に特定したことに他ならない。つまり，状態変化動詞を伴う使役移動構文について，状態変化(非空間的経路)と位置変化(空間的経路)を併せて一本線状の展開として見なせるのは，①一定の物理的統合性を持つ参与者が両変化に関わっており(物理的統合の制約)，②両変化が同一の時空間を共有しているか，もしくは慣習的な1つのシナリオとして見なすことができ(時空的／慣習的統合の制約)，③一方の変化がもう一方の変化と［原因─結果］もしくは［前提条件］の関係で結び付けられる(事象関係付けの制約)時である。

2.6節で先行研究全体に関わる問題点として，①容認性を決定する条件が混乱されていること，②ある制約が課されるのは何故かということが必ずしも明らかではないこと，という2点に言及した。本論の観点からすると，容認性

を決定する様々な制約は，2つの事象が一体のものとして解釈される際に見られる意味的特徴として位置付けることが可能である．つまり，①については「容認性を決定する諸条件は，事象統合の可否を決定する意味的条件である」として諸制約をまとめ上げることができ，②については「制約が課されるのは，事象統合の意味的条件を満たさなければならないからである」と言うことができる．使役移動構文を事象統合の観点から捉えること自体は新しいものではなく，例えばGoldberg (1995: 59-66) も同様の考えを採っている．本論の分析の意義は，状態変化動詞を伴う使役移動構文に課されると考えられてきた諸制約を事象統合の制約として捉え直し，先行研究において散発的に提案されてきた制約を修正，整理，統合している点に認められる．

## 9. まとめ

本論では状態変化動詞を伴う英語使役移動構文について検討し，この構文に課される意味的制約は事象統合の観点から捉えられることを示した．より具体的には，「物理的統合の制約」，「時空的／慣習的統合の制約」，「事象関係付けの制約」を全て満たすことで単一事象として解釈され，単一節で表現することができるようになることを論じた．この構文に課される意味的制約は，状態変化事象と位置変化事象が単一の事象として解釈される際の意味的特徴として捉えることができる[16]．

今後の課題として，先ずは，それぞれの制約をより具体的に定めていくことを挙げることができる．物理的統合の制約については，どのような動詞の時にどのようなモノどうしの関係が要請されるのか，本論で扱った動詞以外でも検討してみる必要がある．時空的／慣習的統合の制約については，(38)や(40)のように慣習的一体性が認められる場合にも容認可能となることを見たが，どのような動作，もしくはどのような文脈の時に慣習的一体性が認められやすくなるのか，データを広げて示していく必要があるだろう．事象関係付けの制約について，本論では［原因—結果］と［前提条件］の場合に2つの事象が関係付けられて単一の事象として解釈されることを見たが，例えば図1に示した他の関係（「先行」「後行」など）を持つ場合はないのかどうか，それは何故か，

ということも今後調査する必要がある。今後の課題の2つ目として，非選択目的語を伴う事例の分析を精緻化させることを挙げられる。本論では選択目的語を伴う事例と非選択目的語を伴う事例の共通性に注目したが，今後はそれらの相違点についても明らかにしていかなければならない。今後の課題の3つ目として，本論で扱った構文と他の構文との関係を探っていくことを挙げられる。特に，本論で提案した制約は，使役移動構文一般や結果構文にも当てはまる部分が少なからずあるだろう。他の構文との関係を探ることで，状態変化動詞を伴う使役移動構文独自の性質と，使役移動構文一般に見られる性質，さらに結果構文とも共通する性質なども明らかになることが期待される。

注
　　＊本論で用いる例文の容認性は，特に作例やインターネットから収集したものである場合，複数の英語母語話者のインフォーマントに尋ねて確認した。特にBrendan Wilson先生とChristina Tamaru氏には，作例や例文の意味解釈について詳細なアドバイスをいただいた。心より御礼申し上げる。なお言うまでもなく，本論におけるあらゆる不備や誤りの責任は執筆者に帰する。
（1）本論では状態変化動詞の中でも物理的状態変化を表す他動詞に考察対象を限定し，心理変化動詞（例：frighten, scare）は扱わない。なお，状態変化動詞とは対象の変化と結果状態を表す動詞であるが，動詞が結果状態を表しているかどうかを判断する基準として，Beavers & Koontz-Garboden (2012: 336–342) は(i-iii)のテストを用いている。なお，本論の例文における下線は，強調のため執筆者が付したものである。

　　(i) 結果否定テスト：結果状態を語彙的に表している動詞に結果状態を否定する文を後続させることはできない
　　　　a.　Tracy just swept the floor, but nothing is different about it.
　　　　b.　#Shane just broke the vase, but nothing is different about it.
　　　　　　　　　　　　　　　　　　　（Beavers & Koontz-Garboden 2012: 337）
　　(ii) 目的語削除テスト：結果状態を語彙的に表している動詞の目的語を省略することはできない
　　　　a.　All last night, Kim scrubbed $\phi$.
　　　　b.　*All last night, Kim broke $\phi$.
　　　　　　　　　　　　　　　　　　　（Beavers & Koontz-Garboden 2012: 339）
　　(iii) 結果構文（使役移動構文）テスト：結果状態を語彙的に表している動詞はそうでない動詞と比べて結果構文（使役移動構文）への生起が制限される

a. Cinderella scrubbed the table <u>clean</u>.
   Cinderella scrubbed <u>the dirt off the table</u>.　　　［※ the dirt は非選択目的語］
b. #Kim broke the stick <u>across the room</u>.
   *Kim broke <u>her knuckles sore</u>.　　　［※ her knuckles は非選択目的語］
(Beavers & Koontz-Garboden 2012: 340–341)

ただし，(ii)と(iii)については適切な基準であるのか疑問が残る。(ii)については，状態変化を受ける対象が非焦点化されて行為自体が焦点化される文脈であれば状態変化動詞であっても目的語が省略可能となることが Goldberg(2001) によって指摘されている(例：Tigers only kill $\phi$ at night.)。さらに，レシピのような特定の言語使用域においては状態変化動詞であっても目的語を省略した事例が多数観察される(例：Take 3 eggs. Break $\phi$ into a bowl; Massam & Roberge1989: 135)。(iii)については，本論でこれから見ていくように，状態変化動詞が経路句及び非選択目的語を伴う様々な事例が観察される(例：The cook cracked the eggs <u>into the glass</u>, He broke <u>some grapes off the branch</u>)。本論ではこれらの基準についてはこれ以上深入りしない。

(2) Goldberg(1995: 3)は使役移動構文の意味を［X CAUSES Y to MOVE Z］と表記しているが，河上他訳(2001: 216)は「この表示(MOVE Z)では Z が移動の対象となるような誤解を招きやすい」として，［X CAUSES Y to MOVE(to/from)Z］と表記している。本論は河上他訳の表記法に従うこととする。

(3) Goldberg 自身は(10)のような事例を単一経路制約への反例として見なしていないことには注意を要する。Goldberg(1991: 375–376, 1995: 85–86)は「全ての状態変化の事例が状態変化メタファーを伴っているとは論じていない」とし，「単純使役動詞(つまり状態変化動詞)がこのメタファーを伴っている証拠はない」と論じている。例えば，He broke the walnuts into the bowl における break は状態変化を表すものの，メタファー的経路を指定しているわけではなく，そのため単一経路制約に違反しないとしている。

しかし，奥野(2003: 169, endnote.6)が指摘するように，break がメタファー的経路を表していないとすると(i)における容認性の違いを説明することが難しくなる。break は，それが語彙的に指定する結果状態(壊れた状態)を詳述する結果句は伴える一方(ia)，それ以外の結果句は基本的に伴うことができない(ib)。break がメタファー的経路を指定していないとすれば単一経路制約は(ib)も容認可能となることを予測するものの，実際には容認不可能であるため，この容認性の違いがどのように説明されるのか明らかでない(一方，単一限定制約においては，break は「壊れた状態」という事象の終点を指定し，into pieces は break が指定する終点を詳述するものと見なせる一方，worthless についてはそのように見なせないため容認性が異なってくると説明される(Tortora 1998: 341–342))。

(i) a. I broke the vase into pieces. (奥野 2003: 166)
　　b. *I broke the vase worthless. (ibid.)

さらに Matsumoto(2006, to appear)は，単一経路制約への反例として(ii)を挙げている。(ii)では状態変化動詞(slice)だけではなく結果句(into thick pieces)も現れているため，「状態変化動詞がメタファー経路を指定しているとは限らない」という Goldberg の議論を踏まえたとしても依然として問題となる(2.5 節，8 節も参照)。

(ii) I sliced the cheese into thick pieces into the bowl. ［状態変化＋位置変化］
(Matsumoto 2006, to appear)

以上のことから，Goldberg 自身は(10)のような事例は単一経路制約の反例には当たらないと論じているものの，(i)や(ii)を踏まえると，(10)は単一経路制約に対しても一定の問題を提起するものであると考えてよいだろう。

（4）Yasuhara(2013b: 146-147)は，John shattered the vase with a hammer のような場合においても「固定された移動」が関与していると述べている。割る時に the vase の破片が中心からその周辺へと広がる形で散らばることになるが，その中心部が固定された領域であり，「固定された移動」は対象の一部が元の位置に物理的に固定されている必要はないと論じている。この議論からすると，(15a)についてはこのような種類の「固定された移動」が関与していると考えることになるのかもしれない。しかし，このような場合も「固定された移動」に含めるとすれば，それは対象がどこかに固定されているかどうかという問題ではもはやないため「固定された移動」と呼ぶのは相応しくなく，またカバーする範囲が広すぎるために制約としての予測性も低くなるように思われる。

（5）岩田(2010: 29-31)によれば internal motion とは，ある実体内で motion 及び経路が規定されているタイプの motion である。(i)では「彼」の足より上の部分だけが問題となっており，その上位部分だけがジャンプした結果，足の上に至った（＝立った状態）という動きを表しており，internal motion に該当する。internal motion は，実体全体が特定の経路を辿って移動する translational motion とは異なる種類の motion であるとされる。

(i) He jumped to his feet. ［internal motion］
(ii) He jumped over the fence. ［translational motion］
(岩田 2010: 29)

本論で議論する移動は translational motion に絞り，internal motion については議論し

ない。
（6）通常の経路句とイベント参加句とでは次のような違いが見られる。(i)と(ii)における to dinner はイベント参加句であるが，イベントへの参加者として見なせる guest が移動体である場合には to dinner と共起できる一方，イベントへの参加者として見なせない gust が移動体である場合にはそれができない(Matsumoto to appear)。

 (i) A guest came to ｛our dinner/dinner｝.    (Matsumoto to appear)
 (ii) A gust came to ｛our dinner/ *dinner｝.      (ibid.)

（7）図1は Talmy(2000: 221)と野村(2016: 196)の図を基に作成したものである。図1では野村の日本語訳を用いているが，野村は，Talmy が Enablement としているものが Goldberg(1995: 65)の precondition に相当すると考え，これを「前提条件」と訳している。本論もこの訳に従うこととする。
（8）empty や clear のような動詞の意味については Levin & Rappaport Hovav(1991: 134)も参照。
（9）吉川(2009)は，レシピや広告のような特殊な言語使用域においては，2つの事象を結び付けるシナリオが言語使用域の喚起するフレーム(frame)によって補完されることで，通常では成立しない因果関係が適切に解釈できるようになることを論じている。本論のここでの主張もこれと軌を一にしていると言ってよい。つまり，通常の文脈では成立すると見なしづらい一体性がレシピという言語使用域では成立すると見なせるために，単一節(使役移動構文)として表現されるということである。
（10）http://dinnerandconversation.com/2010/01/fish-tacos-recipe-spicy-tilapia-a-vinaigrette-coleslaw-topper.html［最終アクセス日：2017月5月15日］より。
（11）(40)の下線部のような表現はレシピで一定程度観察されるものの，英語母語話者に尋ねると容認性に揺れが見られる場合もある。「まな板の上でキャベツやタマネギを刻んで，それからボールに移す」という状況を描写するものとして(40)の下線部の表現が容認可能かどうか英語母語話者に尋ねたところ，問題なく容認可能であると回答した話者もいた一方，レシピの中だと特に気にならないものの Chop cabbage and onion and place in a large bowl と言う方がより正確であると回答した話者もいた。このような揺れは，質問という形でこの表現そのものに注意を向けさせることで，レジスターの中の表現であるという意識が薄れ，慣習的一体性が保証されづらくなっていることに依るものではないかと思われる。
（12）ここでの状態変化と位置変化の有り得る関係は，Goldberg(1995: 65)が提案する動詞と構文の意味関係におおよそ対応している。
（13）(46)の他に，鈴木(2013)は次の(i)と(ii)のような例も含めて検討している。これらの例について鈴木(2013: 115)は，［全体―部分］の関係が事後的に成立すると述べてい

る。さらに(ii)については「やや例外的に，分離とは反対の接近方向の位置変化を表す」としている。

(i) It ［＝strong spirits］ burned the road down my throat.　　　　(鈴木 2013: 115)
(ii) ...hotel bedrooms that freeze your eyebrows to the pillows...　　　　(ibid.)

鈴木は(i)と(ii)も踏まえた上で(47)の制約を提案しているものの，本論の分析にこれらの事例をどのように含めていくかということについては慎重な検討を要する。(i)においては，目的語名詞句 the road 全体もしくはその一部が down my throat という経路に沿って移動するわけではないため，本論で議論している translational motion とは種類が異なるように思われる。(ii)は「ホテルの部屋で寝ると，あまりの寒さに，眉毛が枕に凍り付く」という意味である。鈴木の分析によると，the pillows が本来の目的語（つまり，比喩的ではあるが凍るもの）で your eyebrows が非選択目的語（つまり，直接的に凍るわけではないもの）ということになるが，本当にそのように言えるのか疑問も残る。これらの事例は今後に何らかの形で本分析に取り入れていく必要があるかもしれないが，以上の理由から，本論では(i)と(ii)については議論しない。

(14) https://www.theguardian.com/lifeandstyle/2011/dec/11/nigel-slater-classic-steak-tartare ［最終アクセス日：2017/5/15］より。
(15) (48b)について，英語母語話者4人中1人は，卵を割ったら黄身だけでなく白身もボールに入るため違和感があると回答した。このような容認性の揺れについては注11も参照。
(16) 本論で扱った事例の理論的検討（特に，構文文法(Construction Grammar)の枠組みにおける検討）については貝森(2018)を参照。

## 参考文献

Beavers, John. and Andrew Koontz-Garboden. (2012) Manner and Result in the Roots of Verbal Meaning. *Linguistic Inquiry* 43(3): 331–369.

Croft, William. (1991) *Syntactic Categories and Grammatical Relations: The Cognitive Organization of Information.* Chicago: University of Chicago Press.

Givón, Talmy. (2001) *Syntax: An Introduction, Vol. 2.* Amsterdam: John Benjamins Publishing Company.

Givón, Talmy. (2009) *The Genesis of Syntactic Complexity: Diachrony, Ontogeny, Neuro-Cognition, Evolution.* Amsterdam: John Benjamins Publishing Company.

Goldberg, Adele E. (1991) It Can't Go Down the Chimney Up: Paths and the English Resultative. *BLS* 17: 368–378.

Goldberg, Adele E. (1995) *Constructions: A Construction Grammar Approach to Argument Structure.* Chicago: University of Chicago Press. ［河上誓作・早瀬尚子・谷口一美・堀田優子 (訳) (2001)『構文文法論：英語構文への認知的アプローチ』研究社.］

Goldberg, Adele E. (2001) Patient Arguments of Causative Verbs Can Be Omitted: The Role of Information Structure in Argument Distribution. *Language Sciences* 23: 503–524.

Goldberg, Adele E and Ray Jackendoff. (2004) The English Resultative as a Family of Constructions. *Language* 80(3): 532–568.

Horita, Yuko. (1995) A Cognitive Study of Resultative Constructions in English. *English Linguistics* 12: 147–172.

Iwata, Seizi. (2008) A Door that Swings Noiselessly Open May Creak Shut: Internal Motion and Concurrent Changes of State. *Linguistics* 46(6): 1049–1108.

岩田彩志 (2010)「Motion と状態変化」影山太郎 (編)『レキシコンフォーラム』5: 27–52. ひつじ書房.

影山太郎 (1996)『動詞意味論：言語と認知の接点』くろしお出版.

貝森有祐 (2018)「非選択目的語を伴う英語使役移動構文から見る動詞と構文の融合」中村芳久教授退職記念論文集刊行会 (編)『ことばのパースペクティヴ』234–247. 開拓社.

Levin, Beth and Malka Rappaport Hovav. (1991) Wiping the Slate Clean: A Lexical Semantic Exploration. *Cognition* 41: 123–151.

Levin, Beth and Malka Rappaport Hovav. (1995) *Unaccusativity: At the Syntax-Lexical Semantics Interface.* Cambridge, Mass.: The MIT Press.

Levin, Beth and Peter Sells. (2009) Unpredicated Particles. In Linda Uyechi and Lian-Hee Wee (eds.) *Reality Exploration and Discovery: Pattern Interaction in Language and Life.* 303–324. Stanford: CSLI Publications.

Massam, Diane and Yves Roberge. (1989) Recipe Context Null Objects in English. *Linguistic Inquiry* 20(1): 134–139.

松本曜 (2002)「使役移動構文における意味的制約」西村義樹 (編)『認知言語学Ⅰ：事象構造』187–211. 東京大学出版会.

Matsumoto, Yo. (2006) Constraints on the Co-Occurrence of Spatial and Non-Spatial Paths in English: A Closer Look at the Unique Path Constraint. *The Fourth International Conference on Construction Grammar.* Plenary Lecture.

Matusmoto, Yo. to appear. Constraints on the Co-Occurrence of Spatial and Non-Spatial Paths in English: A Closer Look at the Unique Path Constraint. Manuscript. Kobe University. Available at: http://www.lit.kobe-u.ac.jp/~yomatsum/papers/unique%20path.pdf ［最終アクセス日：2017 年 5 月 15 日］

野村益寛 (2016)「事象統合からみた主要部内在型関係節構文：『関連性条件』再考」藤田耕司・西村義樹 (編)『日英対照　文法と語彙への統合的アプローチ：生成文法・認知言

語学と日本語学』186–211. 開拓社.

奥野浩子(2003)「結果構文に対する『被動者制約』と構文融合」『人文社会論叢　人文科学篇』9: 159–170. 弘前大学.

Rappaport Hovav, Malka and Beth Levin.(1996) Two Types of Derived Accomplishments. In Miriam Butt and Tracy Holloway King(eds.) *The Proceedings of the first LFG Conference.* 375–388. Stanford: CSLI Publications.

Rappaport Hovav, Malka and Beth Levin.(1998) Building Verb Meanings. In Mirian Butt and Wilhelm Geuder(eds.) *The Projection of Arguments: Lexical and Compositional Factors.* 97–134. Stanford, CA: CSLI Publications.

鈴木亨(2013)「構文における創造性と生産性：創造的な結果構文における非選択目的語の認可のしくみ」『山形大学人文学部研究年報』10: 109–130. 山形大学.

Talmy, Leonard.(2000) *Toward a Cognitive Semantics, Vol. 2: Typology and Process in Concept Structuring.* Cambridge, MA: MIT Press.

Tenny, Carol L.(1987) Grammaticalizing Aspect and Affectedness. Doctorial dissertation. MIT. Cambridge, Mass.

Tenny, Carol L.(1994) *Aspectual Roles and the Syntax-Semantics Interface.* Dordrecht: Kluwer Academic Publishers.

Tortora, Christina M.(1998) Verbs of Inherently Directed Motion Are Compatible with Resultative Phrases. *Linguistic Inquiry* 29(2)：338–345.

Yasuhara, Masaki.(2013a) A Modification of the Unique Path Constraint. *JELS* 30: 355–361.

Yasuhara, Masaki.(2013b) Further Specification Analysis of the Unique Path Constraint Effect: From the Perspective of Spatial Extension. *English Linguistics Research* 2(2)：141–154.

吉川裕介(2009)「広告，レシピ，ヘッドラインに現れる結果構文：関連性理論からの一考察」『日本語用論学会大会研究発表論文集』4: 151–158.

# ［形容詞語幹+形容詞］型
# 複合形容詞の意味
## ―フレーム意味論・構文彙に基づいた複合形容詞の意味記述―

阪口慧

## 1. はじめに

　本論は，日本語の複合形容詞のうち［形容詞語幹+形容詞］型の複合形容詞を扱い，基体となる2つの形容詞の意味結合のパタン，及び［形容詞語幹+形容詞］型複合形容詞の意味について認知言語学の観点から考察する[1]。また，本論では日本語複合形容詞の意味記述に対し，フレーム意味論(Fillmore 1982, Fillmore & Baker 2009)及び構文彙[2] (constructicon) (Fillmore et al. 2012, 藤井 2010a, 藤井 2010b, Ohara 2013, 小原 2015)による語彙・構文の記述法の応用が可能か試論する。構文彙は語彙情報の資源であるフレームネット(FrameNet[3], 以下 BFN)から発展し構文的な言語表現の意味記述を網羅的に行い，構文的意味のデータベース化を目的としたプロジェクトである。その為，本論では［A+A］型複合形容詞に対する認知言語学的な考察に加え，構文彙の方法論に従い，日本語の［A+A］型複合形容詞の構文的意味記述を網羅することを目的の1つとする。なお，本論では語基がイ形容詞であるもののみを扱う。

## 1.1 本論で扱う言語表現に関して

以降，本節では本論にて扱う言語表現，複合形容詞について概観する。竝木 (1988) によると日本語の複合形容詞は複合語の内部構造に着目した場合，次の3種類に分類される。

（1） 竝木 (1988) による複合形容詞の3分類：
　　　A. 名詞＋形容詞：耳新しい，数多い，末恐ろしい，腹黒い
　　　B. 形容詞語幹＋形容詞：ずる賢い，暑苦しい，青白い
　　　C. 動詞の連用形＋形容詞：蒸し暑い，まわりくどい，こげくさい

2節にて詳しく触れるが，竝木 (1988) 及び田村 (2006) の研究では［形容詞語幹＋形容詞］型（以下，［A＋A］型複合形容詞[4]）に類する複合形容詞は［名詞＋形容詞］型（以下，［N＋A］型複合形容詞）に比べると例が少ない事が示されている。また，複合形容詞は複合動詞や複合名詞に比べると新造性が低いことも指摘されている。（竝木 1988: 75，田村 2006: 13）しかし，近年の言語使用[5]を観察すると，新奇性の高い［A＋A］型複合形容詞が特定のパタンに基づき，生産的に使用されていることが分かる。

（2） ハロウィン和菓子「目玉の水饅頭」や「指型のサブレ」が<u>キモかわいい</u>！[6]
（3） 今回は，男性が思わず「もう1回やって！」と言いたくなってしまう女性の<u>あざと可愛い</u>仕草をご紹介します[7]。
（4） 僕の中の浜田省吾さん，甲斐バンドさんっていう初期のJ-POPからの影響と，それ以降にいろんな音楽を聴いてきた，そのごちゃまぜ感が，どこにも方向が定まってない，ぐちゃっとあるのが「<u>古新しい</u>」感じがしたんですよ[8]
（5） <u>辛楽しい</u>ライドでは笑顔が大事。苦行ではなく，遊びなので，辛い事も実は楽しいはず[9]

上記 4 例の［A＋A］型複合形容詞は辞書(10)には記載されていない。これらの語は発話者が対象に対し，既存の語で言い表すことの出来ない感覚，評価，判断を形容するために，2 つの形容詞を複合することで産み出した造語である。(2)の例における「キモかわいい」は「ある対象に対して気持ち悪いと思いつつも，同時にかわいい様子」を意味している。(3)の例の「あざと可愛い」は「対象に対してあざといと感じつつも，同時にかわいいと感じる様子」を示す。(4)の例の「古新しい」は「古いと感じる対象に対し，新しさを見いだせる様子」を示している。(5)の例の「辛楽しい」は「辛いと感じると同時に，楽しいと感じる感情」を示している。(2)～(5)の例は新奇性の高い表現ではあるが，これらの複合形容詞は形式的な規則性，意味的な規則性が認められる為，無秩序に産み出されるものとは考えにくい。この点に関して，阪口(2017)では［A＋A］型複合形容詞の前項形容詞と後項形容詞の意味の結合のパタンを，竝木(1988)，田村(2006)らの複合形容詞の分類，尾谷(2012)の形容詞併置構文との類似性を踏まえた上で下記の 4 種類に再分類した。

（6）　［A＋A］型複合形容詞の基体の意味結合のパタン
　　　(a)前項形容詞と後項形容詞が共起の関係　　　　　（cf. 尾谷 2012）
　　　(b)前項形容詞が後項形容詞の継起の関係にあるもの　（cf. 尾谷 2012）
　　　(c)前項形容詞が後項形容詞を修飾するもの　　　　　（田村 2006）
　　　(d)前項形容詞と後項形容詞がアンビバレントな関係にあるもの
　　　　　　　　　　　　　　　　　　　　　　　　　　　　（阪口 2017）

　先に示した(2)～(5)の例は(6d)に該当する複合形容詞である。阪口(2017)では，基体の意味結合に関する再分類の必要性を示すに留まっており，これらの複合形容詞において前項形容詞と後項形容詞のどちらが意味的な主要部(head)あるいは修飾語(modifier)なのかといった議論が行えていない。また，どのような形容詞がそれぞれのスロットに現れるのかという点に関しても言及が出来ていない。本論ではこれらの課題にも触れ議論を進めていく。

## 1.2 本論の構成に関して

　本論の構成は以下のようになっている。2節にて先行研究を概観し，3節では先行研究を踏まえた上で［A＋A］型複合形容詞の意味的な特徴及び語基の意味の関わり合いを考察する。その上で，先行研究との異同を明示的に示しつつ，本研究にて［A＋A］型複合形容詞の意味構造のパタンを再記述する。4節では，複合語の意味記述に対する理論的枠組みとしてフレーム意味論及び構文彙(constructicon)を導入する。そして，複合語をフレーム意味論及び構文彙で扱う際の問題について言及した上で構文彙の方法に従い日本語［A＋A］型複合形容詞の構文的意味の記述を試みる。5節にて本論を結び展望と課題を述べる。

## 2. 先行研究

　複合語の研究において，複合動詞および複合名詞については多くの研究があるが，竝木(1988: 75)，田村(2006: 13)，影山(2009: 232)による指摘があるように，複合形容詞に関しては極めて少ない。日本語の［A＋A］型複合形容詞を扱ったものは特に少なく，竝木(1988)，田村(2006)において多少の言及があり，最近になり漆谷(2014a)，近藤(2015)において研究が行われた程度である。日本語以外の言語に関しては，Bisetto & Scalise(2005)の複合語の分類に関する研究の中で，*bittersweet* という表現に関し言及がある。2.1節ではこれらの複合形容詞を扱った研究を概観する。そして2.2節では［A＋A］型複合形容詞に関連する構文として尾谷(2012)の形容詞併置構文について扱う。尾谷(2012)は，2つ以上の形容詞が名詞を修飾する場合の形式的な性質，意味的な性質について扱っており，そこで示された意味的な性質は［A＋A］型複合形容詞の基体の意味結合に類似する点がある事を示す。

## 2.1 複合形容詞の分類

　日本語複合形容詞を扱った研究としては竝木(1988)，田村(2006)がある。

これらの研究では，複合形容詞の形式的な違いを指摘している．日本語ではないが，複合語の分類を扱ったものとして Bisetto & Scalise (2005) の研究を導入し，田村らの研究との共通点を概観する．

## 2.1.1　日本語複合形容詞の研究

竝木(1988)では日本語の複合形容詞には3種類のものがあることを示している．

（1）　竝木(1988)による複合形容詞の3分類(再掲)：
　　　A. 名詞＋形容詞：耳新しい，数多い，末恐ろしい，腹黒い
　　　B. 形容詞語幹＋形容詞：ずる賢い，暑苦しい，青白い
　　　C. 動詞の連用形：蒸し暑い，まわりくどい，こげくさい

竝木(1988)は複合形容詞に関して上記の例を提示し，[N＋A]型は，この3種類の中で例が多いことを示した．そして複合形容詞の研究が，他の複合語の研究に比べ例が少ない理由として，複合形容詞は新造力がそれほど強くなく，例が少ない点を指摘した．この点は影山(2009)でも同様の指摘がある．そして，田村(2006)は竝木(1988)や玉村(1988)の研究を踏まえ，例を多く示した上で，複合形容詞の基体の意味の関係に関して言及した．田村が示した[A＋A]型複合形容詞の例は次の通りである．

（7）　田村(2006)が示した[A＋A]型複合形容詞
　　　青黄色い，青白い，赤黄色い，赤黒い，浅黒い，暑苦しい，甘辛い，甘酸っぱい，甘苦い，痛がゆい，薄赤い，薄青い，薄明るい，薄甘い，薄暗い，薄白い，重苦しい，面白おかしい，堅苦しい，狡辛い，ずる賢い，狭苦しい，長細い，細長い，むさ苦しい，悪賢い

また，田村(2006)は[A＋A]型複合形容詞に関して次のように述べている．

　　　このグループに属する複合形容詞は，A．前項の形容詞が後項の形容詞

を修飾するもの(浅黒い,薄暗い),B.前項と後項が並列的な関係にあるもの(甘辛い,甘酸っぱい)の二つに大別できるが,B.に属するものは少ない。
(田村 2006: 15)

以上のように田村(2006)の研究は日本語複合形容詞の例を多く挙げ,それを分類し,簡潔に基体の意味結合について論じた。この点に関連するものとして,西尾(1972)の指摘する複合形容詞の意味分析の問題点を導入する。西尾(1972: 102)は複合形容詞を中心に論じてはいないが,日本語形容詞の意味と用法を記述した研究の中で,「甘酸っぱい」という複合形容詞の意味分析の問題点として,「甘酸っぱい」を「酸っぱい」のサブタイプを表す語として観るか,それとも「甘み」と「酸っぱみ」が混合した第三の味として観るか問題となることを論じている。

## 2.1.2 ［A＋A］型複合形容詞の研究：漆谷(2014a),近藤(2015)

漆谷(2014a)は国語辞典に見出し語として採録されている［A＋A］型複合形容詞の意味的な性質を記述するために,前項,後項それぞれの形容詞の意味的なタイプに分類した。

先行形容詞(語幹)に表れる語と意味的なタイプ：
評価を表す：薄,悪,狭,遅,遠,浅,ずる,むさ
形状を表す：薄,長,細,厚
味覚を表す：青,黒,赤
温度を表す：暑,ぬる
その他：重,えら,堅,狭,痛

(漆谷,2014a: 506)

後項形容詞に表れる形容詞と意味的なタイプ：
色彩を表す：黒い,白い,黄色い,青い,赤い
明暗を表す：暗い,あかい,明るい
温度を表す：寒い,暑い,冷たい

心情を表す：苦しい，たるい，しつこい，気味悪い，さがしい，寂しい，ずるい，つらい，ひどい，みっともない
形状を表す：ながい，細い，平たい，太い，短い
味覚を表す：すっぱい，甘い，辛い，酸い，苦い，うまい
（その他）
評価を表す：賢い，汚い，すごい，ちょろい，のろい，悪い，かたい，かゆい，こすい，狭い，高い，鈍い，広い，若い

(漆谷，2014a: 498–499)

このように形容詞の意味的な類別を行った上で，漆谷(2014a)は前項形容詞と後項形容詞の意味的な関係を次のように記述する。

　先行形容詞と後接形容詞が異質の形容詞である場合，先行形容詞は後接形容詞の修飾要素になる。
　先行形容詞と後接形容詞が同質である場合には，両者が意味的に近似している場合には並列の意味を持つ場合も存しているが，多くの場合で後接形容詞は先行形容詞を補足，説明する意になる。

(漆谷，2014a: 489)

　漆谷(2014a)の研究は，田村(2006)の記述と照らし合わせると，［A＋A］型複合形容詞は前項が後項を修飾するものと，前項と後項が並列関係にあるものの2種類に分類できることを認めている。異なる点として後接形容詞が先行形容詞を修飾する分類軸を提案する。そして，語基の意味的なタイプが同質であり近似している場合には並列関係になることもあるが，多くの場合が修飾関係にあると記述している。つまり，語基の意味的な性質及び関わり合いに着目した点で，詳細に［A＋A］型複合形容詞の特徴を記述している。一方，近藤(2015)は後接形容詞が先行形容詞の意味を補足，説明するという漆谷(2014a)の説明に対し「右側主要部規則[11]に違反する」としてこれを否定する。そして，近藤(2015)によれば［A＋A］型複合形容詞は「A1とA2の統語構造に等位関係はなく修飾関係しかないのではないか」と指摘した上で，次のように結

論付ける。

    A. AAタイプの複合形容詞において、A1とA2の統語構造は修飾関係にある
    B. 二つの形容詞が「同質」で、意味的に相反する場合、また近似的な場合、それは結合しにくい。また「異質」の場合には、それが形容する対象の側面が異なっている場合は結合しにくい。
    C. AAタイプの複合形容詞における修飾関係には、
      (1)A2はA1という程度を帯びている
      (2)A2はA1という性質を帯びている
      (3)A2はA1によって生じた性質である

(近藤 2015: 28–33)

　上記の[A+A]型複合形容詞の特徴の内、近藤(2015)はB.で示した制約はそれほど強い制約ではないと述べている。また、近藤は(2015)は竝木(1988)でも指摘されている[A+A]型複合形容詞の新造力の低さに関しては、「lexiconに語彙項目として登録されているとは言い難いが、こうした表現にかなり頻繁に出会うことがある。」(近藤、2015: 30)と指摘する。lexiconへの登録という点に関して本論では議論を行わないが、新造力が低くはないという点に関しては本論も同じ立場を取る。

## 2.1.3 Bisetto & Scalise(2005)：複合語の分類

　これまで観てきた日本語複合形容詞の分類と他の言語における複合形容詞の扱いを比較するべく、Bisetto & Scalise(2005)の研究を導入する。Bisetto & Scalise(2005)は複合語の従来の分類(Bloomfield 1933, Bauer 2001, Booij, 2005)の問題点を解決するために、次の3分類を提案した。

    等位複合語(coordinative compounds)：前項と後項が等位関係にあるもの
    限定複合語(attributive compounds)：前項が後項を修飾するもの
    従属複合語(subordinative compounds)：一方が他方の項となるもの

（Bisetto & Scalise 2005）

　等位複合語(coordinative compounds)は，前項と後項とが等位関係にあるため，両者を and のような演算子で結べるものである。そして，両方の語基が意味的な主要部を担う。(cf. *bittersweet*)限定複合語(attributive compounds)は前項形容詞が後項形容詞を修飾するものである。(cf. *snail mail, sword fish*)従って主要部は語基のいずれかが担うものである。従属複合語(subordinative compounds)は一方が他方の項(argument)になるものである。(cf. *taxi driver*)そして従来の内心複合語(endocentric compounds)と外心複合語(exocentric compounds)は3種類のいずれにも観察される例であることを示している。以上を図示すると，次のようになる。

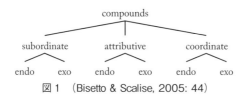

図1　（Bisetto & Scalise, 2005: 44）

　田村(2006)の説明と照らし合わせると，日本語の［A＋A］型複合形容詞は等位複合語と，限定複合語に大別されると言える。また，阪口(2017)において日本語の［A＋A］型複合形容詞の分析性の高さについて言及したが，これは内心複合語であることと同様である。

### 2.1.4　複合形容詞研究の問題点

　並木(1988)及び田村(2006)の研究では複合形容詞を形式的な側面から分類している。並木(1988)では［A＋A］型複合形容詞に関して詳細な議論はされていないが，田村(2006)では前項と後項形容詞の関わりに関して前項が後項を修飾するものと，前項と後項が並列されているものがあるという指摘が為された。そして漆谷(2014a)は同様の分類を支持しながら，前項と後項の意味的な質が異質な場合は先行形容詞が後接形容詞を修飾するとし，前項と後項が同質の場合は，両者が並列される場合と，後接形容詞が先行形容詞を補足し，説

明する場合があるとした。それに対し近藤(2015)は，意味的は主要部右側規則により後項が主要部となるような「A1 が A2 を補足，説明する」パタンを否定し，[A+A] 型複合形容詞は全て前項が後項を修飾するものであるとする。上記をまとめると次の表のようになる。

表1　先行研究の分類一覧

|  | A1 が A2 を修飾 | A1 と A2 が並列 | A2 が A1 を補足／説明 |
|---|---|---|---|
| 田村(2006) | ○ | ○ | －(記載なし) |
| 漆谷(2014a) | ○(A1 と A2 が同質) | ○(A1 と A2 が異質) | ○(A1 と A2 が異質) |
| 近藤(2015) | ○ | 否定 | 否定 |

　しかし，複合語において右側主要部の規則に違反する例は多く観察されている。例えば bittersweet は両者が and で結合されているものとされ，両者が意味的主要部とされる。(c.f. Booij 2005, Bisetto & Scalise 2005) 日本語の場合でも，「甘苦い」と「苦甘い」という語基の入れ替えが可能であり意味的にも変化がない例も存在する。本論は，語基の意味的なタイプに注目する分析手法に従い，漆谷(2014a)の示す3種類は複合形容詞に認められるという立場を取る。ただし，$A^1$ と $A^2$ の修飾関係に関してはより詳細な議論が可能であるように思われる。その点においては近藤(2015)を支持する。例えば「暑苦しい」であれば前項「暑い」は後項「苦しい」の原因であるような修飾関係にあると考えられ，語基の本来の意味は保持されている。一方，「薄赤い」のような場合は，「薄い」は本来の意味が希薄化され，後項の程度性の修飾をしているという点で異なりがある。ただし，近藤(2015)では修飾の分類の根拠が示されていない。この点を解決するには，複合形容詞を複数の形容詞が関わる構文にパラフレーズが可能かどうかを比較し，パラフレーズ後の構文の意味と複合形容詞の意味を比較することでより詳細に分析出来ると考える。その為に，本論は尾谷(2012)の形容詞併置構文を導入する。また，(2)〜(5)で挙げた「キモかわいい」「古新しい」など，前項と後項が等位とも修飾とも言えない，相反関係にあると考えられる例は上記のいずれにも属さないと考える。これは3節にて詳しく論じる。

## 2.2 尾谷(2012)：形容詞併置構文

尾谷(2012)は2つ以上の形容詞が名詞を装定用法において修飾する，形容詞併置構文に対し認知言語学の観点から考察を行った。その上で形容詞の連体形併置構文とテ形併置構文の意味的性質と，その解釈に関連する認知的メカニズムを説明している。

（8） 尾谷(2012)の示した形容詞併置構文の分類
    a．［美しい［青い海］］連体形併置(直列)
    b．［［小さい］／［赤い］苺］連体形併置(並列)[12]
    c．［［小さくて赤い］苺］テ形併置(共起)
    d．［［甘くて美味しい］苺］テ形併置(継起)

(尾谷 2012: 136)

(8a)では「美しい」が「青い海」にかかるというものであり，これを形容詞併置の直列用法としている。そして，尾谷(2012)では連体形併置構文は離散的認知を反映するものとする。(8b)ではそれぞれの形容詞が個別に「苺」を修飾しており，(8c)の「小さくて赤い」が，ひとまとまりの事態として認識され，「苺」を修飾するのと異なっている。これをテ形併置構文の〈共起〉の用法と呼ぶ。(8d)は2つの事態が連続して起こっており，前項の「甘い」が後項「美味しい」と感じる起因となる様子を，テ形併置という形で表されている。これをテ形併置構文の〈継起〉[13]用法と呼ぶ。なお，(8c)(8d)のようなテ形併置には2つの事態が同時に成立していることを，一体化して捉えている表現であり，総合的認知を反映するものとする。

また，尾谷(2012: 129–131)ではテ形併置構文の特徴として反意関係にある語が併置される場合にはテ形併置構文が使われる事を示した。

（9）a．＊古い新しい課題といわれる衆院改革
    b．古くて新しい課題といわれる衆院改革[14] (尾谷 2012: 130)

尾谷によれば反意関係にある「古い」と「新しい」を併置する場合，(9a)のように連体形併置ではなく，(9b)のようにテ形併置構文でなくてはならないとする。このような振る舞いはテ形併置構文の共起用法が同時性，ひとまとまり性という特徴を際立たせる構文に基づくとする。ただし，プラスイメージを持つ語とマイナスイメージを持つ語が認知的な摩擦を起こす次のような場合には併置は出来ないとしている。

(10) a. ?汚くて美味しいラーメン屋　　　(c.f. 安くて美味しいラーメン屋)
　　 b. ?美味しくて汚いラーメン屋　　　(c.f. 美味しくて安いラーメン屋)

(10a)及び(10b)では「汚い」というマイナスイメージの語と「美味しい」というプラスイメージの語が相反するため，総合的認知を反映するテ形併置構文においても併置不可能である。これは語順を入れ替えても容認度の低い表現であるとする。これらの2つの形容詞が現れる形容詞併置構文における意味的な特徴は［A＋A］型複合形容詞にも共通する部分がある。(4)における「古新しい」という言葉は(9b)の「古くて新しい」という表現と近い意味を持つと考えられ，「古い」と「新しい」という意味的に相反する語がひとまとまりの表現として現れている。一方で，併置構文において併置出来ないプラス・マイナスイメージの矛盾を有する語同士が［A＋A］型複合形容詞においては1つの語を形成する例が観察された。

(11) 汚いけどそれがまたいい！『きたな美味い店』で紹介された東京・
　　 神奈川のお店6選(15)

(11)は「美味しい」「汚い」というプラス・マイナスイメージという点で認知的な摩擦を起こしうる語同士が，複合形容詞を形成する基体となっている。このようなプラス・マイナスイメージという点で相反する語をひとまとまりの表現とすることは［A＋A］型複合形容詞の特徴の1つと思われる。比喩的な解釈が関わるが，この点に関して，西尾(1972)が示した例に次がある。

(12) 私にも何となく甘苦い哀愁が抽き出されて，ふとそれがいつか知らぬ間に海の上を渡つてゐる若い店員にふらふら寄つて行きさうなのに気がつくと，　　　　　　　　　　　　（西尾 1972: 102）(16)

　西尾(1972: 102)では「具体的な味に関わるものではない」程度に触れており，詳細な言及はしていない。ただ，この複合語では比喩的な意味においてプラスイメージを持つ「甘い」と，比喩的な意味においてマイナスイメージの「苦い」，つまりプラス・マイナスのイメージにおいて相反する2語が，複合形容詞として1つの語を成形している。尾谷(2012)が説明するように，認知的摩擦を生じる2語はテ形併置構文に生起できないのに対し，複合形容詞ではそれが許される例があることが分かる。このように［A＋A］型複合形容詞は2つの形容詞が関わるという点，そして2つの形容詞の意味的な関わり合いにおいて形容詞併置構文と共通点，そして異なる点もあることが分かった。この点に関して，3節にて詳しく論じる。

## 3. 考察

　ここでは，2節にて扱った先行研究に対する問題点，そしてそれぞれの研究の関連に言及しながら，［A＋A］型複合形容詞の意味的な特徴を考察する。2.1節にて概観した竝木(1988)，田村(2006)の先行研究では［N＋A］型複合形容詞と［A＋A］型複合形容詞の用例数に基づいて，［N＋A］型複合形容詞の用例が多く生産性が高いことを示していた。そして，［A＋A］型複合形容詞の多くが，限定複合語と等位複合語に大別され，限定複合語の例が多いとしていた。しかし，意味的な側面についての分析は十分に為されたとは言えない。また，田村(2006)及び Bisetto & Scalise(2005)によって提示されている前項形容詞と後項形容詞の意味結合の分類では，［A＋A］型複合形容詞の特徴を十分に記述出来ていないと考えられる。この点は尾谷(2012)で示された形容詞併置構文の意味的な特徴と［A＋A］型複合形容詞との比較により明らかになることを示す。尚，阪口(2017)にて提示した分類(6)は1つの代案となることが考えられるが，分類の根拠として十分な例文が提示出来ていなかったため，本節

以降で改めて詳しく論じる。

## 3.1 等位複合語・順接複合語：形容詞併置構文と共通する特徴—〈共起〉〈継起〉解釈

まず，尾谷(2012)によって示された形容詞併置構文との共通点を観察する為に，次の例を観てみたい。

(13) a. 甘辛い料理
  b. 甘くて辛い料理(〈共起〉の解釈のみ可)
  c. 甘い {かつ／*ため／?けど} 辛い料理
(14) a. 暑苦しい部屋
  b. 暑くて苦しい部屋(〈共起〉〈継起〉どちらの解釈も可)
  c. 暑い {かつ／ため／*けど} 苦しい部屋

(13a)，(14a)共に，田村(2006)で提示された［A＋A］型複合形容詞の例である。田村(2006: 15)の説明に従えば「前項と後項が並列的な関係にあるもの」に該当する。これをテ形併置構文にてパラフレーズする場合，(13b)は「甘い」と「辛い」をひとまとまりに認識したことを反映する〈共起〉の解釈しか出来ないが，(14b)は「暑い」と「苦しい」という事態をひとまとまりに認識した〈共起〉の読みと，「暑い」と最初に事態を把握し，それを起因として「苦しい」と感じる〈継起〉としての解釈も可能である。〈共起〉と〈継起〉が排他的なカテゴリではなく，どちらにも解釈可能である点は，尾谷(2012: 138-139)でも指摘がある通りである。

また，前項形容詞と後項形容詞の意味関係に注目し，両者を接続詞または接続助詞で繋ぐ場合，(13c)は，並列の接続詞「かつ」での接続が最も自然である。このことからも(13a)「甘辛い」の場合は Bisetto & Scalise(2005)の分類における等位複合語の一つと言える。一方，「暑い」と「苦しい」という例を接続詞によって結合した場合，(14c)のように「かつ」あるいは順接の接続助詞

「ため」が自然である。この場合，前項形容詞と後項形容詞は等位関係(coordinative)にあるというよりは，〈継起〉の解釈が可能であることから，順接(因果)関係(resultative)にあると思われる。この点は田村(2006)，漆谷(2014a)による記述では説明し得ない特徴である。ただし，近藤(2015)で説明された「A2 は A1 によって生じた性質」という例の一つと思われる。尚，「暑苦しい」を「苦しい」の下位語(subtype)と捉え，限定複合語の一つと分析出来る可能性も考えられるが，別の類を立てる根拠として，限定複合語「薄赤い」との比較を挙げる。なお，「薄赤い」は田村(2006)において前項形容詞が後項形容詞を修飾するものとして扱われている。これは Bisetto & Scalise (2005)の分類における限定複合語に類するものと思われる。

(15) a. 薄赤い空
　　 b. {赤み／赤さ}が薄い空
　　 c. *薄くて赤い空
　　 d. *薄い空／赤い空
(16) a. 暑苦しい部屋((14a)の再掲)
　　 b. {*苦しさ／*苦しみ}が暑い部屋
　　 c. 暑くて苦しい部屋((14b)の再掲)
　　 d. 暑い部屋／苦しい部屋

(15a)(16a)の例で用いられた複合形容詞を(15b)(16b)のように，意味的な主要部(head)を担う語を名詞化し，修飾部(modifier)を担う語によって修飾したものを連語とした例を比較した場合，「赤みが薄い」という言い換えは可能だが，「苦しさが暑い」や「苦しみが暑い」などの文は極めて不自然な文である。一方，(15c)(16c)の様にテ形併置構文に言い換える場合「薄くて赤い空」は非文となるが「暑くて苦しい部屋」は自然な文となる。また，(15d)(16d)のようにそれぞれの語基を複合形容詞が修飾する名詞と共起させた場合，「薄赤い」の語基「薄い」「赤い」は「*薄い空」というのは極めて不自然な表現になるが，「赤い空」は自然な表現となる。一方，「暑苦しい」の語基「暑い」「苦しい」を用いて「暑い部屋」「苦しい部屋」としても自然な表現となった。

つまり，田村(2006)の分類において前項が後項を修飾すると総括していたものも，意味的に異なる特徴を持つことが分かった。「薄赤い」の前項形容詞は意味が希薄化し，副詞的に「赤い」を修飾する限定複合語の例と分類出来るが，「暑苦しい」において前項形容詞「暑い」は意味が保持されており，「苦しい」という評価・判断の原因となっていると考えられる。このことからも［A＋A］型複合形容詞には限定複合語，等位複合語の他に順接(因果)複合語 (causative compounds)という類があると考えられる。これらの異なりを図示すると次のようになる。

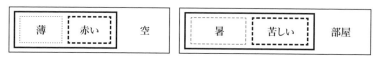

図2　限定複合語，順接複合語における語基の際立ちの異なり

　上記の図では2つの形容詞が結合して出来た単位の外枠は太線で示している。これは総合的認知を示すものである。語基である2つの形容詞が複合し，ひとまとまりの事態把握を反映するという点では両者は共通する。しかし，語の意味の希薄化及び際立ちの差を考えた場合，「薄い」は語基のもともとの意味が希薄化しており，後項形容詞の度合いを修飾しており，際立ちは低いものと考えられる。それに対し，「暑苦しい」における「暑い」は語基の本来の意味を保持している。しかし，「苦しい」という事態の原因となることから際立ちは「苦しい」に比べ低いものと考えられる。以上をまとめたものが上図である。尚，等位複合語の語基の際立ちの図式化は3.2節にて扱うため，ここでは割合する。

　以上，3.1節をまとめると［A＋A］型複合形容詞の中には語基の2つの形容詞が〈共起〉する事態把握を反映する等位複合語の類に該当するものと，〈継起〉の事態把握を反映する順接複合語の2種類があると考えられる。

## 3.2 相反複合語：形容詞併置構文と異なる特徴 —〈相反〉解釈

ここでは，尾谷(2012)によって示された形容詞併置構文と異なる点を観察する。

(17) a. キモかわいいキャラクター
   b. ?キモくてかわいいキャラクター
   c. キモい{?かつ／*ため／けど} かわいいキャラクター

(17a)を(17b)のようにテ形併置構文にパラフレーズする場合，プラスイメージとマイナスイメージが認知的な摩擦を起こす例となる。尾谷(2012)では，このような例は非文あるいは不自然な文とされていた。しかし，実際の言語使用を観察すると次のような例が見つかった。

(18) 食べて，排泄して，生殖してというシンプルな生き方で，ウニなのに食べてもおいしくないし「何のために生きてるんだ，お前は」と思うんだけど，ちょっとキモくてかわいい。(17)

(17)(18)において複合，併置されている言葉は「キモイ(≒気持ち悪い)」というマイナスイメージを持つ語と，「かわいい」というプラスイメージを持つ言葉である。その為，テ形併置構文の中には本来であれば認知的な摩擦を起こす2つの語が併置されても比較的容認度が高いものがあることが分かる。これは2つの事態あるいは特徴を1つの対象に対して認めるという点で，尾谷(2012)で示された〈共起〉のテ形併置に似た点もあるが，プラスイメージが際立つという点で異なっている。根拠としては，(17c)で挙げた接続(助)詞を用いたパラフレーズで分かるように，並列，順接の接続(助)詞よりも逆説(contradictive)の接続助詞を用いた接続の方がより自然であり，表現全体の評価・判断としては肯定的な評価・判断を示すことが挙げられる。この異なりを(13b)「甘くて辛い」，(18)「キモくてかわいい」を例として図で示すと次の

ようになる。

図3 共起型,相反型 テ形並置構文における語の際立ちの異なり

次に複合語の例を分析する。「甘辛い」,「キモかわいい」のどちらも,ひとまとまり性という点では複合されているという点で共通し,テ形併置構文と同様に総合的な認知を反映することが考えられるが,語基の際立ちに差が生じていることが考えられる。これは上で述べた通り,語基の2つの形容詞を接続(助)詞で結ぶ場合,逆接の接続助詞を用いる方が自然である。このことからも,本来であれば認知的な摩擦を起こすような,意味的な相反関係にある語同士であっても,プラス・マイナスのイメージを保持したまま複合する場合があることが分かった。以上を踏まえ(13a)「甘辛い」,(17a)「キモかわいい」の語基の際立ちの異なりを図で示すと次のようになる。

図4 等位複合語,相反複合語における語基の際立ちの異なり

### 3.2.1 等位複合語との相違点

上記(17a)で挙げた「キモかわいい」という複合形容詞は田村(2006)及びBisetto & Scalise(2005)において提示された分類や意味結合のパタンとも異なる特徴を持っている。これを *bittersweet* のような等位複合語と分析する場合,語基の2つの形容詞は *and* のような等位関係で結ばれた意味関係である。しかし,下記の(19b)のように基体を入れ替え「キモい」が後項に来る場合,その語によって表現しようとしている内容の推測は出来るものの,容認度は低い[18]。従って,前項形容詞と後項形容詞が単純に等位関係にあるわけではないと思われる。

(19)a. キモかわいいキャラクター
   b. ?かわキモいキャラクター

　上記の主張の根拠として，(12)の「甘苦い」という例との相違点を示す。「甘苦い」は西尾(1972)が指摘するように味覚に関わらない意味として使われた場合，「キモかわいい」と同様にプラス・マイナスのイメージがどちらも保持されたものと考えられる。ただし，「甘苦い」はどちらかの極性が際立つということはない。「甘苦い」は複合語の基体を入れ替えても容認度に大きな違いはなく，「甘い」というプラスイメージと「苦い」というマイナスイメージの両方が名詞を形容している事が分かる。「キモかわいい」との違いは意味的な主要部(head)の特定の可・不可にある。「甘苦い」の場合は語基を入れ替えた「苦甘い」と意味があまり異ならないことからも，語基の両方が主要部を担うと考えられる為，Bisetto & Scalise(2005)における等位複合語に属すものであると言える。ただし，形式が異なれば，異なる捉え方(construal)を反映しているという点を考慮する場合，「甘い(良い)体験」「苦い(悪い)体験」を経験した時間的な順序の差が(20a)及び(20b)の異なりと考えることは出来るが，(19a)(19b)のような容認度の差は生じていない。

(20)a. 甘苦い思い出
   b. 苦甘い思い出

　以上，3.2節をまとめると，日本語［A＋A］型複合形容詞の中には語基の両方が主要部を担う等位複合語の他にも，語基同士が相反関係(contradictive)にあり，語基がもともとの意味やプラス・マイナスのイメージを保持しつつも，片方の語基の極性が際立つタイプの複合語があることが分かった。これを本論では便宜的に相反複合語(contradictive compound)と呼ぶ。

## 3.3 限定複合語

　ここまで3.1節及び3.2節では形容詞併置構文との意味の類似に基いて，［A

＋A〕型複合形容詞の語基の意味の関わり合いに関して観察した。その中で従来の複合語の分類における等位複合語に該当するものと，従来の分類とは異なる順接複合語，相反複合語と呼べる例があることを確認した。ここでは，田村(2006: 15)が示した「前項の形容詞が後項の形容詞を修飾する」例，そしてBisetto & Scalise(2005)における限定複合語に関するものを観察する。その中で，前項形容詞が後項形容詞を修飾する例の他に，後項形容詞が前項形容詞を修飾する例があることを示す。

### 3.3.1　前項形容詞が後項形容詞を修飾するもの

ここでは前項形容詞が後項形容詞を修飾する例を観察する。(15)でも触れたが，尾谷(2012)で示された複数の形容詞が関わる構文にパラフレーズ出来ないものが限定複合語(attributive compound)の例である。例えば次を観てみたい。

(21)a.　薄赤い空
　　b.　?薄くて赤い空
　　c.　薄い｛*かつ／*ため／*けど｝赤い空
　　d.　薄く赤い空

上記(21a)の複合形容詞は(21b)(21c)のようにテ形併置構文へのパラフレーズ，接続(助)詞を用いたパラフレーズが出来ない。一方，(21d)連用形副詞法によって後項形容詞を修飾することは可能である。このように，限定複合語と分類出来るものは前項形容詞が副詞的に後項形容詞の意味を修飾しているものがあることが確認された。この場合には主要部は後項形容詞，修飾部は前項形容詞が担うと言える。

### 3.3.2　後項形容詞が前項形容詞を修飾するもの

前節では，前項形容詞が後項形容詞を修飾する例を確認したが，色彩語の中には，「赤黒い」「青黒い」のように，前項形容詞が後項形容詞を修飾しているとも，前項形容詞と後項形容詞が〈共起〉しているとも考えにくい例がある。

その根拠としては,「赤黒い」によって示される色は赤色の一種であると考えられるが, 黒色の一種であるとは考えにくい。「青黒い」も同様である。この場合における後項「黒い」の役割としては「青」という色彩の明度(lightness)が低い事を示し, 前項「青い」を修飾するものと考える。また,「青白い」という例に関しても同様の事が言えると思われる。以上,［A＋A］型複合形容詞の内, 限定複合語に類するものの中には後項形容詞が前項形容詞を修飾し, 複合語の主要部は前項形容詞が担う例があることが確認された。

## 3.4 ［A＋A］型複合形容詞の特徴と基体の意味結合のパタン

　ここまで竝木(1988), 田村(2006), 尾谷(2012), Bisetto & Scalise(2005)らの先行研究に触れながら日本語［A＋A］型複合形容詞の語基の意味結合のパタンに関して考察した。3.1節, 3.2節にて形容詞併置構文との共通点, 相違点を示しながら, 従来の複合語の等位複合語, 限定複合語という分類に加え, 順接複合語, 相反複合語と呼べる例があることを示した。なお, 日本語［A＋A］型複合形容詞は基体のうち, いずれか, もしくは両方が意味的な主要部を担っている内心複合語(endocentric compound)である。以上の点をまとめて図示する。

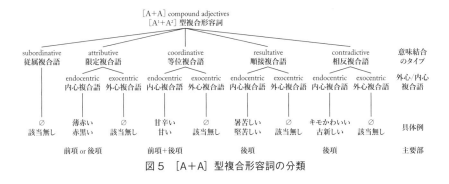

図5　［A＋A］型複合形容詞の分類

　以上, 本節では,［A＋A］型複合形容詞の意味結合のタイプを観察した。尚, ここまでに論じてきた意味結合のタイプは完全に排他的なカテゴリではな

く，互いに連続的である。(14c)「暑苦しい」の例にて指摘したとおり，語基となる2つの形容詞を接続(助)詞で複合する場合，順接接続(助)詞と等位接続(助)詞のどちらも自然な表現になる場合がある。(c.f. 暑いかつ苦しい，暑いので苦しい)この場合には，等位複合語と順接複合語の境界は明確なものではない。また，意味的に相反するタイプでも語基の前後項の入れ替えが可能なもの(c.f. 甘苦い，苦甘い)も観られた。この場合，等位複合語と相反複合語との境界は明確なものではないことを意味する。しかし，明らかに語基の2つの形容詞が並列されている等位複合語としての解釈しか出来ないもの(c.f. 甘辛い)と，2つの形容詞の間に順接，相反などの意味関係が見いだせるもの(c.f. 暑苦しい(順接)，キモかわいい(相反))がある為，本節で提示した順接複合語と相反複合語という分類軸を設ける妥当性はあると思われる。

　本節の最後に，前項形容詞$A^1$と後項形容詞$A^2$の意味の関係に基づいた[A＋A]型複合形容詞の4分類と，(2)〜(5)で提示した新奇性が高い複合形容詞及び(7)で示した先行研究で扱われた[A＋A]型複合形容詞を4種類に再分類した一覧を示す。

(22)　限定複合語(attributive compound)：
　　　a. $A^1$ と $A^2$ の意味関係：$A^1$ が副詞的に $A^2$ の意味を修飾する
　　　具体例：薄赤い，薄青い，薄明るい，薄甘い，薄暗い，薄白い，浅黒い
　　　b. $A^1$ と $A^2$ の意味関係：$A^2$ の意味を $A^1$ が修飾する
　　　具体例：青黒い，青白い，赤黒い

(23)　等位複合語(coordinative compound)：
　　　$A^1$ と $A^2$ の意味関係：$A^1$ と $A^2$ は並列
　　　具体例：青黄色い[19]，赤黄色い，甘辛い，甘酸っぱい，甘苦い，苦甘い，長細い，細長い，痛がゆい，狡辛い(こすからい)，ずる賢い，悪賢い

(24)　順接複合語(resultative compound)
　　　$A^1$ と $A^2$ の意味関係：$A^1$ が $A^2$ と評価，判断する原因となる。
　　　具体例：暑苦しい，重苦しい，狭苦しい，むさ苦しい，面白おかし

い，堅苦しい

(25) 相反複合語(contradictive compound)
$A^1$ と $A^2$ の意味関係：$A^1$ と $A^2$ は相反するが，総合的な評価・判断は $A^2$ が担う。
具体例：キモかわいい，あざと可愛い，古新しい，辛楽しい

## 4. フレーム意味論・構文彙による複合語の意味記述

　本節では，フレーム意味論及び構文彙(constructicon)の語彙及び構文の意味記述の方法が，どのように複合語の意味記述に応用できるか試論する。3節では，［A＋A］型複合形容詞における2つの形容詞の意味関係が4種類に分類可能であることを示した。これは複合語が持つ2つのスロットにおける統合関係(syntagmatic relations)の記述である。その為，各複合語のタイプにおいてどのような形容詞が前項，後項に入るのかという範列関係(paradigmatic relations)は行えていない。本節ではその点を補完し，フレーム意味論及び構文彙の意味記述の方法が複合語の意味記述においても有用であることを示す。また複合語はフレーム意味論・構文彙においてどのように扱い，記述されるべきかに関しても議論する。

### 4.1 フレーム意味論・構文彙(constructicon)

　ここでは，フレーム意味論及び構文彙(constructicon)の理論的位置づけを概観する。フレーム意味論と構文彙は独立した個別の理論ではなく，互いに補完的な理論である。端的に表せばフレーム意味論は語彙(lexical unit)の意味を扱う理論であり，構文彙は構文・構成体(construction)の意味を扱う理論である。(c.f. Fillmore et al. 2012)

#### 4.1.1 フレーム意味論

　フレーム意味論(Fillmore 1982, Fillmore & Baker 2009)は語の意味を理解するために必要な知識の構造体を扱う意味論である。フレーム意味論で扱うフ

レームは「その中のどれか一部を理解するためには，その全体の構造を理解することが必要になるような関係で有機的に繋がっている体系的知識構造」(藤井・小原 2003: 373)である。例えば売り買いに関する事態を理解するためには buyer(買い手)，seller(売り手)の間において goods(商品)，money(金銭)がどのようにやり取りされているかを理解しておく必要がある。これらの語を理解するフレームとして〈Commercial_transaction フレーム〉[20]を喚起する。そしてそのフレームは [BUYER] [SELLER] [GOODS] [MONEY] 等の要素から成る。フレームを構成するフレーム要素は事態理解に必須の要素である，コアフレーム要素(core frame elements)と，随意的に現れるノンコアフレーム要素(non-core frame elements)に区別される。例えば，〈Commercial_transaction フレーム〉であっても，buy(買う)という動詞を使う場合と，pay(払う)という動詞ではコアフレーム要素とノンコアフレーム要素が入れ替わる場合がある。

(26) He bought a book for 25£ from his friend.
(27) He spent 25 £ on a book.

(26)と(27)は同じ事態を示しており，主語には [BUYER] 動詞 buy(買う)という場合には，目的語として [GOODS](商品)が現れるが，spend(払う)の場合には目的語として現れるのは，[MONEY](金銭)に相当する語である。この差異は，話し手が参与者の行為の何に焦点を当てるかという場面解釈に基づくものであり，その捉え方の異なりが buy, spend の語の選択の異なりとして現れると言える。それを示すものが下に示した図5である。この図において，円で囲まれているものが，項構造の中核となる要素であり，左側 buy の場合には [GOODS] が直接目的語として現れ，前置詞句として他の二つの要素 [MONEY] [SELLER] が現れ，右側 spend の場合には [MONEY] が直接目的語として現れ，[GOODS] が前置詞句として現れる事が示される。

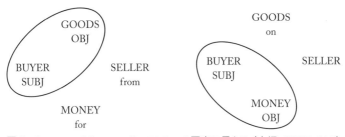

図6 *buy, spend* のコア・ノンコアフレーム要素の異なり（大堀，2005: 618）

　このようにフレーム意味論では，喚起するフレームや文中成分がどの意味役割（フレーム要素）を担うかを記述する。この意味役割は生成理論で扱われる概念，θ役割(theta role)よりも豊富な意味役割を認めている。そして，関連する要素群は同一であっても，その要素群のどこに焦点を当てるかという差異が語彙化のうえでどのように表れるかに関しても扱う[21]。

### 4.1.2　構文彙(constructicon)

　フレーム意味論で扱う単位は主に語彙(lexical unit)であり，記述される対象は端的にまとめると 1) フレーム定義(frame definition)，2) フレームに属する語(lexiccal units: LU)，3) フレームを構成するフレーム要素(frame elements: FE)，4) フレーム喚起語(frame evoking element: FEE，あるいは Target と表示される)，5) フレーム要素の定義，そして 6) フレーム間関係であった。それに対し，構文彙は上記のような記述で扱えない記号(sign)の構成体(construction)を扱う理論となる。構文彙では構文あるいは構成体(construction)を次のようなものと捉える。

> Constructions are the rules that license 'new' linguistic signs based on other linguistic signs. The structures licensed by one or more constructions are called CONSTRUCTS, following the terminology of Sign-based Construction Grammar.　　　　　　　　　　(Fillmore et al. 2012: 321)

　上記の定義によれば，構文あるいは構成体は言語的記号を基盤として新たな

記号を認可する規則である。理解のための意味論として，語彙に対する記述だけでなく，上記のような複数の記号から新たな記号を認可する規則[22]，として構文の記述が必要であるという事実を次の例から観てみたい。

(28) The skeptical are reluctant to believe that the unbelievable has happened.[23]
(Fillmore et al. 2012: 312)

　上記の例は *the skeptical* や *the unbelievable* など，主要部が欠けたものが，文の主語の位置に名詞句的に現れている。これらの表現では，冠詞と形容詞のみが現れているが，これは名詞句であるという理解が出来る。そして *the skeptical* に関しては続く be 動詞が *are* であることからも複数形の名詞句として理解され，これは「懐疑的な人々」を指すと解釈される。次に *the unbelievable* に関しては，続く動詞句が *has happened* であることからも単数形名詞句と理解され，抽象的に「何か信じられないこと」を指していると解釈される。従って，これらの定冠詞と形容詞句によって名詞句を作るという言語表現は，語彙的な要素だけで説明できるものと見なすことも，また複数の単語による慣習的な表現と見なすこともできない。(Fillmore et al. 2012: 312)従って，これらを構文として「冠詞(*the*)と形容詞句によって名詞句(複数形で人を指す)を作る」あるいは「冠詞(*the*)と形容詞句によって名詞句(単数形で抽象的な事物を指す)を作る」という任意の記号によって新たな記号を認可する規則を記述する必要がある。

　このような問題意識に従って構文彙では次のように構文の意味を記述する。まず，1)構文(複数の記号によって新たな記号を認可する規則)によって説明される言語表現を限定し，2)構文を構成する言語的な要素を記述する。なお，3)複数の記号により構成される単位は親記号(MOTHER sign あるいは CONSTRUCT)とされ，その構成要素が子記号(DAUGHTER sign あるいは CONSTRUCT ELEMENT: CE)として記述される[24]。実際の例文に対してはラベル付き括弧(labeled brackes)を用いて次のように記述する。

(29) $\{^M[^{D1} \text{sign1}][^{D2} \text{sign2}]\}$

そして構文の記述では，構文の構成要素の特定に加え，4)各構文要素として，認可される記号の制限(品詞，句の種類など)，5)構文の名前及び解釈(interpretation)を記述する。なお，構文全体の解釈に対する記述が必要ない場合は省略される場合がある。そして，4)，5)は通例，四角で囲み表示をする。例として(28)で観た定冠詞と形容詞句による構文を上記の方法に従って記述したもの(Fillmore et al. 2012: 358)を挙げる。

(30) 　{$^{\text{NP,plural}}$[$_{\text{the}}$ sign1][$^{\text{AP}}$ sign2]}

| Name | Adjective-as-nominal.Human |
| M | NP, plural, generic reference. |
| D1 | the word *the* |
| D2 | an AP describing a property of people |

(31)　She is a friend to {$^{\text{NP,plural}}$[$_{\text{the}}$ the][$^{\text{AP}}$ poor]}

(Fillmore et al. 2012: 358)

(30)は構文を抽象的に表した，いわば構文のスロットを示しており，続く四角で囲われたものでは，構文の名称，構文要素の特徴の記述が示される。この例においては，構文の名称として Adjective-as-nominal.Human(名詞句としての形容詞．人)[25] が与えられ，構文(MOTHER sign)の特徴として「名詞節，複数形，総称(名詞)」という記述が為さる。そして，構文要素 D1 は「定冠詞 *the*」，構文要素 D2 は「形容詞句，人々の特徴を示すもの」という記述が為される。(31)は実際の例に対して上記の情報のアノテーションを施したものである。このように，構文彙はフレーム意味論とは異なり，複数の記号(語)によって構成される大きい単位としての記号，すなわち構文を記述する。

## 4.2　フレーム意味論・構文彙における複合形容詞の扱い

4.1 節では，フレーム意味論は語彙に対する理論であるのに対し，構文彙は

複数の語によって構成される言語表現として構文及び構成体の意味を扱う理論であることを確認した。4.2節では本論で扱う複合形容詞はどのように両理論で扱えるか観察する。

### 4.2.1　複合形容詞が喚起するフレーム

3節で扱った複合形容詞の多くは語基の意味が希薄化されず，意味を保持したまま複合語を形成している。

(32) a.　きたな美味い店は美味い（*きたな美味い店は美味くない）
　　 b.　きたな美味い店は汚い　（*きたな美味い店は汚くない）

例文(32)で観るように複合形容詞の語基それぞれを取り出した表現と比較した場合，「きたな美味い店」は「汚い店」とも「美味い店」とも意味が異なる。単に「汚い」わけでも「美味い」わけでも無い。「きたな美味い店」の解釈としては「店の外観や内観は汚いが，提供されるものは美味い」となる。その為，基体の意味は希薄化せず，自立語としての意味が保持されていると言える。では，この場合「きたな美味い」が喚起するフレームをどのように定義するか考えたい。

単一の語彙が複数のフレームを喚起する例を扱った研究には，Fujii, Radetzky & Sweetser (2013)がある。この研究では分離動詞(separation verb)の解釈において単一の語彙が複数のフレームを喚起する例を扱う。例えば「ちぎる」という動詞は〈Messy_physical_separationフレーム〉，〈Pullingフレーム〉，〈Focus_on_detatchment_of_piecesフレーム〉，〈Increase_in_functionalityフレーム〉が理解に関わるものとされる。(Fujii, Radetzky & Sweetser 2013: 147)「赤ちゃんが人形の腕をちぎる」といった場合，「人形の腕」は［引っ張られるもの］，［本体から分離してしまったもの］としての解釈が必要であり，「切る」「もぐ」など他の分離動詞との違いを考慮すると，複数のフレームを喚起していると考えられる[26]。

同様に，複合形容詞も，複数のフレームを喚起していると考えられるが，複合した語が複数のフレームを喚起するというよりは，自立語としての意味を保

持している語基がそれぞれにフレームを喚起していると考えるべきであろう。3節で観たように，語基の意味が単に並列的に解釈されるのではなく，語基が順接的に結合し，両者の間に因果関係があるものや，相反関係にあるものなどが観察された為である。この場合，語基それぞれが喚起するフレームの間の関係も記述する必要があり，その上で複合形容詞が修飾する名詞はどのようなフレーム要素であるのかを記述する必要があると考えられる[27]。以上の通り，［A＋A］型複合形容詞に関してはフレーム意味論で扱うような単一語彙記述の方法論及び，複合形容詞が一語として複数のフレームを喚起するという分析では，その語の意味を記述しきれないと考えられる。

### 4.2.2 複合形容詞と構文彙

4.2.1節で観たように本論で扱う複合形容詞は複数のフレームが関わるということを示した。しかし，語基がそれぞれ喚起するフレームの関わり合いはフレーム意味論及びフレームネットで記述する範疇ではない。一方，複合語形成に規則性がある場合，それは構文彙における構文，「言語的な記号によって新しい記号を認可する為の規則」の1つと見なせる。その為，構文彙の記述範疇には，新しい記号（複合語）の構成素となる記号（語基となる形容詞）が喚起するフレーム群をどのように統制するかという規則も含まれると考えられる。また，複数のフレームが喚起される場合，文中の任意の語が複数のフレーム要素を担うと見なさなければならない場合がある。この場合の解釈規則に関しても構文彙が担うものと考えられる。つまり，ある語 w1 が1つの意味解釈規則 r1 を持つと考える場合，1つの記号 wC が複数の記号から成る複合的な記号であれば，それに呼応して成分中の語 w1…n の解釈規則 r1…n が rC に加わる可能性が考えられる。少なくとも記述対象となる語が複合形容詞であれば，複合形容詞が装定する，あるいは述定する名詞句などの解釈規則に関して記述が必要な場合があると考えられる。

## 4.3 ［A＋A］型複合形容詞の構文彙

4.2節では，複合形容詞を扱う場合，語基がそれぞれにフレームを喚起する

と考えられる場合があること，それぞれ喚起されたフレームの統制及び，文中要素がどのようなフレーム要素を担うのかという扱いは構文彙の分析範疇にあることを議論した．以上を踏まえ，本節では日本語［A＋A］型複合形容詞の構文彙を列挙する．

## 4.3.1 限定複合語の構文彙

限定複合語の意味的な特徴は(22)の通りであり，a) $A^1$ が副詞的に $A^2$ の意味を修飾するものと，b) $A^2$ の意味を $A^1$ が修飾するものの 2 種類であった．この場合，修飾部(modifier)となる形容詞は文の支配的なフレームを喚起するとは考えられず，複合形容詞の解釈を決定づけるフレームは主要部の形容詞の喚起するフレームに依存すると考えられる．以上を踏まえて構文彙を記述すると次のようになる．

(33) $\{^{AP}[^{Adj.stem.MODIFIER} \text{sign1}][^{Adj.HEAD.FEE} \text{sign2}]\}$

| Name | ［A＋A］型限定複合形容詞．前項修飾部 |
|---|---|
| M | 形容詞 |
| D1 | 形容詞語幹　後項形容詞を副詞的に修飾する |
| D2 | 形容詞　意味的主要部　フレーム喚起体 喚起フレームが複合形容詞全体の意味解釈を決定するフレームとなる |

(34) $\{^{AP}[^{Adj.stem.MODIFIER} 薄][^{Adj.HEAD} 暗い]\}$ 空模様

(35) $\{^{AP}[^{Adj.stem.HEAD.FEE} \text{sign1}][^{Adj.MODIFIER} \text{sign2}]\}$

| Name | ［A＋A］型限定複合形容詞．後項修飾部 |
|---|---|
| M | 形容詞 |
| D1 | 形容詞語幹　意味的主要部　フレーム喚起体 喚起フレームが複合形容詞全体の意味解釈を決定するフレームとなる |
| D2 | 形容詞　前項形容詞を副詞的に修飾する |

(36)　{AP[Adj.stem.HEAD.FEE 赤][Adj.MODIFIER 黒い]} 花

(33)は前項形容詞が後項形容詞を修飾する場合の構文彙である。これに基づき具体例にアノテーションを施したものが(34)である。(35)は後項形容詞が前項形容詞を修飾する場合の構文彙である。(36)はこの構文彙に基づき，具体例に対してアノテーションを施したものである。ここで簡潔に構文彙の記述法の利点を確認すべく英語の色彩語との比較を見たい。(37)は英語の色彩語にアノテーションを施したもの，また(38)は辞書による定義である。

(37)　{AP[Adj.MODIFIER light][Adj.HEAD blue]}
(38)　{AP[Adj.MODIFIER blue]–[Adj.HEAD black]}
(39)　blue-black ADJECTIVE black with a tingle of blue

(Oxford Dictionary of English)

英語 *light blue* は(34)と同様，前項の *light* が後項 *green* の濃淡を修飾している。その為，(37)と(34)はほぼ同様の規則に依って複合語が形成されていると言える。英語 *blue-black* は日本語の「赤黒い」と同様に2つの色彩語からなり，後項には「黒い」に相当する *black* が表れる。ただし，(36)と(38)を比較すると，日本語の場合には前項が主要部を担うが，英語の場合では主要部を後項 *black* が担っている。これは，(39)の定義を参照し，*blue-black* の場合は *black* の下位分類の1つと見なされていることに基づく。また，日本語の場合には前項が語幹という制約があるが英語の場合にはそのような制約がないため，stem といったタグは付与されない。「赤黒い」及び *blue-black* はどちらも基本色彩語(basic color terms)の複合であるが，言語により主要部が異なる場合があること，そして語構成上の制約の差異が記述出来る。無論，同じ言語の話者であっても，捉え方(construal)の異なりにより，混ざっている2つの色彩の内，どちらが際立って捉えられるかは異なることが考えられるが，本論では詳細には立ち入らない。

## 4.3.2 等位複合語の構文彙

等位複合語の特徴は(23)の通りであり，$A^1$と$A^2$は並列関係にある。(23)で示した等位複合語に該当するものは，前項形容詞と後項形容詞が意味的なタイプが近いものである。意味的なタイプの類似の判別基準として，フレームに依拠する。本節では，語基が解釈されるフレームを，BFNを元に列挙する。BFNは英語の語が喚起するフレームの辞書であるため，日本語形容詞に相当する英語形容詞等が喚起するフレームを記す。「甘辛い」はどちらも味覚形容詞であり，共に喚起フレームは〈Chemical_sence_description フレーム〉である。英語の *bittersweet* に関しても，拡張的な意味でない場合，*bitter* 及び *sweet* はこのフレームを喚起する。また，「細長い」の語基である形容詞「細い」及び「長い」に関しては〈Measurable_attribute フレーム〉を喚起する。「ずる賢い」の語基である形容詞，「ずるい」「賢い」であれば共に，〈Mental_property フレーム〉を喚起する。このように等位複合語を構成し，等位複合語として認可されるためには，同一フレームを喚起するという規則があると言える。この点は漆谷(2014a)も指摘する通りである。以上を記述すると以下(40)のようになる。実例へのアノテーションは(41)の通り。また，等位複合語の場合，*bittersweet* は等位複合語の例であるため，アノテーション例を(42)に示す。

(40)　{AP[Adj.stem.HEAD.FEE sign1][Adj.HEAD.FEE sign2]}

| Name | ［A＋A］型等位複合形容詞 |
|---|---|
| M | 形容詞 |
| D1 | **形容詞語幹　意味的主要部　フレーム喚起体**<br>喚起フレームが D2 の喚起するフレームと同様のものである。基体の意味は保持され，D2 の意味と合成される。 |
| D2 | **形容詞　意味的主要部　フレーム喚起体**<br>喚起フレームが D1 の喚起するフレームと同様のものである。基体の意味は保持され，D1 の意味と合成される。 |
| Interpretation | MOTHER sign の解釈されるフレームは D1，D2 と同様のフレームとなる。D1，D2 が等位関係にある。 |

(41)　{AP[Adj.stem.HEAD.FEE ずる][Adj.HEAD.FEE 賢い]} やつ
(42)　{AP[Adj.HEAD.FEE bitter][Adj.HEAD.FEE sweet]}

　(41)と(42)の比較においても分かるように，日本語の場合には，前項が語幹である必要があるが，英語の複合形容詞の場合にはそのような制約はない。しかし語基の両方が意味的な主要部であるという点は共通し，ほぼ同様の規則に従って複合語が形成されていると言える。

### 4.3.3　順接複合語の構文彙

　順接複合語の特徴は(24)の通りであり，$A^1$ が $A^2$ と評価，判断する原因となる。前項形容詞に入る語の喚起するフレームに規則性は見られないが，後項に入る形容詞は〈Stimulus_focus フレーム〉を喚起するという点で共通する。この点も漆谷(2014a)で指摘したものと同様である。また，3節では扱えなかったが，順接複合語に類する複合形容詞の場合，後項形容詞には好悪に関する形容詞が来るという規則があると考えられる。以上を記述すると以下のよ

うになる。

(43)　{AP[Adj.stem.MODIFIER.FEE.CAUASE sign1][Adj.HEAD.FEE.RESULT sign2]}

| Name | ［A＋A］型順接複合形容詞 |
|---|---|
| M | 形容詞 |
| D1 | **形容詞語幹　意味的修飾部　フレーム喚起体**<br>基体の意味は保持され，D1 の喚起フレーム $F^1$ において解釈される被修飾語に対する評価・判断・状態が D2 の意味の原因・起因となる。 |
| D2 | **形容詞　意味的主要部　フレーム喚起体**<br>喚起フレーム：〈**Stimulus_focus** フレーム〉<br>基体の意味は保持され，D1 の喚起フレームにおける評価・判断・状態の結果が，D2 喚起フレーム F2 における(好悪の)評価・判断となる。 |
| Interpretation | MOTHER sign の解釈されるフレームは D1 の喚起フレームにおける D1 の解釈を踏まえた上で D2 のフレームとなる。D1，D2 が順接関係にある。 |

(44)　{AP[Adj.stem.MODIFIER.FEE.CAUASE 暑][Adj.HEAD.FEE.RESULT 苦しい]} 部屋

なお，この例に類する英語の複合形容詞の例は管見の限り観察されなかった。

### 4.3.4　相反複合語の構文彙

相反複合語の特徴は(25)の通りであり，$A^1$ が $A^2$ と相反する関係にあるが，全体的な評価は $A^2$ が担っている。また，前項形容詞と後項形容詞の喚起するフレームに規則性は見られないが，$A^1$ と $A^2$ の喚起するフレームが異なる場合，被修飾語の解釈においてはメトニミー的解釈が必要となる。

例えば，「きたな美味い店」という場合には前項「汚い」が喚起するフレー

ムと後項「美味い」が喚起するフレームは異なる。前者は〈Desirability フレーム〉、後者は〈Chemical_sence_description フレーム〉である。この時、被修飾語はそれぞれ異なるフレーム要素を担うことになる。「汚い」と「店」から得られる意味解釈においてはメトニミー的な解釈は必要なく「店の外観や内観」に対する評価である。この時、「店」の担うフレーム要素は [EVALUEE] である。一方、「美味い」と「店」の関係においては「店」のメトニミーとして「店が提供する料理」に「美味い」の意味が掛かっていると言える。この場合、「店」によって援用(invoke)される認知的フレームの要素である「料理」などが典型的に担うフレーム要素 [PERCEPTUAL_SOURCE] が意味の解釈に関わっている。以上より、相反複合語の場合、語基の形容詞が被修飾語の異なる特徴に対する評価を差し出した上で最終的な評価の肯定・否定のスケールを後項形容詞が担うものである。

(45)　{AP[Adj.stem.MODIFIER.FEE. sign1][Adj.HEAD.FEE. sign2]}

| Name | [A＋A] 型順接複合形容詞 |
|---|---|
| M | 形容詞 |
| D1 | 形容詞語幹　意味的修飾部　フレーム喚起体 基体の意味は保持され、D2 が被修飾語に対して持つ評価・判断・状態と相反する。 |
| D2 | 形容詞　意味的主要部　フレーム喚起体 基体の意味は保持され、D1 が被修飾語に対して持つ評価・判断・状態と相反する。複合形容詞に対す肯定・否定の評価は D2 に依存する。 |
| Interpretation | MOTHER sign の解釈されるフレームは D1 の喚起フレームにおける D1 の解釈を踏まえた上で D2 のフレームとなる。D1, D2 が相反関係にある。D1, D2 喚起フレームが異なる場合、被修飾語はメトニミー的解釈が可能なものでなくてはならない。 |

(46) {AP[Adj.stem.MODIFIER.FEE. きたな][Adj.HEAD.FEE. 美味い]}[EVALUEE/PERCEPTUAL_SOURCE(metonymy)店]

　(46)は(45)に従って具体例にアノテーションを施したものである。「店」の解釈に関し，「店」が「きたない」と「美味い」それぞれの喚起するそれぞれのフレームにおけるコアフレーム要素を担うと考え，「きたない」の場合に喚起する〈Desirabilityフレーム〉のコアフレーム要素［EVALUEE］と，「美味い」が喚起する〈Chemical_sence_descriptionフレーム〉のコアフレーム要素［PERCEPTUAL_SOURCE］の両方を担うという記述を行っている。また，その差異，［PERCEPTUAL_SOURCE］としての解釈は換喩(metonymy)としての理解が働いているというアノテーションを施した。

## 5. おわりに

　本論では，日本語［A＋A］型複合形容詞の中でも，比較的新奇性の高い表現を扱い，従来の複合語分類には当てはまらない例があることを示した。特に［A＋A］型複合形容詞において順接複合語及び相反複合語の類は，これまでの研究で詳しく論じられていない例である。
　また，本論では阪口(2017)が提案した［A＋A］型複合形容詞の4分類の根拠となり得る例文及び他構文へのパラフレーズを示しつつ，改めて［A＋A］型複合形容詞には〈限定〉，〈等位〉，〈順接〉，〈相反〉の4種類があることを確認した。そして語構成上の制約をフレーム意味論及び構文彙(constructicon)の方法論にもとづき，これを記述した。この記述の利点としては，漆谷(2014a)の研究で行われた語基の意味的なタイプの分類を，フレームという点から観察出来ること，そして構文彙によって複合語形成の制約を記述することで，多言語との異同の特定を簡易化することが挙げられる。そして，意味の記述法をフレーム及び構文彙という単位で統一することは，研究者によって様々に異なってしまう意味記述の方法を統一し，各研究の比較・検討を円滑にする可能性がある。そして，言語間の比較においても，アノテーションにおいて異同を明示することが出来ることを示した。その意図もあり，本論では日本語［A＋

A］型複合形容詞に関して構文彙を用いた記述を提示した。

　ただし，本論で確認した複合語分類の正当性に関する議論，複合語構成の各タイプに関する制約の妥当性に関する議論は十分とは言えない。本論では，複合形容詞の意味に関する理論構築を行い，前項と後項の意味関係の記述を行ったが，構文の生産性に関する議論は不十分である。複合形容詞の生産性に関しては，漆谷(2014b)で触れられているように，対義形容詞を持つものの内「高い」「強い」「大きい」の方が「低い」「弱い」「小さい」に比べ生産性が高いことが示されている。理由としては，「背の高さ」と言うことはあっても「背の低さ」と言うことが無いように，前者の意味の方が中立的であるという点が指摘されている。この点と構文的な意味，そして複合語構成の制約がどのように関連し，記述されるかという点は課題として残っている。また，相反形容詞に関し，［X＋かわいい］という形式のものが多く見られるが，特定の語において生産性が高いという点も分析しきれていない。この場合，「かわいい」が後項として定着して［X＋かわいい］というスキーマが高い生産性を有していると考えられる。このように，前項あるいは後項として定着しやすいものとそうでないものが，どのような基準により別れるのか特定する必要がある。

　これらの点を詳細に検証するためには，斎藤(2016)に基づいた実験を行い，各スロットにランダムに形容詞を入れ，形式上の規則を満たした造語を用いた上で，造られた複合形容詞の意味が構文的意味に即して解釈されるかを調査するなど，実験的な検証が必要である。また，本論では〈相反〉タイプの複合語の肯定・否定の評価が後項に依存するという分析を示したが，この検証としては，宮崎ら(2003)のような感情価(快・不快)を被験者に回答させる実験を行うことで，本論で提示した分析を検証出来る可能性がある。想定される実験内容としては，語基 $A^1$，語基 $A^2$ のそれぞれの感情価，そして複合形容詞 ［$A^1＋A^2$］の感情価を測定し，［$A^1＋A^2$］の感情価が語基 A2 の感情価よりも高いこと，そして語基 A1 と語基 A2 の感情価の相加平均よりも高いか観察するといったものが考えられる。以上の課題は他稿に譲る。

注

（1）本研究は日本認知言語学会第 17 回大会(於 明治大学)，で行った口頭発表，題目「構

文理論に基づいた日本語複合形容詞の意味のパターンに対する一考察」の内容の一部に関し詳細に再検討し、加筆・修正を加えたものである。発表において杏林大学　黒田航先生、法政大学　尾谷昌則先生、大阪大学　早瀬尚子先生、筑波大学　李在鎬先生、フロアの皆様より貴重なコメントを頂いた。この場を借りて、深くお礼申し上げたい。尚、最善を尽くしたが、本論の至らぬ点は全て筆者の責任である。
（２）Fillmore et al.(2012)で提示されたconstructiconという概念に対する邦訳術語「構文彙」は藤井(2010a, 2010b)に基づく。小原(2015)では「コンストラクティコン(構文データベース)」という訳語が使用されるが、本論では「構文彙」に統一する。
（３）https://framenet.icsi.berkeley.edu/fndrupal/［2016/10/21］にて公開されている。
（４）語基を区別して議論する場合、A1は前項を、A2は後項を指すものとする。
（５）新奇性の高い表現として採取した例は、BCCWJ(現代日本語書き言葉均衡コーパス)などの特定のコーパスに依拠せず、ネット上のブログ、ニュース記事などから採取した。
（６）おたくま経済新聞、http://otakei.otakuma.net/archives/2016100701.html［2016/10/21］より。以後、例文における下線部は筆者による強調。
（７）ウーマンエキサイト、http://woman.excite.co.jp/article/love/rid_Koigaku_82843/［2016/10/21］より。
（８）RO69, http://ro69.jp/feat/mrchildren_201505［2016/10/21］より。
（９）PEDAL Journal, http://www.pedal-j.com/archives/52272643.html［2016/10/21］より。
（10）三省堂国語辞典(第七版)は新語や若者言葉を積極的に収録する辞書であるが、当該の複合形容詞の用例の記載は観られなかった。
（11）近藤(2015: 26)は右側主要部規則の導入に関し、「右側要素が「主要部 head」として語の品詞の決定や意味の範疇を決定する。これは「右側主要部規則 Righthand Head Rules(原文ママ)」と言われる。」とし、出典が明記されていないが、これはWilliams (1981)のRighthand head ruleを指すものと思われる。
（12）ここでの「／」(全角スラッシュ)は2つの形容詞が対等な並列関係にあることを示している。
（13）尾谷(2012)では構文の意味の記述において山括弧を用い、〈継起〉のように記述している。本論でもこの記述法に習い、複合形容詞の前項と後項との意味関係の記載に関しては〈限定〉、〈等位〉、〈順接〉、〈相反〉という表記を用いる。後述するが、フレーム名の表記にも山括弧は使用されるため、注意されたい。
（14）尾谷(2012)において明記されていた原典は(朝日新聞85/11/29)であるが、本論執筆時においては原典を入手できなかったため、尾谷論文より引用する。
（15）RETRIP, https://retrip.jp/articles/3272/［2016/10/21］より
（16）西尾(1972)において明記されていた原典は(岡本かの子、1939『河明り』)である。
（17）NATIONAL GEOGRAPHIC日本版、http://natgeo.nikkeibp.co.jp/nng/article/2011080

5/280091/［2016/10/21］より
(18) 「かわキモい」という語の容認度が低い理由は韻律など，音韻的な制約などが関連していることも考えられるが，本論では扱わない。
(19) 田村では「青黄色い」という例が示されていた。この語は川端康成『雪国』において「娘の手を固く突かんだ男の青黄色い手が見えたものだから」という表現で用いられている。「青黄色い」という語の指示対象となる色は母語話者の言語直感として「緑色」を指すように思われるが，「青黄色い」という語で緑色を指示していると明示的に分かる箇所は観られなかった。
(20) フレームに言及する場合の括弧は山括弧，フレーム名を表記する場合の字体は`courier_new`を使用し〈Frame〉のように表記する。フレーム要素に言及する場合は角括弧を用い，フレーム要素名は小大文字(small capital)を用い，[FRAME_ELEMENTS]によって表す。これはフレーム意味論における表記法に基づいている。但し，本論では構文的な意味の表記においても山括弧を使用しているため，〈Frame フレーム〉のように，フレームであることを明記する。
(21) 同一のフレームを喚起しながらもそれを視点(perspectives)の違いなどで説明する点に関してはフレーム間関係(frame to frame relation)や，サブフレーム(sub-frame)という概念も用いて説明する。(c.f. Fillmore & Baker, 2009) ただし，本論ではフレーム間関係や視点，サブフレームの関係は議論の対象とはならないため，詳しくは扱わない。
(22) 構文彙(constructicon)は言語や記号を次のように捉えている。これはSBCG(Sign-based Construction Grammar)とBCG(バークレー派の構文文法)とで共通した考え方であるとする(Sag et al. 2012: 5)：
 (i) 言語は記号(sign)の無限集合として捉えられる
 (ii) 記号は音と意味以外にも要素を含む(形態・統語範疇 etc.)
 (iii) 記号(sign)は素性構造(feature structure; FS)としてモデル化される
 (iv) FSは原子(atom)と関数(function)に大別される
 (iv-a) atoms (e.g. accusative, +, finite, …)
 (iv-b) functions：領域 domain 内の各素性を FS に写像する
(23) 斜体・太字による強調は筆者による。
(24) 例文でのアノテーションにおいては，構文喚起体(construction evoking element: CEE) (c.f. 小原, 2015)に関してもこれを同定する。
(25) フレーム名の表記と同じく，構文名を表記する場合の字体は`courier_new`を使用する。
(26) 「切る」との対比を考えた場合，「切る」は鋭利な刃物などを利用した綺麗(clear)な分離であるが，「ちぎる」という場合には散らかった(messy)分離である。このような差を理解していると考える場合には，「切る」は〈Clean_physical_separation フレーム〉を喚起し，「ちぎる」は〈Messy_physical_separation フレーム〉を喚

起すると言える。
(27) これはフレーム意味論, フレームネットで記述されるフレーム間関係とは異なるものである。フレームネットにおけるフレーム間関係とは, フレーム間の階層関係などを記述したものである。

## 参考文献

Bauer, L.(2001) Compounding, In Haspelmath, M. et al.(eds.) *Language Typology and Language Universals*, Vol. I, 695–707. Berlin: Mouton de Gruyter

Bloomfield, L.(1933) *Language,* New York: Holt.

Booij, G.(2005) *The grammar of words: An introduction to linguistic morphology*. Oxford: Oxford University Press.

Bisetto, A. & S. Scalise.(2005) The Classification of Compounds. *Lingue e Linguaggio* 4(2) pp.319–332 [Reprinted in Lieber, R. & Stekauer, P.(eds). *The oxford handbook of compounding*, pp.34–53. Oxford: Oxford University Press]

Fillmore, C.(1982) Frame semantics. In Linguistic Society of Korea(ed.) *Linguistics in the morning calm*, pp.111–137. Seoul: Hanshing Publishing

Fillmore, C. J., & Baker, C.(2009) A frames approach to semantic analysis. In Hoffman, T. & Trousdale, G.(eds.) *The Oxford handbook of linguistic analysis*, pp.313–339. Oxford: Oxford University Press

Fillmore, C. J., Lee-Goldman, R., & Rhodes, R.(2012) The Framenet constructicon. In Boas, H. and Sag, I.(eds.) *Sign-based construction grammar*, 309–372. California: CSLI Publications

藤井聖子(2010a)「引用ト節(句)と共起する語彙と構文―BCCWJ コーパスに基づく語彙・構文彙の構築に向けて―」『言語処理学会第 16 回年次大会発表論文集』, pp.450–453. 言語処理学会.

藤井聖子(2010b)「BCCWJ を用いた語彙・構文彙の分析―所謂引用助詞「と」が標識する構文の場合―」『特定領域研究「日本語コーパス」平成 22 年度公開ワークショップ研究成果　論文集』, pp.521–528. 国立国語研究所.

藤井聖子(2013)「科学研究費助成事業・基盤研究『構文理論・用法基盤アプローチによる語彙と構文彙の統合的研究』(研究代表者　藤井聖子)」成果報告書.

藤井聖子・小原京子(2003)「フレーム意味論とフレームネット」『英語青年』, 149(6), pp.373–376.

Fujii, S., Radetzky, P., & Sweetser, E.(2013) Separation Verbs and Multi-frame Semantics. In Borkent, M., Dancygier, B. and Hinnell, J.(eds). *Language and the Creative Mind*, pp.137–153. Stanford, California: CSLI Publications.

影山太郎(2009)『日英対照　形容詞・副詞の意味と構文』大修館書店.

近藤研至(2015)「形容詞+形容詞タイプの複合形容詞について」『文教大学国文』, (44),

pp.20–35．ひつじ書房．
宮崎拓弥・本山宏希．菱谷晋介(2003)「名詞，および形容語の感情価：快―不快次元についての標準化」『イメージ心理学研究』，1(1)：48–59．
竝木崇康(1988)「複合語の日英対象―複合名詞・複合形容詞―」『日本語学』，(7)5, pp. 68–78．
西尾寅弥(1972)『形容詞の意味・用法の記述的研究：国立国語研究所報告』秀英出版．
Ohara, K. (2013) Toward constructicon building for Japanese in Japanese FrameNet. *Veredas 17* (1), 11–27.
小原京子(2015)「日本語フレームネットに見る文法と語彙の連続性」『日本認知言語学会論文集』，(15)，pp.471–479．日本認知言語学会．
尾谷昌則(2012)「装定用法における形容詞並置構文に関する一考察：総合的認知と離散的認知の観点から」．山梨正明(編)『認知言語学論考』，(10)，pp.105–141．ひつじ書房
大堀壽夫(2005)「語彙記述におけるフレーム意味論」．『日本認知言語学会論文集』，(5)，pp.617–620.
Sag, I. A., Boas, H. C., & Kay, P. (2012). Introducing sign-based construction grammar. In Boas, H. and Sag, I. (eds.) *Sign-based construction grammar*, 1–30. California: CSLI Publications
斎藤幹樹(2016)「下位構文スキーマが容認性判断に与える影響の統計的評価」．『認知科学』，23(1)，76–79．
阪口慧(2017)「構文理論に基づいた日本語複合形容詞の意味のパターンに対する一考察」『日本認知言語学会論文集』，(17)，pp.107–119．
玉村文郎(1988)「複合語の意味」『日本語学』，(7)5, pp. 23–32．
田村泰男(2006)「現代日本語の複合形容詞・派生形容詞・畳語形容詞について」『広島大学留学生センター紀要』，(16)，pp.13–20．
漆谷広樹(2014a)「複合形容詞の研究―形容詞+形容詞の構成による場合―」小林賢次＆小林千草(編)『日本語史の新視点と現代日本語』，pp.488–508
漆谷広樹(2014b)「複合形容詞の研究―対義形容詞の状況から―」『愛知大學文學論叢』，(150)，124–101．勉誠出版．
Williams, E. (1981) On the Notions 'Lexically Related' and 'Head of a Word'. *Linguistic Inquiry 12*, pp.245–274.

辞書・コーパス等

『三省堂国語辞典』第7版 2014. 見坊豪紀，市川孝，飛田良文，山崎誠，飯間浩明，塩田雄大(編)，三省堂店．
Berkeley FrameNet: https://framenet.icsi.berkeley.edu/fndrupal/
*Oxford dictionary of English.* (3rd edition) Stevenson, A. (Ed.). (2010) Oxford University Press, USA.

# 認識的 have to の使用依拠的一考察
―その好まれる文法パターンと主観性―*

眞田敬介

## 1. はじめに

　英語の have to の認識的用法(以下「認識的 have to」)は、「〜に違いない」という論理的必然性を表す。具体例として(1)を見よう[1]。

( 1 )a.　Let us get forward, Emma... This *has to* be a sad night for more souls than us.（Oxford English Dictionary（以下 OED）の have の項から）
　　 b.　"There *has to* be something illegal about what he's doing and maybe we can prove it."-H. Robbins, *The Betsy* （柏野 2002: 176）

(1a)は「寂しい夜にちがいない(なるだろう)」、(1b)は「彼のしていることに何がしか違法なことがあるに違いない」といった解釈である。

　しかし、認識的 have to の実際の使用状況については、あまり活発に分析されていない。筆者の知る限り、「生起数は極めて少ない」(Coates 1983: 4.3.2.3 節；Krug 2000: 90)、「イギリス英語ではまれにしか観察されず、典型的にはアメリカ英語で見られる」(Westney 1995: 142)というような記述が散見される程

度である。それでは，認識的 have to は具体的にどのような文法パターンで用いられる傾向にあるのだろうか。例えば，OED で認識的用法の have to の項を調べたところ "Freq. with *to be* in the infinitive clause" とあり，認識的 have to の後ろには be が来やすいことが示されているが，be 以外にどのような動詞がどれくらいの頻度で後続するのであろうか。また，認識的 have to の文の主語はどのような要素が担いやすいのであろうか。さらに，認識的 have to は主観的なのであろうか，それとも客観的なのであろうか。

これらの問題意識を背景に，本論は次の2つを目的とする。第一に，認識的 have to の文において好まれる文法パターンを，現代アメリカ英語のコーパスである Corpus of Contemporary American English（以下 COCA）から集めた用例の量的分析を通して特定することである。ここでは，主語と動詞，極性，法（mood）を調査する。これらの基準を選定した理由は3節の冒頭で述べる。

第二の目的は，上述の量的調査の結果が，英語法助動詞やモダリティの主観性（subjectivity）に関する先行研究にどのような理論的含意をもたらしうるかを考察することである。特に，Langacker（1990; 1991; 1999; 2008 など）の認知文法的研究と Halliday（1970）・澤田（1993）の機能文法的研究を取り上げる。これらを取り上げる理由は4節の冒頭で述べる。本論の量的調査の結果が，それらの先行研究の主張の妥当性を再考察する必要性を示すことを述べたい。

本論の構成は以下の通りである。第2節では，本研究の前提として，データ源と使用依拠的アプローチについて概観する。第3節では，認識的 have to の好まれる文法パターンを特定するための量的調査の結果と具体例を提示する。第4節では，第3節で提示した量的調査の結果がもたらしうる理論的含意を，「主観性」をキーワードに考察する。第5節で，本論の結論を述べ，残る課題を提示する。

## 2. 本研究の前提

### 2.1 データ

　本論の調査対象となるデータは，COCA において，2010 年から 2012 年までの 3 年間で利用可能な 5 つ全てのジャンル (spoken, fiction, magazine, newspaper, academic) から収集したものである。データ収集は 2014 年 1 月 17 日から 2015 年 6 月 8 日の間に行なった[2]。

　検索対象は have to と has to である[3]。これらを単純に検索しただけでは認識的用法のデータのみならず根源的用法のデータも検索されるが，後者のデータは当然除外した。また，(i) have to do with X「X と関連がある」の用例，(ii) have to の後に(代)名詞が来る用例(例：have to us)，そして(iii)他の法助動詞の後に have to が来る用例(例：may have to)も除外した。(i) と (ii) はそもそも法助動詞の用例と言えないし，(iii)における have to が認識的解釈をすることはないと思われるためである (葛西 1998: 10–11)。そうして，本論の調査対象外となるデータを除外した結果，348 例が残った。これが本論の調査対象である[4]。

### 2.2 使用依拠的アプローチ

　本論の方法論的前提となる「使用依拠的アプローチ」(usage-based approach)は以下の考え方を持つアプローチであり，認知言語学において重要な位置を占める。

（2） Substantial importance is given to the actual use of the linguistic system and a speaker's knowledge of this use; the grammar is held responsible for a speaker's knowledge of the full range of linguistic conventions, regardless of whether these conventions can be subsumed under more general statements.　　　　　　　　　　　　　　　(Langacker 1987: 494)

要約するならば,「言語構造は,人間が実際に言語を使用する場面から立ち上がるものと考える」となる。これは,生成文法が取る「言語構造は(普遍文法として)人間の脳に内在する」との考え方と明らかに対を成す。

このような使用依拠的アプローチは広い範囲で適用されている。例えば,Langacker(1999: Chapter 4)やTaylor(1995; 2012)らは,語彙や文法のカテゴリー拡張に使用依拠的アプローチを取り入れ,あるカテゴリーにおいて当初は非典型的であった事例が,使用頻度が増して定着する(entrench)につれて,そのカテゴリー内に取り込まれたり,その新たに定着した用例からさらにカテゴリーが広がっていくことを,様々な事例を通して主張している。また,このアプローチは言語習得にも応用可能で,幼児はある構文を習得する際,最初は特定の語彙を含む構文を習得し,その後他の関連構文に触れ続けて,抽象化などを経て,構文ネットワークを拡大させていく(Tomasello 1999; 2003 など)。例えば,子供は大人が,"More juice","More milk","More cookies","More grapes"などのような発話をしているのを聞き,"More X"といったスキーマを獲得していく(Tomasello 1999: 138)。

さて,先ほど言及した「使用頻度」は,使用依拠的アプローチが実際の言語使用に言語構造の創発の動機づけを求める際に重要な概念の1つとなる[5]。Bybee(2007)はこの使用頻度を前面に押し出した言語変化研究を展開している。例えば,英語の法助動詞 can の元となる古英語の cunnan は,元は「知る」という意味の本動詞で,動作主が何かを可能にする心的条件を表した。しかし,cunnan の使用頻度が増すにつれて,動作主以外の能力を表すことも可能になり,cunnan の不定詞補部に(典型的には)意思が関わらない know が来るなど,後続する不定詞補部の動詞の制限も弱まっていった(Bybee 2007: 339-348)。

このような使用頻度を重要視した使用依拠的研究は通時的研究にも共時的研究にも広く適用されている(Takahashi 2007a; 2007b;大橋 2013 など)。このような分析には大量のデータ収集と分析を伴うことが多い。大量のデータ収集は様々な,しかも無料で使用可能な電子コーパスが増えたことで可能になったと言える(本論が使う COCA もそのようなコーパスの1つである)。このようなコーパスの発展により,質的にも量的にも言語の使用依拠的研究の精度が上が

り，発展し続けていると言える(長谷部 2013 など)。

このような使用依拠的アプローチのもと，次節では認識的 have to の好まれる文法パターンを特定していく。コーパスから得られる大量のデータに基づき，好まれる文法パターンを特定することで，これまであまり明らかになっていなかった認識的 have to の使用に関わる知識に迫りたい。

## 3. 認識的 have to の好まれる文法パターン

本節では，COCA から収集した 348 例の認識的 have to の用例に基づき，認識的 have to が用いられやすい文法パターンを特定したい。以下，(a)主語の人称，(b)主語の有生性(animacy)，(c)極性，(d)法(mood)，(e)have to に後続する動詞の種類，の 5 つを取り上げる。これらを取り上げるのは以下に述べる理由による。

まず，(a)(b)の調査は，4.1 節で取り上げる Langacker(1999 など)による法助動詞の認知文法的研究を念頭に置いたものである。Langacker の研究によると，must などの現在の法助動詞が主観化(subjectification)によって，かつては本動詞だったもの(must の場合，許可を表す古英語の motan がそれにあたる)から法助動詞へと変化していく過程，及び根源的法助動詞から認識的法助動詞へと変化していく過程に，潜在力(potency)の源の拡散(attenuation)が見られるという。この潜在力の源は，典型的には主語として言語化される。そこで認識的 have to の主語も拡散が見られるのかを検証したい。

次に，(c)(d)の調査は，4.2 節で取り上げる Halliday(1970)や澤田(1993)らの機能文法的説明を念頭に置いたものである。彼らの分析では，認識的法助動詞は疑問や否定の作用域に含まれないという。この分析は認識的 have to にも当てはまるのかを検証したい。

最後に，(e)の調査は，第 1 節で言及した OED における認識的 have to の扱いを確認したことが契機となっている。OED によると認識的 have to の後ろに be が来ることが多いとされているが，果たして be 以外の動詞は来ないのであろうか，来るとしたらどのような動詞がどのくらいの頻度で生起するのであろうか。これらの点を調査したい。

## 3.1　主語の人称

認識的 have to の文の主語の人称から見たデータ分布を確認したところ，表1が示す通り，2010年から2012年度の各年度において，3人称主語の用例が極めて高い頻度で発見された一方で，1人称主語と2人称主語を取る頻度は極めて低い[6]。

表1　主語の人称に基づくデータ分布

|      | 1人称 | 2人称 | 3人称 | 合計 |
|------|------|------|------|-----|
| 2012 | 0    | 8    | 97   | 105 |
| 2011 | 1    | 4    | 108  | 113 |
| 2010 | 0    | 5    | 125  | 130 |
| 合計 | 1    | 17   | 330  | 348 |

具体例を(3)に挙げる。(3a)が1人称主語，(3b)が2人称主語，(3c)が3人称主語の用例である。なお，(3c)のような there 構文の場合は，主動詞の後の名詞(句)の人称(ここでは some of that)に基づき分類している。

(3) a.　GIFFORD: According to a survey.
　　　　KOTB：... like to have sex in the morning.
　　　　GIFFORD: Mm-hmm.
　　　　KOTB: And most women, they say, like to have sex in the afternoon.
　　　　GIFFORD: Mm-hmm.
　　　　KOTB: Apparently nobody likes to have sex in the evening, which is...
　　　　GIFFORD: When most people are having sex.
　　　　KOTB: We *have to* be bored together at once.　(COCA, 2011, Spoken)
　　b.　"Yoko isn't going to be any help," Bert said. "You got any ideas?" Maggie swallowed hard and reached for her tea. "With Harry? You *have to* be kidding. You've already said that the guy doesn't move. Are you sure he isn't dead?"　(COCA, 2011, Fiction)

c. ［he と him は Tiger Woods を指す］
HANK-HANEY: You know I—I think there's this feeling when you—when you—you look—I mean you hear the galleries you see. I mean I don't think he couldn't help but—but think there's people out there that, you know, wonder about things that he did. I mean he's a human being, so there *has to* be some of that. But I think you know time heals all that. The fans cheering for him, playing better all that, you know, it's helping him. （COCA, 2012, Spoken）

このように，認識的 have to が1人称主語や2人称主語を取る頻度が極めて低いという事実が何を示唆するのかは，4.1節で議論する。

## 3.2 主語の有生性

次に，主語の有生性の点からデータ分布を見よう。本論の調査の限りでは，表2に示す通り，無生物主語の用例が有生物主語のそれの2.5倍以上の多さである。

表2 主語の有生性によるデータ分布

|  | 有生物 | 無生物 | 合計 |
|---|---|---|---|
| 2012 | 27 | 78 | 105 |
| 2011 | 32 | 81 | 113 |
| 2010 | 38 | 92 | 130 |
| 合計 | 97 | 251 | 348 |

有生物主語の具体例は上の(3a)と(3b)を，無生物主語の具体例は(3c)をそれぞれ参照されたい。ここでも，there 構文における主語の有生性は，主動詞の後の名詞(句)に基づき分類している。無生物主語の用例が多いことの含意は，やはり4.1節で議論する。

## 3.3 極性

認識的 have to は否定文で用いることができ，その否定文は「〜とは限らない」といったモダリティ否定を表す(柏野 2002: 181–185)[7]。次の(4)に挙げる通り，類例は COCA でも検索された。

(4) a. Video games *don't have to* be a vice. "The new generation of active video games involve much more body movement, so they increase energy expenditure," says Jean-Philippe Chaput, leading researcher at the Healthy Active Living and Obesity Research Group at the Children's Hospital of Eastern Ontario in Ottawa.

(COCA, 2012, Magazine)

b. She looked away. "All the sacrifices I've... enforced... will have been for nothing. For a lie. My whole life... it will have been meaningless." David stepped closer and did that sincere thing with his face. "It *doesn't have to* be," he told Relniv. "You can give your life a new meaning. A better meaning. Help us help your people."

(COCA, 2010, Fiction)

(4a)は「今のテレビゲームはかなり体を動かすから，必ずしも悪いものとは限らない」という解釈で，(4b)は「あなたは自分の人生に新たな意味を見いだせるのだから，必ずしも人生が無意味とは限らない」という解釈である。なお，認識的 have to の否定文がモダリティ否定を表すという事実は，4.2節の議論において重要な役割を果たす。

認識的 have to の否定文自体は全348例中66例(19%)に留まるので，頻度としては低いと言わざるを得ない。しかし，have to という形式に限る(すなわち，has to の用例はいったん除外する)と，全121例ある中で66例(54.5%)となり，その割合が高くなる。have to という形式に限定すると肯定文と否定文で使用頻度が拮抗する原因は不明であるが，have to の実際の使用状況としては興味深い事実の1つである。

## 3.4 法

　眞田(2007: 219–220)の分析によると，認識的 have to は疑問文に生起しにくい。先行研究から認識的 must を含む疑問文の用例(5)を拾い出し，そこの must を have to に置き換えた例文(6)が，(5)と同じ文脈のもとでも容認されるか否かを英語母語話者に確認したところ，その have to を認識的用法として解釈するのは難しいとの回答が得られている[8]。

（ 5 ）a.　Well, obviously the girl isn't here, so we'd better look for her on the campus.
　　　　　—*Must* she be on the campus? She could have gone to Pete's digs.
　　　　　　　　　　　　　　　　　　　　　　　　　　(Declerck 1991: 408)
　　　b.　"It must be John." "*Must* it be John? It could be Mary."
　　　　　　　　　　　　　　　　　　　　　　　　　　(安藤 2005: 341)
（ 6 ）a.　*Does* it *have to* be on the campus?
　　　b.　*Does* it *have to* be John?

　それでは，COCA の中で認識的 have to の疑問文は見つかるのであろうか。結果としては(7)に挙げる1例しか見つからず，他は全て平叙法で使われていた。

（ 7 ）　I'd like to know what's being said and the intention of the prayer that's being offered. I'd like to know what a prayer is, and how and where to address one. # And maybe I do know. *Does* it *have to* be a big old mystery? Here we all are - the humans with their blistered feet sitting on damp earth, the drum uniting our pulses, the scent of smoke in our hair and on our hands and inside our mouths, the river's declarations, the smoke becoming wind.　　　　　　　　　(COCA, 2011, Fiction)

　もっとも，(7)の疑問文は純粋に聞き手に情報を求めるものとは言い難く，む

しろ「私はたぶんそれを知っているのだから，それが本当に昔からある大きな謎に違いないと言えるのか(言えないのではないか)」という修辞疑問文として解釈するほうが自然である。そうだとしたら，この疑問文は形式的には疑問文でも，機能的には平叙法に近いと言ってよいだろう。すなわち，本論の調査の限りでは，認識的 have to が純粋に聞き手に情報を求める文脈で使われることは皆無ということになる。

認識的 have to が疑問文に生起することがほぼないという事実の理論的含意は，4.2 節で議論する。

## 3.5　have to に後続する動詞

本論が収集したデータを用いて，認識的 have to に後続する動詞の種類を調査したところ，表 3 のような結果が得られた。

表 3　認識的 have to に後続する動詞の種類と用例数

| 動詞 1 つあたりの用例数 | 動詞 |
| --- | --- |
| 225 | be(動詞) |
| 16 | be(助動詞) |
| 15 | mean |
| 12 | happen |
| 9 | wonder |
| 7 | have(助動詞) |
| 6 | know |
| 5 | have(動詞) |
| 4 | become |
| 2 | believe, come, cost, go, matter, win |
| 1 | affect, arrange, assume, bottom, color, convey, count, decapitate, develop, disappear, discover, ease, end, fail, fear, feel, fit, get, help, hit, hope, include, keep, look, make, notice, occupy, occur, produce, remain, say, spell, support, take place, taste, trigger, wear |

この表からはまず，be 以外の動詞も後続するものの，be の使用頻度が圧倒的に高いということがわかる。動詞としての be に限定してもその使用頻度は

348例中225例(64.7%)であるから，その頻度の高さが際立つ。OEDがhave to beという成句を挙げた正当性を使用頻度から裏付けることができよう。さらに，be以外の動詞の多くは認知文法で言う「未完了動詞」(imperfective verb) (Langacker 2008: 147)だということもわかる。未完了動詞とは，「動詞の表すプロセスが時間で区切られず，均質的なものと捉えられる」動詞を指す。例えば，所有のhaveは特に所有の始めと終わり（すなわち時間の区切り）を明確に捉えるものではなく，また，そのプロセスも均質なもの（換言すれば，「変化があると捉えられない」もの）であり，未完了動詞の一種と言える[9]。

これとは逆に「時間で区切られるものと捉えられる」プロセスを表す「完了動詞」(perfective verb)と呼ばれる動詞が認識的have toに後続する用例は少ない。例えば，(8)の認識的have toはaffectやhappenを取るが，これらは明らかに完了動詞であろう[10]。

(8) a. They may not be reading "The New York Post," but they certainly know something's going on, and this *has to* affect them. And the one thing that could happen is this. Denise could use that to relook at the custody issues and things like that. (COCA, 2010, spoken)
b. "Oh, the resort is going to happen. It *has to* happen. This town is swirling around the bowl." (COCA, 2011, magazine)

しかし，典型的には完了動詞と分類されそうな動詞を含む用例を慎重に観察すると，純粋に完了動詞とは呼べない例も含まれていることがわかる。例えば，goは典型的には物理的移動を表すので完了動詞であろうが，次の(9)におけるgoは仮想移動(fictive motion)を表し，主語の指示対象が客体的に移動しているわけではないので，完了動詞と言えないであろう。

(9) And New Hampshire, he'll have to do okay there, but he could go Iowa to South Carolina. All roads do not necessarily *have to* go through New Hampshire. (COCA, 2011, Spoken)

また，認識的 have to に後続する動詞には，非意図動詞が多い(全 349 例中 332 例(約 95.1%))ということも言える。例えば，冒頭の(1)(以下に再掲)に含まれる be もそうであるし，先ほど見た(8,9)もそうである。

( 1 )a.　Let us get forward, Emma... This *has to* be a sad night for more souls than us. 　　　　　　　　　　　　　　　　　　　　(OED の have の項から)
　　　b.　"There *has to* be something illegal about what he's doing and maybe we can prove it."-H. Robbins, *The Betsy* 　　　　(柏野 2002: 176)

明らかに意図動詞と言えるものは極めて少ないが，下記のものがある[11]。

(10)a.　GIFFORD: Yes. And so anyway, good—let's see what happens. Do you think he's going to say yes?
　　　　KOTB: Of course. He'll say yes.
　　　　GIFFORD: He *has to* say yes.
　　　　KOTB: He'll say yes, he'll say yes. 　　　　(COCA, 2011, spoken)
　　　b.　There will be other countries that agree that Iran should not be moving forward, and, therefore, then, there's a sharing of the responsibility to move the process forward. But I do think that Iran *has to* be watching this pretty carefully and seeing how these two issues are going on, what is happening in Washington and what's happening in New York.
　　　　　　　　　　　　　　　　　　　　　　　　(COCA, 2010, spoken)

　なお，(10b)の動詞は厳密には助動詞の be であるが，ここでは be watching 全体を見た上で意図動詞と分類している。
　以上，認識的 have to に後続する動詞は，be を中心に総じて未完了動詞や非意図動詞が多く見られることがわかった。

## 3.6　調査結果の要約

3.1 節から 3.5 節までの量的調査の結果は，以下の通り要約できる。

(11)　認識的 have to の好まれる文法パターン
　　a. 3 人称主語(1 人称，2 人称主語の用例は極端に少ない)(3.1 節)
　　b. 無生物主語(3.2 節)
　　c. モダリティ否定を表す否定文(have to 形の場合)(3.3 節)
　　d. 平叙法(これ以外の法の用例はほぼ見られない)(3.4 節)
　　e. 未完了動詞が後続(特に be)(3.5 節)
　　f. 非意図動詞が後続(3.5 節)(12)

(11c)は have to という形式の用例にのみ当てはまるパターンなので一旦除外するとして，残り 5 つのパターンは認識的 have to(has to も含む)の使用場面において特に好まれる傾向が強いものとみなして良いと思われる。実際に，(11a, b, d, e, f)の 5 つ全てに該当する用例の数を調べたところ，214 例(61.3%)と過半数を占める。具体例は(12)に挙げておく。

(12)a.　I mean he's a human being, so there *has to* be some of that.
　　　　　　　　　　　　　　　　　　　　　　(＝(3c)。一部のみ再掲)
　　b.　Dean Nishi, Centennial # What's the beef? # Re："With a name like' pink slime, it *has to* be bad," March 18 editorial. #
　　　　　　　　　　　　　　　　　　　　　　(COCA, 2012, Newspaper)

2.2 節で言及した通り，使用依拠モデルに基づく言語の考察において，あるカテゴリーにおける事例が高頻度で使用されて定着するというプロセスが重要な役割を果たす。それを踏まえるならば，(11)は，現代アメリカ英語話者が認識的 have to を使う際の重要な知識(の少なくとも一部)を構成すると捉え直せるであろう。

　ところで，(11)に挙げた 5 つのパターンは，互いに独立しているのであろ

うか。それとも互いに関連付けられるものなのであろうか。確かに，(11a)と(11b)を「無生物であれば1人称・2人称というのは(無生物が擬人化された小説などでなければ)あり得ず，3人称に限られる」として関連付けることは可能である。また，(11b)と(11f)を関連付けることも可能であろう。無生物主語が意図を持って何か動作を起こすという解釈は，その主語を擬人化して解釈するなどしなければ通常はあり得ないからである。しかし現時点では，このような極めて部分的な関連付けをするに留め，今後慎重に考察したい。

## 4. 理論的含意の考察：認識的 have to の主観性の観点から

　本節では，前節で示した量的調査の結果(11)が，英語法助動詞やモダリティの主観性を扱う先行研究に対しどのような理論的含意をもたらすのかを考察する[13]。英語法助動詞やモダリティの主観性を扱う先行研究は数多く存在するが，ここでは Langacker(1990; 1991; 1999; 2008)の認知文法的研究と，Halliday(1970)と澤田(1993)の機能文法的研究に焦点を当てる。これらの研究は，法助動詞の主観性に関わる文法的特徴(例えば，主語の種類，疑問化や否定化の可能性)に注目しており，前節で特定した認識的 have to の使用において好まれる文法パターンと主観性の関連性を議論する際に参照すべき研究と判断したためである。なお，Langacker，Halliday，澤田のいずれも認識的 have to を分析の対象としているわけではなく，以下は彼らの枠組みを本論の筆者の責任で認識的 have to に適用しようと試みたものであることを付記しておきたい。

### 4.1　認知文法的分析と認識的 have to への適用

#### 4.1.1　理論の概観

　Langacker における英語法助動詞の発達の研究を概略すると，次の通りにまとめられよう。

(13) a. 本動詞の時代(例：may の語源である magan は「S が V する物理的力を持つ」の意味であった)
   b. (13a)から一段階の主観化を経て，擬似法助動詞やドイツ語の法助動詞(例，müssen)になった時代[14]
   c. (13b)からさらに一段階の主観化を経て，現代英語の法助動詞となった時代

まず，(13a)の本動詞の意味構造を示した図 1 を見られたい。

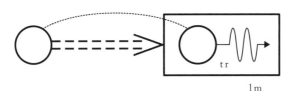

図 1　(Langacker 1990: 334, Figure 9a)

ここでの本動詞の特徴は，次の 3 つにまとめられる。第一に，主語の指示対象が，ある出来事を実現させるための力(3 節の冒頭で言及した「潜在力」)を発していた。例えば，(13a)で触れた magan の場合，主語の指示対象が物理的力を発することで何か事態を引き起こし得る。これは実際に引き起こすとは限らず，引き起こす潜在的可能性があるということを示すに過ぎない。このことを示すために，図 1 の右向き二重矢印が点線で書かれている。

第二に，その潜在力の源と，その力により引き起こされるであろう出来事の動作主(agent)が同一人物である。具体例として次の magan の例文を見よう。

(14)　　　　　　　　　ic   þæs       Hroðgar   mæg
　　　　　　　　　　　I    for-that  Hroðgar   am-able-to
　　þurh            rumne   sefan   ræd     gelæran
　　by-means-of    broad   mind    advice  teach
　　"I am able to teach advice to Hroðgar by means of my broad mind"
　　「我はこの件でフロースガールに広い心から忠告を進言できるのだ」

(*Beowulf* 277–278)⁽¹⁵⁾

ここで,忠告を進言する潜在力を持つ人も,実際に忠告を進言する人も,共通してこの文の話し手(ここでは Beowulf)である。このような同一性は,右向き二重矢印の左の円(力の源)と右の円(出来事の動作主)を点線で結ぶことで示される。

　第三に,潜在力とその源が際立ったものとして捉えられている。認知文法で言うところのプロファイル(profile)された状態であり,図1では,右向き二重矢印とその左側の円が太線で書かれていることに注意されたい。プロファイルされるということは,すなわち認識の対象(object)となるということである。Langacker はこのことと,この時代の本動詞が人称や時制に応じて屈折する事実を関連付けている。すなわち,その力を発するのが話し手,聞き手,それ以外のいずれなのか(人称),発話時に発せられるのかそれ以前(あるいはそれ以後)に発せられるのか(時制),そもそもいつ力を発するかは問題にならないのか(to 不定詞や分詞などの不定形の存在。いずれもそれ単体で時制を表すわけではない),ということが,この時代の(後の法助動詞の元となる)本動詞を分析する上で重要になる(ただしこの重要性を図1単体で理解するのは難しく,後述する図3と比較するとより明確になるであろう)。

　図1の本動詞の時代から一段階主観性を高め,次の図2の段階に移る。これは,have to などの擬似法助動詞(periphrastic modals)やドイツ語の法助動詞(例えば müssen)の意味構造を表したものである。

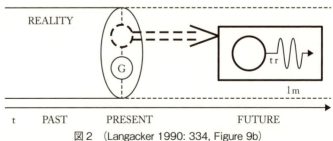

図2　(Langacker 1990: 334, Figure 9b)

この段階で主観性が高まったというのは,図2が表す意味構造の中にグラウ

ンド(G)が取り込まれたことによる。グラウンドとは、"the speech event, its participants (speaker and hearer), their interaction, and the immediate circumstances (notably, the time and place of speaking)" (Langacker 2008: 259) を示すものと定義される。概略すれば、「発話時や発話場所に関わる要素の総体」といえ、ここには話し手や聞き手も含まれる。

このような主観化に伴う大きな変化の1つとして、潜在力の源とそれにより実現するであろう出来事の動作主が同一でなくても良くなる、という点が挙げられる。図2で2つの円を結ぶ点線が無くなったことに注意されたい。例えば、"He has to do his homework right now."(筆者作例)において、彼に宿題をさせる義務の潜在力を発するのは、彼自身とは限らなくなる。文脈によっては、発話時や場所に関わる状況(例えば、今、彼がこの宿題を出さないと単位不認定という危機的な状況に置かれている場合)や話し手がその潜在力の源となり得る。この段階で、潜在力の源の拡散(diffusion)が見られるようになる(Langacker 1999: 307-309 を参照)。このように、認識主体(話し手や聞き手)が存在するグラウンドが意味構造に関わるようになったという点で、図2は図1よりも高い主観性を伴うといえる。

ただし、図2が図1と変わらない点もある。それは、潜在力及びその源(右向き二重矢印とその左側の円)が依然としてプロファイルされている点である。そのため、図1の段階と同様、図2の段階でも動詞屈折が認められる。この点で、図2の表す擬似法助動詞やドイツ語の法助動詞は依然として本動詞であり、屈折のない現代英語の法助動詞とは異なる。

その現代英語の法助動詞の意味構造を図式化したのが、次の図3である。

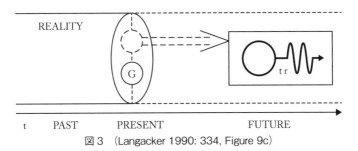

図3 (Langacker 1990: 334, Figure 9c)

この段階では，潜在力やその源がプロファイルされなくなる。図3で，右向き二重矢印やその左の円が細線で描かれていることに注意されたい。この段階で，潜在力やその源が認識の対象ではなく主体の側に位置づけられるようになった，と認知文法では考える。Langacker(1990: 316)のたとえを借りるならば，眼鏡を外して目の前にかざせばその眼鏡は認識の対象となるが，眼鏡をかけると認識主体(眼鏡をかけて何かを見る側)と融合し，眼鏡の存在を意識しなくなるようなものである。

　潜在力やその源が認識主体の側に位置づけられるようになったことが，法助動詞の意味とどう関係するかを述べる必要があろう。この段階での法助動詞は，「(話し手である)認識主体」が「発話時」に行う推論を表すようになる。例えば認識的 must なら「(話し手である)認識主体が発話時に何かを結論付けている」ことを表す。つまり，図1や図2の段階のように，潜在力の源が(話し手である)認識主体以外の人間である可能性を想定したり(この場合は人称による動詞屈折に反映される)，潜在力が発せられるのが発話時以前や以後である可能性を想定する(この場合は時制による動詞屈折に反映される)必要がなくなるのである。こうして現代英語の法助動詞は，その意味にグラウンドが深く関わるようになり，それ自身が別の何かをグラウンドに関連づける役割を担う「グラウンド表現」(grounding predication)と呼ばれるに至る[16]。

　潜在力の源が認識の対象とならなくなり，法助動詞がグラウンド表現になったことに伴い，主語の拡散はさらに進む。この段階になると，次のような，潜在力の源にも標的にも成りえない無生物が主語として生じやすくなる。

(15) a.　Tabs will probably be kept on all the dissidents.
　　 b.　There may be some rain tonight.　　　　(Langacker 1999: 309)

　ところで，これまでの図による説明では，法助動詞の根源的用法と認識的用法の区分への対応が考慮されているわけではないことに注意しておきたい。Langacker(1990: 335–336)が明言している通り，図2と図3の対立は根源的用法と認識的用法の対立に対応しているわけではない。Langacker の枠組みにおける根源的用法と認識的用法の対立は，両者の潜在力の違いに関わる。

Langacker(2008: 306)によると,根源的用法の潜在力は(グラウンドに関連付けられた)事態を引き起こす(effecting)ことに向けられる。一方,認識的用法の潜在力は,(話し手である)認識主体が心に描く事態を自らの現実認識(conception of reality)に取り入れようとする—その事態がどの程度事実を見なせるかを判断する—ことに向けられる。この点で,後者の力は前者の力よりも主観的に把握されていると言えるが,同時に,より抽象的でもある(ibid.)。これは例えば,私が You may leave now(この may は根源的)と言って相手に許可を与えることで,相手は恐らく出ていくといった実際の行動に反映される一方で,It may rain this afternoon(この may は認識的)と言ったところで,実際に雨が降るか否かには影響が及ばないことから理解できよう(ibid.)。前者の場合では比較的具体的な力の行使が見られる一方で,後者の場合では具体的な力の行使は見られず,抽象的・心理的な力の行使が顕在化するのみである。

## 4.1.2　認識的 have to への適用とそれが示唆する限界

さて,ここまで概観した Langacker の分析を認識的 have to に適用してみよう。まず,認識的 have to は図1から図3のどれに対応するであろうか。これについては,図2に対応するという仮説から出発したい。なぜなら,認識的 have to は動詞屈折が見られ(そのため図3の可能性が外される),潜在力の源とそれにより実現するであろう出来事の動作主が同一でない例が見つかっている(そのため図1の可能性が外される)からである。図3の可能性を外す根拠については,これまで示してきた多くの用例で観察されている通りである。図1を外す根拠となる実例は(12)である(have to を含む一文のみ再掲)。(15)の用例と同様に考えれば良い。

(12) a.　there *has to* be some of that
b.　it *has to* be bad

(12)において動作主の源が誰になるのかは明示されていないが,それが there でも it の指示対象でもありえないのは明らかであろう。

しかしながら,3節で提示した使用依拠的研究の結果の一部を踏まえると,

認識的 have to が動詞屈折を持つからといって，現代英語の法助動詞よりも客観的であるとみなすのは，やや短絡的のように思われる．ある点では認識的 have to は，法助動詞と同様に主観的な側面を示すように思われるからである．そのような疑問を持つ根拠として(11a, b)を再掲する．

(11) a. 3 人称主語(1 人称，2 人称主語の用例は極端に少ない)(3.1 節)
　　 b. 無生物主語(3.2 節)

　まず(11a)から考えよう．ここで重要になるのは，「認識的 have to が 3 人称主語を強く好む傾向にある」という事実以上に，「認識的 have to が 1 人称・2 人称主語をほとんど好まない傾向にある」という事実である．話し手・聞き手が主語として言語化されないということは，認知文法の枠組みで言うと，それらが認識の対象として捉えられにくいということを意味する．この場合，話し手・聞き手はむしろ推論を行う認識主体としての役割に事実上専念している．このように考える方が，使用実態や認知文法における法助動詞の定義を踏まえると，理に適っていると言えるであろう．すなわち，認識的 have to は主観的な側面をかなりの程度で持ち合わせているということになり，単純に客観的とは言い難くなると思われる．
　次に，(11b)を取り上げよう．前節で図 3 の説明の際に言及した通り，英語法助動詞が本動詞(図 1)から擬似法助動詞(図 2)，法助動詞(図 3)へと主観化するにつれて，潜在力の源が拡散され，無生物主語も法助動詞文の主語になりやすくなる．3.2 節で述べた通り，認識的 have to は有生物よりも無生物を主語に取る傾向にある．これが主観化に伴う潜在力の源の拡散の反映であると考えれば，(11b)もまた，認識的 have to が別の点で，法助動詞と同様に主観的な側面を併せ持つと考えることを支持するものと思われる．
　このように考えると，認識的 have to を単純に図 2 に位置づけることを躊躇せざるを得なくなる．認識的 have to が動詞屈折を示すという厳然たる事実があり，話し手が認識主体として働いているということに着目すれば，潜在力が点線で描かれ，グラウンドが加えられている図 2 に位置づけるべきかもしれない．しかし一方で，(11b)が示唆するように，認識的 have to が潜在力の源

がかなり拡散した段階を示すところに着目すれば、少なくとも潜在力の源の観点からは図2よりも図3に近いとも言えそうである。現段階での結論として、Langacker の現時点での枠組みでは認識的 have to の主観性を捉えるのは難しく、主観的と客観的の中間的段階に位置付けるほかないと思われる[17]。

## 4.2　機能文法的分析と認識的 have to への適用

### 4.2.1　理論の概観

　まず、機能文法の観点から英語法助動詞やモダリティを分析した Halliday (1970) の分析の概観から始める。次いで、事実上 Halliday のアプローチを継承していると思われる澤田 (1993) の分析を概観する。

　Halliday のモダリティ論を概観する際は、まず彼の独自の用語を確認しておく必要がある。彼は modality と modulation という用語を導入するが、それぞれ「認識的モダリティ」、「根源的(義務的)モダリティ」に概ね対応すると言って良い[18]。modality と modulation は次のように定義されている。

(16) a. modality is "a form of <u>participation by the speaker</u> in the speech event. Through modality, the speaker associates with the thesis an indication of its status and validity in his own judgment; he intrudes, and takes up a position"　　　　　　　　　　　　　　(Halliday 1970: 335)

　　b. modulation is "<u>not a speaker's comment</u>, but forms part of the content of the clause, expressing conditions on the process referred to"
　　　　　　　　　　　　　　　　　　　　　　　　　　　(ibid.: 338)

下線部は、modality と modulation の主観性に関わる箇所となる（ここでの「主観性」は前節で取り上げた Langacker の「主観性」とは定義が異なることに注意）。(16a) にある通り、「話し手の参与」を表す点で modality は主観的と言える。一方、(16b) にある通り、modulation は「話し手のコメントではない」という点で客観的ということになる。

　このような違いは、modality と modulation が Halliday の機能文法における

3つの機能—観念構成的(ideational), テクスト形成的(textual), 対人的 (interpersonal)—のどれを担うかに反映される。下記の(17a, b)の引用に有る通り, modality は対人的機能を, modulation は観念構成的機能を担う。

(17) a. "Modality is a system derived from the 'interpersonal' function of language, expressing the speaker's assessment of probabilities."

(ibid.: 342)

b. "The system which we have called 'modulation' is very different: it is ideational in function, and expresses factual conditions on the process expressed in the clause." (ibid.: 343)

ところで, Halliday(ibid.)では subjectivity やその派生語がほとんど見られない。筆者が調べた限り, (18)のように objectified が用いられている箇所があるのみであった(以下の(18a, b)の番号は筆者が便宜上付したものである)。

(18) "It is true that there exist different tense forms of the non-verbal expressions of modality, such as
　a. It was certain that this gazebo had been built by Wren until the discovery of the title-deeds
But this has become objectified, and is thus removed from the realm of modality. Hence there are no corresponding verbal forms; we cannot say
　b. this gazebo must have been built by Wren until the discovery of the title-deeds" (ibid.: 337)

(18a)の certain が示す蓋然性が客観化(objectify)された結果「modality の領域から外された」とあるが, これは言い換えれば「modality の領域内は主観的」であるということになる。また, (17a)によると, modality は対人的機能から派生されたシステムであるとのことなので, modality は対人的機能を持ち主観的である, という対応関係が見出せる。また, (17b)にある通り, modulation は観念構成的機能を持つことから, modulation は観念構成的機能を持ち客観

的である，という対応関係を見出すことができる。

　さて，ここまで概観してきた主観性が法助動詞の文法に反映されることをHallidayは次の例を用いて示している。

(19) a.　perhaps this gazebo *might* be by Wren　　　　　　(ibid.: 334)
　　 b.　Jones (*could/*) *was allowed to* go out yesterday.　　(ibid.: 338)

　(19a, b)にはいずれも過去形の法助動詞が含まれる。(19a)の might は話し手の認識的判断を表す modality で，(19b)の could は可能ないし許可を表す modulation である。

　しかし両者は，過去時制の領域(ibid.: 336)に含まれるか否かで異なる。含まれない方が modality で，含まれる方が modulation である。まず，(19a)の might は確かに過去形であるが，実際に表すのは「話し手が発話時に行なっている判断」である((16a)を参照)。この点で，(19a)の might は過去時制の領域に含まれていないということになる。一方，(19b)の could は，John が過去に可能であった内容，ないし過去に与えられた許可を表すので，過去時制の領域に含まれると言える。

　このようなアプローチを事実上引き継いで，適用範囲を広げたのが澤田(1993：第7章)である。澤田は Halliday の modality や modulation という用語を使わず，それぞれより一般的な「認識的法助動詞」や「根源的法助動詞」という用語を使っているが，これらの主観性や文法構造への反映の仕方の議論は Halliday のそれと通ずるところが大きい。

　Halliday は modality と modulation の主観性が文法に反映される度合の違いを，時制の領域に含まれるか否かで例証したが，澤田はさらに，「否定・疑問の領域に含まれるか否か」という観点も含めて例証している。まずは否定の領域に含まれるか否かを(20)で確認しよう。(20a)の may は認識的で，(20b)の may は根源的である。

(20) a.　John *may* [not have gone hunting yesterday].
　　 b.　John [*may* not] go hunting today.　　　　　　　(澤田 1993: 196)

まず，(20a)の解釈は「『ジョンが昨日狩りに行かなかった』ということが可能性としてある」という意味である。ここで，(20a)のmayが表す「可能性としてある」という認識的判断が否定されていない，すなわち，「『ジョンが昨日狩りに行った』ということが可能性としてありえない」という解釈にはならないことに注意されたい。これが，(20a)のmayは否定の領域に含まれないということである。一方，(20b)の解釈は，「『ジョンが今日狩りに行く』ということが許されていない(できない)」である。ここで，根源的mayが表す「許される(できる)」が否定されていることが重要となる。すなわち，(20b)のmayは否定の領域に含まれており，モダリティ否定を表している。

次に，「疑問の領域に含まれるか否か」を，(21)を例に確認しよう。(21a)は認識的法助動詞を，(21b)は根源的法助動詞を疑問化したものである。

(21) a. *{*May/Must/Can't/Should*} John have left?
　　 b. 　{*May/Must/Can't/Should*} I answer these questions?

(ibid.: 199)

(21a)が容認されないのは，認識的法助動詞が疑問化されない，すなわち疑問の領域に含まれないためである。一方，(21b)が容認されるということは，根源的法助動詞の疑問化が可能である，すなわち疑問の領域に含まれることを示している。

ここまでのHallidayと澤田の分析の概観を以下に要約する。

(22) a. 認識的法助動詞(≒ modality)
　　　　→ 主観的。時制・否定・疑問の領域に入らない。
　　 b. 根源的法助動詞(≒ modulation)
　　　　→ 客観的。時制・否定・疑問の領域に入る。

## 4.2.2　認識的have toへの適用とそれが示唆する限界

それでは，ここまで概観してきた枠組みの下で，認識的have toの主観性はどう説明されるであろうか。「認識的」である以上，(22a)に書いた振る舞いを

示す—時制・否定・疑問の領域に含まれない—ことが予想される。このことを，3節の(11)で挙げた「認識的 have to の好まれる文法的パターン」で検証しよう。ここで重要になるのは(11c, d)である(以下に再掲)。

(11) c.　モダリティ否定を表す否定文(have to 形の場合)(3.3節)
　　 d.　平叙法(これ以外の法の用例はほぼ見られない)(3.4節)

(11d)は認識的 have to が疑問文にほとんど生起しないことを示すので，上の予想と符合する。しかし(11c)は上の予想と明確に矛盾する。認識的 have to の表す否定文はモダリティ否定で，すなわち，認識的 have to の表すモダリティが否定の領域に含まれるからである。このように考えると，Halliday と澤田の機能文法の説明によれば，認識的 have to の主観性について明らかに相反する予想をしてしまうことになる。

　なお，認識的 have to が否定の領域に入ることから，そもそもこの have to は認識的用法(あるいは Halliday の言う modality)ではない，と考えることもできるかもしれない。上述した通り，Halliday は modality を「発話事態への話し手による参与」(16a)を表し，「話し手による蓋然性の評価」(17a)を表す，と定義しているが，認識的 have to がこれらを表していないと言えるだろうか。表していないのであれば，本論で認識的 have to と呼んできたものは，実は認識的でないということになる。しかし果たしてそのように考えるのは妥当であろうか。

　筆者はその問いに対し，妥当ではないと答えたい。まず，話し手は認識的 have to を用いて，「ある事態が必ずしも真であるとは言えない」と述べることによってその事態の「蓋然性の評価」を行なっている，と考えることはそれほど不自然ではないであろう。また，そのような蓋然性の評価を行なうことで，話し手が発話事態へ参与していると考えることもできよう。このように考えると，認識的 have to は(否定の領域に入るからといって)認識的法助動詞ではないと見なすのは，(16a)と(17a)の定義上，無理があると言わざるを得ない。このように考えると，本論の調査結果の一つ(11c)は，認識的法助動詞の主観性と文法的特徴の対応関係(ここでは「主観的であること」と「否定の領域に含

## 4.3　認識的 have to の主観性をどう捉えるべきか

　ここで，4.1 節と 4.2 節の議論をまとめよう。まず，4.1 節で紹介した Langacker の認知文法的説明では，認識的 have to は時制屈折があるために客観的とみなされるはずである。しかし，認識的 have to を含む文の主語の拡散が進んでいる点で，法助動詞と同様の主観性を持つことを示唆する側面もあるのであった。このことから，Langacker の理論では，認識的 have to を客観的とも主観的とも言えてしまうことになる。また，4.2 節で紹介した Halliday や澤田の機能文法的説明でも，認識的 have to はモダリティ否定を表すという客観的な特徴を持つ一方で，疑問文には非常に生起しづらいという主観的な特徴も併せ持つのであった。やはり彼らの理論でも，認識的 have to が客観的とも主観的とも言えてしまうことになる。

　これはすなわち，認知文法的に見ても，機能文法的に見ても，認識的 have to は主観的か客観的かいずれか一方に決めることはできず，主観的と客観的の中間段階に位置づけるべき，ということを示すように思われる。そのような見方を取るべきとする経験的根拠は，3 節で特定した認識的 have to の使用において好まれる文法パターン (11a–d) によって提供される。

　このことをさらに広い視点で捉え直すならば，本論で提示した認識的 have to の事実は，認識的法助動詞の主観性自体も実は程度問題であり，すなわち，認知言語学的カテゴリー論の見方を支持することになるのではないだろうか。Coates (1983: 31–40) は，根源的 must が客観的な用例と主観的な用例とは明確に分けることはできず，むしろ fuzzy なカテゴリーを成すことを主張している。彼女のこの主張は，根源的法助動詞が認知言語学的観点からのカテゴリーとして見られるべきことを示唆すると言ってよいであろう。一方，類似の議論が認識的法助動詞にも適用可能であることを本論は示唆する[20]。Langacker，及び Hallliday・澤田のモダリティ論において認識的法助動詞のプロトタイプを主観的なものと想定するなら，認識的 have to は客観的と言わざるを得ない側面を示すのであるから，すなわち認識的法助動詞の成員の中では

非典型的である，と考えると良いと思われる。ただし，そのような主観性を決める基準の考察は稿を改めたい。

## 5. 終わりに：結論と残された課題

以上，本論は，使用依拠的観点から，現代アメリカ英語における認識的 have to の好まれる文法パターンを，COCA からのデータを用いて特定した。そのパターン(11)と具体例(12a)を以下に再掲する。

(11) 認識的 have to の好まれる文法パターン
  a. 3人称主語(1人称，2人称主語の用例は極端に少ない)(3.1節)
  b. 無生物主語(3.2節)
  c. モダリティ否定を表す否定文(have to 形の場合)(3.3節)
  d. 平叙法(これ以外の法の用例はほぼ見られない)(3.4節)
  e. 未完了動詞が後続(特に be)(3.5節)
  f. 非意図動詞が後続(3.5節)

(12) a. I mean he's a human being, so there *has to* be some of that.

次いで，(11)に挙げたパターンが，英語法助動詞やモダリティの主観性に関する先行研究の一部に対し，どのような理論的含意をもたらすかを論じた。具体的には(11a, b)は Langacker の認知文法的説明(4.1節)に対し，(11c, d)は Halliday 及び澤田の機能文法的説明(4.2節)に対し，それぞれの枠組みが認識的 have to を主観的と客観的の中間段階にあることを捉えられるような理論的修正を促す可能性を論じた[21]。

4節の冒頭で言及した通り，本論で取り上げた先行研究は，いわゆる真正な法助動詞(must, can など)を取り上げているのであり，have to のような擬似法助動詞を取り上げたわけではない。しかし，認知文法と機能文法のいずれを用いるにせよ，本論で特定した好まれる文法パターンを始めとした，認識的 have to の実際の使われ方を取り入れた説明の構築が今後求められると言えよう。さらに言うならば，本論で提起した問題の検討は，モダリティや法助動詞

（擬似法助動詞も含む）の使用状況や主観性を使用依拠的観点から更に包括的に分析することを目指す際に重要な論点の 1 つと見なせるのではなかろうか。

　認識的 have to を使用依拠的観点から取り上げる価値のある問題は，言うまでもなく，本論で扱った以外にも数多くある。それらの問題を以下に 4 つ列挙して，本論を締めくくりたい[22]。

　第一に，認識的 have to の通時的発達の調査が挙げられる。OED における認識的 have to の初出例は 1829 年であるが，これ以後，どのような頻度で生起するに至ったのであろうか。また，本論で提示した好まれる文法パターンは，時代をさかのぼっても観察されるのであろうか。そもそも，認識的 have to が成立する際の意味変化はどのような過程で生じたのであろうか。これは，Corpus of Historical American English（COHA）などの歴史英語コーパスを用いて調査可能である[23]。

　第二に，現代アメリカ英語以外の英語（例えばイギリス英語）から認識的 have to の用例を集め，本論の観点から調査することである。Coates(1983: 57) は，認識的 have to を「アメリカ語法的」(Americanism) と感じられるとしているが，それは現代においても当てはまることなのであろうか。もし，他の英語にも認識的 have to の用例が多く見られるとしたら，その好まれる文法パターンは現代アメリカ英語とどの程度共通するのであろうか。これは British National Corpus（BNC）などを用いて調査可能である。

　第三に，認識的 must との比較調査である。(11) の文法パターンは認識的 must の使用にも見られるのであろうか，それとも使用上の棲み分けが見られるのであろうか。より包括的な比較調査を行なうべきであろう。これは COCA や BNC などで調査可能である。

　最後に，根源的 have to との比較調査がある。本論で示した認識的 have to の好まれる文法パターンは，根源的 have to でも見られるのであろうか。言い換えれば，根源的 have to と認識的 have to の好まれる文法パターンはどのような棲み分けを成すのであろうか。これも COCA や BNC などを使って調査可能である。

　以上，今後調べるべき問題は数多く残されているものの，本論で行なった調査と分析が，これまであまり注目されてこなかった認識的 have to の包括的分

析の端緒になることが期待される。

注

　　＊本論は，「認知言語学フォーラム 2015」(2015 年 7 月 4 日，北海道大学)，及び第 13 回国際認知言語学会(2015 年 7 月 20 日～25 日，イギリス，ノーザンブリア大学)での口頭発表の原稿に大幅な加筆修正を施したものである。発表の場で質問やコメントを下さった方々に感謝を申し上げたい。言うまでもなく，本論に残る不備の責任は全て筆者にある。

（1）以下，本論の例文におけるイタリックや下線は，特に断りのない限り，全て本論の筆者による。

（2）当時の COCA は 2012 年までしかデータ収集ができなかったが，その後は 2017 年までのデータが入手可能である(2018 年 3 月 23 日参照)。

（3）なお，had to は今回の検索対象としなかった。認識的 had to の用例を調べたところ，認識的 have to のモダリティが過去時制の影響を受ける「～にちがいなかった」という解釈と，時制の影響を受けない「～だったに違いない」という解釈の二通りがあるように思われ，今回の議論に組み込むためにはさらに詳細な調査が必要と判断したためである。

（4）根源的解釈と思われる have to の用例は 22,203 例発見された。

（5）Taylor(2012: 2)の次の箇所も参照："speakers have implicit memories of their experience of the language pertaining(…)to the frequency with which a word combination has been encountered."

（6）認識的 have to が 1 人称や 2 人称主語を取る頻度の低さは，認識的 must と比較するとさらに際立つ。予備調査として，I must have V-en と You must have V-en を COCA (2010～2012 年度)で調査した(この言語環境における must は認識的解釈が支配的である。De Haan 2012: 719–721 を参照)。具体例は下記に載せる。

　　（i）"Good lord, *I must have been* nineteen when I bought that nightgown."

　　　　　　　　　　　　　　　　　　　　　　　　　　　　(COCA, 2012, Fiction)

　　（ii）Cuba Gooding Jr. celebrated you like no one else ever had. *You must have gotten* motion sickness.　　　　　　　　　　　　　　(COCA, 2012, Newspaper)

調査の結果，前者が 132 例，後者が 118 例見つかった。認識的 have to の全用例中，1 人称主語を取るものがわずか 1 例で，2 人称主語を取るものが 17 例であったことと実に対照的である。have V-en 以外の動詞を取る認識的 must の事例をさらに調査すれば，上掲の数字は増えることはあっても減ることはないであろう。

（7）筆者の解釈の限りでは，本論で収集した認識的 have to の否定文の用例中に，「～でないに違いない」という命題否定の解釈ができるものは見つかっていない。

（8）認識的 have to が疑問文に生起しにくい理由は眞田(2007: 4.3.2 節)を参照。なお，認識

的法助動詞が疑問文に生起した場合の文の容認可能性についての議論は，柏野 (2012), 眞田(2014), 小澤(2015)を参照。
(9) 理由は不明であるが，認識的 have to に mean が後続する場合は否定文で用いられる用例が目立ち,「〜を意味するとは限らない」などのように解釈できる。

  Much of what McClendon says is misleading - wind power is as cheap as gas in some places and falling fast, and cutting back on gas *doesn't have to mean* burning more coal.
                     （COCA, 2012, magazine）

(10) Brinton(1991: 3)は，認識的 have to を含む例文として次を挙げている。ここでの arrive は明らかに完了動詞であろう。

  Ingrid *has to* arrive before we do because she set out an hour earlier.

(11) (10a, b)の has to は根源的用法と解釈することも可能に思われるかもしれないが，認識的解釈も可能と判断し，認識的用法のデータとして数えている。
(12) (11e, f)は別個に記しているが，表3が示唆する通り，実際は未完了でありかつ非意図である動詞がかなり多い。
(13) 認知文法における subjectivity は「認識主体」への言及から「主体性」と訳されることが多い。しかし,「主体性」と「主観性」を峻別する立場の上原(2016)の議論によると，ラネカーによる法助動詞分析には「主体性」と共に「主観性」(上原の言う「認識的主観性」)も関わる(2016: 62–63)。一方で，4.2節で取り上げる機能文法的分析における subjectivity は，筆者の知る限り一貫して「主観性」と訳されているように思われる。そこで本論では，訳語を増やさないでおくという観点からも，一貫して「主観性」という訳語を採用する。なお,「主体性」と「主観性」の比較や事例分析を行なった最新の論考としては，上原(2016)の他に中村(2016: 2.5節)・本多(2016)・早瀬(2016)なども参照されたい。
(14) Langacker(1991: 221)は，have to は擬似法助動詞であると明記している。
(15) (14)の本文，グロス，及び和訳は苅部・小山(編著)(2007: 25)に負う。現代英語訳は筆者による。
(16) グラウンド表現のこのような特徴づけは，スペイン語のいくつかの法助動詞に適用し難いことを Cornillie(2005)は主張している。これは，Langacker によるグラウンド表現の特徴づけを，類型論的に再考察する余地があることを示唆する。
(17) 本論では認識的 have to に焦点を当てているが，時制屈折を示す擬似法助動詞は他にbe going to や be able to などがある。これらの擬似法助動詞の主観性を Langacker の枠組みでどの程度包括的に説明できるのか，といった問題を本論の調査結果は提起すると思われる。今後の課題としたい。
(18) Halliday and Matthiessen(2004: 147)では，Halliday(1970)の modality を modalization と呼び変え，modality は modalization と modulation の上位概念を指す語として用いているが，本論では Halliday(1970)の用語を用いて議論する。

(19) このような対応関係に対する疑義は(22b)に対しても提起可能である。周知の通り，根源的 must の否定文は「〜しないことを義務とする(＝〜してはいけない)」という意味だが，これは命題否定でありモダリティ否定ではない。しかしこのことは，根源的法助動詞は否定の領域に入るとする(22b)と衝突する。
(20) 本論とは別の視点ではあるが，Lyons(1977: 792)でも，認識的モダリティが主観的なものと客観的なものがあることが指摘されている。
(21) (11e, f)の事実が認識的 have to の主観性にどう関わるかは，Langacker においても Halliday や澤田においても明らかになっていない。このように，(擬似)法助動詞に後続する不定動詞の選択制限が緩まる事実は，(擬似)法助動詞の文法化の議論では頻繁に指摘されるところであるが，本論で取り上げた主観性の観点では，筆者の知る限り，明示的には取り上げられていないように思われる。
(22) 以下に列挙する4つの課題の他に，次の点も今後取り組むべきことの1つとして挙げておきたい。それは，本論で取り上げた以外の観点からの主観性による法助動詞分析(例えば Lyons 1977, Traugott and Dasher 2002：第3章)を取り込み，より総合的に認識的 have to の主観性を分析することである。柏野(2002：第11章)は，認識的 have to は客観的な証拠に基づく必然性を表す点で客観的であると述べている(Westney 1995: 4.6.2 節も参照)が，この指摘は，本論が提示した好まれる文法パターンや主観性分析とどのようにかみ合うであろうか。なお，柏野らが研究する意味での主観性の判定は，COCA で入手できる量の前後文脈だけでは困難であったことは認めざるを得ない。McEnery et al.(2006: 108)が指摘するように，語用論に大きく依拠する意味や用例をコーパスで自動的に検索するのは困難が伴うものである。
(23) これの先行研究の1つとして Krug(2000: 89)の Table 3.11 を参照されたい。また，Krug(ibid.: 90)は，認識的 have to はかなり最近になって成立したものであると述べているが，これも COHA などを使って検証する余地がある。

**参考文献**

安藤貞雄．(2005)『現代英文法講義』．開拓社．
Brinton, Laurel J. (1991) "The Origin and Development of Quasimodal Have to in English." Paper presented at the Workshop on "The Origin and Development of Verbal Periphrasis", 10th International Conference on Historical Linguistics (ICHL 10), Amsterdam, August 16, 1991. (http://faculty.arts.ubc.ca/lbrinton/HAVETO.PDF)
Bybee, Joan. (2007) *Frequency of Use and the Organization of Language*. Oxford: Oxford University Press.
Coates, Jennifer. (1983) *The Semantics of the Modal Auxiliaries*. London and Canberra: Croom Helm.
Cornillie, Bert. (2005) "On Modal Grounding, Reference Points, and Subjectification." *Annual*

*Review of Cognitive Linguistics* 3: 56–77. Amsterdam and Philadelphia: John Benjamins.

De Haan, Ferdinand. (2012) "The Relevance of Constructions for the Interpretation of Modal Meaning: The Case of *Must*." *English Studies* 93(6): 700–28.

Declerck, Renaat. (1991) *A Comprehensive Descriptive Grammar of English*. Tokyo: Kaitakusha.

Halliday, M. A. K. 1970. "Functional diversity in language as seen from a consideration of modality and mood in English". *Foundations of Language* 6: 322–361.

Halliday, M. A. K. and M. I. M. Matthiessen. 2004. *An Introduction to Functional Grammar* (Third Edition). London: Arnold.

長谷部陽一郎．（2013）『認知言語学とコーパス』．森・高橋（編）：231–256.

早瀬尚子．（2016）「懸垂分詞構文から見た(inter)subjectivity と(inter)subjectification」．中村・上原（編）：207–229.

本多啓．（2016）「subjectification を三項関係から見直す」．中村・上原（編）：91–120.

苅部恒徳・小山良一（編著）．（2007）『古英語叙事詩　ベーオウルフ　対訳版』．研究社.

葛西清蔵．（1998）『心的態度の英語学』．リーベル出版.

柏野健次．（2002）『英語助動詞の語法』．研究社.

柏野健次．（2012）『英語語法詳解—英語語法学の確立へ向けて』．三省堂.

Krug, Manfred G. (2000) *Emerging English Modals: A Corpus-Based Study of Grammaticalization*. Berlin and New York: De Gruyter Mouton.

Langacker, Ronald W. (1987) *Foundations of Cognitive Grammar*. Volume I. *Theoretical Prerequisites*. Stanford: Stanford University Press.

Langacker, Ronald W. (1990) *Concept, Image, and Symbol. Berlin and* New York: Mouton de Gruyter.

Langacker, Ronald W. (1991) *Foundations of Cognitive Grammar*. Volume II. Descriptive Application. Stanford: Stanford University Press.

Langacker, Ronald W. (1999) *Grammar and Conceptualization*. Berlin and New York: Mouton de Gruyter.

Langacker, Ronald W. (2008) *Cognitive Grammar: A Basic Introduction*. Oxford: Oxford University Press.

Lyons, John. (1977) *Semantics* 2. Cambridge: Cambridge University Press.

McEnery, Tony, Richard Xiao and Yukio Tono. 2006. *Corpus-Based Language Studies: An Advanced Research Book*. London and New York: Routledge.

森雄一・高橋英光（編）．（2013）『認知言語学：基礎から最前線へ』．くろしお出版.

中村芳久．（2016）「Langacker の視点構図と(間)主観性—認知文法の記述力とその拡張—」．中村・上原（編）：1–51.

中村芳久・上原聡（編）．（2016）『ラネカーの(間)主観性とその展開』．開拓社.

大橋浩．（2013）「文法化」．森・高橋（編）：155–179.

小澤賢司．（2015）「認識的法助動詞 may/must/can/will の疑問化」．『英語語法文法研究』第 22 号：85–100．

眞田敬介．（2007）「認識的用法の must を含む疑問文の文脈について」．『日本認知言語学会論文集』第 7 巻：213–222．

眞田敬介．（2014）「疑問文に生起する英語認識的法助動詞の容認可能性について」．『日本語用論学会第 16 回大会発表論文集』第 9 号：65–72．

澤田治美．（1993）『視点と主観性：日英語助動詞の分析』．ひつじ書房．

Takahashi, Hidemitsu. (2007a) "A Usage-Based Analysis of Imperative Verbs in English(1)." *The Annual Report on Cultural Science* 121: 89–129. Hokkaido University.

Takahashi, Hidemitsu. (2007b) "A Usage-Based Analysis of Imperative Verbs in English(2)." *The Annual Report on Cultural Science* 122: 33–58. Hokkaido University.

Taylor, John R. (1995) *Linguistic Categorization* (2nd edition). Oxford: Oxford University Press.

Taylor, John R. (2012) *The Mental Corpus: How Language is Represented in the Mind*. Oxford: Oxford University Press.

Tomasello, Michael. (1999) *The Cultural Origins of Human Cognition*. Cambridge and London: Harvard University Press.

Tomasello, Michael. (2003) *Constructing a Language: A Usage-Based Theory of Language Acquisition*. Cambridge and London: Harvard University Press.

Traugott, Elizabeth C. and Richard B. Dasher. 2002. *Regularity in Semantic Change*. Cambridge: Cambridge University Press.

上原聡．（2016）「ラネカーの subjectivity 理論における『主体性』と『主観性』」．中村・上原（編）：53–89．

Westney, Paul. (1995) *Modals and Periphrastics in English: An Investigation into the Semantic Correspondence between Certain English Modal Verbs and Their Periphrastic Equivalents*. Berlin and New York: De Gruyter.

コーパス

*Corpus of Contemporary American English*. (http://corpus.byu.edu/coca/)

# 〈実現〉を表す視覚動詞「みる」の構文化*

高橋暦・堀江薫

## 1. はじめに

　人間の五感を表す動詞は知覚動詞(verb of perception)，ないし，感覚動詞(sensory verb)と呼ばれる。これらの動詞は，他の一般動詞に比べ，意味的，統語的ふるまいが独特であると言われる。そのなかでも，視覚動詞は特にその傾向が顕著であるとされ，これまでにも世界の諸言語において，意味変化(semantic change)や補文選択(complement selection)といった，様々な観点から議論されている(Gruber 1967, Viberg 1984, Sweetser 1990, Horie 1990, 1991, 1993, Ibarretxe-Antuñano 1999, 等)。

　日本語の視覚動詞もまた，「みる」を中心として，様々な観点から分析されてきた。具体的には，「みる」の多義語分析や，その類義語である「みえる」，「みられる」等との類義語分析のように，視覚動詞の意味的側面を中心に扱った研究が多くある(蔦原 1983，瀬戸 1995，山梨 1995, 2009，田中 1996，小出 2006, 等)。このほかにも，「みる」の持つ意味を統語上のふるまいと結びつけた研究(奥田 1985)や，「みる」のアスペクトや自他性といった動詞としての文法的特性を扱った研究(高嶋 2008)，さらに，視覚行為の感覚器「目」に焦

点を当てた研究(Yamanashi 1997)もあるなど，視覚動詞研究の裾野は多岐に渡っている。

　しかしながら，その一方で，日本語の視覚動詞「みる」には，これらの先行研究の多くが深く考究することのなかった意味，用法がある。それは，本論が考察対象とする，以下のような「みる」の意味，用法である。(角括弧，下線は全て筆者による。角括弧([　])は主語名詞，下線は「目的語名詞＋「みる」」という単位をそれぞれ明記するものである。)

（1）　[エジプト・イスラエルの単独和平の合意だけが] 昨年3月から実施にうつされて進展をみているが……とくに[パレスチナ人民問題は]，ここ10か月間の交渉で何ら進展をみていず……

　　　　　　　(『毎日新聞』，1980年4月9日，高橋太郎 1994: 162(107))

（2）　殊に[この交渉が]，国連の米ソ英仏代表の努力によって成功を見たことは，……

　　　　　　　(『現代語の助詞・助動詞―用法と実例―』，村木 1983: 43 (19))

これらの「みる」は，基本義である視覚行為の意味から大きく離れ，それぞれ，(1)「進展している／進展していない」，(2)「成功した」のように，「(目的語名詞の表す出来事・状況が)実現する」といった意味を表している(本論では，当該の意味を山括弧を用いて〈実現〉と明記する。他の意味素性も同様に明記する)。また，この意味からも導かれる通り，下線の「目的語名詞＋「みる」」という単位は，(1)「進展をみる←→進展する」，(2)「成功をみる←→成功する」のように，知的意味の上は，目的語名詞を動詞に戻した形式との交替が可能である。すなわち，これらの「みる」はそれ単独ではなく，「目的語名詞＋「みる」」という単位によって意味上の述部を構成し，〈実現〉の意味を発現している。以下の通り，「みる」と目的語が切り離されれば，〈実現〉の意味は発現せず，文自体も適格性を失うこととなる。

(1')a. ＊[エジプト・イスラエルの単独和平の合意だけが]　Φ　みているが…

　　b. ＊[パレスチナ人民問題は]　Φ　みていず…

(2')  *［この交渉が］　Φ　見たことは…

従って，当該の〈実現〉という意味については，純粋に「みる」に内在するというより，「みる」が他の名詞，この場合では，特に，目的語名詞の力を借りて発現していると考える方が正確であると言える。

次の表1は，国語辞書12冊の見出し語「みる」における〈実現〉の語義記載の有無をまとめたものである。表1から分かるように，諸国語辞書の中で，〈実現〉の意味を「みる」の意味として認めている辞書は全体の半数程度であることに注意されたい。このように，国語辞書においても，当該の〈実現〉の意味の扱いをめぐっては，辞書ごとに立場が異なっているのが現状である。

表1　国語辞書における〈実現〉の語義記載

| 記載あり | 記載なし |
| --- | --- |
| 『講談社カラー版日本語大辞典(第二版)』 | 『岩波国語辞典(第七版)』 |
| 『三省堂大辞林(第三版)』 | 『旺文社国語辞典』 |
| 『新明解国語辞典(第七版)』 | 『学研国語大辞典(第二版)』 |
| 『日本国語大辞典(第二版)』 | 『角川国語辞典』 |
| 『明鏡国語辞典』 | 『広辞苑(第六版)』 |
|  | 『集英社国語辞典(第二版)』 |
|  | 『小学館大辞泉(第二版)』 |
| (計5冊) | (計7冊) |

本論では，この〈実現〉という意味に対し，「みる」が他の名詞と結びつくことで初めて獲得されるものであるという立場を取り，当該単位が1つの独立した単位として創発し定着するに至ったプロセスを認知言語学の観点から明らかにすることを目的として考察を進める。また，本論では，「みる」が他の名詞と結びつき，〈実現〉という意味を表す言語現象全般を指して，「〈実現〉の「みる」」と呼ぶこととする。

本論の構成は次の通りである。まず，2節において，先行研究を概観し，先行研究の問題点を挙げるとともに，本論の立場を明確にする。これを踏まえ，3節では，〈実現〉の「みる」という言語現象の具体的性質を言語内的なもの，言語外的なものとに整理し述べる。続く4節では，当該の言語現象がどのように創発し定着するに至ったかという，〈実現〉の「みる」の拡張メカニズムを，通時的分析を通じて明らかにする。そして最後に，5節において本論の結

論を述べる。

## 2. 先行研究

先行研究には大きく，〈実現〉の意味を「みる」に内在すると考える立場と，他の名詞との結びつきによって発現するとする2つの立場が認められる。

### 2.1 「みる」に内在すると考える立場

この立場には，田中(1996)，高嶋(2008)がある。これらの2つの研究は，(i)〈実現〉の意味を「みる」に内在するものとして考える，といった分析上の立場に加え，(ii)認知言語学の観点を基盤に，〈実現〉の意味を「みる」の多義構造の中で捉え，当該意味が「みる」の派生義の1つである〈経験〉から拡張していると結論付ける点で，大枠の見解が一致している。〈実現〉の意味の派生原理について，田中(1996: 133–134)は，「「みる」は視覚的認知という限られた経験を超えてより広い意味での経験をメトニミー的に意味するようになり，この方向が極端に進むと，認知という対自的または対他的行為の側面も失って，状況の出現そのものを表す意味まで担うことになる」ためであるとし，ここに主観性(subjectivity)が関与していると説明する。

ただし，どちらの研究でも「一致をみる」「解決をみる」といった，目的語名詞が固定された例文が提示されていることから，これらの立場の研究におい

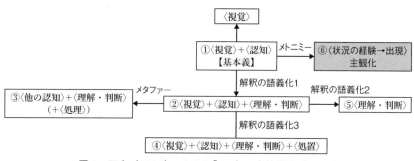

図1　田中（1996）における「みる」の多義構造（p.136）

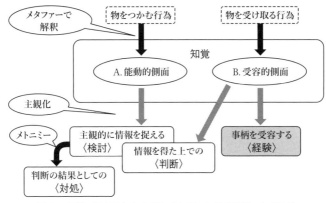

図2 高嶋（2008）における「みる」の多義構造（p.294）

ても，〈実現〉の意味の発現には一定の名詞との共起が念頭に置かれていることが推察される。

## 2.2 他の名詞との結びつきによって発現するという立場

この立場の代表的な研究には，村木(1983, 1991)がある。村木(1983, 1991)は動詞，なかでも，特に，「実質的な意味を名詞にあずけて，みずからはもっぱら文法的な機能をはたす動詞」(村木 1991: 204)である機能動詞(functional verb)を中心に分析し，この枠組みの中で本論の考察対象を扱う。具体的には，「みる」が動作名詞と結びつくと，「(物事が)実現する」，「(物事が)おこなわれる」といった意味を表すようになるとしている(村木 1991: 271–273)。先の村木(1991)の定義に従えば，機能動詞という考え方には，意味機能は名詞が，文法機能は動詞が果たすという前提がある。従って，この立場では，〈実現〉の意味は先行名詞(ここでは，特に，目的語名詞)の側に内在すると理解されることになる。

（3）a. ［夏の参院選協力が］本格的に前進をみることにもなろう。
　　　　　　　　　　（『毎日新聞』，1980 年 1 月 11 日，村木 1991: 272 (49)）
　　　b. ［議案が］いまだに採決をみていない。　　　（村木 1991: 273 (56)）

例えば、(3)では、目的語名詞である(3a)「前進」、(3b)「採決」が〈実現〉の意味機能を、動詞「みる」、より正確には、「みる」の述語としての特性が文法機能を果たすという理解になる。

## 2.3 先行研究の問題点

先行研究の問題点を指摘する前に、以下の文をご覧いただきたい。この2つの文はともに、「実現をみる」という同一の形式を意味上の述部としながら、表出される意味に若干の差異があるように感じられる。具体的には、(4a)「癩(ハンセン病)予防法が／実現を／みる」には〈実現〉の意味が明確に表れているのに対し、(4b)「三山が／実現を／みる」には「みる」の基本義である〈視覚・認知〉や、その派生義である〈経験〉といった意味の方が色濃く表れており、〈実現〉の意味はあまり感じられない。

(4) a. ついには [「癩(ハンセン病)予防法」が] 実現を見た(明治四十年)のである。　　　　　　　(砂川幸雄、『北里柴三郎の生涯』、BCCWJ)

　　b. これは、岩倉具視・大久保利通・伊藤博文の三人を論じた三山の著書『明治維新三大政治家』が、三山死後に再版となったとき、その序文として、漱石が明治四十五年五月に書いたものである。ちなみに [三山は]、さらに西郷隆盛論をも書く予定であったのに、実現をみることなく、明治四十五年二月二十八日、早々と世を去っている。(半藤一利、『漱石先生お久しぶりです』、BCCWJ)

両文の違いは、主語名詞の有生性(animacy)の有無である。〈実現〉の意味が色濃く表れている(4a)では非有生名詞「癩(ハンセン病)予防法」が主語として選択されているのに対し、〈実現〉の意味の弱い(4b)では有生名詞「三山」が主語として選択されている。例えば、以下のように、(4b)の主語を有生名詞から非有生名詞に取り換えてみると、「実現をみる」は(4b)のそれより強く、〈実現〉の意味を表すようになると感じられる。

(4b')(i)（三山の）西郷隆盛論が　実現を　みる
　　　(ii)（三山の）西郷隆盛論が　実現する

つまり，少なくとも，(4a–b)の2文において〈実現〉の意味を特徴付けているのは，「みる」単独でも，「目的語名詞＋「みる」」の単位でもなく，これらに先行する主語名詞，特に，主語名詞の非有生性であるということになる。先行研究の視点では，いずれの立場においても，〈実現〉の意味の発現に主語名詞が関わるという視点が欠けているため，上記のような問題に対して有効な説明をすることができないのである。

## 2.4　本論の立場

　前節の観察から，〈実現〉の意味の発現には，「目的語名詞＋「みる」」という単位に加え，主語名詞が要求される場合があることが明らかとなった。従って，〈実現〉の「みる」という言語現象を十分に理解するためには，「主語名詞＋目的語名詞＋「みる」」といった節レベルの単位を想定する必要がある。

　本論では，このような現象を動詞「みる」における「語」に内在する意味，用法と捉えるのではなく，「主語名詞＋目的語名詞＋「みる」」という単位(unit)で慣習化(conventionalization)し定着(entrenchment)した，それ自体で意味を有する「構成体(construction)」であると位置付け，「みる」はその構成要素であると捉える立場に立つ。この前提には，語彙部門(lexicon)と統語部門(syntax)とを分離可能なモジュールとして切り離すのではなく，両者を連続した存在として捉える認知文法の記号的文法観(symbolic view of grammar)がある(Langacker 1987, 1991, 2008 他)。この観点では，語彙部門に属する単位の全てにそれ独自の意味があるように，統語部門に属する語や句，複合語，文(表記や音調も含む)等の単位においても同様にそれ独自の意味が認められる(Langacker 1991: 15)。このように，意味と形式が結びついた単位(「形式と意味の対応物(form-meaning correspondence)」)を認知文法では「構文(construction)」(「構成体」に同じ。以下「構文」に集約する。)と呼び，また，こうした構文観に基づく文法を「構文文法(construction grammar)」と呼んで

いる(cf. Goldberg 1995, 2006, Langacker 1987, 2000, Croft 2001, Taylor 2002, 等)。

　本論の考察対象である〈実現〉の「みる」もまた,「主語名詞＋目的語名詞＋「みる」」の単位で〈実現〉の意味を有する構文であるとみなすのが妥当であると考える。具体的には,当該構文は「みる」というある程度固定的な部分と,自由度の高いスロット部分とが合わさってできた構文で,形式的イディオム(formal idiom)とも近い性質を有している(cf. Fillmore et al. 1988)。なお,当該単位は構文スキーマ(construction schema)であることから,これ以降は「[[主語名詞]＋[目的語名詞]＋[「みる」]]」と表記していく(主語名詞や目的語名詞のスロット部分と同様,「みる」もまた述語として語形変化しある程度の形式的バリエーションを有するため,いずれの構成要素も[　]で囲む)。

　ところで,本論の考察対象である〈実現〉の「みる」の参与する「構文」は,動詞の自他性という観点からみてみると,「非有生の主語名詞を伴う他動詞構文」という特徴を有する。一般に,日本語においては,比喩的ニュアンス(擬人法的なニュアンス)を伴わずこの種の他動詞構文を成立させることは珍しいとされているが(外山1973,金田一1981,池上1981,大曾・滝沢2001,等),本論の研究対象はまさしくこれに相当するものである。他方,当該の言語現象を知覚動詞という観点から眺めてみれば,そもそもなぜ,人の知覚行為を表す動詞に非有生の主語名詞が現れるのかという根本的な疑問が生じる。こうした当該構文の特異性は,非有生の主語名詞と,他動詞であり,視覚動詞である動詞「みる」の持つ意味機能との間の共起上のミスマッチから生じている。本論は,〈実現〉の「みる」という構文が創発し定着していく史的プロセスにその解があると見て,当該構文を通時的に考察するものである。

　近年,構文文法理論を礎に,構文の史的側面に焦点を当てた研究が増えつつある(Bergs and Diewald 2008, Bybee 2010, 2015, Traugott and Trousdale 2013, 秋元・前田2013,秋元他(編)2015,等)。これらの研究では,構文の史的発達を「構文化(constructionalization)」と呼び,その考察の学問的意義と可能性を強調している。構文化の代表的な定義は以下(5)のTraugott and Trousdaleのものである。

（5） Constructionalization is the creation of form_new-meaning_new (combinations of) signs. It forms new type nodes, which have new syntax or morphology and new coded meaning, in the linguistic network of a population of speakers. It is accompanied by changes in degree of schematicity, productivity, and compositionality.

(Traugott and Trousdale 2013: 22)

「構文化」とは，新たな形式と意味を有する記号（間の結びつき）の創発を指す。構文化は話者集団の言語ネットワークにおいて，新規のタイプ節点を形成する。そのタイプ節点は，新たな統語あるいは形態と，新たに創り出される意味を有する。そして，スキーマ性，生産性，合成性における程度の変化を伴う。　　　　　　　　（筆者訳）

　構文化の考え方には，内容語の機能語化という文法化（grammaticalization）の考え方がその根底にある（cf. Meillet 1912, Lehmann 1995 ［1982］, Hopper and Traugott 2003, 等）。構文化と文法化はともに，ある言語形式における意味や文法的機能の通時的変化という点でまとめられるが，両者の違いを明確にするため，本論では特に，文法化を単一の語彙項目の通時的変化であるとし，他方，構文化を通時的変化を受ける語とその語とともに現れる他要素が結合した構文全体の通時的変化であると規定する（cf. Bergs and Diewald 2008, Bybee 2010）。Bybee（2015: 172）によれば，構文化には「固定要素の固定化」と「他の要素の拡張」という2つのプロセスが関与しているという。特に後者のプロセスは「スキーマ化（schematization）」と呼ばれ，他の要素のスロットにより高次で抽象的な要素からより低次で具体的な要素まで幅広く現れることで，スキーマ・カテゴリーが形成されるとされる（cf. Noël）。本論の考察対象である〈実現〉の「みる」もまた，「みる」というある程度固定化された要素と，スキーマからなるネットワークを有する主語名詞と目的語名詞の組み合わせによる構文であり，その史的発達は構文化として観察されるべき言語現象である。

　以上より，〈実現〉の「みる」については構文という共時的側面だけでなく，〈実現〉を表す視覚動詞「みる」とその共起名詞との構文化という通時的側面をも有するものであると考えることができる。

最後に，2.4 節を整理する。本論は構文文法，並びに，構文化研究を前提に，〈実現〉の「みる」を考察し，これまでの研究で明らかにされてこなかった諸問題(2.3 節，2.4 節)の解決を図るものである。以上は，(6)の通りまとめられる。

(6) a. 【構文文法】本論は，「みる」が他の名詞，より具体的には，主語名詞と目的語名詞と結びつき〈実現〉という意味を発現する現象に着目し，〈実現〉を表す「[[主語名詞]＋[目的語名詞]＋[「みる」]]」を構文(construction)として捉える。
　　b. 【構文化研究】当該の現象を通時的に分析することで，他動詞，且つ，視覚動詞である「みる」がなぜ非有生の主語名詞を伴うのかという要因を明らかにする。

## 3. 〈実現〉の「みる」とは何か

分析を進める上で，最初に，3 節において〈実現〉の「みる」がどのような構文であるのかということを詳しく見ておきたい。ここでは，3.1 節において，当該構文の言語内的性質を，3.2 節において，言語外的性質，とりわけ，社会言語学的な性質を中心に見ていくこととする。

### 3.1 言語内的性質

3.1 節では，〈実現〉の「みる」の言語内的性質として，〈実現〉の意味の発現を支える名詞の特徴，すなわち，構文スキーマの各スロットを埋める名詞の特徴を挙げる。まずは，目的語名詞について考える。

(7) ｛一致／解決／合意／増加／決着／成立／定着／完成…｝をみる
　　｛遅れ／正常化／高度化…｝をみる
(8) ??｛勉強／仕事／食事／洗濯／着替え／通勤／運転…｝をみる

「みる」が〈実現〉の意味を表すためには，(7)のように，「みる」に何らかの動作性を表す名詞が共起する必要がある。しかし，全ての動作性名詞が全面的に容認されるわけではなく，(7)で挙げられるような，〈出来事・状況における新たな局面への変化・移行〉を表す動作性名詞でなければ，〈実現〉の意味は発現しない。例えば，(8)のような，日常生活において反復的に行われる意図的行為を表す動作性名詞との共起では，〈実現〉の意味が発現しないばかりか，表現自体も不自然となる。(1'),(2')でも見たように，「みる」は主語名詞と共起するだけでは〈実現〉の意味を表すことができず，〈実現〉の意味の発現には，〈出来事・状況における新たな局面への変化・移行〉という意味素性を有する目的語名詞との共起が必要不可欠である。換言すれば，〈実現〉の「みる」における目的語名詞については，当該の意味素性をスキーマとしてカテゴリーを拡張しネットワークを形成しているということである[1]。

次に，主語名詞について考える。

(9) 我が国の［輸出は］前年に比べ，大幅な減少をみた。
(『林業白書』林野庁，BCCWJ)
(10) 五十三年から五十四年にかけては，［稼働率が］かなりの上昇をみたにも関わらず，…
(『経済白書』，経済企画庁，BCCWJ)
(11) 日本の国を，経済をどう再生させるかで，［両首脳が］合意をみた。
(『中日新聞』，1998年12月15日)

ここまでにも見てきたように，「みる」が〈実現〉の意味を表すとき，その多くには，(9)「輸出」，(10)「稼働率」のような非有生名詞が主語として選択される。しかしながら，(11)のような例からも示される通り，必ずしも非有生名詞が主語でなければならないというわけでなく，有生名詞が選択されても〈実現〉の意味が表れることもある。基本的に，(9)「減少(する)」，(10)「上昇(する)」のように，非意図的な出来事・状況を表す名詞が目的語に現れれば非有生名詞が，(11)「合意(する)」のように，主体の意図的な出来事・状況を表す名詞が目的語に現れれば有生名詞がそれぞれの主語として共起する傾向にある。ただし，先の(4)の例でもみた通り，(12)「実現(する)」(=(4))のよう

な，目的語名詞の表す出来事・状況が主体の意図に関わるものか，それとも，非意図的なものかの判断が語レベルではできない語が目的語に現れる場合は，有生名詞も非有生名詞も主語に現れる[2]。同じく，先に見たように，(12)ではまた，〈実現〉の意味に揺れも認められる。具体的には，非有生の主語名詞が現れる(12a)では〈実現〉の意味が明確に表れるのに対し，有生の主語名詞が現れる(12b)では〈実現〉の意味が弱く，〈視覚・認知〉や〈経験〉といった「みる」の基本義や他の派生義が表れる，というものである(2.3節参照)。((12a)は(4a)の再掲，(12b)は(4b)の一部再掲である。)

(12) a. ついには［「癩（ハンセン病）予防法」が］実現を見た（明治四十年）のである。
b. ［三山は］，さらに西郷隆盛論をも書く予定であったのに，実現をみることなく，…

これと同様のことは，先に挙げた，有生名詞が主語に現れる(11)についても言える。特に，(11)では，〈実現〉の意味と，〈視覚・認知〉や〈経験〉の意味のどちらもが表れているように感じ取れる。つまり，純粋に〈実現〉の意味のみが発現するのは非有生名詞が主語に現れる場合に限られ，有生名詞が主語に現れる際には意味に揺れが生じることになる[3]。

田中(1996)は〈実現〉の意味の派生原理において，基本義である「〈視覚＋認知〉」(本論における〈視覚・認知〉)からメトニミーにより「〈状況の経験〉」(本論における〈経験〉)の意味が派生し，そこに主観性によって，〈状況の出現〉(本論における〈実現〉)の意味が表れるとしている(2.1節，図1参照)。(9)～(12)は，いずれも〈実現〉の意味を表出していると言えるものの，(11)，(12b)は有生主体による行為，経験を表しているという点で，それだけ，(9)，(10)，(12a)に比べ基本義に近い用いられ方をしているため，(11)や(12b)において〈視覚・認知〉や〈経験〉の意味が立ち現れることは，ごく自然なことだと言える。

上記を整理すると，〈実現〉の「みる」については，その基本的性質として，以下，(13)の言語内的性質を指摘することができる。

(13)　(i)〈出来事・状況における新たな局面への移行〉を表す目的語名詞と「みる」が，「目的語名詞＋「みる」」の単位で意味上の述部を構成する場合に〈実現〉の意味を発現し，なかでも，(ii)主語に非有生名詞が現れる場合において，顕著に〈実現〉の意味が発現するようになる。

　これまでの研究では，当該現象における意味的側面が議論の中心であり，「みる」が形態統語的にどうふるまうかといった点については，特に言及されてこなかった。前記の通り，本論は当該現象をスロットを有する構文として捉える立場に立つ。よって，構文の構成要素である名詞がどのような意味素性を有する場合に〈実現〉の意味を表すのか，また，同じく構文の構成要素である「みる」がどのような言語環境に置かれた場合に当該意味を表すようになるのか，といった観察が求められる。そこで，3.1 節では，最後に，構成要素「みる」の表す性質，特に，「みる」の形態統語的な性質を分析することとする。
　まずは，「みる」の形態論的性質から考える。以下のように，〈実現〉の「みる」における構成要素「みる」は，通常の動詞文として用いられる場合と同じく語形変化し，また，様々な文法カテゴリーの付与を受ける。以下は，(14)がテンス，(15)がアスペクト，(16)が否定極性を付与された例である。

(14)　九月末の四県での［貸出金残高は］六兆千九百億円と，前年同期に比べ 1%の増加をみた。　　　　　　（『中日新聞』，2005 年 12 月 20 日）
(15)　［ヴェルサイユ宮は］十七世紀の中頃からずっと工事が進められ，千六百八十二年に一応の完成をみている。
　　　　　　　　　　　　　　　　（鳴海邦碩，『都市開幕』，BCCWJ）
(16)　イギリスは，生麦事件の賠償金要求の［談判が］決着を見ないので，…
　　　　　　　　　　　　　　　　　　　　　（津本陽，『龍馬』，BCCWJ）

　その他，以下(17)，(18)のように，モダリティが付与されることもある。モダリティのタイプに関しては，(17)のように対事的モダリティ，(18)のように対人的モダリティのどちらも観察される。ただし，後者のタイプのモダリ

ティが付与されることは少なく，本論では以下(18)の1例のみが観察されるに留まった。この例は，意志・願望を表出するモダリティ「〜たい」が付与されている。

(17) ［子どもを地域や家庭に返そうという試みは］，二〇〇二年の新学習指導要領で完成をみるはずだった。
　　　　　　　　　　　　　　　　　　　　　　　（『東京新聞』，2006年4月7日）

(18) 賠償の実施で一定の解決をみたい［都側］と住民側との意識の差が大きいなかで今後，…　　（『中日新聞』，2000年4月15日）

このように，構成要素「みる」は構文の固定部分でありながら，形態論的にかなり自由度が高い。しかしながら，ヴォイスの付与に限っては，これまでの文法カテゴリーとは異なり，〈実現〉の意味が大きく損なわれてしまうという事態が生じる。例えば，以下(19)，(20)の「みる」からは，〈実現〉の意味は抽出しづらい。ここで表出されているのは，「みる」の語彙的な意味である，〈視覚・認知〉や〈判断〉である。

(19) 価格問題で意見の一致が見られたことを明らかにした。
　　　　　　　　　　　　　　　　　　　　　　　（『中日新聞』，1991年6月15日）

(20) 「対日関係は総じて好ましい状態で，発展が見られる」と評価しながらも，…　　（『中日新聞』，1989年3月21日）

(19)には〈実現〉の意味が表れているようにも感じられる。しかし，ここで〈実現〉の意味を発現しているのは「一致が見られた」ではなく，「一致」という名詞，より正確に言えば，「一致」という名詞の持つ動作性ではないかと考える。つまり，「一致」などの動作性名詞には，そもそもその語の内部に「「一致」という状態変化が起きること，実現すること」といった意味が含まれているということである。

(21) a. 価格問題で意見の一致が見られたことを明らかにした。

b. 価格問題で意見が一致したことを明らかにした。

　上の2文を並べて比較してみると,「一致が見られた」の形である(21a)には〈視覚・認知〉の意味が強く表れているように感じられる。具体的には,(21a)はある議会の場において,それを眼前で見ていた観察者が,その場でなされた決定(ここでは,「一致」)を視覚的に認知し,それを他者に報告する文であると捉えられる。また,(20)については,「発展が見られる」全体で当該の状況に対する主体の〈判断〉が表れていると考えられる。日本語受動文における代表的研究の1つである工藤(1990)は,「能動-受動の対立の成立の有無は他動性と相関している」とした上で,「「行為者による対象=他者への積極的働きかけ」を表す典型的な他動詞構文において,能動-受動の対立が全面的に開花し,この他動性がよわまれば,能動-受動の対立は変容したり,部分的になり,この他動性がなくなるとともに能動-受動の対立もなくなっていく」(pp. 67-68)と述べている。〈実現〉の「みる」は,「一致をみる←→一致がみられる」のように形式的には対立しているものの,意味的には対立していると言い難く,能動-受動の対立は不完全である。しかしながら,当該構文の場合,「(出来事・状況が)実現する」という意味的特徴からも理解されるように,受動化の要因となる他動性が著しく弱いため,対立が不完全であることよりも,むしろ部分的にでも対立が容認されることのほうに意外性がある。
　本論では,「[[主語名詞]+[目的語名詞]+[「みる」]]」の形式を考察対象とすることから,この問題にこれ以上立ち入ることはしないが,形式的対立が容認される要因やそのメカニズムについての考察は今度の重要な課題の1つとしたい。
　次に,「みる」の統語論的性質を論じる。ここで分析したいことは,「みる」がどのような統語環境で〈実現〉の意味を発現するようになるのかということである。そこで,以下では構文に対し統語テストを行い,その結果から当該構文の統語論的性質を考えていくこととする。具体的には,構文内に他要素を介在させた際の容認度を調べるテスト(「他要素介在テスト」)と,統語操作により関係節変形を行いそれが成立するか否かを判定するテスト(「関係節の成立可否判定テスト」)を行う。まずは,他要素介在テストとして,以下の2例を提示

する。

(22) 日本人妻らの［里帰り協議は］九日午後，双方の代表ががっしりと握手，会合四日目にして，ようやく合意をみた。
(『東京新聞』，1997年9月10日)
 a. 里帰り協議が ようやく 合意を みた
 b. ??里帰り協議が 合意を ようやく みた
 c. ようやく 里帰り協議が 合意を みた
(23) ［金融界は］一日夜，日米首脳共同声明で，「これ以上のドルの下落は両国経済の成長，不均等是正に逆効果」との意見の一致をみたことで，…
(『中日新聞』，1987年5月2日)
 a. 金融界は 一日夜 意見の一致を みた
 b. ??金融界は 意見の一致を 一日夜 みた
 c. 一日夜 金融界は 意見の一致を みた

ここでの容認度の差異は，「目的語名詞＋「みる」」という単位が他要素の介在により分断されているかどうかという点にあり，3文中，唯一容認度の低い(b)文では，他要素（ここでは，副詞成分）が当該単位の内部に介在し，単位が分断されてしまっている。つまり，当該構文の場合，目的語名詞と「みる」という2つの構成要素が直接隣接することが〈実現〉の意味の成立に大きく貢献しているということになる。しかしながら，同時に，(b)文が容認されないのではなく，あくまでも容認度の低下に留まるということは，他要素の介在が〈実現〉の意味の発現自体を阻害するわけではないことを示している。当該構文においては，目的語名詞と「みる」とが直接隣接することが構文成立の必要条件として機能しているということである。

次に，関係節の成立可否判定テストとして，〈実現〉の意味が表出している(24)，(25)と，〈視覚・認知〉が表出している(26)を提示する。

(24) 市政では解決を見た［問題］もあれば，…
(『中日新聞』，2007年2月24日)

    a.  問題が　解決を　みた
    b.  解決を　みた　問題　【主格関係節】
    c.  *問題が　みた　解決　【目的格関係節】
(25) 五十四年中に終結をみた［事件］は，…

(環境庁,『環境白書』, BCCWJ)

    a.  事件が　終結を　みた
    b.  終結を　みた　事件　【主格関係節】
    c.  *事件が　みた　終結　【目的格関係節】
(26) わたしの卒業制作を見た［社長］は，…

(武田麻弓,『ファイト！』, BCCWJ)

    a.  社長が　卒業制作を　みた
    b.  卒業制作を　みた　社長　【主格関係節】
    c.  社長が　みた　卒業制作　【目的格関係節】

上記のテストが示すように，〈実現〉の「みる」の(24), (25)では，(b)文のような主格関係節は導けるのに対し，(c)文のような目的格関係節は導くことができない。他方，「みる」が〈視覚・経験〉を表す(26)では，目的格関係節に多少の違和感は覚えるものの，基本的には，主格関係節も目的格関係節もどちらも導くことができ，関係節の成立可否に差異が生じない。これらの2つの関係節における統語環境の差異は，「目的語名詞＋「みる」」という単位において，元来の語順(文構造)が保持されているか否かにあり，「「みる」＋名詞」のように要素が反転する目的格関係節では，〈実現〉の意味が発現されない[4]。換言すれば，〈実現〉の「みる」においては，「目的語名詞＋「みる」」という単位が当該語順で現れることが構文成立の必須条件の1つになっている。

　上記の2つの統語テストは，「目的語名詞＋「みる」」という単位が，〈実現〉の「みる」が構文として支持され成立する上で極めて重要であることを示唆している。先述の能動－受動対立において意味的対立が成立しないという問題も，当該単位からの逸脱という点から説明づけられると考えられる。すなわち，「みる」に先行する名詞は「みる」に対し対格名詞である必要があり，「一致がみられる」のように主格名詞として結びつけられた場合には，〈実現〉の

表2　語彙部門と統語部門との連続性(Croft 2001: 17)

| Construction type | Traditional name | Example |
| --- | --- | --- |
| Complex and (mostly) schematic | Syntax | [SBJ be-TNS VERB-en by OBL] |
| Complex and (mostly) specific | Idiom | [pull-TNS NP-'s leg] |
| Complex but bound | Morphology | [NOUN-s], [VERB-TNS] |
| Atomic and schematic | Syntactic category | [DEM], [ADJ] |
| Atomic and specific | Word/lexicon | [this], [green] |

「みる」としてみなされなくなるということである。

　上記の言語テストやこれらのヴォイス付与による問題が示す通り，先行名詞と「みる」とは無秩序に結びついているのではなく，位置関係(直接隣接するかどうか)，語順，格関係といった統語論的制約のもと，有機的に結びつき構文を成立させているといえる。

　以上の考察から，当該構文は形式上，節でありながら，述語が「みる」に限定されていることや先行名詞の格，また他要素の介在を容認しづらいなどの統語論的制約が認められるという点で，上記のCroft(2001)の分類におけるComplex and (mostly) schematicタイプ(伝統的名称としてはSyntax)と，Complex and (mostly) specificタイプ(伝統的名称としてはIdiom)の中間に位置する構文であるということができる。

## 3.2　言語外的性質

　次に，〈実現〉の「みる」の言語外的性質として，〈実現〉の「みる」が現れる言語使用域(register)について確認しておきたい。これまでの研究で指摘されてきた通り，当該構文は主に公文書や事務文書，新聞の報道記事など，客観性の高い硬い文体の書き言葉に用いられる(村木1983, 1991)。事実，以下の(27)でみるように，私的な話し言葉という文脈においては，当該構文の使用はそぐわない。また，(27a), (27b)の比較から，これは敬体・常体などのスタイル(style)の問題とは無関係であることが分かる。

(27) a.　[駅前のビル]が{??完成をみた／完成した}らしいよ。
　　 b.　[駅前のビル]が{??完成をみた／完成した}らしいですよ。
　　 c.　先月15日，JR東日本青森駅前跡地において，[青森新駅前ビルが]

{完成をみた／完成した} とのことだ。

しかしながら，その一方，以下(28)のように，公的な話し言葉となると使用場面の不自然さは解消される。以下はどちらも国会会議録の例である。

(28) a. 開発途上国における［累積債務問題も］，いまだに解決を見ておりません。　　　　　　　　　　　　　　　　（国会会議録，BCCWJ）
　　　b. これはかねがね，［松島トンネルが］完成を見たら引き続き銚子口トンネルへ着工という形で…　　　　　（国会会議録，BCCWJ）

筆者の調査では，(28)のような公的な話し言葉の実例が相当数，観察されており，決して特異なものではないことが明らかになっている(高橋2016)。当該構文における客観性の高い文体という制約は極めて厳格で，(27a–b)のような，私的な話し言葉という言語環境での使用を容認しない。換言すれば，この制約は当該構文を特徴付ける重要な性質の1つであるということである。

当該構文における言語外的性質として，もう一点，指摘すべきものがある。それは当該構文におけるより緻密な言語使用域と，それに関わる有生主語の人称制限である。以下のように，〈実現〉の「みる」に有生主語が現れる場合，一人称，及び，二人称主語はほぼ観察されず，その大部分は話し手(ないし，書き手)との間の共感度(empathy)が低い三人称主語が選択される[5]。

(29)　［KEDO理事会が］，来月以後，重油の供給を停止することで一致を見たのは…　　　　　　　　　　　　　（『東京新聞』，2002年11月16日）
(30)　日本の国を，経済をどう再生させるかで，［両首脳が］合意をみた。
　　　　　　　　　　　　　　　　　　　　　　（『中日新聞』，1998年12月15日）
(31)　［細川護熙首相とエリツィン・ロシア大統領は］，十二日の第一回全体会議で，(…)両プロジェクトを推進することで，意見の一致をみた。　　　　　　　　　　　　　　　　　　　（『中日新聞』，1993年10月12日）

出典からも示唆される通り，〈実現〉の「みる」はいずれも客観的，且つ，正

確な知識・情報の伝達が第一の目的とされる，報告文の中で用いられる傾向にあるという言語使用域を有する。そして，このことに連関し，文の話し手（ないし，書き手）は事態（報告内容）に関与する立場になく文中の主語に対して共感を持たないという特徴がある。三人称主語が選択される背景には，こうした言語使用域の存在が関与していると考えられる。ただし，報告者が事態に関わる立場にある場合，一人称主語が容認されることもある。以下(32)は，国会会議録の例である。(29)～(31)と同様，この例においても報告こそ重要であり，話し手の事態に対する態度は客観的である。（ここでは，言語表現上に主語が現れていないものの，想定される主語は「我々」等の話し手を含む不特定多数の参与者であると考えられる。）

(32)　「関係六省庁で鋭意検討を重ねました上で，昨年十一月には消費者保護会議の議も経まして，六省庁会議の検討の過程で産業構造審議会に諮問するべきであるとの趣旨の<u>合意を見まして</u>，…」

（『国会会議録』，BCCWJ）

筆者の調査では，例えば「あなたは一致をみるに至った」などの二人称主語の例は一切観察されていない。二人称主語が選択されるとすれば，被報告者「あなた」は事態の参与者として，報告者である話し手（ないし，聞き手）よりも詳細に事態の結果を知っている立場であることになり，わざわざ報告者によって報告を受ける必要性が生じなくなる。つまり，報告文として用いられることの多い当該構文において，二人称主語が選択されるような状況がそもそも想定されにくいということである。

　当該の言語外的性質によって引き起こされる言語内的性質は，有生主語の人称制限だけに留まらない。前節で挙げた，「みる」の形態論的性質であるモダリティの選択制限もまた，当該の言語外的性質に関わると考えられる。具体的には，〈実現〉の「みる」に付与されうるモダリティのタイプは主に対事的モダリティであり，対人的モダリティが接続する例は希少である。以下(33)は，筆者の調査で観察できた唯一の例である。

(33) 賠償の実施で一定の解決をみたい［都側］と住民側との意識の差が大きいなかで今後, …　　　　　　　　　　　　　　　((18)の再掲)

(33)でも明らかな通り,〈実現〉の「みる」に対し対人的モダリティが付与される場合, そこに表出されるものは話し手(ないし, 書き手)の発話, 伝達態度ではなく, 話し手が代弁する文中の主語, ここでは「都側」の発話, 伝達態度である。客観性が求められる報告文において, 話し手(ないし, 書き手)の主観的な感情・印象を表出するモダリティは付与されにくいということである。

3.2節では,〈実現〉の「みる」における言語外的性質として, 当該構文の言語使用域を中心に観察した。この中では, 当該構文には, 書き言葉を中心とした客観性の高い文体の中で用いられるという文体上の制約, なかでも特に, 知識・情報の伝達を主目的とする報告文として現れる傾向にあることを明らかにした。また, これらの言語外的性質により, 構文が有性主語を選択する際に生じる三人称主語という人称制限や, 対事的モダリティに限定されるというモダリティの選択制限といった言語内的性質が誘発されることは注目に値する。当該構文は形式と意味のみならず, そこに言語使用域までもが慣習的に結びついた構文であると考えることができるからである。

## 4.〈実現〉の「みる」の拡張メカニズム

4節では,〈実現〉の「みる」という構文がどのように創発し定着するに至ったのか, すなわち, 当該構文が構文化するに至った過程を, 通時的観点を導入し考察する(2.4節参照)。〈実現〉の「みる」を共時的のみならず通時的にも分析することで, これまでの研究とは異なる結論を示すことができるものと考える。ただし, 本考察は, 認知言語学の枠組みから行われた田中(1996), 高嶋(2008)が重視した,「みる」の多義性と意味拡張を否定するのではなく, むしろそれを積極的に支持した上で, また別の要因が積み重なった可能性を指摘するものである。

## 4.1 構文の創発プロセス

4.1 節では，構文の創発プロセスを探るため，その手掛かりとして，まず，4.1.1 節において，実際に〈実現〉の「みる」が最も早く用いられたと考えられる初出期の同定を試みる。続く 4.1.2 節では，4.1.1 節で示された初出期を踏まえ，当該時期と構文の持つ性質との因果関係を指摘した上で，構文の創発プロセスを明らかにする。

### 4.1.1 構文の初出期

4.1.1 節では，〈実現〉の「みる」における初出期を推定する。まずは，その検証材料として『日本国語大辞典（第二版）』（以下，『日国』とする。）を用いる。記述内容から，〈実現〉の「みる」に相当する語義は，以下(34)であると判断し間違いないと思われるため，当該の記述に挙げられる『女工哀史』の出版年，1925(大正 14)年前後を大よその初出期として考えていく[6]。

(34) ある行為・作用が実現する。
　　　冬季暖房のおかげで寒さ知らずに働けるに反し，夏季になって温度の上騰を見ることは甚だしい。　　（『女工哀史』(1925)）
　　（『日本国語大辞典（第二版）』第 12 巻(p. 868)：下線は筆者による）

実は，この初出期は，「みる」の他の語義の初出期と比較してみると極めて特徴的であることが分かる。以下表 3 は，『日国』における見出し語「みる」の語義と初出作品・初出期(12 巻：867-868)を筆者がまとめたものである。この表からも示される通り，「みる」という語は，まず，第一語義は全体で，①の意味の 712 年(『古事記』)から④の意味 1001 〜 1014 年頃(『源氏物語』)と初出期に開きはあるものの，全ての意味(ここでは「語義」と区別して辞書の記載についても「意味」と呼ぶ)が中古の内に成立する。また，第二語義にしても，第一語義に若干の遅れを取りながら，大方の意味が中古の内に成立し，これに含まれない第二語義の②の意味についても，中世前期(『平家物語』(13 世紀前期))には成立している。一方，これらの意味に対し，〈実現〉の「みる」(第二

表3　見出し語「みる」の語義とその初出作品・初出期

| | 意味 | 初出作品(初出期) |
|---|---|---|
| 第一語義 | ①目にとめる。目で事物の存在を感じとる。 | 古事記(712) |
| | ②遠くに目をやる。ながめる。また、見物・観賞する。 | 古事記(712) |
| | ③目にとめてこれこれだと思う。物事をこうだと判断する。 | 万葉(8C 後) |
| | ④占う。また、予知する。 | 源氏(1001–14 頃) |
| | ⑤悟り知る。分かる。 | 彌勒上生経賛平安初期点(859 頃) |
| | ⑥よく注意して調べる。観察する。また、診断したり鑑定したりする。 | 竹取(9C 末 –10C 初) |
| | ⑦文字に表現されたことを知る。読む。 | 竹取(9C 末 –10C 初) |
| 第二語義 | ①経験する。ある物事を身に受ける。 | 竹取(9C 末 –10C 初) |
| | ②人の気持や意志、物の質などがどうであるかをためす。 | 平家(13C 前) |
| | ③人と顔を合わせる。会う。 | 万葉(8C 後) |
| | ④(③から転じて)男女の交わりをする。また、夫婦として暮らす。 | 竹取(9C 末 –10C 初) |
| | ⑤世話をする。面倒をみる。 | 落窪(10C 後) |
| | ⑥ある行為・作用が実現する。 | 女工哀史(1925) |

語義の⑥の意味)は、近代期の1925(大正14)年になって初めて観察され、他の意味の成立時期との間に少なくとも700年前後の開きがあるだけでなく、突出して現代に近い「若い意味」となっている。

　更なる興味深い点として、〈実現〉の「みる」が成立したと推定される初出期の時代背景も挙げられる。周知の通り、現代日本語の書き言葉は明治後期から大正にかけて進んだ言文一致運動を経て成立し、普及していったとされている(山本1965, 森岡1991, 他)。田中(2005)は特にこの時期を指して、「現代語の確立期」と呼ぶほどである。当該構文の創発を考えるに当たっては、このような時代背景が与えた影響も考慮に入れる必要があると考える。

## 4.1.2　欧文の影響

　ここまでの考察を、ここで一旦整理したい。まず、3節を中心に明らかにしたこととして、以下、(35)が挙げられる。

(35) a. 非有生を表す主語名詞が現れることがある。
　　 b. 〈出来事・状況における新たな局面への移行〉を表す目的語名詞と共起する。

c. 報告文といった，客観性の高い硬い文体の中で用いられる。

次に，再度，4.1.1 節で挙げた初出推定時期と時代背景を提示する。

(36) 〈実現〉の「みる」の初出推定時期は，現代語の確立期に当たる，明治後期から大正前後である。

〈実現〉の「みる」の示すこれらの諸特徴を照らし合わせてみると，1つの可能性が浮かび上がる。それは，当該構文が言語接触(language contact) (Thomason and Kaufman 1988, Heine and Kuteva 2002, Bybee 2015)，より具体的には，近代期における欧米諸言語との言語接触の結果，創発したという可能性である[7]。

(37) ［今年の上半季は］昨年の上半季に比して收入に於て實に三萬六千四百十七圓九十六錢乃ち三割二分強の増加を見る。

(『太陽』1895 年 8 号，高橋・堀江 2012: 100)

(38) [The year 1861] saw an increase of 49 per cent. in the number of burglaries and 56 per cent. in its cases of housebreaking.

(The Times, Feb 20, 1863(同))

(37)，(38)はともに，19 世紀後半の和文，並びに，英文である。2 つの文は，主語に時間を表す非有生の抽象名詞，目的語に割合の増加を表す抽象名詞がそれぞれ現れ，そこに他動詞である視覚動詞が共起するという点で，表現上，極めて近い構造を有する。他にも類例を挙げておく[8]。

(39) それ以来出版会も漸く其景気を快復して，［一九一四年の十二月には］其前年に於けるよりも多数の出版を見，［昨年の八月及び九月に於ては］六百五十五種と千八種の出版を見た。

(『万朝報』，1916 年 3 月 6 日，神戸大コーパス)

(40) [The year 1947] witnessed the publication of another book that had long

been delayed by the shortage paper.

(Eric, P. The Gentle Art of Lexicography, 国広 1967: 153)

　一般に，抽象名詞は日本語固有のものではなく，近代期の言語政策(国語改革)過程において，欧米諸言語の語彙輸入により外来語という形で日本語文脈に誕生したものであるとされている(木坂 1979，森岡 1991)。他方，非有生の主語名詞を伴う他動詞構文もまた，同じく近代期における欧文翻訳の興隆により一般化したと言われる(阪田 1980，金田一 1981)。こうした日本語の歴史的変遷を鑑みれば，〈実現〉の「みる」は比喩的拡張という言語内的要因のみによって創発したとするよりも，むしろ，欧米諸言語という言語外的要因に大きく影響を受けた結果であると推測するほうが自然であり，また，以下の様々な点に対しても説得力のある説明が展開できる。すなわち，(i)〈実現〉の「みる」の初出期や，(ii)(37)，(39)などにみる，抽象名詞や非有性の主語名詞といった日本語らしくなさを有する実例，(iii)(37)と(38)，(39)と(40)などの欧文との表現上の類似性である。また，近代期の欧文翻訳は文学以外にも，自然科学や社会科学，また哲学的思想などのジャンルにおいて積極的に行われたとされ(加藤・丸山 1991)，これらはそのジャンル的性格から客観的視点から論述されたものと考えられる。欧米諸言語の影響が〈実現〉の「みる」における構文創発の土壌を育み，欧文翻訳が構文定着を後押ししていくという史的プロセスを想定すれば，〈実現〉の「みる」に課される，(iv)客観性の高い書き言葉，という文体上の制約もまた，構文の定着過程において生じたものであると考えることができ，説明に矛盾や無理が生じない。

　Bybee(2015: 237-255)は，言語変化(language change)には言語の使用的側面という言語内的要因と，言語接触という言語外的要因があるとし，後者に音韻的変化と文法的変化を挙げている。このうち，特に後者の変化については，交代可能な構文の使用頻度の変化や機能語の語彙借用，また，語彙・統語的な翻訳借用(calque)がその引き金になっていると説明している。外国語をそのままの形で受け入れる借用(loanword)に対し，翻訳借用とは外国語の要素を自国語における既存の要素に直訳して取り入れることを指すものである(cf. 中村 2011)。これらは〈実現〉の「みる」における構文の創発，構文の定着プロセ

スに，それぞれ欧米諸言語との言語接触と欧文翻訳による日本語文脈への欧文影響が関与した可能性を大きく支持するものであるといえる。以上から，本論では，欧文影響という言語接触を前提として，改めて〈実現〉の「みる」の構文拡張メカニズムを検討してみたい。なお，本論が欧文と呼ぶものは英語である。これは，〈実現〉の「みる」が創発した近代期において，日本語が語彙的，文体的に最も影響を受けた言語が英語であったとされているためである(上野 1980, 森岡 1991, Inoue 2001)[9]。

## 4.2 創発期における構文の定着プロセス

4.2 節では構文の創発プロセスと，それに継起する，定着プロセスを考える。まずは，以下(41)をご覧いただきたい。(下線は筆者による)

(41) 明治の文献を見ても，一般の翻訳本には，いわゆる<u>欧文脈</u>が明確に表れていない。(…)翻訳物になると，すっかり日本調で通しているのである。(…)おそらく明治期の翻訳家たちは，外国文を巧妙な熟した日本語に移すことにこそ手柄があり，バタ臭い異質的な外国風の言い回しを取り込むことは，翻訳の稚拙さを示すものと考えていたのではなかったろうか。 　　　　　　　　　(森岡 1991: 431)

これは，近代期における文筆家や翻訳家達が抱えていた翻訳事情に対する森岡(1991)の洞察である。このような事情を考慮すると，〈実現〉の「みる」が定着していくプロセスを考えるに当たっては，英語の視覚動詞と近代期における〈実現〉の「みる」の表現構造との間の形式的類似の観察と同程度に，英語動詞の影響を受けた上でそれを日本語文脈の中にどのように取り込んでいくかという文脈の受容過程もまた重視する必要があることが分かる。

(41)の背景には，近代前期に出現し，その後近代中期を中心に隆盛した欧文脈という文体の存在がある。これは，「欧文の表現構造を日本語の表現，文脈に直訳的に移入し，いわゆる翻訳調の異質性をもって，日本語表現の慣用を逸脱したところで生きる語脈ないしは文章脈」(木坂 1987: 124)のことで，その

表現構造に種々の文法カテゴリーや表現技法が指摘されているものである。欧文脈の表現構造には，主に以下が挙げられる(森岡 1999)。(下線は筆者による。)

(42) 【文法カテゴリーに属するもの】
　　　名詞類：<u>抽象名詞主語</u>，<u>無生物名詞主語</u>，<u>抽象名詞目的語</u>
　　　動詞類：受動態，使役態，進行相，完了相
　　　代名詞類：人称代名詞，関係代名詞
　　【その他の表現技法】
　　　句読点，及び，それに相当する要素(括弧・疑問符等)

　繰り返し述べてきたように，〈実現〉の「みる」にもまた，「抽象名詞主語」，「無生物名詞主語」「抽象名詞目的語」といった表現構造が観察される。当該構文の定着プロセスについては，次のような推測が成立すると考えられる。すなわち，当該構文は，非有性の主語名詞を伴う視覚動詞という英語の表現構造がその物珍しさから輸入，模倣されただけにとどまらず，欧文脈の出現と定着という背景的要因に後押しされる形で日本語文脈それ自体に取り込まれたことで，確実に定着，普及に至ったという見方である。また，先にも指摘したように，現代日本語に継承される，客観性の高い硬い文体という言語使用域にしても，自然科学や社会科学といった，当時の雑誌翻訳におけるありようがそのまま残されているという推測が成り立つ。さらには，2.4節で挙げた，非有生の主語名詞と動詞「みる」の持つ意味機能との間の共起上のミスマッチに対する疑問も，上記考察から解消されるものと考える。「非有生の主語名詞を伴う他動詞構文」という側面も，「非有生の主語名詞を伴う知覚動詞文」という側面も，ともに，そのオリジナルである欧文に起因しているからである。このような想定に基づけば，〈実現〉の「みる」に表れる日本語らしくなさは，むしろ当然の因果関係として説明できるものと考える。

　ただし，欧文脈そのものは現代日本語に継承されることはなく，昭和初頭の近代後期を目途に衰退を辿っている(木坂 1979)。それでは，なぜ〈実現〉の「みる」が廃れず残ったのか。そこで，支持したいものが田中(1996)，高嶋

(2008)が指摘する,「みる」の多義性と意味拡張である(2.1 節参照)。つまり,当該構文の創発と定着プロセスにおいては,近代期における欧米諸言語との言語接触,またその当時の欧文翻訳の興隆といった言語外的要因に折り重なる形で,田中(1996),高島(2008)の指摘する比喩的拡張の言語内的要因が強力に作用し,欧文脈とともに衰退することなく構文として慣習化し確立していったとの見方ができるのではないだろうか。

## 4.3 現代語における構文の定着プロセス:コーパス・データから観察されること

認知文法では,具体的な発話の場における言語使用にこそ言語の本質が観察されると考え,このような言語モデルを「(動的)用法依拠モデル((dynamimc) usage-based model)」と呼んでいる(Langacker 2000, Bybee 2010, 等)。認知言語学研究の中には,このような言語観を前提に,「実際の使用文脈に対する観察を重視するということにおいて,用法基盤モデル[10]は実例主義を支持するものといえる」(李 2012: 243)といった,本言語モデルとコーパス分析との節点を指摘する意見もある。このように,言語研究におけるコーパスの有用性は,言及するまでもなく周知の事実であり,このことは構文研究,構文化研究においても,同様に指摘されるところである(秋元他(編)2004,ダイグナン 2010,Bybee 2010, 2015,中本・李 2011,李 2012,秋元・前田(編)2013,等)。

4節では,最後に,コーパス・データから観察される〈実現〉の「みる」の拡張メカニズムについて,考察を進めてみたい。〈実現〉の「みる」における創発プロセス,及び,創発期における定着プロセスは先に見た通りであるので,ここでは,特に,現代語に観察される構文化プロセスについて考察を行う。

構文化には大別して,(i)使用頻度の高い自由コロケーションが固定され新規の構文フレームが形成されるパタン[11]と,(ii)既存の構文から新たな構文が分岐するパタンの2種のパタンが存在し(Bybee 2010,秋元・前田(編)2013),この内,特に近代期における構文創発は前者のパタンを経て構文化したと考えられる。一方,現代語における当該構文は,その定着の過程で後者のパタンに

より構文的拡張(constructional extension)が実現していると推察される。このことを，具体的に見ていく。実際の言語事実を観察してみると[12]，〈実現〉の「みる」においては，「[[主語名詞]＋[目的語名詞]＋[「みる」]]」といった3要素全てが揃った典型性の高い形式の具体事例と同程度に，「[[目的語名詞]＋[「みる」]]」といった主語名詞を欠く形式の具体事例もまた，高頻度で出現していることが分かる。(表4の「全体」はコーパスにより観察された具体事例の総数を示す。また，その下の「主語なし」は，観察された具体事例の内，同一文中に主語を持たないもの(＝「[[目的語名詞]＋[「みる」]]」)を，反対に，「主語あり」は具体事例の内，同一文中に主語を持つもの(＝「[[主語名詞]＋[[目的語名詞]＋[「みる」]]]」)を示している。)

表4における最右列は各々の総数である。これらからも示される通り，主語を持つ具体事例(57%)と主語を持たない具体事例(43%)とは拮抗している。(動的)用法依拠モデルでは，実際の言語使用に重要性を認めるという立場から，脳内の認知処理に与える影響や，言語習得，言語獲得の上で重要な要因となる頻度(frequency)を重視する(辻 2013: 208「頻度，トークン頻度，タイプ頻度」(執筆者：森山新))。この前提に立てば，例えば，「進展を[「みる」]」や「解決を[「みる」]」などのような主語を欠く具体事例もまた，反復使用(repetition)により「[[目的語名詞]＋[「みる」]]」といった構文スキーマとして直接脳内保存されるようになる(石崎 2015)。他方，構文文法に基づけば，「進展を[「みる」]」や「解決を[「みる」]」等の具体事例が高頻度で出現するという言語事実は，「[[目的語名詞]＋[「みる」]]」が「[[主語名詞]＋[目的語名詞]＋[「みる」]]]」の真部分(proper subpart)であるという点で動機付けられ，新たな構文として創発した結果であると言える。両者の構文的拡張は，部分関係のリンク(subpart link)により関係付けられている(cf. Goldberg 1995, 2006)。

表4 〈実現〉の「みる」における主語の有無[13]

|  | 進展 | 解決 | 合意 | 完成 | 成立 | 実現 | 終結 | 一致 | 増加 | 計 |
|---|---|---|---|---|---|---|---|---|---|---|
| 全体 | 52 | 43 | 19 | 18 | 10 | 9 | 8 | 5 | 4 | 168 |
| 主語なし(全体比) | 23 (44%) | 17 (40%) | 7 (37%) | 10 (56%) | 6 (60%) | 5 (56%) | 3 (40%) | 1 (20%) | 0 (0%) | 72 (43%) |
| 主語あり(全体比) | 29 (56%) | 26 (60%) | 12 (63%) | 8 (44%) | 4 (40%) | 4 (44%) | 5 (60%) | 4 (80%) | 4 (100%) | 96 (57%) |

以上を踏まえると，「[[目的語名詞]＋「みる 」]」という統語パタンもまた，〈実現〉の「みる」における 1 つの独立した構文としてみなすのが妥当であると考えられる。

　下記の 3 つの例のように，主語を欠く要因は一律ではなく大よそ，(43)「主語名詞が省略されているタイプ」，(44)「主語名詞と「[[目的語名詞]＋[「みる 」]]」との間に他要素が介在しているため主語が意識されにくいタイプ」，(45)「主語が文法的に主語の形式を取っていないタイプ」の 3 タイプに分けられるものの，いずれも「[[目的語名詞]＋[「みる 」]]」という構文スキーマが主語名詞の有無とは無関係に〈実現〉の意味を発現しており，それぞれが構文として成立していると考えられる。

(43) 三月十四日，再度目付佃高蔵外二名が出向き［交渉］したが，進展を見なかった。　　　　　（山崎良啓，『朝敵伊予松山藩始末』，BCCWJ）
(44) 横綱千代の富士，人気の貴花田，若花田らが出場する［大相撲"駒ケ根場所"が］十月十九日，駒ケ根市の市営グラウンドで開かれることが十九日決まった。［上伊那地方での大相撲は］三十年ぶりと言われ，かつては草相撲が盛んだった土地柄だけにファンらの話題を呼びそうだ。主催は，会社役員や商店主ら伊那谷の大相撲好きでつくる日本大相撲愛好会・駒ケ根大相撲愛好会。長年，地元で大相撲が開かれていないため「大相撲ファンの願望にこたえると共に，国技の相撲を通じてスポーツ文化の向上に貢献したい」と，協賛企業などを募って実現をみた。　　　　　（『中日新聞』，1990 年 5 月 20 日）
(45) 明治五年東京師範学校の設立以降，明治六(千八百七十三)年八月大阪・宮城両師範学校，七年二月［愛知・広島・長崎・新潟各師範学校の］設立をみるが，…　　　　　（佐藤秀夫，『史実の検証』，BCCWJ）

　視覚動詞「みる」には，〈経験〉の意味を表す「{日の目／痛い目／馬鹿}をみる」といった慣用句がある。これらの慣用句はその多くが主語を欠いて現れる傾向にあり，統語上は「目的語名詞＋「みる」」という，〈実現〉の「みる」における主語を欠く構文スキーマと同様の形式で出現する。先に 4.2 節で指摘

表5 〈実現〉の「みる」における総数

|  | 一致 | 合意 | 進展 | 解決 | 完成 | 実現 | 成立 | 終結 | 増加 | 計 |
|---|---|---|---|---|---|---|---|---|---|---|
| 全体 | 231 | 109 | 94 | 48 | 22 | 11 | 11 | 9 | 8 | 543 |
| 非有生主語 | 5 | 19 | 52 | 43 | 18 | 9 | 10 | 8 | 4 | 168 |
| 有生主語 | 226 | 90 | 42 | 5 | 4 | 2 | 1 | 1 | 4 | 375 |

したように，〈実現〉の「みる」という構文の定着プロセスには，「みる」の多義性という言語内的要因が大きく作用した可能性がある。〈実現〉の意味が〈経験〉の意味からの派生であるという田中(1996)や高嶋(2008)の記述からも，〈実現〉の「みる」において，「[目的語名詞]＋[「みる」]」という統語パタンが新たに構文として創発しているという言語事実は，〈経験〉を表す慣用句の統語パタン，より正確には，〈経験〉を表す「みる」の構文スキーマに強く動機付けられた結果であるとみることもできる。

　上記の推察を裏付けるもう1つの言語事実がある。次の表5は，コーパスにより観察された，〈実現〉の「みる」の具体事例の総数である。先の表4が非有生の主語名詞を伴う具体事例の総数をカウントしたもの（主語の有無の区別あり）であったのに対し，次の表5は有生非有生の別を問わず，〈実現〉の「みる」を全てカウントしたもの（主語の有無の区別なし）である（表4，及び，表5は同一の調査に基づくため，表5の「非有生主語」は表4の「総数」と同数である）。この結果を見ると，〈実現〉の「みる」における具体事例として，より際立ち，高頻度で出現するものは，「一致」や「合意」といった，主体の意図的な出来事・状況を表す目的語名詞を伴う具体事例である。先に3.1節で述べたように，この種の目的語名詞には，主語に有生の主語名詞が選択される傾向にある。このことは，現代日本語における〈実現〉の「みる」においては，非有生主体よりも有生主体の知覚経験が念頭に置かれる具体事例の方がより基本的であるということである。

　「目的語名詞＋「みる」」という統語パタンが1つの構文として定着していること，また，主体の意図的な出来事・状況を表す目的語名詞を伴う具体事例の方がより顕著に観察されることといった，これらの2つの言語事実は，〈実現〉の「みる」という構文の定着が「みる」が語単独で表す，語の多義性という言語内的要因にも強く動機付けられている可能性を裏付けている。

## 5. おわりに

　本論では，「みる」が他の名詞と結びつき初めて〈実現〉という意味を獲得する現象に着目し，これを「〈実現〉の「みる」」と呼び考察を行った。これまでの研究では，当該現象が「みる」の語の問題，ないし，目的語名詞との語結合単位の問題であると捉えられてきたことで，以下(45)で見るような，非有生の主語名詞という，他動詞構文や知覚動詞文においては極めて異質な特性が見過ごされてきた(2節)。

(46)　このシステムの実現の暁には，この新しい［文通形式は］さらにいっそうの発展をみることになろう。
　　　　　　　　　　　(岩崎春雄，『現代人のための英語の常識百科，BCCWJ)

これに対し，本論では，「[[主語名詞]＋[目的語名詞]＋[「みる」]]」という節レベルの構文スキーマを想定することで，これまでの研究では明らかにされてこなかった当該構文の諸性質を明らかにするに至った(3節)。

　本論では，また，これまでの研究において全く関心が払われてこなかった，当該構文の創発，及び，定着のプロセス，すなわち，構文の史的発達の解明も行った(4節)。この結果は，図3の通りまとめられる。

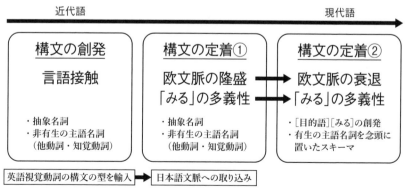

図3　〈実現〉を表す視覚動詞「みる」の構文化プロセス

本論は，〈実現〉を表す視覚動詞「みる」の事例研究を通じ，構文化研究における更なる充実と発展への貢献を目指すものである。昨今，日本語においても，現代語に留まらず，中古語以降を対象とした歴史コーパスがかなり充実してきている(cf. 国立国語研究所コーパス開発センター(Center for Corpus Development, NINJAL))。今後も追加調査を続け，より詳細なデータとともにまた新たな事実の解明を目指したい。

　　＊本論は，第一著者(高橋)が執筆，第二著者(堀江)が主査を務めた博士学位論文(高橋)に基づいています。博士論文の副査である籾山洋介教授(前名古屋大学，現南山大学)，奥田智樹准教授(名古屋大学)，また，本論執筆の機会を与えて下さった，山梨正明教授(関西外国語大学)に心より御礼申し上げます。本研究は，科学研究費(基盤研究(C))：課題番号 16K02624「中断節の語用論的機能に関する通言語的対照研究：連体・準体節と連用節の対比を中心に」(代表：堀江薫)の支援を一部受けています。

注
（1）目的語名詞のネットワーク形成に関する議論は高橋(2012)を参照のこと。
（2）目的語名詞における当該の傾向について，村木(1991)にも近い見解が示されている。特に，村木(1991)では，動作性名詞の持つ動詞由来の意味特徴による分類方法が取られている。具体的には，非意図的な出来事・状況を表す名詞である「自動詞系名詞」では動作主がおらず，主体の意図的な出来事・状況を表す名詞である「他動詞系名詞」では潜在的な動作主が認められ，出来事・状況が主体の意図に関わるものか，それとも，非意図的なものかの判断が語レベルではできない名詞である「自他両用名詞」では文脈次第で動作主の有無が決定されるというものである。
（3）高橋(2016)によるコーパス調査では，〈実現〉の「みる」の目的語名詞のスロットには，(i)主体の意図的な出来事・状況を表す名詞(「合意」「(意見の)一致」等)も，(ii)非意図的な出来事・状況を表す名詞(「増加」「発生」等)も，また，(iii) 非意図的なものかの判断が語レベルではできない名詞(「解決」「実現」等)のいずれもが，万遍なく観察されている。しかしながら，頻出上位語(実際の観察実数)に限って言うと，(i)，(iii)のタイプの名詞に集中しており，現代語における〈実現〉の「みる」の目的語名詞のスロットの中心は，非意図的な出来事・状況を表す名詞ではなく，主体の意図的な出来事・状況を表す名詞であるということが分かる(4.3節において詳述する)。
（4）これらの例はコーパスのみならず，制約に対し比較的自由な実例が観察されやすいインターネットコーパスにおいても見られなかった。

（5）久野(1978)の共感(ないし，視点)の理論に基づく。
（6）筆者の調査では，『日本国語大辞典(第二版)』に挙げられた用例より更に古い例が少なからず観察されている(高橋 2016: 146（4）,（5）)。
　（1）英國貿易を日本に擴張するの［手段は］日本全國と外國貿易を開き外國資本を日本の物産，礦山，製造等に注入するの時機に到來する迄は著大の進步を見ること能はざる可しと…(『國民之友』，1887 年 2 号)
　（2）吾人が曾て聞く所を以てすれば，［郡制府縣制は］本年七月頃までに發布あるべき筈なりしと云へり，而して今に［其］の發布を見ざるは何ぞや。

(『國民之友』，1888 年 35 号)

（7）「言語接触」とは，「異なる言語を話す集団が交流する時，文化・社会面だけでなく，言語面でも一方が他方に影響を与えること」であり，「同一の時間に同一の場所で 2 つ以上の言語が使用される状況」が想定される(斎藤他(編)2015: 67-68,『明解言語学辞典』，「言語接触」(執筆者：一之瀬敦))。
（8）創発期における〈実現〉の「みる」と，これに影響を及ぼしたと推察される英語動詞 see, witness との表現構造上の類似に関する詳細な考察は高橋(2016)を参照のこと。
（9）例えば，上野(1980)は語彙的な側面として，大正期に用いられていた外来語において，その語がどの言語に由来しているかを具体的数値とともに明らかにしている。この中では，英語由来のものが最も多く全体の 51.9% と半数以上を占めている(オランダ語 27.8%，ポルトガル語 14.2% と続く)。また，文体的な側面としては，森岡(1991: 430-431)が，「欧文体もしくは欧文脈と言われる独特の文体が日本語に発生したのが，ヨーロッパ語，特に英語の翻訳を通してであったことは，いうまでもない。」と述べている。他方，Inoue(2001: 455)は江戸末期における日本の政治，外交，貿易において，英語圏との接触機会の増加を挙げ，英語の影響力がオランダ語の影響力を抑え日本国内最大になっていたとし，明治維新後に編纂された外国語辞書の内，英語辞書が最も多く出版されていた事実を挙げている。
(10) 本論における「(動的)用法依拠モデル」に同じ。本論では，当該用語に統一する。
(11) このパタンは前田(2013)が「コロケーション固定型(構文化)」と呼ぶもので，イディオムの形成(秋元 2002)や句動詞・迂言形式の形成(Matsumoto 2008)に関与するプロセスであるとされている(p.19)。
(12) 当該調査は，『中日新聞・東京新聞記事データベースサービス』を用いて行っている。
(13) 本調査は［非有生の主語名詞］＋［目的語名詞］＋［「みる」］を観察対象としたデータである。

参考文献

秋元実治(2002)『文法化とイディオム化』ひつじ書房.
秋元実治他(2004)『コーパスに基づく言語研究―文法化を中心に』ひつじ書房.

秋元実治・前田満（編）(2013)『文法化と構文化』ひつじ書房.
秋元実治・青木博史・前田満（編）(2015)『日英語の文法化と構文化』ひつじ書房.
Bergs, Alexander, and Gabriele Diewald (eds.) (2008) *Constructions and Language Change*. Mouton de Gruyter.
Bybee, J. (2010) *Language, Usage and Cognition*. Cambridge Univ. Press.
Bybee, J. (2015) *Language change*. Cambridge Univ. Press.
Croft, W. (2001) *Radical Construction Grammar*. Oxford Univ. Press.
Deignan, A. (2005) *Metaphor and Corpus Linguistics* (Vol. 6). John Benjamins Publishing.（渡辺秀樹・大森文子・加野まきみ・小塚良孝訳(2010)『コーパスを活用した認知言語学』大修館書店.）
Fillmore, C., P. Kay and C. O' Connor. (1988) "Regularity and Idiomaticity in Grammatical Constructions: The Case of Let Alone." *Language* 64 (3): 501–528.
Goldberg, A. E. (1995) *Constructions: A Construction Grammar Approach to Argument Structure*. Univ. of Chicago Press.（河上誓作・早瀬尚子・谷口一美・堀田優子訳(2001)『構文文法論』研究社.）
Goldberg, A. E. (2006) *Constructions at Work: The Nature of Generalization in Language*. Oxford Univ. Press.
Gruber, J. S. (1967) "Look and See." *Language* 43, 937–947.
Heine, B. and T. Kuteva (2002) *World Lexicon of Grammaticalization*. Cambridge Univ. Press.
Hopper, Paul J. and Elizabeth C. Traugott (2003) *Grammaticalization*. Second Edition. Cambridge Univ. Press.
Horie, Kaoru (1990) "How Languages Encode the Cognitive Notion of Directness and Indirectness: A Typological Study." In: Hoji, Hajime. (ed.), *Japanese/Korean Linguistics*. 61–77, CSLI.
Horie, Kaoru (1991) "Cognitive Motivations for Event Nominalizations." In: Nichols, Lynn et al. (eds.) *Papers from the Regional Meeting of the Chicago Linguistic Society* 27(1): 233–245, CLS.
Horie, Kaoru (1993) "A Cross-linguistic Study of Perception and Cognition Verb Complements: A Cognitive Perspective." PhD Thesis. University of Southern California.
Ibarretxe-Antuñano (1999) "Polysemy and Metaphor in Perception Verbs: A Cross-Linguistic Study." PhD Thesis. University of Edinburgh.
池上嘉彦(1981)『「する」と「なる」の言語学』大修館書店.
Inoue, F. (2001) "English as a Language of Science in Japan From Corpus Planning to Status Planning." In: Ammon, U. (eds.) *The Dominance of English as a Language of Science - Effects on Other Languages and Language Communities*, 447–469, Mouton de Gruyter.
石崎保明(2015)「近・現代アメリカ英語における way 構文の発達について」,『アカデミア.

文学・語学編:*Journal of the Nanzan Academic Society*』98: 61–87.
加藤周一・丸山眞男(1991)『日本近代思想体系　翻訳の思想』岩波書店.
金田一春彦(1981)『日本語の特質』日本放送協会.
木坂基(1979)「欧文脈の消長」『言語生活』335: 50–56.
小出慶一(2006)「知覚動詞の語彙構造について」『群馬県立女子大学国文学研究』25: 1–16.
工藤真由美(1990)「現代日本語の受動文」言語学研究会(編)『ことばの科学 4』47–102, むぎ書房.
国広哲彌(1967)『ELEC 言語叢書　構造的意味論―日英両語対照研究―』三省堂.
久野暲(1973)『談話の文法』大修館書店.
Langacker, R. W.（1987）*Foundations of Cognitive Grammar*.（Vol. I）. *Theoretical Perspective*. Stanford Univ. Press.
Langacker, R. W.（1991）*Foundations of Cognitive Grammar*.（Vol. II）. *Descriptive Application*. Stanford Univ. Press.
Langacker, R. W.（2000）"A Dynamic Usage-Based Model." In Barlow, M. and S. Kemmer (eds.) *Usage-Based Models of Language*, 1–63, CSLI.（坪井栄治郎訳「動的使用依拠モデル」坂原茂（編）(2000)『認知言語学の発展』61–143, ひつじ書房.）
Langacker, R. W.（2008）*Cognitive Grammar: A Basic Introduction*. Oxford Univ. Press.（山梨正明監訳．(2011)『認知文法論序説』研究社.）
Lehmann, Christian（1995 [1982]）*Thoughts on Grammaticalization*. Lincorn Europe.
李在鎬(2012)「コーパスに基づく構文研究」澤田治美（編）『ひつじ意味論講座 2 構文と意味』241–265, ひつじ書房.
前田満(2013)「構文化と脱従属化」『人間文化：愛知学院大学人間文化研究所紀要』28: 265–284.
Matsumoto, Meiko（2008）*From Simple Verbs to Periphrastic Expression*. Peter lang.
Meillet, Antoine（1912）"L'évolution des formes grammaticales." *Scientia* 12(26):385–400; Repr. In Meillent, Antoine（1921 [1948]）*Linguistique historique et Linguistique générale*, 130–148, Klincksieck.
森岡健二(1991)『近代語の成立〈文体編〉』明治書院.
森岡健二(1999)『欧文訓読の研究―欧文脈の形成―』明治書院.
村木新次郎(1983)「単語の意味と文法現象」『日本語学』2 (12): 39–46.
村木新次郎(1991)『日本語動詞の諸相』ひつじ書房.
中本敬子・李在鎬(2011)『認知言語学研究の方法―内省・コーパス・実験』ひつじ書房.
中村典子(2011)「外来語と外国語学習について」『甲南大学国際言語文化センター報』18 (3): 1–2.
日本国語大辞典第二版編集委員会・小学館国語辞典編集部(編)(2007)『日本国語大辞典(第二版)』小学館.

Noël, D.（2007）"Diachronic Construction Grammar and Grammaticalization Theory." *Functional of Language*, 14（2）: 177–202.

大曾恵美子・滝沢直宏（2001）「日本語における他動詞文の主語の有生・無生」,『日本語電子化資料収集・作成―コーパスに基づく日本語研究と日本語教育への応用を目指して―』平成12年度名古屋大学教育研究改革・改善プロジェクト報告書, 名古屋大学国際言語文化研究科, 53–63.

奥田靖雄（1985）『ことばの研究・序説』むぎ書房.

阪田雪子（1980）「受身を表す言い方」国際交流基金日本語国際センター『教師用日本語教育ハンドブック④文法II 助動詞を中心にして』19–24, 凡人社.

瀬戸賢一（1995）『メタファー思考』講談社.

Sweetser, E.（1988）"Grammaticalization and Semantic Bleaching." *Proceedings of the 14th Annual Meeting of Berkley Linguistics Society*, 389–405.

Sweetser, E.（1990）*From Etymology to Pragmatics: Metaphorical and Cultural Aspects of Semantic Structure*. Cambridge Univ. Press.（澤田治美（2000）『認知意味論の展開』研究社.）

高橋暦（2012）「日本語動詞「見る」における自動性の認知言語学的考察」『日本認知言語学会論文集』12, 101–113.

高橋暦（2013）「非有生名詞主語の「見る」構文：「場–参与者」概念を援用して」『日本認知言語学会論文集』13, 347–359.

高橋暦（2016）「〈実現〉を表す視覚動詞「みる」の認知言語学的研究―コーパスに基づくアプローチ―」, 名古屋大学大学院国際言語文化研究科博士学位論文（未公刊）.

高橋暦・堀江薫（2012）「言語接触の観点からみた非有生名詞主語の「見る」構文」『第1回コーパス日本語学ワークショップ予稿集』, 99–108.

高橋太郎（1994）『動詞の研究 動詞の動詞らしさの発展と消失』むぎ書房.

高嶋由布子（2008）「知覚表現における態度の二面性の認知言語学的考察―「見る」,「聞く」の統語と意味拡張を中心に―」*Proceedings of the Kansai Linguistic Society* 28: 294–304.

田中牧郎（2005）『雑誌「太陽」による確立期現代語の研究』, 国立国語研究所.

田中聡子（1996）「動詞「みる」の多義構造」,『言語研究』110, 120–142.

Taylor, J. R.（2002）*Cognitive Grammar*. Oxford Univ. Press.

Thomason, S. G. and Kaufman, T.（1988）*Language Contact, Creolization, and Genetic Linguistics*. Universitiy of California Press.

Traugott, Elizabeth C. and Graeme Trousdale（2013）*Constructionalization and Constructional Changes*. Oxford Univ. Press.

外山滋比古（1973）『日本語の感覚』中央公論社.

蔦原伊都子（1983）「視覚動詞「みる」,「みえる」の意味記述」『語文』42, 39–48.

上野景福（1980）『英語語彙の研究』研究社.

Viberg, Ake.（1984）"The Verbs of Perception: A Typological Study." *Linguistics* 21（1）: 123–

162.

山本正秀(1965)『近代文体発生の史的研究』岩波書店.

山梨正明(1995)『認知文法論』ひつじ書房.

Yamanashi, M. (1997) "Visual Perception, Tactile Experience, and Spatial Cognition." In M. Ukaji et al. (eds.) *Studies in English Linguistics*, 837–845, Kaitaku-sha.

山梨正明(2009)『認知構文論—文法のゲシュタルト性』大修館書店.

コーパス

『現代日本語書き言葉均衡コーパス(BCCWJ)』

『中日新聞・東京新聞記事データベースサービス』

『太陽コーパス』

『神戸大学付属図書館デジタルアーカイブ　新聞記事文庫』

『Corpus of Historical American English (COHA)』

# 英語の中の「日本語」論理
―「主体化」現象としての「中間構文」―

中野研一郎

　中野(2015)において,「日本語(やまとことば)」における「主体化」現象が,「認知様態詞(従来,形容詞・助動詞)」,「認知標識辞(従来,助詞・格助詞)」,「事態生起の不可避性の表出(従来,自発・受け身・可能・尊敬表現)」及び「事態生起の心的確定の表出(従来,過去時制の「た」)」の分析を通して解明された。ここにおいては,英語における「主体化」現象を,「中間構文」において考察する。英語の「中間構文」とは,「客観」という「主観」を母体にし,「客体化」の論理によって事態把握を行う言語主体者も,その認知的な発達段階の初期においては,「主体化」の論理を用いて事態把握を行っていることを示す言語事例となっている。
　英語の「中間構文」を巡っては,従来からいろいろなパースペクティブに拠って分析が行われてきたが,主体者が対象と認識論的な距離を持たずに,「主体化」の論理に拠って事態把握を行っている事例として,この言語現象を考察している研究はない。「中間構文」の本質は,「主体化」にある。

# 1. 「中間構文 (middle construction)」の具体事例と分析視点

「中間構文」というのは，英語においても特異な振る舞い方を示す構文であるがために，これまで多くの言語学者の興味を惹いてきた。「中間構文 (middle construction)」というのは，次の様な事例を指す。

(1) a. This metal hammers flat easily. ⇔ この金属は，簡単に叩き伸ばせる。
　　b. The movie watches easily. ⇔ その映画は気楽に見 (ら) れる。
　　c. This car drives with the greatest of ease. ⇔ この車は，ホンマ運転しやすい。
　　d. This wine drinks like it was water. (van Oosten)
　　　⇔ このワインは，水みたいにごくごく飲めてしまう。
　　　　　　　　　　　　　　　　　　　　　　(Goldberg 1995: 182–83)
　　e. That flower cuts. (2 歳 8 ヶ月の子どもが庭の花を見ながら) ⇔ あの花は切れるよ。
　　f. This can't squeeze. (子どもがゴム製の小さな玩具を握りながら)
　　　⇔ これ (硬くて) 絞れない。　　　　(Clark 2001: 396–7)
　　g. The book sold well. ⇔ その本は，良く売れました。
　　h. The book didn't sell. ⇔ その本は売れませんでした。
　　i. The car drives smoothly. ⇔ その車はスムーズに運転できます。
　　j. The ice-cream scoops out easily. ⇔ そのアイスクリームは簡単に掬うことができます。
　　k. This poem doesn't translate. ⇔ この詩は訳せません。
　　l. The food won't keep. ⇔ その食料は長持ちしないでしょう。
　　m. The dirt brushes off easily. ⇔ 埃は簡単に払い落せます。
　　n. I don't photograph very well. ⇔ 私は写真写りが良くありません。
　　　　　　　　　　　　　　　　　　　　　　(Taylor 2002: 434)
　　o. This knife cuts easily. ⇔ このナイフは良く切れます。

p. This pen writes smoothly. ⇔ このペンは書き心地が良い。

(谷口 2004: 71)

q. The Coolpix, although not a thing of beauty, handles easily and gives superb results.
   ⇔ Coolpix は，見た目は美しくありませんが，取扱いが簡単で，最高の結果を齎してくれます。

r. the saw cuts well and the blades (Starret Bi-Metal) last.
   ⇔ その鋸は良く切れ，(Starret Bi-Metal の) 刃も長持ちします。

s. Convert between all audio file types easily from one format to another with all possible settings.
   ⇔ 全てのタイプのオーディオ・ファイルが，どのような環境下でも，あるフォーマットから別のフォーマットへと変換できます。

t. This car drives easily. ⇔ この車は運転が簡単です。

u. The stroller folds easily and compactly, and it can be carried with one hand with the carry strap.
   ⇔ そのベビーカーは簡単にコンパクトに折り畳め，キャリー・ストラップによって片手で持ち運びができます。

(Sakamoto 2007: 49–50)

この他にも，多くの研究が存在する (cf. Jespersen 1949, Lakoff 1977・1987, Keyser and Roeper 1984, Fellbaum 1986, Langacker 1987・1990, van Voorst 1988, 井島 1991, Fagan 1992, Taniguchi 1994・1995, Yoshimura 1998, 福田 1993, 山田 1997, 影山 1998, Sakamoto 2001, 吉村 2001, 坂本 2002, 本多 2002, 谷口 2005, 二枝 2007 等)。

従来の言語学の分野における「中間構文」の分析には，この構文を構成する項が持つ意味情報，及び動詞が持つ意味情報から，「語」または「構文」というカテゴリが分析視点として用いられてきた。認知言語学の研究分野においては，アクション・チェイン・モデル，因果連鎖 (causal chain) モデル，主語名詞句の指示対象 (人工物) に潜在する情報 (クオリア役割)，または，生態心理学

におけるエコロジカル・セルフ等が分析視点に用いられた。しかしながら奇妙なことに，自身の用語で'subjectification（主体化）'といった言語学的センスが求められる言語現象を見出しているロナルド・W・ラネカーでさえも，この「中間構文」という言語現象が，英語における'subjectification（主体化）'という言語現象の典型事例であることに気が付いていない。

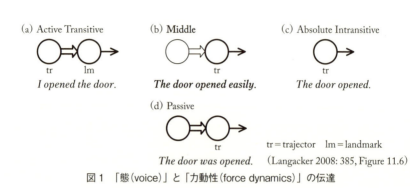

図1 「態（voice）」と「力動性（force dynamics）」の伝達

ラネカーは「中間構文（middle construction）」という言語現象を，アクション・チェイン・モデルによって記述・説明しようとしている。しかし，ラネカーの上図は，なぜ「中間構文」が典型的には「副詞（adverb）・副詞句（adverbial phrase）」を付随させ，「現在時制（present tense）」の形態で創発するのかを，説明することができない（cf. (1) a・b・c・d・e・f・i・j・k・m・n・o・p・q・r・s・t・u）。

中野（2015）において，ground が immediate scope（onstage）と重なるとき，「主語」という「形式（構文・文法カテゴリ）」から「主語性」が奪われ，「他動詞」という「形式」から「他動性」が消失する現象が生じることが確認されている。これは，事態が「客観」という「主観」によって「客体的」に把握されずに，認知主体によって「主体的」に把握される場合，つまり，「創発する解釈（emerging construal）（ラネカーの用語ならば'immediate scope'）」が ground 内に顕現する場合に生じる言語現象のことであった。この「主体化」という言語現象は，認知主体者の「イマ・ココ」において生じる言語現象であり，それはモダリティ化（modalize）された事態把握の，言語形式（構文・文法カテゴリ）と

しての創発であった。それでは，'modalization(主体化，ラネカーにおいては 'subjectification')' とは，どの様な認知メカニズムによって生じるものであったのか？　そのことを再度明らかにするために，ラネカーが定義した「主体的(subjective)」という用語・現象を，もう一度ここで検討することにする。

## 2.「中間構文(middle construction)」と Langacker の「主体化(subjectification)」

　ラネカーは 'subjective(主体的)' 及び 'objective(客体的)' に行われる解釈(construal)に対して，次の様な説明を与えている。

> Within the full scope of awareness, S attends to a certain region-metaphorically, the "onstage" region-and further singles out some onstage element as the focus of attention. This, most specifically, is the object of conception (O). <u>To the extent that the situation is polarized, so that S and O are sharply distinct, we can say that S is construed **subjectively,** and O **objectively**</u>. <u>S is construed with maximal subjectivity when it functions exclusively as subject: lacking self-awareness, it is merely an implicit conceptualizing presence totally absorbed in apprehending O. Conversely, O is construed with maximal objectivity when it is clearly observed and well-delimited with respect to both its surroundings and the observer.</u>
> 
> （Langacker 2008: 260 下線部強調筆者）

　彼は事態把握における認知状況が分極化すると，'subject(認知の主体)' と 'object(認知の対象)' とが明確に分化し，その分化した場合に認知の主体は「主体的(subjectively)」に，認知の対象は「客体的(objectively)」に解釈されると説明している。さらに，主体が自己意識を持たずに認知対象の把捉活動に同化した，潜在的な概念化を行う存在であるとき，主体は専ら主体として機能し，主体が最大限「主体的(subjectively)」に解釈されていることになると説明するのである。またこのことを逆にして，客体が明瞭に認められ，観察者と客体を取り巻く環境の両方から明確に区分されるとき，客体は最大限「客体的

(objectively)」に解釈されていると説明するのである。ラネカーはここにおいて，「主体的な解釈(subjective construal)」とは，認知主体が認知対象の把捉活動に同化され，潜在的に概念化を行う存在である場合だと定義するが，認知主体と認知対象が明確に分化している(sharply distinct)状態で，認知主体が認知対象の把捉活動に同化されると述べることは，論理矛盾に他ならない。なぜならば，彼の基本認知図において，主体と対象が分化している状態で，主体が対象の把捉活動に同化されると述べることは，認知主体と認知対象の間に認識論的距離が存在する状態で，認知主体と認知対象の間の認識論的距離は無いと述べるのと同じことになるからである。つまり，下記のラネカーの認知図2(a)において，認知主体(conceptualizer ∈ ground)と対象(immediate scope)が明確に分化しながら，認知主体が潜在的な概念化を行う存在となるとき，主体は最大限主体的に解釈されており，対象は最大限客体的に解釈されると述べているのである。

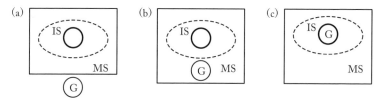

IS＝immediate scope, MS＝maximal scope, G＝ground　　　(Langacker 2002: 319)

図2　Langackerの認知図：'grounding'

上記の2(a)の認知図において，「主体(subject)」を内包するgroundがmaximal scopeと分離している状態では，そもそもどの様な事態把握も成立しない。この認知図が示すのは，世界は認知主体となんら関係なく独自に存在しているという観念だけである。

中野(2015)において論証された様に，ラネカーのいう'subjectification(主体化)'という言語現象は，上記2(c)の認知図が示す認知状況で創発するものであり，そこでは，認知主体を内包したground自体がimmediate scope内(onstage)に在るが，その認知状況とLangacker(2000)が提示する下記図3の

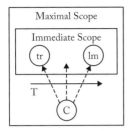

tr = trajector, lm = landmark
T = time
(Langacker 2000: 298)

図3　Langacker の認知図：'subjectification（「主体化」）'

'subjectification（主体化）' の認知状況は，一致していない。
　上記認知図3においては，概念化者（conceptualizer：認知主体）は immediate scope（onstage）外に在るが，中野（2015）における他動詞 *have* の意味の希薄化の事例で確認された様に，'subjectification（主体化）' という言語現象は，典型的には概念化者が *I* もしくは *we* の形式を以って，immediate scope 内（onstage）に存在する場合に生じるものであった。つまり，ラネカーの言う 'subjectification' は，上記2の認知図（c）の状態，概念化者が内包されている ground 自体が，immediate scope 内（onstage）に在るときに生じる言語現象だったのである。したがって，もし主体的な解釈（subjective construal），つまり 'subjectification' という言語現象が，上記認知図2（b）においても生じるというならば，認知主体と認知対象が分極化すると同時に認知主体が認知対象の把捉に同化している状態を示すためには，上記認知図2（b）は次の様に変更されなければならない。

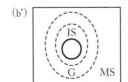

図2　「主体化（modalization）」の認知状況

　認知図2（b'）というのは，認知図2（b）の認知状態から，ground が immediate scope の認識論的基盤として背景化している様態に変化していることを，つまり，視点配置としては視覚構図内から視点が消滅する現象を指すことになる。

ラネカーの認知図が，彼のいう 'subjectification（主体化）' という言語現象を上手く表示できない理由は，「概念化」という認知プロセスが，「視点配置・視覚構図」というパースペクティブにより表示可能であると前提しているからである。ラネカーの認知図においては，その認知図を見る観察者の視点自体が，認知の対象側に移ることはない。観察者は対象に対して相変わらず認識論的距離を保ったままで，つまり視点が対象側に移動することなく，元の観察視点に固定されたままで事態把握を行っている。認知図上で認知の対象側に ground を移動させてみても，対象側に移動した ground から観察を行う，すなわち対象側に移動した ground から事態把握を行うことは，原理的に不可能である。なぜならば，「観察視点・視覚構図」が固定されている限り，つまり「客観」というパラダイムによって観察・事態把握を続ける限り，認知の対象側に観察視点が移る，表現を換えるならば，認知の対象と共に事態把握を行うという「主体化（modalization）」の認知メカニズムの発見は，認識論的に不可能だからである。認知の対象であり，同時に認知の主体となる様な事態把握のあり方，ラネカーのいうところの 'subjectification' という言語現象は，彼の提唱する視点配置・視覚構図の変形を以ってしては，それを捉え，説明することができないのである。「主体化」という言語現象は，認知図 2(a)(b) において生じるのではなく，中野(2015)において論証されている様に，認知図 2 の(c)の状態で生じるものであった。そこにおいては，immediate scope 内に ground があるのではなく，対象を由来・契機として，概念化者は対象と共に在るという主観（内置・内観，すなわち「認知 PA モード：Primordial and Assimilative Mode of Cognition」）による解釈・事態把握が，形式（構文・文法カテゴリ）として創発するのが，「主体化」と名称される言語現象の本質なのである。「主体が自己意識を持たずに認知対象の把捉活動に同化した，潜在的な概念化を行う存在であるとき」と記述するならば，その事態把握の在り方を示す認知図は，本来次の様なもので在らねばならない。（次ページ図参照）

　主体的な解釈（subjective construal）が生じる 'modalization（主体化）' という言語現象は，「主体」と「環境∋対象・聞き手」の不分離，すなわち西田(1953)や阪倉(1978(2011))や川端(1982)が述べる「主客未分化（「場」）」な事態把握の在り方（「認知 PA モード」）によって生じる言語現象に他ならない。

図4 「主体化（modalization）」の認知図：
「認知 PA モード（Primordial and Assimilative Mode of Cognition）」

　「主体化」という認知プロセスを「視点配置・視覚構図」内で表示しようとしても，中村(2009)も指摘する様に，事態把握の在り方（「認知モード」）がシフトする状況は，「視点配置・視覚構図」に反映させることができない。「視点配置・視覚構図」においては，認知の対象と ground は常に分離したまま，言葉を換えるなら，認識論的距離が常に存在した（つまり「客観的な」）ままであり，認識論的距離が存在する（「客観的な」）状況においては，対象が主体の情意を透過することで創発する 'modalization（主体化）' という言語現象は，表示の仕様がないのである。

　ground を onstage(immediate scope)内に移動させてみても，「視点配置・視覚構図」のパースペクティブから解釈(construal)すれば，その図は ground に認知的焦点が当たっていること，すなわち，ground を構成する「話し手」及び「聞き手」(I, you 及び we)が焦点化され，事象の構成項として言語形式に顕現することを表示するだけである。「話し手」及び「聞き手」，または「話し手・聞き手」が焦点化され，言語形式に顕現することを表示しても，「視点配置・視覚構図」のパースペクティブからは，なぜ I, you 及び we から，その「主語性(subjecthood)」が透明化するのかを説明することができない。また，他動詞 have の意味内容としての「力動性の伝達(transmission of force dynamics)」が，なぜ希薄化・消失するのかも説明することができない。「主語性」の透明化及び「力動性伝達」の希薄化・消失を説明するためには，認知の対象が主体の情意を透過することで，対象自体も主体の情意を帯びながら形式として創発する言語現象，すなわち，概念化者と対象との間に認識論的距離のない「主体化」という認知状況の提示法が求められるのである。

「客観的な事態把握(objective construal)」の優位を信奉する言語論理の話者にとって，図2(b')・4の様に認知図化された認知様態での事態把握は，肯定・是認できるものではないであろう。なぜならば，この認知図が示しているのは，「認知主体」と「認知対象」の同化というプリミティブな認知様態での事態把握の在り方であり，そこにおいては，「認知主体」と「認知対象」は独立して存在するという客観主義的世界解釈，または，事象は「客観的」に観察しえるという科学主義の否定に繋がっているからである。すなわち，「認知主体」と「認知対象」は独立して存在するという客観主義的世界解釈の在り方も，事象は「客観的」に観察し得るという科学主義も，実は「客観」という名の「主観」に過ぎないことを認めることになるからである。

「主体化(subjectfication → modalization)」という言語現象の説明に，ラネカーが「主体が自己意識を持たずに認知対象の把捉活動に同化した，潜在的な概念化を行う存在であるとき」という記述を為すとき，それは，認知主体の存在を透して事象が生起し，事象生起の把促の様態として認知主体が在るという，川端(1982)や西田(1953)の認識の言い換えとなっているのである。

> 例えば，野に一輪の白百合が咲いている。この百合の見方は三通りしかない。百合を認めた時の気持ちは三通りしかない。百合の内に私があるのか。私の内に百合があるのか。または，百合と私が別々にあるのか。…百合と私とが別々にあると考えて百合を描くのは，自然主義的な書き方である。古い客観主義である。これまでの文芸の表現は，すべてこれだったと云っていい。ところが，主観の力はそれで満足しなくなった。百合の内に私がある。私の内に百合がある。この二つは結局同じである。そして，この気持ちで物を書き現さうとするところに，新主観主義的表現の根拠があるのである。
> (川端康成 1982: 176–177)

> 純粹經驗の狀態では主觀と客觀とは全く一致してゐるのである，否，いまだ兩者の分裂がないのである。例へば自分が物を知覺して居る時の精神狀態の樣に，唯ある性質をもつた經驗があるのみである。見てゐる自分もなければ見られる物もない。
> (西田幾多郎 1953: 188)

川端の「百合と私が別々にあると考えて百合を描くのは，自然主義的な書き方である」という記述は，そのままラネカーの「客体的な解釈（objective construal）」の在り方を説明する「視覚構図・視点配置図（viewing arrangement）」による事態把握に相当している。それに続く川端の「主観の力はそれで満足しなくなった。百合の内に私がある。私の内に百合がある。この二つは結局同じである」という記述と，西田の「純粋經驗の狀態では主觀と客觀とは全く一致してゐるのである，否，いまだ兩者の分裂がないのである」という記述は，ラネカーの「主体が自己意識を持たずに認知対象の把捉活動に同化した，潜在的な概念化を行う存在であるとき」という記述に相当している。認知主体の存在を透して事象の生起があり，事象の生起の把捉の様態において認知主体の存在があるというパースペクティブは非常に重要である。本来,「場」という観念は,「認知主体」及び「認知対象」の相互・同化作用により事象が生起する認知状況のことを指すはずであり，そこにおいて，認知主体の存在なくして事象は生起せず，また，事象生起の知覚・把捉を透して，認知主体自体も存在していると言える。英語の「中間構文（middle construction）」という言語現象は，川端の「百合の内に私がある。私の内に百合がある。この二つは結局同じである」という認識と，西田の「主觀と客觀とは全く一致してゐるのである，否，いまだ兩者の分裂がないのである」という事態把握のあり方が，英語の「言語形式（構文・文法カテゴリ）」において創発している言語現象なのである。

## 3.「中間構文（middle construction）」を創発させる「始原的内化の認知モード（primordial and assimilative mode of cognition）：PA モード」

　ラネカーが「主体化（modalization）」という言語現象の本質を説明できない最大の理由は，「客体的な解釈（objective construal）」の在り方を説明する「視覚構図・視点配置図（viewing arrangement）」を用いて，「主体的な解釈（subjective construal）」と「客体的な解釈」の違いの説明を試みるからである。「客体的な解釈」の在り方，すなわち，「主体（subject）」から「対象（object）」への注意を向ける認知様態しか提示しない「視覚構図」においては，「主体的

解釈」とは，単に認知視覚の起点を移動させることでしかない。「認知の対象（object＝immediate scope）」が「客体的」なままで，そこに ground（視覚認知の起点）を移動させても，対象と主体間の認識論的距離が消えることはない。対象と主体との間の認識論的距離が消失しない状態で，「主体化」という言語現象は生じないのである。

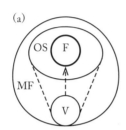 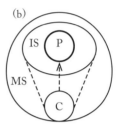

(a) V＝viewer / subject　MF＝maximal field of view　OS＝onstage region　F＝focus / object
　↑＝perceptual relationship
(b) C＝conceptualizer　MS＝maximal scope　IS＝immediate scope　P＝profile
　↑＝construal relationship　　　　　　　　　　　　　　　　（Langacker 2000: 205）

図5　Langacker の基本認知図：「視覚構図」と「事態把握図」の相似

中村芳久（2004・2009）も，ラネカーが「視覚構図・視点配置図」を用いて言語現象・事態把握の在り方を説明する際に，論理矛盾が生じることに気が付いている。中村（2009）は，ラネカーが用いた視覚構図・視点配置図における認知視覚の起点移動により，「主体化」という言語現象を観察・記述・説明することの矛盾を次の様に述べる。

しかしこのような主体化では，たとえば題目から主語への文法化は捉えられない。言語の総体に関わるような文法化を捉えることもできない。題目と主語にはそれぞれ参照点とトラジェクターという認知主体の認知能力・認知プロセスが反映しており（Langacker 1993），認知プロセスそのもののシフトを考慮する必要がある。　先の主体化は，語彙的要素の叙述内容が希薄化し，その背後の認知プロセスのみを表すようになる意味的変化を捉えるものであるから，認知プロセスそのもののシフトはそのような主体化では捉えられない。（中略）文法化を捉える際に，語彙や構文の意味から独立し

て，認知プロセスのシフトや認知モードのシフトを考慮すべきだということである。
(中村 2009: 383)

「客体的」な事態把握と「主体的」な事態把握の違い，または認知プロセスのシフトという言語現象を観察・記述・説明するためには，ラネカーが用いる「視覚構図・視点配置図」を基にした認知図ではなく，対象と主体の相互作用による知覚・認知のあり方を表示する認知図が必要になる。このために中村は，「客体的」事態把握の在り方を表す認知モード図(「認知Ｄモード」)と，「主体的事態把握の在り方を表す認知モード図(「認知Ｉモード」)を提唱している。

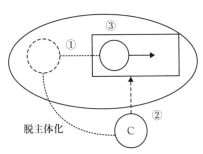

① 認知主体と対象の直接的なインタラクションは存在しない
② 認知プロセスもあたかも客観的な観察の目
③ 認知主体から独立して存在する客観

(中村 2004: 37)

図6 「外置の認知モード (Displaced mode of cognition：Ｄモード)」

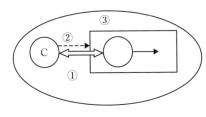

外側の楕円：認知の場 (domain of cognition, or environment)
Ｃ：認知主体 (Conceptualizer)
① 両向きの二重線矢印：インタラクション (例えば地球上のＣと太陽の位置的インタラクション四角の中の小円は対象としての太陽)
② 破線矢印：認知プロセス (例えば視線の上昇)
③ 四角：認知プロセスによって捉えられる現象 (例えば太陽の上昇)

(中村 2004: 36)

図7 「認知のインタラクション・モード (Interaction mode of cognition：Ｉモード)」

中村は，言語学，認知文法論及び認知言語類型論において，日本語を含んだ世界中の言語に，西洋の「客観」というパラダイム及びそこから派生するパー

スペクティブを適用させ，その適用によって各言語の言語現象を観察・記述・説明することの危険性を自覚している学者のひとりである。ただし，「主体的」事態把握の在り方を表す上記中村の認知モード図(「認知Ｉモード」)においても問題となりえるのは，認知プロセスによって捉えられる現象(③四角)と認知主体(C)とのインタラクションを表現するのに，両向きの二重線矢印(①)という表示を用いなければならないことである。両向きの二重線矢印という空間表示形式を用いる限り，「主体が自己意識を持たずに認知対象の把捉活動に同化した，潜在的な概念化を行う存在であるとき」という，認知主体と認知対象間の認識論的距離の消失現象(「主体化」)を上手く表示することができないのである。この認識論的距離の消滅による「主体化」を表示する為には，次の様に認知図とパラダイムを変更させる必要がある。

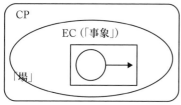

CP：conceptualizing possibilities「概念化可能領域」
EC：emerging construal「創発する解釈・
　　事態把握」→「事象」
「場」：主体⊇環境 ∧ 主体∈環境
　　　　(環境⊇対象・聞き手)

図8　「認知の始原的内化モード (primordial and assimilative mode of cognitionn)：
　　　認知PAモード」

この認知図が示しているのは，「事態は認知主体から独立して客観的に存在するのではなく，認知主体の存在を透して事態が生起し，事象生起の把促の様態において認知主体自体も在る」というパラダイムである。つまり，把捉・解釈された事態は，概念化者と認知の対象を含む「場」において，「事象・形式(構文・文法カテゴリ)」として創発する。この認知主体を含む認知の「場」において，把捉・解釈された事態が「事象」として創発するパラダイムでは，それを表す認知図において，対象と主体との間に認識論的距離は設けられない。把捉・解釈された事態は，概念化者及び対象と認識論的に連続した，言葉を換えれば，認識論的に地続き様態の事象として「形式(構文・文法カテゴリ)」化される。したがって，認知主体と対象の間に認識論的距離が存在しないモード

(「認知 PA モード(primordial and assimilative mode of cognition)：認知の始原的内化のモード」)によって把捉・解釈された事態は，次の様な「形式(構文・文法カテゴリ)」として創発することが可能となる．

(2) a. 「一杯の水が(?を)欲しい」→「水が(?を)一杯，欲しい」
b. 「一杯の水が(?を)飲みたい」→「水が(?を)一杯，飲みたい」
c. 「試験にうかったことが(*を)嬉しい」
d. 「テニスが(?を)したい」
e. 「涼子のことが(?を)好きです」

(3) a. 「暑い」　b.「寒い」　c.「重い」　d.「軽い」

「欲しい」・「飲みたい」・「嬉しい」・「したい」・「好き」という「形式」は，「形容詞」・「動詞」として在るのではなく，主体の認知様態を表す「認知様態詞」として在る．したがって対象は，共同注視の対象としてではなく，主体に生じた「認知様態」の「由来・契機」として在り，表現を換えるならば，主体が単独に注視している意識・対象として在るので，コミュニケーション状況においては，共同注視の対象に用いられる「は /wa/」ではなく，「が /ga/」が使用される．同様に，「暑い」・「寒い」・「重い」・「軽い」の場合には，状況と認知主体とが分離せずに連続したまま把捉・解釈されているので，その「形式」には「主語」及び「動詞」が用いられることなく，1 語文として創発することができる．

「中間構文(middle construction)」というのは，「日本語」におけるこうした事態把握の在り方が，英語の「言語形式(構文・文法カテゴリ)」において創発している事例に他ならない．「中間構文」とは，「認知 PA モード(primordial and assimilative mode of cognition)：始原的内化の認知モード」によって把捉・解釈された事態が，英語という「言語形式」に創発する典型事例なのである．このことを明らかにするために，この節の初めに挙げた「中間構文」の事例を，「日本語」による事態把握のあり方(cf. 事例 1 の日本語訳)と対照しながら観察することが必要となる．

## 4.「中間構文 (middle construction)」と「日本語 (やまとことば)」の事態把握

「水が飲みたい」という「日本語」の表現において,「水」が主体の「飲みたい」という認知様態の「由来・契機」になる様に,英語の「中間構文」においては,認知主体によって直接的に経験・使用された物及び道具類が,主体の認知様態の反映である評価を表す副詞及び助動詞に対応する「由来・契機」となる。「主語」位置に現れる metal, movie, car, poem, wine, flower, book, ice-cream, dirt, knife, pen, saw や stroll といった物や道具類と認知主体との間には,その物や道具類を使用または経験することで,認知主体に刻まれた身体的感覚が,その物や道具類に存続・内在しているために,認識論的分離(「客体化・客観化」)が生じない。使用経験を通して,主体と物または道具類とが身体経験的に地続き(シンクロ)の状態にある。したがって,経験の主体である人(I や we)の代わりに物や道具類が,認知主体が物及び道具類を直接身体的に経験することで得られた感覚・意識(モダリティ)を具象するものとして,英語の「主語」位置に現れるのである。

(1–1) a. This metal, b. The movie, c. This car, d. This wine, e. That flower, f. This, g. The book, h. The book, i. The car, j. The ice-cream, k. This poem, l. The food, m. The dirt, o. This knife, p. This pen, q. The Coolpix, r. the saw, s. all audio file types, t. This car, u. The stroller.

認知主体と物や道具との経験的・身体的連続性(認識論的地続き状態)の存在を表しているのが,「中間構文」に出現する名詞との共起頻度が圧倒的に高い easily, smoothly や very well といった,直接的な身体経験によって得られた心的評価を表す副詞であり助動詞である。

(1–2) a・b・j・m・o・q・s・t・u. easily, c. with the greatest of ease, d. like it was water, g・r. well, i・p. smoothly, k. doesn't, l. won't, n. don't, very well, u. compactly.

また,「中間構文」においては,物または道具類と主体との間に,その物または道具類の使用経験を通して認識論的地続き状態が発生しているために,主体の物または道具類の使用経験を意味内容とする他動詞は,「他動性」を失い,自動詞へと変容する。

(1–3) a. hammers, b. watches, c. drives, d. drinks, e. o. r. cuts, f. squeeze, g. sold, h. sell, i. t. drives, j. scoops out, k. translate, l. keep, m. brushes off, n. photograph, p. writes, q. handles, s. convert, u. folds.

こうした「中間構文」が創発する種々の要件を「日本語(やまとことば)」の論理に対応させてみると,そこでは構文レヴェル及び文法レヴェルで意味摩擦や形式齟齬が生じることなく,自然な「日本語」の対応文が創発するのである(cf.「中間構文」事例1・2の日本語訳)。

「内置・内観の認知モード」による事態把握においては,認知主体と対象との間に認識論的分離は存在しない。認識論的に地続き状態にある。この認識論的地続き(シンクロ)状態とは,主体の意識・知覚と,認知対象である物または道具類とが,認識論的に同化した状態のことを指す。主体と対象との間に認識論的距離が存在しない事態把握の在り方においては,中野(2015)において明らかになった様に,「主体化(modalization)」という言語現象が生じる。英語の「中間構文」においても,認知主体と対象との間に認識論的分離は存在していない。すなわち「主体化」という言語現象においては,認知主体が対象を経験した「他動詞的」解釈が,概念化者の「経験現在(experienced present)」として,対象(「目的語(object)」)に内置・内観されるので,対象は「自動詞」の構文・文法を以って「主語(subject)」位置に創発するのである。

(2) a. This toy floats easily. ⇔ このおもちゃは簡単に浮く。
  b. These cookies eat crisp. ⇔ このクッキーは,ばりばり食べられる。
  c. This situation feels slightly strange. ⇔ この状況は,ちょっと変な感じがする。

    d. Things don't feel good. ⇔ 情況は良くない。
    e. My head feels heavy. ⇔ 頭が重い。

　英語の「中間構文」とは，この物や道具等の認知の対象が，使用等の直接的な身体経験によって概念的に「主体化」され，その「主体化」された事態把握が，「モノ・道具・身体の一部・状況」を「主語」として，典型的には「現在時制(experienced present tense)」で「自動詞(intransitive verb)」構文として創発したものである。したがって「中間構文」の創発・使用は，英語を母語話者とする主体者が幼少である時(cf.(1)e・f.)に，また，事態把握の他者との共有が方略的に求められる広告表現(cf.(1)q・r・s・t・u.)において，多く見られることになる。

　英語の「中間構文」は，その構文の主語位置にある項が，構文使用者によって身体的に経験されること，または経験されたことが，その創発動機の基盤となっている。概念化者・認知主体者の身体的経験を介して，対象と概念化者との認識論的距離が取り払われているのである。

## 5. 「始原的内化の認知モード(primordial and assimilative mode of cognition)：PA モード」と英語の「構文イディオム(construction idiom)」・「場所主語構文(setting-subject construction)」・「再帰構文(reflexive construction)」

　ジョン・R・テイラー(Taylor 1995・2002)等においては，英語の「構文イディオム(construction idiom)」と呼ばれる言語現象が考察の対象とされている。

　(3)a. My guitar broke a string.
　　 b. The stove has blown a fuse.　　　　　(Taylor 1995: 214–215)
　　 c. My car burst a tire.　　　　　　　　　(Taylor 2002: 576)

　テイラー達が「構文イディオム」と呼ばれる言語現象に注目した理由は，一

一般的に英語における規範的構文とされない構文が創発する周辺的な言語現象に，「英語」という固有言語が成立する上での重要な論理が潜んでいるのではないかと考えたからであった。

　前節において，対象が主体の意識に内置され，その意識内で内観されることによって，対象と主体が同化する認知メカニズム（「認知 PA モード」）が存在することを明らかにした。そして，その認知 PA モードによる事態把握が，英語という言語の構文・文法カテゴリに創発したものが「中間構文（middle construction）」であった。そこにおいては，主語位置にある項が意味役割的にも文法的にも「動作主性（agentivity）」を，他動詞がその「他動性（transitivity）」を失う現象が観察された。こうした事態把握のあり方が，1 つの対象に他の対象を同化させるアマルガム（amalgam）化と呼ばれる概念化活動として拡張され，それが言語形式（構文・文法カテゴリ）として創発しているのが，テイラー達が「構文イディオム」と呼んだ言語現象である。また，「場所主語構文（setting-subject construction）」と呼ばれる言語現象でもある。こうした構文においては，「主体∋対象∧主体∈対象」という事態把握のあり方が，「対象$_1$∋対象$_2$∧対象$_1$∈対象$_2$」という事態把握へと拡張されている。ただ，この拡張された事態把握のあり方も，認知的に無制約なものとして存在している訳ではない。認知の「対象」と「対象」間には，参照点（reference point）が「全体」，目標（target）が「部分」という関係が存在しているのである。

（4）a.　My guitar broke a string.　⇔　ギターの絃が切れた。
　　 b.　The stove has blown a fuse.　⇔　ストーブのヒューズが飛んだ。
（Taylor 1995: 214–215）
　　 c.　My car burst a tire.　⇔　車のタイヤが破裂した。（Taylor 2002: 576）
　　 d.　The garden was swarming with bees.　⇔　庭に蜂が群れていた。
　　 e.　The stock market brims with uncertain information.
　　　　⇔　株式市場は不確かな情報で溢れる。
　　 f.　The church overflowed with worshipers.　⇔　その教会は礼拝者で溢れかえった。

　　　　my guitar・the stove・my car・the garden・the stock market・the

church が「全体」, a string・a fuse・a tire・bees・uncertain information・worshipers が「部分」

　上記の(4)a・b・c・d・e・f の事例において, 本来, broke, has blown, burst, was swarming, brims, overflowed 等,「動詞」に対して「主語」的な意味役割を担うのは,「目的語」位置にある a string なり, a fuse, a tire であり, または, 前置詞 with で受けられる bees, uncertain information または worshipers である。ここでは, guitar は string が付属して初めて guitar となり, (electric)stove, car も, fuse 及び tire が付属して初めて (electric)stove または car となる。しかし (4)d・e・f の事例において, 前置詞 with が用いられているのは, これらの事例程, garden と bees, stock market と uncertain information, 及び church と worshipers の構成・付随関係は, 強固ではないと判断されているためである。bees も uncertain information も worshipers も, garden, stock market, church という概念が成立する上での, 必須の構成要件・項ではなく, 一時的状態と解釈される。したがって, その構成・付随関係が強固ではないという認知判断が, 言語形式(構文・文法カテゴリ)における認識論的距離として, 前置詞 with において「類像的(iconic)」に表象化されているのである。

　ここで大事なのは, was swarming にしても, brim にしても, overflow にしても,「受動態(passive voice)」と呼ばれる事態把握・言語形式が, この事象に対して用いられていないことである。つまり, garden と bees, stock market と uncertain information, church と worshipers いう項が構成している事象のフレームに対して, ビリヤード・ボール・モデルなりアクション・チェイン・モデルという理想化された認知モデルから引き出される力動性の客観的伝達という解釈は対応していない。これらの構文は, 英語において規範的な「客体化(objectification)」の認知メカニズムから外れた,「主体化(modalization)」という認知メカニズムによる事態把握のあり方を, 英語の形式(構文・文法カテゴリ)において拡張して創発させている事例となっているのである。こうした構文の拡張を可能にする認知メカニズムが, 次の様な無生物主語の「再帰構文(reflexive construction)」の創発を可能とする意味論的基盤となっている。

（5）a.　The guitar played itself.　⇔　ギターが自然に鳴った。
　　　b.　The bag opened itself.　⇔　鞄が自然に開いた。
　　　c.　The umbrella unfolded itself in the wind.　⇔　傘が風で自然に開いた。
　　　d.　A suspicion formed itself in his mind.　⇔　彼の心の中に疑念が生じた。
　　　e.　A favorable opportunity presented itself in an unexpected fashion.　⇔　思いもかけない形で，好機が訪れた。
　　　f.　Anger punishes itself.　⇔　因果応報。
　　　g.　Suffering does not manifest itself.　⇔　災害の兆候はない。
　　　h.　Genius displays itself even in childhood.　⇔　栴檀(せんだん)は双葉より芳(かんば)し。
　　　i.　History repeats itself.　⇔　歴史は繰り返す。

　この構文のアクロバシーは，「他動性(transitivity)」を消滅させる為に，「主語」位置にある項からの「力動性(force dynamics)」を「目的語(object)」位置に置いた自身項に不可逆的な直線一方向から伝達させることで，「再帰(recursion)」という言語現象を生じさせていることにある。この「再帰」という言語現象が生じる為には，不可逆的直線一方向から伝達される「力動性」の伝達化と，言語形式として創発している項のさらなる抽象化の，二種二重の概念化が必要となる。つまり英語においては，「語順」が統語・文法原理の第1位であることから，言語形式の制約が非常に強く，「他動性」を消滅させるために，わざわざ「再帰代名詞(reflexive pronoun)」という抽象概念を言語形式に創発させ，それに「力動性」を伝達させる操作を行わなければならないのである。この概念操作の存在を以って「再帰構文」というのは，英語の規範的な「他動詞構文(transitive construction)」と「構文イディオム(construction idiom)」との中間に位置するものとなっている。こうした観察は，次のような意味地図として纏められる。（次ページ図参照）
　下記の図において重要なことは，意味(概念化)が構文を創発・拡張すると同時に，形式(英語においては「語順(word order)」)がその創発・拡張において強い制約として働いていることである。言語は，共時的にも通時的にも，「意

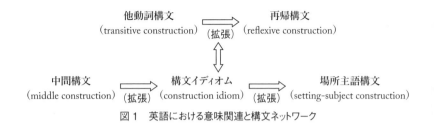

図1 英語における意味関連と構文ネットワーク

味」と「形式」との動態緊張関係を通して,構文を「創発・拡張」させ,また「変容」させているのである(cf. 中村 2004, 山梨 2009・2012)。

### 参考文献

Clark, Eva V.(2001) Emergent Categories in First Language Acquisition. *Language acquisition and conceptual development*, ed. Melissa Bowerman and Stephen C. Levinson, 379–405. Cambridge: Cambridge University.

Fagan, Sarah M. B.(1992) *The Syntax and Semantics of Middle Constructions*. Cambridge: Cambridge University Press.

Fellbaum, Christiane.(1986) *On the Middle Construction in English*. Bloomington, Indiana: Indiana University Linguistics Club.

福田久美子. (1993)『英語における中間構文再考』川村学園女子大学研究紀要第4巻 第1号. 85–98.

Goldberg, Adele E.(1995) *Constructions: A Construction Grammar Approach to Argument Structure*. Chicago and London: University of Chicago Press. IV.

本多啓. (2002)「英語中間構文とその周辺―生態心理学の観点から―」西村義樹(編)『認知言語学I:事象構造』(シリーズ言語科学 -2)11–36. 東京大学出版会.

井島正博. (1991)「可能文の多層的分析」仁田義雄(編)『日本語のヴォイスと他動性』149–189. くろしお出版.

Jespersen, Otto.(1949) *A Modern English Grammar on Historical Principles* Part III: *Syntax, Second Volume*. London: Geoge Allen & Unwin Ltd.

影山太郎. (1998)「日本語と文法」玉村文郎(編)『新しい日本語研究を学ぶ人のために』58–83. 世界思想社.

川端康成. (1982)「新進作家の新傾向解説」『川端康成全集』第30巻 172–183. 新潮社.

Keyser, Samuel and Thomas Roeper.(1984) "On the Middle and Ergative Constructions in English." *Linguistic Inquiry* 15.381–416.

Lakoff, George.(1977) "Linguistic Gestalts." *CLS* 13: 236–287.

Lakoff, George.(1987) *Women, Fire, and Dangerous Things*：*What categories Reveal about the Mind*. Chicago and London: University of Chicago Press.

Langacker, Ronald W.(1987) *Foundations of Cognitive Grammar*, Vol. I. T *heoretical Perspective*. 231–236. Stanford, California: Stanford University Press.

Langacker, Ronald W.(1990) Subjectification. *Cognitive Linguistics* 1(1)：5–38.

Langacker, Ronald W.(2000) *Grammar and Conceptualization*. 297–315. Berlin: Mouton de Gruyter.

Langacker, Ronald W.(2002) *Concept, Image, and Symbol: The Cognitive Basis of Grammar*. Berlin・New York: Mouton de Gruyter.

Langacker, Ronald W.(2008) *Cognitive Grammar: A Basic Introduction*. Oxford・New York: Oxford University Press.

中野研一郎.（2015）「言語における「主体化」と「客体化」の認知メカニズム―「日本語」の事態把握とその創発・拡張・変容に関わる認知言語類型論的研究―」京都大学大学院人間・環境学研究科博士論文.

中村芳久.（2004）「主観性の言語学：主観性と文法構造・構文」中村芳久（編）『認知文法論II』3–51. 大修館書店.

中村芳久.（2009）「認知モードの射程」坪本篤郎・早瀬尚子・和田尚明（編）『「内」と「外」の言語学』353–394. 開拓社.

二枝美津子.（2007）『格と態の認知言語学―構文と動詞の意味―』世界思想社

西田幾多郎.（1953, 再版2004）『哲学概論』岩波書店.

阪倉篤義.（1978・改訂2011）『増補 日本語の語源』平凡社.

Sakamoto, Maki.(2001) "The Middle and Related Constructions in English: A cognitive Network Analysis." *English Linguistics* 18: 1, 86–110.

坂本真樹.（2002）「ドイツ語中間構文の認知論的ネットワーク」西村義樹（編）『認知言語学 I：事象構造』（シリーズ言語科学 -2）111–136. 東京大学出版会.

Sakamoto, Maki.(2007) "Middle and Tough constructions in Web advertising." *JCLA Coference Handbook* 2007: 49–50.

Taniguchi, Kazumi.(1994) "A Cognitive Approach to the English Middle Construction." *English Linguistics* 11: 173–196.

Taniguchi, Kazumi.(1995) "A Cognitive View of Middle Construction in English." *Osaka University Papers in English Linguistics* 2: 81–123.

谷口一美.（2004）「行為連鎖と構文 I」中村芳久（編）『認知文法論II』53–87. 大修館書店.

谷口一美.（2005）『事態概念の記号化に関する認知言語学的研究』ひつじ書房.

Taylor, John R.(1995) *Linguistic Categorization: Prototypes in Linguistic Theory*. 214–215. Oxford: Clarendon Press. First edition, 1989.

Taylor, John R.(2002) *Cognitive Grammar*. 434. New York: Oxford University Press.

Van Voorst, Jan. (1988) *Event Structure*. Amsterdam: John Benjamins.
山田博志．(1997)「中間構文について―フランス語を中心に―」『ヴォイスに関する比較言語学的研究』97–131．三修社．
山梨正明．(2009)『認知構文論―文法のゲシュタルト性』大修館書店．
山梨正明．(2012)「認知のダイナミズムと構文現象―認知的意味の反映としての構文―」澤田治美(編)『ひつじ意味論講座』2: 1–29．ひつじ書房．
Yoshimura, Kimihiro. (1998) *The Middle Construction in English: A Cognitive Linguistic Analysis*. Ph. D. Dissertation, University of Otago, New Zealand.
吉村公宏．(2001)「人工物主語―クオリア知識と中間表現―」山梨正明・辻幸夫・西村義樹・坪井栄治郎(編)『認知言語学論考』1: 257–318．ひつじ書房．

［手＋形容詞・形容動詞］における
「手」の実質的意味
―行為のフレームに基づく
メトニミーを中心に―*

有薗智美

## 1. はじめに

　日本語の「手」には様々な意味があり，「手」を構成要素に持つ慣用表現も多数存在する。筆者は，有薗(2009)で，「手を加える」，「手を変える」などの動詞慣用表現における身体部位詞「手」の意味が，経験，習慣，認識などによって構成されるフレームという背景的知識構造(Fillmore 1982)，特に〈行為〉にかかわる知識の総体である「行為のフレーム」に基づくメトニミーによって，〈行為〉，〈方法〉，〈(能)力〉，〈技術〉などの意味に拡張しており，またこの行為のフレームはその他の身体部位詞の意味拡張の動機づけにもなっていると主張している。

　本論は，［手＋形容(動)詞］において「手」が担う意味を明らかにするために，［手＋形容(動)詞］と形容詞または形容動詞が単独で用いられる場合の意味を比較し，［手＋形容(動)詞］の「手」が担う意味も，動詞慣用表現における「手」と同様，行為のフレームに基づくメトニミーによって説明可能であることを示す。またこれにより，現行の辞書類において〈強調〉の機能的意味を持つ接頭辞として扱われる［手＋形容(動)詞］の「手」の実質的意味を確認す

ることで,「手」は結合する形容詞・形容動詞の意味を強調する働きではなく,むしろその意味を限定する働きを担うことを主張する[1]。

## 2. 先行研究における［手＋形容(動)詞］の意味

田村(2005: 31)は,現代日本語の接頭辞の1つとして「手」を挙げており,その意味を「程度が甚だしいことを表す」と述べ,「手」に強調という機能的意味を与えている。現行の辞書類もほとんどが,［手＋形容(動)詞］の「手」を接頭辞とみなし,強調のために用いられると記述している(『大辞泉(増補・新装版)』,『広辞苑(第六版)』,『新明解(第七版)』)。一方『大辞林』では,以下のように「接頭語的に用いられ」るとあり,波線部から「手」が実質的意味を担うことがうかがえる。しかしながら実線で示されるように,やはり「手」に強調の機能があると述べている。

> 接頭語的に用いられ,物事の処理の仕方にかかわることを表す。また転じて,下の語の意味を強めるのにも用いられる。
>
> (『大辞林(第三版)』)

一方,飛田・浅田(1991)は［手＋形容(動)詞］は人間の行為にかかわると述べ,単に強調のために用いられているだけではないことがその記述からうかがえる。ただし,「よりはっきりした意味を表す」とするにとどまり,その動機づけは示されていない。

王(2014)は,［手＋形容(動)詞］の形式の表現を,関連する形容詞・形容動詞と比較し,両者が装定用法においてどのような名詞と共起するかを観察したうえで,「手」には人間の働きと存在が含意されるとしている。また,［手＋形容(動)詞］が連用修飾に用いられる際には,心理的な現象,生理的な現象,自然現象を表す動詞とは共起せず,これは「手」が人間の存在や意図性のある行為としか共起しないためであると述べている。

形容詞・形容動詞に添えられた「手」は強調のために用いられるとする辞書の記述に対し,「手」には人間の存在や意図性のある行為が含意されていると

主張している点は，本論は飛田・飛鳥(1991)や王(2014)の主張と同様である。しかし，王(2014)は，[手＋形容(動)詞]において「手」が担う意味を記述することを目的の1つとしながらそれらは明確になっておらず，また意味の動機づけが示されていない。「手」を含む慣用表現において，「手」は行為のフレームに基づくメトニミーによって，身体部位としての意味から様々な意味に拡張している。[手＋形容(動)詞]においても同様に，行為のフレームに基づく意味拡張が認められ，単に〈強調〉の意味を担っているのではなく，〈行為〉(特に対象への働きかけ)と，それにかかわる〈行為者〉や〈方法〉といったより実質的な意味を担っていると考えられる。言い換えれば，[手＋形容(動)詞]の構成要素である「手」の意味も，動詞慣用表現における「手」と同様の拡張基盤に基づいており，身体部位詞の意味拡張の基盤としての「行為のフレーム」の汎用性が認められ，これにより身体部位詞を構成要素に持つ表現の体系性がより明らかになる。

## 3. 分析

有薗(2009, 2013)では，Stern(1968)における交替(permutation)とKövecses and Radden(1998)におけるaction ICMに基づくメトニミーを参考に，日本語の身体部位詞は「行為のフレームに基づくメトニミー」によって，体系的に意味を拡張させていることを明らかにしている。本節ではまず，行為のフレームに基づく身体部位詞の意味拡張を概観したうえで，[手＋形容(動)詞]における「手」がどのような意味を担うかを示す。

### 3.1 行為のフレームに基づくメトニミーによる意味拡張

Kövecses and Radden(1998: 39)は，Lakoff and Johnson(1980)，Langacker(1993)，Croft(1993)，Gibbs(1994)などの見解を踏まえ，メトニミーを「同じ領域かICM内で，概念的実体(媒体；vehicle)が別の概念的実体(目標；target)へと心的アクセスを与える認知プロセスである」と定義している。ICMとは，Lakoff(1982)が提案する理想化認知モデル(idealized cognitive model)で

あり，ある事物に関する抽象化された背景的知識構造である[2]。Kövecses and Radden は，複数の主要な ICM の 1 つとして action ICM を挙げ，この ICM は〈行為〉，〈行為者〉，〈道具〉，行為の〈対象〉，行為の〈結果〉などによって構成されており，これらの要素同士には特別な関係があって特定のメトニミーを生じさせると主張している。以下は action ICM におけるメトニミーの一部である (Kövecses and Radden 1998: 54–55)。

（1）a.　INSTRUMENT FOR ACTION: *to shampoo one's hair*
　　b.　AGENT FOR ACTION: *to author a book*
　　c.　ACTION FOR AGENT: *snitch*
　　d.　OBJECT INVOLVED IN AN ACTION FOR THE ACTION: *to blanket the bed*
　　e.　ACTION FOR OBJECT INVOLVED IN THE ACTION: *Give me one bite*
　　f.　RESULT FOR ACTION: *a screw-up*
　　g.　ACTION FOR RESULT: *a deep cut*
　　h.　MEANS FOR ACTION: *He sneezed the tissue off the table*
　　i.　MANNER OF ACTION FOR THE ACTION: *She tiptoed to her bed*
　　j.　TIME PERIOD OF ACTION FOR THE ACTION: *to summer in Paris*

これらは全て，action ICM における参与者，つまり，同一の ICM の部分同士の関係において成り立つメトニミーである。例えば(1a)では，洗髪行為の〈道具〉を表す名詞の *shampoo* がそれと関連する〈洗髪行為〉を表す動詞として用いられている。また(1b)では，本来執筆行為の〈行為者〉を表す名詞の *author* が，〈執筆行為〉を表す動詞として用いられている。Kövecses and Radden の挙げるメトニミーでは，媒体か目標のどちらかが〈行為〉であるが，一連の行為に関与する要素を抽象化したこの背景的知識構造のもと，他の要素同士も分かちがたく結びついており，〈行為〉以外の要素同士にも当然関連性があるため，相対的に高い際立ちを認められる要素はどれも媒体になりうるし，それによっ

て〈行為〉以外の要素をも表しうると考えられる。

　以上のように，ある行為の際には，行為者，行為に用いる道具，行為の対象，行為の方法，その行為を順調に行うための能力や技術，その行為にかける労力，結果生み出される生産物，そして能力や労力が作用する範囲といった様々な要素がかかわり，ひとまとまりの知識構造であるフレームを形成しており，それによりメトニミーの動機づけとなる関連性を生じさせる。

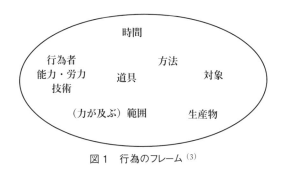

図1　行為のフレーム(3)

　さて，本論で対象となる「手」の意味であるが，手は触覚を司る主要な部位であるだけでなく，ドアの開閉や物の移動，あるいは執筆といったような，様々な日常的行為を行う際に最も頻用される部位である。この，日常的な行為における手の使用頻度の高さは，身体部位としての際立ちにつながる。それにより身体部位の手は，それを道具として用いる何らかの〈行為〉のフレームにおいて，他の要素に対する参照点として機能する。以下では順に，〈道具〉としての「手」が，行為のフレーム内の別の要素の意味に拡張している例を見ていく(4)。

（2）　そして実際に原稿用紙の上で鉛筆を走らせる。読みなおして手を入れ，特別ひどくなければ，これでできあがりとなる。

(阿刀田高『雨降りお月さん』)

（3）　そこですぐに印刷にかけて，校正のとき読み返して，幾らか手を加えたように思います。(平塚らいてう『元始，女性は太陽であった』)

（4）　せっかく，滅多にしない親孝行をしようと思い立って"捜査"の協力

を始めたのに, この程度のことで手を煩わせてしまっては, まるで意味がない。　　　　　　（島津出水『コスプレ探偵かおり』）
（5）　時間的に無理をしていましたが, 手を抜くことが嫌いな性格なので, 仕事と同様, 精一杯頑張ったのだと思います。
（伊藤欽次『あなたの知らないトヨタ』）
（6）　オカミサンは次第に商法の方も手を上げたのだ。（坂口安吾『九段』）
（7）　渡部に対しても, 手を変え品を変えて繰り返し自らの考えを話して理解を求めた。　（日本経済新聞社編『キヤノン高収益復活の秘密』）

(2)の「手を入れる」や(3)の「手を加える」における「手」は, 手を道具とする〈行為〉(ここでは〈修正〉という行為)自体を表し, およそ〈新たにある作用を与える〉という意味を表す「入れる」,「加える」と連結して, 句全体で〈修正する〉という意味を表す。行為のフレームにおいて「手」は, 何らかの行為を行うための〈道具〉であるから, この例では,〈道具〉を表す形式で, それを用いて行う〈行為〉の意味を表している。また, (4)の「手を煩わせる」では,「煩わせる」対象は〈人〉である。したがってこの例では,〈道具〉を表す形式によって, それを用いる〈行為者〉の意味を表している。さらに, (5)の「手を抜く」の「手」は, その行為を行う際に要求される〈力〉を表しており, およそ〈引いて取る〉ことから〈省く〉ことへと意味が拡張した「抜く」と連結して, 句全体で〈いい加減に物事を行う〉という慣用的意味を表している。また, 何らかの行為を行う際には,〈力〉と同様,〈技術〉が要求される。(6)の「手が上がる」の「手」は, その文脈から, 商売に要求される〈技術〉を表し, 一方「上がる」は物理的物体の空間移動から, 抽象的なモノの程度の増加へと意味が拡張して〈上達する〉という意味を表しており, 句全体で〈商売の技術が上達する〉という慣用的意味を表している。最後に, (7)の「手を変える」では, やはり〈道具〉を表す形式「手」によって, 何らかの行為を行う際に要求される〈方法〉を表し,「変える」と連結して句全体で〈やり方を変える〉ことを表している。

　この行為のフレームに基づくメトニミーは,「手」の意味拡張に限ったものではなく,「耳」,「鼻」,「口」,「目」,「腕」,「足」,「頭」等の意味拡張の動機

づけにもなっている。その際，メトニミーの基盤となる行為のフレームは，「目」であれば〈視覚行為〉,「頭」であれば〈思考行為〉,「口」であれば〈摂食行為〉と〈発話行為〉というように，各身体部位を用いる典型行為に特定され，フレーム内の諸要素もその典型行為にかかわる要素に特定される。一方「手」は他の身体部位と比べて関与する行為の幅が広い。それゆえ，摂食行為を典型行為として持つ「口」が〈行為者〉の意味を担う場合には〈摂食する人〉に特定されるが，「手を煩わせる」の「手」は，例えば〈タイピングをする人〉,〈工事をする人〉,〈案内をする人〉など，文脈によって様々な行為に従事する〈行為者〉を表すことができる。

　ここで，行為のフレームにおける〈道具〉としての身体部位が，メトニミーの媒体として優先的に選択される理由を考えてみよう。Langacker(1993, 1999)は，メトニミーの基盤として参照点能力(reference-point ability)を挙げている。参照点能力とは，概念化者が，ある目標となる対象を直接捉えるのに何らかの困難を伴う場合に，別のより把握しやすいものを参照点として利用し，目標となる対象を捉えるという認知能力である。そしてメトニミーにおいては，ある表現によって本来指示される事物は，実際に指示される事物に心的アクセスを与える参照点として機能するとし，またその際に，human > non human, whole > part といった認知的際立ちに関する原理が保持されると主張している(Langacker 1999)。また，Kövecses and Radden(1998)はこの主張を基に，ICMの要素のうちどれがメトニミーの媒体として選択されるかという問題を詳細に考察している。身体部位は，これらの研究で論じられている認知的際立ちの原理が問題なく適用される。つまり，身体部位は我々人間の身体の一部であり(human over non-human)，身体部位は見たり触れたりすることができるという点で我々にとって具体的な存在である(concrete over abstract)。また，身体部位は，外界のものを知覚したり外界のものと接触したりするという点で，様々な事態に対して機能的に働く(functional over non-functional)。さらに，様々な事態に対して機能的に働くということは，外界との関与という観点から見ても，身体部位が顕著な存在であるということである(interactional over non-interactional)。つまり，行為のフレームにおいて，その一要素である〈道具〉としての身体部位は，我々にとって最も認知的際立ちが高いのである。そ

れゆえ身体部位は優先的に参照点となりえ，同一フレーム内の別の要素へと心的アクセスを与えることが可能になり，〈道具〉を表す形式によってフレーム内の別の要素を表すというメトニミーが成立するのである[5]。

次節では，以上の考察をもとに，[手＋形容(動)詞]における「手」の意味を考察する。

### 3.1.1 〈行為〉

[手＋形容詞]の形で，「手」が行為のフレームに基づくメトニミーにより〈行為〉の意味を担っていると思われる表現に，「手痛い」，「手狭」，「手短」がある。

まず「手痛い」について，「痛い」と互換可能な場合を見てみよう。「痛い」は身体における不快の感覚（「腹が痛い」）と精神における不快の感情（「心が痛い」）を表すことができ，以下は「手痛い」と「痛い」が置き換え可能である[6]。

(8) その時私は，ことの次第を語る恥よりも，手痛い｛痛い｝出費の方を選んだのだ。　　　（林真理子『最終便に間に合えば』）

この例の「出費」は精神に不快の感情を与えるものであり，「痛い」と「手痛い」のどちらも可能なことから，両語は〈精神的苦痛〉に関する意味を表すことがわかる。しかし，精神的苦痛を表す場合にも「痛い」と「手痛い」では異なる意味を表す場合がある。

(9) 小悪魔を気取ったはずが『ヤバい女』と誤解される痛い｛*手痛い｝発言 9パターン　　（http://girl.sugoren.com/report/1417229446957/）
(10) おまつは，前田家のおかれた地位も，その経営内容も知りつくしている。だからこそ，ここ一発というとき，手痛い｛*痛い｝発言もできたのであろう。しかし，利家としては，出陣に際して，こんなことを言われては，甚だおもしろくない。

（永井路子『日本夫婦げんか考』）

(9)の「痛い」は近年見られる用法であり，勘違いや場違いな内容を含むため

に人が不快に感じる言動について，〈恥ずかしい〉や〈みっともない〉と感じられるさまを表しているが，その発言自体は他者を意図的に刺激するために発せられたものである必要はない。一方(10)は，相手が意図的に発した言葉が刺激となって，その行為の受け手の心に負の影響をもたらすことを表している。このことから，「手痛い」の「手」は当該人物による意志的行為の意味を担い，それが刺激となって受け手に不快な影響をもたらすことを含意するものと言える。

これに関連して，以下の身体的苦痛に関する例を見てみよう。

(11) 躊躇したり途中で疑心暗鬼になる人は，攻撃の途中で迷いが生じたりして，不十分な状態で攻撃カウンターを受ける。これは最悪で頭部や腕に手痛い {?? 痛い} 一撃を被り，計画はすべて失敗に終わる。
(柘植久慶『あなたの身を護る「危機管理大全」：日本人の全リスクに対応できる1000の視点』)

「手痛い」は，波線部から，精神的苦痛だけでなく身体的苦痛も表すことができると言える。しかしこの場合「痛い」に置き換えると不自然になる。これは，後に「計画はすべて失敗に終わる」とあるように，相手からの攻撃によって例えば体の一部を動かせなくなったりやる気がなくなったりするなどしてその後の行動に影響が出るような事態を表しており，「腹が痛い」における「痛い」と同様の純粋な身体的苦痛を表しているとは言えない。また，「痛い」は病気や怪我などにより実際に不快の刺激を感じる身体部位について用いることができるが，「手痛い」はこのような場合には用いられない。

(12) 大泣きすると「脱腸」になり，痛い {*手痛い} ところに，カーちゃんは，お湯を浸したタオルを当てて治してくれました。
(古閑雅之『明日を探して』)

これは，「手痛い」が「痛い」と異なり他者による意志的行為によって与えられる精神的苦痛(あるいはその精神的苦痛の引き金となる身体的苦痛)を表すた

めである。現行の辞書類では,「手痛い」についてそのほとんどが与えられた被害や損害の程度の大きさ,受けた攻撃や非難の容赦のなさを表現するとしており,また飛田・浅田(1991: 371)は,「手痛い」は「痛い」よりも「受けた被害の大きさを強調する表現であって,被害者意識にポイントがあ」ると述べている。この「受け手の被害者意識」は,「手」が,〈痛い〉と感じさせる刺激としての〈相手による意志的行為〉の意味を担うために生じると考えられる。したがって,「手痛い」を連用修飾で用いる場合には,相手からの被害や損害を表す動詞の受身形とともに用いられる。

(13) ああ,あの時,あの人のことが好きだったんだわ,<u>手痛くふられて{*ふって}</u>しまったけれど,なんて。
(唯川恵『いつかあなたを忘れる日まで』)

(14) 四国では第一級でも全国大会のレベルでは歯が立たず,所詮井の中の蛙であることを<u>手痛く思い知らされた{*思い知った}</u>のである。
(森史朗『敷島隊の五人』)

なお,「手痛い」は典型的には他者(人間)による何らかの意志的行為によって不快の感情がもたらされる際に用いられるが,以下のように人間でない場合にも用いられる。

(15) 段取りは要領が悪く,いくつかの<u>手痛い{*痛い}</u>失敗もあったが,一人の人間を葬る儀式が,そんなにうまく運ぶほうがおかしいのだ,と,都会の葬式で気づいた。(南木佳士『こぶしの上のダルマ』)

上記の「失敗」は自ら招いたものであり,意図的に不快の刺激を与えるものではないが,認識主体にとっては自らのコントロールを超えた部分で不快の感情をもたらす存在であり,(たとえそれが自ら招いた物事であっても)あたかも自分に働きかけてくるような,自分に不快の感情を与えるものとして捉えられている。これは,(8)の「手痛い出費」でも同様である。つまりここでも,飛田・浅田(1991)の主張する「被害者意識」が認められる。

次に「手狭」と「狭い」を見てみよう。「狭い」は「部屋が狭い」のように空間的な面積の小ささを表す場合と，以下のように，物事の抽象的な範囲の小ささを表す場合がある。

(16) すなわち，あまりにも狭い｛*手狭な｝視野しか持たず専門に偏った研究からは，ノーベル賞をとるような，画期的な研究成果が生まれてこないと主張されているのである。

(藪下史郎『非対称情報の経済学』)

(16)の「狭い視野」は認識・思考の範囲が小さいことを表しており，このように，空間以外の抽象的な範囲の小ささを問題にする場合は「手狭」を用いることができない。

また，空間的な面積の小ささを表す場合にも「手狭」の被修飾要素は単なる空間ではなく，生活や何らかの作業を前提とした空間に限られる。

(17) 畳ふたつ分ほど狭く｛*手狭に｝なっただけで造りには変わりがなく，窓からの眺めにも大差はなかった。　(笹倉明著『新・雪国』)

(18) これが，水槽が狭く｛*手狭に｝なるにつれて，あるいは混泳魚が多くなるにつれて，［中略］水底だけでの束の間の交尾という感じになりがちです。　(新川章文；小林道信写真『ザ・淡水エイ』)

(17)は「畳二つ分ほど」とあるように，単に空間的な面積の小ささを表しており，そこで何らかの作業を行うことを前提としていない。同様に，(18)の「水槽」は人間の生活や作業を前提としない空間である。これらの文脈において「手狭」を用いることができないのは，面積の小ささが問題となる〈空間〉が，「手」によって何らかの行為を前提とする空間に限定されているためでる。それゆえ，以下のように「狭い」と「手狭」が置き換え可能な場合にも，意味の違いが生じる。

(19) 部屋が狭い｛手狭な｝ので別々に暮らしているのだ。

(日比野宏『バンコクの罠』)

(19)の「狭い」は，部屋の空間的な面積の小ささを客観的に表すことが可能だが，これを「手狭な」とした場合，そこでの生活や作業を前提として，それを基準とした場合に空間的に面積が小さいさまを表すことになる。

　最後に，「手短」を見てみよう。「手」が添加された「短い」は，二点の空間的・時間的隔たりの小ささだけでなく，量の小ささなどを表す場合がある（「短く述べる」）。一方「手短」は，この〈量が小さいさま〉を表す「短い」に〈行為〉の意味を表す「手」が添加されて，〈ある行為によって言述内容の量が小さくなっているさま〉を表す。したがって〈(言述内容の)量の小ささ〉を表す場合は，「短い」は「手短」に置き換え可能な場合がある（「短く{手短に}述べる」）。しかしその場合にも異なる含意を持ち，単に「手」が強調の働きを担っているのではない。

(20)　轡田は顔を戻すと構え直し，「よし」と短く{*手短に}叫んだ。
　　　　　　　　　　　　　　　　　　　　　（永瀬隼介『永遠の咎』）
(21)　事前テストでは，この被験者は対話者からの予期せぬコメントに反応できず，ためらう場面が多い。返答しても短い{*手短な}フレーズであり，発話の問題にどう対処して良いのかわからない様子である。
　　　　　　　　（中谷安男著『オーラル・コミュニケーション・ストラテジー研究』）

これらの例は，「手短」がまとまりの良さを含意するとする飛田・浅田(1991；377)の主張に沿う。(20)の「(「よし」と)叫ぶ」という行為は，言述内容のまとまりの良さを問題としない。また(21)は，「どう対処して良いのかわからない様子」とあるように，その「フレーズ」が要領を得ないものであることが示されている。つまり「手短」は，「短い」とは異なり言述内容が短いだけでは用いることはできない。

(22)　その城について手短に{*短く}紹介していただけますか。

(山口百々男編『英語で伝える日本の観光・日本の文化』)

　(22)は，単に言述内容の量を小さくすることではなく，短縮，削除，言い換えなどを行うことによって簡潔な言述内容にすることが求められ，このような場合には「短く」を用いることはできない。では，なぜ「手短」が言述内容を対象とし，そのまとまりの良さを含意するのだろうか。これはまさに，[手＋形容詞]の「手」が「手を加える」などの「手」と同様の拡張基盤を持つためである。3.1 で述べたように，「手を加える」，「手を入れる」などの表現では，〈修正〉等の何らかの行為を対象に行うことを表す。また，その行為の対象は典型的には文章などの人が生み出した〈言述内容〉である。つまり，「手を加える」，「手を入れる」というのは，元の状態をより良い状態にする行為であり，それによって言述内容の量が小さくなっているさまが「手短」な状態であると言える。これにより，「手短」は〈（修正等の）行為によって量が小さくなっているさま〉を表し，簡潔さやまとまりの良さを含意するのである。

　以上，[手＋形容詞]の「手」が〈行為〉の意味を担う表現を見てきたが，「手痛い」の「手」だけが〈相手の意志的行為〉を担うのは，「手痛い」において「手」が添加される「痛い」の意味による。「狭い」や「短い」などの形容詞はそもそも何らかの刺激を与えられることによって生じる感覚を表すものではないため，「手狭」や「手短」の「手」が担う〈意志的行為〉の主体は他者に限定されない。一方で，「手痛い」の「痛い」はそれ自体が刺激の受け手としての感覚を表す表現であり，〈意志的行為〉を表す「手」が「痛い」に添加されることにより，〈相手の意志的行為〉の意味に限定されると考えられる。

## 3.1.2 〈行為の方法〉

　次に，[手＋形容(動)詞]の「手」が〈行為の方法〉の意味を担う例として，「手荒」，「手厳しい」，「手堅い」，「手ごわい」，「手酷い」，「手ぬるい」，「手ぎれい」を見てみよう。

　まず「手荒」であるが，「手」が添加される「荒い」は動きが激しく勢いがある様子を表し，「波が荒い」のように非情物に用いることができる[7]。一方「手荒」は非情物に用いられることはなく（「*波が手荒い／手荒だ」），人間が，

対象である人やものを扱う際の方法について，その乱暴さを表すのに用いられる。これは，「手」の表す〈行為の方法〉と「荒い」の表す〈勢いが激しいさま〉により，〈やり方が乱暴であるさま〉を表すためである。またその行為は，対象に対して行う意志的行為でなければならない。

(23) ポケットに入れて持ち歩け，片手で撮影することも可能だった。多少<u>手荒に</u>{荒く} あつかっても壊れるようなことはなく，誰でも使いこなすことができた。　　　　　　　　　（武邑光裕『記憶のゆくたて』）

(24) 馬見原は革のソファにわざと<u>荒く</u>{*手荒に} 腰を落とした。

（天童荒太『幻世の祈り』）

(23)は，カメラの扱い方が丁寧でないさまを表し，〈動きが乱暴である〉という意味では「荒く」に置き換えが可能である。しかし，同様に動きが乱暴であるさまを表す場合でも，(24)のように何らかの対象に働きかける行為でない場合には，「手荒」を用いることはできない。したがって，「手荒」は「荒い」の意味を強めているだけではない。このことは両語が置き換え可能な以下の例でも確認できる。

(25) あるいは，その結果，推計課税などの<u>手荒な</u>{荒い} 税務行政を招く結果にもなっており，納税者にとっても不利益だ，私はこういうように思っておるわけでございまして，［略］　　（国会会議録, 1988）

(25)を「荒い」とした場合には，「税務行政」の内容が整っていないさまを表すこともできるが，「手荒な」の場合にはその進め方や実行方法など，やり方が丁寧でないさまを表すことになる[8]。

次に「手厳しい」を見てみよう。「手厳しい」は「厳しい」と同様，〈遠慮や容赦がないさま〉を表し，この意味では「厳しい{手厳しい}処分」のように置き換え可能であるが，以下の例では「厳しい」を「手厳しい」に置き換えることはできない。

(26) 被告人席には，やっと頭の包帯がとれた藤野新一郎が厳しい｛*手厳しい｝眼差しを証人席の貝塚奈々江に注ぎながら，彼女の証言に耳を傾けていた。　　　　　　　　　　　（和久峻三『あやかし法廷』）

(27) 健康保険はどこも財政が厳しく｛*手厳しく｝「できるだけ被扶養者を増やしたくない」というのが本音ですから，被扶養者の認定基準は厳しくなっているようです。
　　　　　　（新村健生監修『退職・転職の「年金・保険・税金」がわかる本』）

　これは，〈遠慮や容赦がないさま〉を表す「厳しい」に添加された「手」が〈行為の方法〉を表すためである。(26)の「眼差し」や(27)の「財政」などは人や組織の状態であるため，〈行為の方法〉は問題にならず，したがって「手厳しい」を用いることはできない。一方次の例では「厳しい」を用いることができない。

(28) だが一日おいて翌々日のほぼ同じ時刻に，笠岡はまた訪ねていった。今度は最初の夜よりもっと手きびしい｛*厳しい｝拒絶にあった。笠岡の名前を聞いただけで，彼女は奥へ引っ込んでしまった。
　　　　　　　　　　　　　　　　　　　　　　　（森村誠一『青春の証明』）

　(28)は，波線部に示されるように，拒絶のやり方に容赦がない様子を「手きびしい」としている。この例では，ある人物が行った方法に限定して容赦がない様子を表しており，それゆえ「厳しい」に置き換えることはできない。
　この「手厳しい」と反対の意味を表すのが，「手ぬるい」である。「手ぬるい」の「手」も同様に〈行為の方法〉を表し，それが〈熱いと期待されているものの熱さが足りないさま〉から〈厳しさが足りないさま〉に拡張した「ぬるい」に添加され，〈やり方に厳しさが足りないさま〉を表している。

(29) 九〇年代初めのスウェーデンでは，問題銀行の不良債権の勘定分離を行ない，しかも外部に強制的に売却させた。こうした事例と引き換えて考えれば，政府の対応はいかにも手ぬるい。調査委員会の設

置など第三者による検証も行なわず，ガバナンス刷新，不良債権処理も中途半端。　　　　　　　　　　　　　　（週刊ダイヤモンド，2003）

この例の「手ぬるい」は，文体的にやや座りが悪いものの「ぬるい」に置き換えることは可能であると思われる。一方次の例では，「ぬるい」を「手ぬるい」に置き換えることはできない。

(30)　でも，いずれそんなぬるい｛*手ぬるい｝ことを言ってられなくなりますよ。　　　　　　　　　　　　　　　　　（真園めぐみ『玉妖綺譚』）

(30)は，言葉によって表される内容に厳しさが足りないさまを表しており，〈言い方〉(〈行為の方法〉)が問題になっているのではない。前述の通り「手ぬるい」は「手」の存在により〈行為の方法〉に限定されるため，(30)では用いることができないのである。

　続いて「手堅い」であるが，これもこれまで見てきた語と同様，単に「堅い」を強調しているのではない。例えば「水が堅く凍る」とは言えても，「水が手堅く凍る」とは言えない。つまり，物理的物体が外部からの力に対して抵抗感を感じさせるさまを表す場合には，「手堅い」を用いることはできない。これは，「手堅い」の「手」が〈行為の方法〉の意味を担うためである。したがって，以下の例では「堅い」を「手堅い」に置き換えることはできない。

(31)　さすがは学校の先生だけあって，隣に芸者がいても寄りつきもしない，なかなか堅い｛*手堅い｝人であるというのが，僕に対する最初の評判であったそうだ。　　　　　　　　　　　（岩野泡鳴『耽溺』）
(32)　ちょっと堅い｛*手堅い｝題名ですが『枢密院重要議事覚書』。
　　　　　　　　　　　（黒羽清隆著；池ヶ谷真仁編『日米開戦・破局への道』）

籾山(1994)の分析によると，(31)の「カタイ」は〈(人間の)性質・状態に関して変化を引き起こそうとする力に対して抵抗感を感じさせるさま〉を表しており，したがって「堅い人」とは，「誘惑などの〈変化を引き起こそうとする

力〉を加えても，相対的に強い〈抵抗感を感じさせ〉なかなか変えられない」性質を表している(籾山 1994: 80)。一方「手堅い人」と言った場合は，「手」が表す〈行為の方法〉に関して，〈変化を引き起こそうとする力に対して抵抗感を感じさせるさま〉を表している。つまり，生き方や仕事のやり方に関して容易に変化しない，堅実である人物を表すのである。それゆえ，(31)の波線部分が示すように，誘惑等によって状態が変化しないという文脈では「手堅い」は用いられない。また，(32)の「堅い題名」は，その性質が外部からの力によって容易に変化しないさま，つまり，その題名を読んだり見たりする人に抵抗感を感じさせるさまを表す。この例で「手堅い」が用いられないのは，「手」の添加により〈行為の方法〉に限定されるためであり，〈方法〉が問題とならない「題名」とは共起できないのである。したがって，以下のように両者が可能と思われる場合でも意味が異なる。

(33) 政治経済のお堅い{手堅い}ニュースから三面記事，買い物情報，日本人コミュニティの催し物案内までの幅広い内容。
（「地球の歩き方」編集室著作編集『香港』）

「お堅い」の場合には浮ついたところのないニュース内容を表し，「手堅い」と言った場合には，ニュースの内容は問題ではなく，例えば全ての読者に興味を抱かせる，あるいは確実に一定量の販売数が期待されるような，ニュースの編纂や提示の方法を表す。一方次の例では「手堅い」を「堅い」に置き換えることはできない。

(34) 転売時に最終的に業者が買い取るであろう価格を想定し，最低限必要な利益を見込んで，その他リスクヘッジなどしながら，手堅く{*堅く}購入する。（山崎隆『不動産でハッピー・リッチになる方法』）

籾山(1994)は「カタイ」の用法上の制約の整理を行っており，そこでは，基本義である〈単一の個体に関して〉〈外部から加えられる〉〈力に対して〉〈抵抗感を感じさせる〉〈さま〉を表す場合を除いて，「カタクY」(Y＝動詞)の用

法が不自然あるいは不可能になる場合があるとしている。「手堅い」の構成要素となる「堅い」の意味は，単独で用いられた際の基本義とは異なっており，(34)のように「堅く購入する」とは言えない。しかし，この「堅い」に「手」が添加されると連用修飾が可能になる。これは，「手」が〈行為の方法〉の意味を担っており，全体として〈堅実なやり方で〉という意味を表すことができるため，波線部で示されるようにその方法が問題となるような意志的行為に対しては，問題なく連用修飾の形で用いることができるものと考えられる。

次に，「手強い」を見てみよう。「手強い」は，以下の「強い(こわい)」に「手」が添加されたものであると考えられる。

> 弾力がなくてかたく，扱いにくい様子を表す(↔やわらかい)。マイナスイメージの語。［中略］この「こわい」は「かたい」に似ているが，「強い」は本来柔らかいことが期待されるものが，弾力や柔軟性を失ってかたいというニュアンスがある。したがって，もともと堅いことが前提となっているものについては用いられない。×鉄はこわい
> (飛田・浅田 1991: 257)

「手ごわい」は，「手」の表す〈行為の方法〉と，「強い(こわい)」の〈柔らかいと期待されているものの柔軟性が失われてかたく感じられるさま〉から拡張した〈扱いにくいさま〉という意味が結合し，〈(相手の)やり方が自分にとって扱いにくい〉という意味になる。例えば，「手強い相手」では〈戦い方〉や〈接し方〉，「この本はなかなか手強い」では，〈提示の仕方〉(表記方法や話の展開方法)，「手強い病気」などでは〈病気の在り方〉(進行等の主体への影響の与え方)などに対して，〈扱いにくいさま〉を表す。

(35) 多年生の「手ごわい {*こわい} 草」を駆除するためには，地下茎をえぐりだして枯らしてやる＝耕起がもっとも有効である。
(高松修ほか『安全でおいしい有機米づくり』)

(35)の「草」は，複数年にわたって生存するその生え方が，草は引っこ抜くだ

けで容易に駆除できると期待されるのに反して抵抗感を感じさせるさまを表しており，ゆえに〈扱いにくいさま〉を表している。つまり，「こわい」の〈やわらかいと期待されているものの柔軟性が失われてかたく感じられる（＝抵抗感を感じさせる）さま〉という本来の意味を強調しているのではなく，「手」が添加されて〈扱うのに抵抗感を感じさせるさま〉を表すため，「こわい」との置き換えができないのである。なお，被修飾要素である「草」は意志的行為を行う主体ではないが，3.1.1の「手痛い」で述べたように，認識主体である人間にとっては自らのコントロールを超えた存在であり，そのように捉えた場合には，あたかもそれが自分に働きかけてくるものとして捉えていると考えられる。

次に，「手ひどい」であるが，この場合の「手」も〈行為の方法〉の意味を担う。この〈行為の方法〉は，対象に働きかける意志的行為の方法であり，これが〈残酷であるさま〉を表す「酷い」に添加され，全体として〈やり方が残酷であるさま〉を表す。まず「酷い」を「手酷い」に置き換えられない例を見てみよう。

(36) はじめは何が起こったのか皆目見当がつかず，ひどく｛＊手酷く｝取り乱し，絶望に充たされて，死にも匹敵するような悲劇が自分に起こったと考えた。　　　　　　　　　（島田荘司『涙流れるままに』）

「酷い」は連用修飾の形で程度の大きさを表すことができるが，これを「手酷い」に置き換えることはできず，したがって「手酷い」は単に「酷い」の強調形であるとは言えない。また，「手酷い」は対象に向けた意志的行為の方法が残酷であるさまを表すため，(36)の「取り乱す」のほか「動揺する」，「悲しむ」など，対象への働きかけとはみなすことができない行為について用いることはできない。以下の例を見てみよう。

(37) ことさらに上品ぶって，そんな質問をするのなら，僕にも応答の仕様がある。けれども，その声は，全く本心からの純粋な驚きの声なのだから，僕は，まいった。なりあがり者の「流行作家」は，箸と

おわんを持ったまま，うなだれて，何も言えない。涙が沸(わ)いて出た。あんな<u>手ひどい</u> {ひどい} 恥辱を受けた事がなかった。

(太宰治『水仙』)

(37)は「手ひどい」も「ひどい」も可能だが，「ひどい恥辱」の場合，やはり恥辱の程度の大きさが問題になる。一方波線部を見ると，分かりやすい質問の仕方であれば対処できたがそうでなかったから「まいった」とあり，恥辱を与えるやり方が残酷であるさまが描写されており，これを受けて「手ひどい恥辱」とすることが可能なのである。

最後に「手ぎれい」について考えてみよう。「きれい」は「星がきれいだ」のように，対象が美的に優れているさまを表すが，「手ぎれい」は行為の方法が整然としたさまを表すため，視覚で捉えられる対象の美しさについて述べることはできない(「*星が手ぎれいだ」)。また，以下の例を見てみよう。

(38) 夫婦の間の衝突でさえも，それが本質からの原因をもっているものなら，けっしてものわかりよく<u>手ぎれいに</u> {きれいに} 解決することはありえない，と。　　　　　　　　　(宮本百合子『二つの庭』)
(39) 廊下や階段を<u>きれいに</u> {*手ぎれいに} しなければならない。

(高尾五郎『ゼームス坂物語』)

(38)の「手ぎれいに解決する」とは，夫婦間の衝突を罵倒や暴力によってではなく話し合いなどの方法で解決することを表している。これは「きれいに」に置き換え可能だが，その場合〈(残ることなく)完全に〉という意味を表すこともでき，両者は異なる。また，(39)のように「きれい」は〈きちんと整理されていて，乱雑でないさま〉を表すこともでき，この意味は「手ぎれい」と類似していると思われるが，これを「手ぎれいにする」とは言えない。これは，「手ぎれい」が単に〈整然としたさま〉を表す「きれい」の強調形として用いられているのではなく，(38)の「解決する」のような意志的行為について，〈やり方に乱れがないさま〉を表すためであり，状態については用いることはできないためである。

以上，［手＋形容(動)詞］の「手」が〈行為の方法〉の意味を担う表現を見てきた。ここでも，3.1.1と同様，どのような行為でもそれを形容するのに［手＋形容(動)詞］が用いられるのではなく，意志的行為に限定されることが確認された。

## 3.1.3 〈行為に要する時間〉

本節では，［手＋形容詞］の「手」が〈行為に要する時間〉の意味を担う表現を見る。「手早い」の「手」がこれにあたり，行為のフレームに基づくメトニミーにより，〈道具〉を表す形式「手」によって〈行為に要する時間〉の意味にも拡張しており，それが「早い」に添加されている。

「手早い」と「早い」はどちらも〈時間の短さ〉について述べることができるが，「手早い」は〈行為に要する時間〉に限定される。飛田・浅田(1991: 376)は，「早く混ぜる」は混ぜる速度が大きいことを表す一方で，「手早く混ぜる」は〈動作の速度の大きさ〉を暗示しないと述べている。この指摘はもっともであるが，両語はさらに，〈動作の速度の大きさ〉だけでなく，〈開始までの時間の短さ〉について用いられるか否かという点でも異なる。

(40) 出かける時間の都合もあったので，私は昼飯をいつもより早く｛手早く｝済ました上で，と思った。　　　　　　（島崎藤村『分配』）

(41) 桜内も，一刻も早く｛*手早く｝片付けてしまおうと思い，高飛車に出た。　　　　　　　　　　（斎藤栄『富士山麓殺人事件』）

(40)は「早く」を「手早く」とすることも可能だが，「早く」は昼食を食べ終えるタイミングの早さについて用いられるのに対し，「手早く」は昼食に要する時間の短さのみを表す。したがって，(41)の波線部分の「一刻も」のように，開始時点や終了時点など，時間軸上の一点を表す表現と共起することはできない。

また，「手早い」は，対象への働きかけとそれによりコントロールが可能な意志的行為にのみ用いられる。

(42) 軽石と水苔と比較したとき，一般には軽石のほうが早く｛*手早く｝乾くと思われている。　　　（江尻光一『洋ラン栽培コツとタブー』）
(43) 理解が早い｛*手早い｝，遅いは，IQ次第です。
　　　　　　　　　　　　　　　　　　　（山口榮一『授業のデザイン』）
(44) 関口君，いいから早く｛*手早く｝座りたまえよ。
　　　　　　　　　　　　　　　　　　　（京極夏彦『百器徒然袋—雨』）
(45) 粟國。早く｛*手早く｝病気を治せよ。　　（山内喜美子『告知せず』）

　「早い」は「早く乾く／乾かす」のように動詞の自他を問わず共起しうるが，「手早い」は「手早く乾かす」とは言えても(42)のように「乾く」とは共起しない。これは，「乾く」が「乾かす」と異なり，対象への働きかけを伴わない自動詞であるためである。また，(43)–(45)も同様に，「理解」することや「座る」こと，「病気を治す」ことは，働きかけによる対象のコントロールが可能な行為とは言えず，「手早い」を用いることはできない。以上，「手」が〈行為に要する時間〉を表す表現を見たが，ここでも 3.1.1，3.1.2 と同様，その行為は意志的行為に限定されている。

## 3.1.4 〈行為にかける労力〉

　行為のメトニミーに基づく「手」の意味拡張の最後に，「手」が行為に要する〈労力〉を表す表現，「手薄」，「手厚い」，「手軽」を見ていく。
　「手薄」は，「薄い」が問題なく用いられる奥行きのなさ（「薄い冊子」），濃度の低さ（「塩分が薄い」），動作の程度の小ささ（「薄く笑う」）について用いることはできない。一方，抽象的なものの程度が小さい様子を表す際には互換可能な場合と不可能な場合がある。

(46) 日本の場合には，看護婦に対する対策はかなり手薄であります｛*薄いです｝。　　　　　　　　　　　　　　　　　（国会会議録，1992）
(47) ケーズ曹長は，ドイツ軍の防備が最も薄い｛手薄な｝南からの進軍ルートを教えるとともに，米英連合軍によるウィーンの爆撃をただちに止めるよう要請した。　　　　　　　（塚本哲也『エリザベート』）

「手薄」では,「手」と「薄い」がそれぞれ〈労力〉と〈程度が小さいさま〉の意味を担っており,全体で〈かける労力の程度が小さいさま〉を表す一方で,「薄い」には〈労力〉は含意されない。それゆえ(46)のように,当該の「対策」に対する労力が問題となる文脈では「手薄」のみが可能となる。一方(47)では,「薄い」を「手薄な」に置き換えても問題はない。この例において「薄い」が可能であるのは,「防備」がある種の〈壁〉と捉えられ,それが「薄い」ということは,障害となる壁のようなものの奥行きがなく,容易に突破できるという捉え方ができるためであると思われる。また,以下の例を見てみよう。

(48)　ともあれ,学会のある時は医局は手薄に {*薄く} なる。
　　　　　　　　　　　　　　　　　　　(北杜夫『どくとるマンボウ医局記』)

飛田・浅田(1991: 371–372)は,「手薄い〔原文ママ〕」の主体の1つとして,「人間・人手」を挙げているが,人が足りない状態であればどんな時でも用いられるわけではない。(48)は人が少ない状態になることを表しているが,患者や清掃員が少ない状態になる場合には用いられず,あくまでも医療行為の労力となる医師が少ない状態になることを表している。また,(47)を「防備が手薄な」とした場合も,そこにいる人が少ないという意味にも解釈できるが,この場合にも例えば捕虜など,防備のための労力とはみなされない人間の数が少ない場合には用いられない。つまり,「手薄」の「手」は単に〈人間〉を表しているのではなく,特定の行為を行う〈行為者〉としての人間,その行為を行う〈労働力〉としての人間を表しているのである。言い換えれば,「手薄」では,〈行為者〉や〈労力〉をその要素として含む行為のフレームにおいて〈労力〉に焦点が当たっており,その労力を持つ〈行為者〉にも二次的に焦点が当たっていると考えられる。〈労力〉にまず焦点が当たっていると考えるのは,「手薄」が以下のように〈行為者〉に焦点を当てているとは考えられない例があるためである。

(49)　脱施設化をすすめ,その人たちを地域でどう支えていくのかという議論が手薄です。

(日本障害者センター編『障害者介護のあり方を問う』)

　この「議論が手薄」や上で見た(46)の「対策が手薄」は，人が少ないさまを表しているのではない。また，(48)のように〈人〉であっても〈労働力となる人〉を表している例から，「手薄」の「手」は行為にかける〈労力〉を表し，場合によってはさらに〈(労力としての)行為者〉の意味を担うと考える。また，飛田・浅田(1991: 372)は，「手薄い〔原文ママ〕」は「必要とされる量に足りないというニュアンス」を持ち，「量の少ないことがマイナスイメージで捉えられている」と述べているが，これは，「手」が〈労力〉の意味の担うためであると考えられる。つまり，抽象的なものの量や人が少ないということ自体はマイナスではないが，かけるべき労力が少ない，あるいは労力としての人が少ないという場合には一般にマイナスと捉えられ，そのために，「手薄」はマイナスイメージを持つのである。
　「手薄」と同様に「手」が〈労力〉の意味を担っていると思われるのが，「手厚い」である。この表現では「手」が表す〈労力〉の意味と，「厚い」が表す〈程度が大きい〉の意味から，〈行為にかける労力の程度が大きいさま〉を表す。

(50)　男が「安本さん」という名前を出す度に，鈴木さんは「うん，うん」とうなずきます。普段からよほど，信頼が厚い {*手厚い} のでしょう。
　　　　　　　　　　　　　　　　　　　　　(横田濱夫『騙しのカラクリ』)

(50)の「信頼」は心の状態であり，行為にかける労力は問題にならないため，この場合には「手厚い」を用いることはできない。また，次の例を見てみよう。

(51)　[略] ポルトガル人を乗せた明国船(ジャンク)が，種子島に漂着し，種子島人の厚い {手厚い} もてなしを受けたこと [略] についてはすでに説明した。
　　　　(石原結實『種子島の鉄砲とザビエル：日本史を塗り変えた"二つの衝撃"』)
(52)　そればかりではなく，いまは平家一門とともに勅勘となっている頼

盛を，何卒お許し給わりますように，と法皇に申し入れまで行っている。この手厚い｛*厚い｝接待を，当の頼盛はどう受け止めていたのだろうか。　　　　　　　　　　　　　（宮尾登美子『宮尾本平家物語』）

　(51)の「もてなし」は「厚い」も「手厚い」も可能であるのに対して，(52)の「接待」は「厚い」を用いると不自然になる。これは，「もてなし」が相手に対する待遇という行為を表すほか，心のこもった態度という意味で用いることもできるためである。つまり，「手厚いもてなし」とした場合は，その待遇にかける労力の大きさを表すが，「厚いもてなし」とした場合，その待遇に際して相手を思う心の程度が大きいさまを表すことができるのである。一方「接待」は心情の程度の大きさは問題にならず，飲食物等により相手を待遇すること自体を表すため，心情の程度の大きさを表す「厚い」とは共起しない。これに対し，思いやりの心ではなく待遇といった行為の労力を問題とする「接待」には，「手厚い」は問題なく用いられる。
　また，「手軽」の「手」も〈労力〉の意味を担い，〈程度が小さいさま〉を比喩的に表す「軽い」に添加されて，〈行為にかける労力の程度が小さいさま〉を表す。まず，「軽い」が「手軽」に置き換えられない例により，「手」が単に「軽い」を強調するために用いられているのではないことを確認しよう。

(53)　我が家は，一日の活力源である朝食がメインで，夕食は軽く｛*手軽に｝食べるだけです。　　　　（ツルネン幸子『清く，貧しく，潔く』）
(54)　京都の食材を手軽に｛*軽く｝食べられることが，この店の大きな魅力だと思います。　　　　　　　　　　（東京ウォーカー，2003）

　(53)の「軽く」は「手軽に」に置き換えることはできず，反対に(54)の「手軽に」は「軽く」に置き換えることはできない。(53)は，波線部で示されるように食事量が少ないことを表す文脈であるため，「軽く」を用いる。一方(54)は，「京都の食材」という価値が高いと思われているものを少量食べられることではなく，（実際に京都に行くなど）労力をかけることなく食べられることを表す文脈であり，行為にかける労力が問題となるため，「軽く」を用いるこ

はできない。したがって，以下のように労力が問題にならない場合には「手軽」を用いることはできない。

(55)　シバさんはそう言って私の肩を軽く{*手軽に}叩いた。
　　　　　　　　　　　　　　　　　　　　　　（金原ひとみ『蛇にピアス』）
(56)　海や山にでかけて軽い{??手軽な}運動をすると，気持ちが解放されて気分もよくなります。　　　　　　　　（現代保健体育, 2006）

　(55)の「肩を叩く」という行為は，特別な状況を設定しない限りはその行為にかける労力はほとんど問題にされない。また(56)の「運動」は「軽い」も「手軽な」も用いることができるが，「軽い運動」は運動量の小ささを表し，「手軽な運動」は，特別な設備などを必要としない，労力をかけずにすぐにできる運動を表す。したがって，「海や山に出かける」のように労力を必要とする(56)の文脈では「手軽な運動」は不自然になる。
　3.1を通してみてきたように，［手＋形容(動)詞］の「手」は，行為のフレームにおける道具としての「手」が，その行為にかかわる諸要素を表しているということを，形容詞・形容動詞が単独で用いられる場合と比較することで確認した。ここで，「手薄」における「手」のように，〈人間〉と〈労力〉のどちらか一方を表すことも，あるいはその両者を区別せずどちらも含んだ意味を表すこともできるという現象を改めて考えておこう。これは，行為のフレームに基づくメトニミーによって「手」の意味を考えることで納得がいくものになる。フレームは，ある概念に対する複数の要素が結びつき，1つの知識構造としての総体を成している。言い換えれば，フレームにおいて個々の要素は完全に独立した存在ではない。したがって，メトニミーによる言語表現によってフレーム内のある要素が焦点化されていても，その要素はそれ以外の要素と同一フレームにおいて分かちがたく結びついている。それゆえ，例えば「手薄」の「手」は当該の行為に必要な〈労力〉の意味を担う一方で，その労力は〈行為者〉が持つものであり，場合によっては〈労力としての人間〉の意味も担うことができるのである。このような意味は，単に人間と身体部分という全体－部分関係に基づくメトニミーでは捉えられない。また，「手強い」の「手」は〈行

為の方法〉の意味を担うとしたが(「手強いやり方」)，「手強い相手」のように人について用いることもできる。この場合も同様に，行為のフレームにおいて，必ず行為者の存在があり，その行為者がある方法でその行為を行うために，〈方法〉と〈行為者〉は我々の知識において密接な関係を持つためである。このような微妙な意味(〈労力〉であり〈行為者〉である，あるいは〈方法〉であり〈行為者〉であるような場合)は，フレームを設定することにより適切に捉えることができるのである。

## 3.2 《物事との関与を，接触を通して捉える》メタファーによる意味拡張

3.1では，形容詞・形容動詞に添加された「手」の意味が，「手を入れる」，「手を変える」などの動詞慣用表現と並行して，行為のフレームに基づくメトニミーにより拡張している表現を見てきたが，本節では，有薗(2014)において分析されている「手を付ける」，「手を出す」，「手を引く」，「手を広げる」などの動詞慣用表現と並行して，《物事との関与を，接触を通して捉える》という概念メタファーに基づき意味が拡張している「手広い」と「手近」を見る。Lakoff(1993)は，概念メタファーを「概念領域間の写像」，つまりある知識構造と別の知識構造にまたがる複数の要素の構造的対応であるとし，その構造的対応に，存在論的対応(起点領域と目標領域の要素同士の対応)と認識的対応(起点領域と目標領域の間の知識の対応)があると主張している(Lakoff 1987: 386–387)。《物事との関与を接触を通して捉える》概念メタファーには，起点領域である〈接触〉と目標領域である〈関与〉の間に，「接触対象である物体と関与する対象である物事」，「接触可能範囲と関与する範囲」，「接触対象への物理的距離と関与する物事に対する親しみやすさ・負担のなさ」といった存在論的対応が認められ，また以下のような認識的対応がある。

表1 《物事との関与を，接触を通して捉える》メタファーの認識的対応（有薗　2014）

| 起点領域：接触 | 目標領域：関与 |
|---|---|
| ・物体に接触する | ・物事に関与する |
| ・物体との接触を止める | ・物事との関係を断つ |
| ・接触可能な範囲を広げる | ・関与する範囲を広げる |
| ・接触する対象との物理的距離が近ければ接触しやすく，対象との物理的距離が遠ければ接触しにくい | ・関与する物事が馴染みのあるものや負担の少ないものであれば関わりやすく，その物事が馴染みのないものや負担の大きいものであれば関わりにくい |

　まず，「手広い」を見てみよう。以下の例では「広い」は「手広い」に置き換えられない。

(57)　シシは，かつて群馬県内一般に広く｛*手広く｝生息し，とくに山間・山麓地一帯に甚大な被害をもたらした。

(都丸十九一『地名研究入門』)

(58)　この学習効果は，程度の差こそあるが，民生用機器，半導体，液晶パネル製造，航空機製造など，広く｛*手広く｝製造業全般に当てはまる。　　　　　　　　　　　　　　　(河瀬誠『戦略思考のすすめ』)

(57)は生息範囲の物理的大きさを，(58)は学習効果の適用範囲という抽象的な範囲の大きさをそれぞれ表しているが，このような場合は「手広い」に置き換えることはできない。これは，多くのものに接触できるように主体的に手(腕)を広げることと，多くのものに関与できるようにその範囲を主体的に広げることの対応が「手広い」の動機づけになっており，単なる範囲の大きさではなく意志的に関与する範囲の大きさを表すためである。さらに「手広い」は，意志的行為であっても多数の人間がある対象に関与しているという場合には用いられず，1人の人間が複数の対象に，広範囲に関与する場合にのみ用いられる。

(59)　トム・マーチン―ロンドンを拠点に，鉄鋼，自動車，不動産会社を

手広く｛*広く｝経営する実業家。　　　（新堂冬樹『闇の貴族』）

(59)の「手広く経営する」は，様々な種類の対象への関与を表している。これは，1人の人間が近くにあるモノだけでなくそれよりも離れたところにあるモノにも接触できるようにするということと，1人の人間が複数のものに関与できるようにすることが対応しているためである。

　さらに，同様のメタファーに動機づけられていると思われる表現に，「手近」がある。まず，「近い」を「手近」に置き換えられない例を見てみよう。

(60)　地下鉄の駅に近い｛*手近な｝喫茶店に入ると，竜一は自分のほうから誘ったくせに，いつまでたっても口を開こうとしなかった。
　　　　　　　　　　　　　　　　　　　　　（宮本輝『夢見通りの人々』）
(61)　近い｛*手近な｝将来，お年寄りは数の上で飛躍的に増大するでしょう。　　　　　　　　　　　　（日本デザイン機構編『デザインの未来像』）

(60),(61)のように，「近い」は空間的・時間的な距離の短さを表すことができるのに対して，「手近」はそれができない。一方で，「近い」は〈関係が密接であるさま〉を表すことができ，そのような文脈では「近い」と「手近」の両者が可能な場合がある。

(62)　近い｛手近な｝例で言うならば，最近，「うつ病というのは心の風邪です」とかと言って，かなりオープンに広告を打ちますし，著名な人が「私はうつでした」という感じで堂々とテレビに出られたり，本を書かれたりしていますよね。
　　　　　　　　　　　　（大谷徹郎・遠藤直哉編『はじまった着床前診断』）
(63)　式部は［中略］すでに娘時代から，当時流行の物語についてあれこれと話し合える仲間を持っていたらしい。そのもっとも手近な｛近い｝友人は，年のあまり違わぬ姉であった。
　　　　　　　　　　　　　　　　　　　　　（田辺聖子『田辺聖子全集』）

これらの例は互換可能であるが，意味は異なる。(62)の「近い例」は〈同様の（似ている）例〉を表し，これを「手近な例」とした場合には〈扱いやすい（参照しやすい）例〉を表す。また，(63)の「手近な友人」は，〈話を聞いてもらいやすい友人〉あるいは〈アドバイスをもらいやすい友人〉などを表し，コントロールしやすいさまを表すが，これを「近い友人」とした場合，〈近くにいる友人〉（空間的距離）または〈仲が良い友人〉（精神的距離）を表す。このように「手近」には〈扱いやすさ〉が含意されており，単に「近い」を強調しているのではない。したがって，以下の「手近」は「近い」に置き換えることはできない。

(64) コンビニの袋やダンボールなど，手近な {*近い} 道具を使っているが，処置は適切だった。
（大石静原作；津島澪ノベライズ『ハンドク！！！』）

この例で「近い」が用いられないのは，「コンビニの袋や段ボールなど」が単に物理的に近くにある，あるいは精神的に近い（馴染みがある）ものとして捉えられているのではなく，〈容易に手に入りやすい〉，それゆえ〈扱いやすい〉ものとして捉えられているためである。これらの例において「手近」が〈扱いやすいさま〉を表すことができるのは，あるモノと自分の手との空間的隔たりが小さければそのモノを容易に手に取ることができるように，ある対象との精神的隔たりが小さければその対象を容易に扱うことができるということが対応しているためである。つまり，「近い」自体にも〈関係が密接であるさま〉の意味があるが，これに「手」がつくことにより，関係を持つ対象をコントロールすることが含意され，扱いやすさの意味が生じるのである。以上のように，「手近」は，空間的・心理的に主体と密接な関係にあり，かつ主体がコントロール可能な対象に対して用いられる。

ここで，「手近」が〈扱いやすいさま〉を表すことを，「身近」との比較でみてみよう。王(2014)は，「手近」は具体的な生活用品を表す名詞と，「身近」は抽象名詞と共起しやすいと述べ，また「身」は全身を表すため，「身近」の方には生活性が表出されるとしている。しかしながら，「手近」と同様「身近」

も具体的なモノを表す名詞との共起は可能である(「身近な道具」など)。また，「身近」の方には生活性が表出されるという点について，「全身を表すため」という説明では動機づけが不明なままである。本論では，「身近」と「手近」の違いは，動機づけとなるメタファーの違いによって生じると考える。

(65) 白内障は，高齢社会の昨今，中高年の眼疾患として最も頻度が高く身近な｛*手近な｝病気である。　　　　　　　　(『看護学入門』, 2004)
(66) 星空の観察や水生物調査など，実際に自然にふれることで，環境汚染を身近な｛*手近な｝問題として考えよう。

(日経サイエンス編『理科であそぼう』)

上記の例において「手近」を用いることができないのは，「病気」や「問題」が意図的に関与し利用する対象とは考えられないためである。「手近」の「手」は，主体のコントロールが関わり，操作可能かどうかに焦点がある。「身近」は，あるモノが〈身体に近い〉ことを表す表現であるため，単に物理的近接が精神的近接にメタファーによって拡張しており，そのモノへの主体的な接触やそのモノの入手は問題にされていない。つまり，「手」で掴む，「目」で見る，「足」で歩くように，各身体部位が何らかの典型行為を喚起し，その道具とみなされるのに対して，「身」は何らかの行為の道具としての見立てが定着しているわけではない。「身」はむしろ，〈自分自身〉という存在を表す表現であり，その存在に〈近接する〉事物は〈馴染みのある〉事物である。したがって，「身近」は物理的距離の近さを表す形式で精神的距離の近さ(〈馴染み深さ〉)を表していると考えられる。

　以上，[手＋形容(動)詞]の「手」のうち，3.1 の行為のフレームに基づくメトニミーにおいて扱わなかったものは，《物事との関与を，接触を通して捉える》という概念メタファーに基づき意味が拡張していることを見た。

## 4. おわりに

　現行の辞書類や先行研究では，形容詞・形容動詞に添加される「手」につい

て，物事の取り扱いに関する意味を表すという記述が部分的に見られるものの，全体としては，強調のために用いられる接頭辞の扱いがなされている。本論の考えは，扱いや動作の意味を添えるとする一部の先行研究と同様だが，典型的な接頭辞の持つ，〈強調〉という機能的意味は認めない。つまり「手」は，形容詞・形容動詞が単独で用いられる際の意味を強調する働きを担うのではなく，むしろその意味を〈行為〉にかかわる意味に限定している。この点で本論は，飛田・浅田(1991)の「手」がつく形容詞はそれが単独で用いられる際よりも意味がより具体的になるという主張に沿うが，飛田・浅田ではその動機づけが示されていなかったため，本論では新たに，「手」は行為のフレームに基づくメトニミーによって〈行為〉やその〈方法〉などを表しており，あるいは我々の日常経験に基づいた《物事との関与を，接触を通して捉える》という概念メタファーにより物事との関与(意志的行為)にかかわる意味を表すことを明らかにし，［手＋形容(動)詞］が人間の意志的行為の諸側面に関する様子を表す動機づけとして示した。

　ここで改めて，以下のテイラー・瀬戸(2008: 139)の形態素分析の観点から，［手＋形容(動)詞］の「手」について考えてみよう。

　　　　①「自立性」対「依存性」：ある言語単位(ユニット)が意味的に自立
　　　　　できるか，それとも他の単位に意味的に依存するのか
　　　　②「内実性」対「スキーマ性」：ある言語単位の内実が詰まっている
　　　　　のか，それとも内実がスキーマ的(希薄)なのか
　　　　③「結合性」：ある言語単位が他の言語単位と結合しやすいかどう
　　　　　か。つまり，結合相手に関してかなり選り好みするのか，それと
　　　　　もほとんど相手を選ばないのか。

例えば，「たやすい」の「た」は単独で用いられることはなく，常に他の単位に意味的に依存している。また，「た」は実質的な意味をほとんど表さない。さらに，形容詞との結合はごく少数しか認められず，他の単位との結合性はかなり低い。したがって，「た」を接頭辞とすることに問題はないであろう。一方，形容詞・形容動詞に添加される「手」はまず，他の単位に意味的に依存す

ることなく単独で用いることができ，自立性が高い。また形容詞・形容動詞とともに用いられた場合にも，「手」は〈方法〉などの意味を担い，内実性が高いと言える。さらに結合性に関しては，「たやすい」の「た」と比較すると，本論で見てきたように相対的に多くの単位と結合することができる[9]。以上の点から，［手＋形容(動)詞］の「手」を，少なくとも典型的な接頭辞とみなすことはできない。

　籾山(1992)は形容詞・形容動詞に添加される「モノ」について，〈何となく〉というような「形式的・補助的」な意味だけでなく，かなり実質的な意味を担っていると考えられるものもあり，少なくとも「お花」の「お」のような典型的な接頭辞とは異なると主張している(p.191)。このような分析の存在から，接辞と語幹の境界は明確ではないと言える[10]。［手＋形容(動)詞］における「手」も同様に，接頭辞として扱うことはできない一方で，接頭辞ほどではないにしても，［手＋形容(動)詞］以外の環境で用いられる「手」と比較するとその意味はよりスキーマ的であると考えられる。例えば「手をかける」と言った場合，「手」は〈労力〉の意味を限定的に担っており，「労力をかける」と言い換えることも可能である。一方［手＋形容(動)詞］の「手薄」も同様に〈労力〉の意味を担っていると考えられるが，さらにその労力を持つ〈行為者〉の意味を表す場合もある。これはフレーム内の別の要素に同時に焦点を当てている例であり，「手」がより広く〈行為に関わる何らかの要素〉の意味を担い，それが結合する形容詞・形容動詞によって限定され，文脈において複合語全体の意味が決定されている可能性がある。このように考えると，［手＋形容(動)詞］の「手」は他の環境における「手」よりもスキーマ的であると言える。

　最後に，［身体部位詞＋形容(動)詞］という単位が担う意味について見通しを述べておく。初めに述べたように，身体部位詞を構成要素に持つ動詞慣用表現の多くは，その身体部位を道具として用いる典型行為にかかわる意味を表している。これと並行して，［身体部位詞＋形容(動)詞］の意味は，〈身体部位を用いる典型行為に関する諸側面の様子〉を表すと思われる。例えば，「目ざとい」，「耳ざとい」などの「さとし」の〈優れている〉という意味は，添加された「目」，「耳」によって，それぞれの身体部位を道具として用いる典型行為(視覚行為と聴覚行為)における〈視力／認識力〉や〈聴力〉が優れているさまに

限定される。動詞慣用表現では，前述の通り，「手」以外の身体部位詞が構成要素となる場合には〈視覚行為〉や〈摂食行為〉のようにその行為がかなり限定されるが，「手」が関与するフレームはそれほど限定的ではなかった(有薗 2009)。本論で見てきた［手＋形容(動)詞］の「手」も，意志的行為全般にかかわることが確認された。これは動詞慣用表現でも確認されているように，他の身体部位と比較して，幅広い日常的行為の〈道具〉としての「手」の見立てが確立しているためと考えられるが，このような身体経験基盤を確認するためにも，［身体部位詞＋形容(動)詞］を構成する「手」以外の身体部位詞の意味を分析する必要がある。

注

　　＊本論の執筆にあたり，籾山洋介先生をはじめとする名古屋大学現代日本語学研究会の方々から貴重なコメントをいただいた。ここに厚く謝意を表したい。また，本研究を発表する機会を与えてくださった編者である山梨正明先生に，深く感謝申し上げたい。なお，本論における不備は言うまでもなくすべて筆者に帰されるものである。

(1) 森田(2008)，由本・影山(2009)は，「名詞＋形容詞」の複合形容詞は形容動詞形に転じる場合があることを指摘している。本論が対象とする表現においても，その形式から形容詞に分類される場合([手＋痛い]→「手痛い」)と，形容動詞に分類される場合([手＋狭い]→「手狭」)がみられた。

　　柴田(2003: 151–152)は，「アタタカイ／アタタカナ」，「テアライ／テアラナ」など，「―イ」(形容詞)と「―ナ」(形容動詞)のペアを複数挙げ，それらは全て語幹が三音節以上のものであると指摘している。また，上原(2002: 92)は，形容詞はより基本的で一般的な意味領域を表すのに対し，形容動詞は「その意味領域の中の更に特定した意味や特定の背景のもとに使われるニュアンスが加わったものとなっている」として，両者には意味の差があると主張している。本論の対象表現は「手」が添加されることで三音節以上になって形容動詞化しており，また，「手」の添加により限定的な意味を表すことから，上記2つの主張に沿うように思われ，興味深い。しかし本論では紙面の関係上，「手」が添加された形容詞が形容動詞化する問題については今後の課題とする。

(2) ICMはフレームの類似概念である。両者は，ある事物について抽象化された背景的知識構造であるという点で共通している。

(3) 図1は，有薗(2009)における身体部位詞の拡張義をもとにボトムアップ的に立てたものであり，例えばKövecses and Radden(1998)でaction ICMの要素として挙げられている〈場所〉は図1には含まれていない。また，フレーム内の要素について，要素間の相対的な関連性の近さは異なると思われる。本論3.1.4で見るように，「手薄」の

「手」は〈労力〉と〈行為者〉の両方を表す可能性があり、これはフレームにおいて〈労力〉が例えば〈対象〉よりも〈行為者〉と強く関連しているためだと思われる。したがって図1では、関連性がより近いと思われる要素同士を近くに配置している。ただしこれは便宜上のものであり、客観的にそれらの関連性を判定したものではない。

なお、行為のフレームに基づくメトニミーに動機づけられた表現は、action ICMに基づく例(1)や本論で扱う表現にて確認できるが、本論では扱われていない要素に〈(力が及ぶ)範囲〉がある。これに該当するのは「頭に入れる」、「耳に入れる」、「目に入る」などであり、それぞれ行為の道具としての身体部位を表す形式で、〈思考力が及ぶ範囲〉、〈聴力／鑑識力が及ぶ範囲〉、〈視力／鑑識力が及ぶ範囲〉の意味を担っている(有薗2009, 2013)。

(4) 本論における例文は、(1)国立国語研究所とLago言語研究所が開発したNINJAL-LWP for BCCWJ、(2)青空文庫から採集し、文末に著者名及び作品名を記した。また例文末にURLが記載されているものについては、検索エンジンGoogleを利用し採取した(2016/10/23)。

(5) なお、身体部位詞「手」は、日本語だけでなく英語、フランス語、ドイツ語、スペイン語、中国語などでも分析されている(秋元1994, Kövecses and Radden 1998, Yu 2003, Manjavacas Sneesby 2009等)。これらの研究では、Kövecses and Radden(1998)のaction ICMによる分析を除き、フレームのような知識の総体に基づくメトニミーによって説明されているのではないが、どれも意味の記述を見る限り行為のフレームによる分析が適用でき、また異言語間である程度共通していることがわかる。

(6) 以降、例文中の下線について、分析対象となる[手+形容(動)詞]には実線を、それが修飾する要素には点線を、それ以外の注目すべき個所がある場合には波線を施す。

(7) [手+荒い]には、「手荒い」と「手荒(な)」の両者が存在するが、日本語コーパス(BCCWJおよびTWC)では「手荒」の方が頻度においてやや優勢であったため、本論では「手荒」を用いた。

(8) なお、内容が整っていない・緻密でないさまを表す場合には一般に「粗い」という表記が用いられる。

(9) もちろん「手」が全く結合相手を選ばないというわけではない。「手」は「赤い」や「丸い」のような一部の属性形容詞とは結合しないが(「*手赤い」、「*手丸い」)、これは「赤い」や「丸い」などがその拡張義も含め人間の行為を形容する際には用いられないためである。このように結合する相手を選ぶのは、「手」が〈行為〉にかかわる実質的意味を担うためであり、その意味が「手」の結合相手を人間の行為の諸側面にかかわる形容詞・形容動詞に限定するのである。

(10) 斎藤・石井(2011: 31–32)は、「語基と接辞は常に敢然と区別できるわけではない」として、例えば「走りきる」と「噛み切る」を比較すると前者の「きる」は〈対象を切断する〉という意味が希薄化し、接辞化していると述べている。また淺尾(2013: 69–

70)はさらに明確に，複合・派生・屈折の区別は連続体を成すと主張している。例えば「話し出す」の「出す」は単独で用いられるときには表すことのない〈開始〉の意味を担い，動詞本来の意味と複合動詞の意味に隔たりがあるとする一方で，この〈開始〉の意味は物理的移動の意味からのメタファーによる拡張と考えることができ，両者を無関係とするのも直観に反するとしている。そしてこのような場合，「一出す」は語幹と接辞の間の中間的な存在であると述べている。

## 参考文献

秋元実治(1994)「イディオムのタイポロジー的研究―日・英・仏・独語を中心に―」『青山学院大学総合研究所人文学系研究センター研究叢書』4: 1–30.

有薗智美(2009)『身体部位詞を構成要素に持つ日本語慣用表現の認知言語学的研究』名古屋大学大学院国際言語文化研究科. 博士学位論文.

有薗智美(2013)「行為のフレームに基づく「目」，「耳」，「鼻」の意味拡張―知覚行為から高次認識行為へ―」『名古屋学院大学論集 言語・文化篇』25(1): 123–141.

有薗智美(2014)「〈物事との関与〉を表す表現の意味の成立―「手」，「足」の慣用句―」『名古屋学院大学論集 言語・文化編』25(2): 79–95.

淺尾仁彦(2013)「第2章 認知形態論」山梨正明・吉村公宏・堀江薫・籾山洋介編『認知日本語学講座 第2巻』53–88. くろしお出版.

Croft, William. (1993) "The role of domains in the interpretation metaphors and metonymies." *Cognitive Linguistics* 4：335–370.

Fillmore, Charles. J. (1982) "Frame Semantics." In The Linguistic Society of Korea ed. *Linguistics in the Morning Calm*. 111–138. Seoul：Hanshin Publishing Company.

Gibbs, Raymond. W. (1994) *The Poetics of Mind*. Cambridge：Cambridge University Press.

飛田良文・浅田秀子(1991)『現代形容詞用法辞典』東京堂出版.

伊藤眞(1999)「慣用句の具象性についての一考察」『言語文化論集』51：95 – 177. 筑波大学現代語・現代文化学系.

Kövecses, Zoltan and Günter Radden. (1998) "Metonymy：Developing a cognitive linguistic view." *Cognitive Linguistics* 9(1): 37–77.

Lakoff, George. (1982) "Categories: An Essay in Cognitive Linguistics." In The Linguistic Society of Korea (ed.) *Linguistics in the Morning Calm*. 139–193. Seoul：Hanshin publishing Company.

Lakoff, George. (1987) *Women, Fire, and Dangerous Things. What Categories Reveal about the Mind*. Chicago: University of Chicago Press.

Lakoff, George. (1993) "Contemporary Theory of Metaphor." In Ortony, A. ed. *Metaphor and Thought* (2nd. Ed.): 202–251. Cambridge：Cambridge University Press.

Langacker, Ronald W. (1993) "Reference-point Constructions." *Cognitive Linguistics* 4: 1–38.

Langacker, Ronald. W.（1999）*Grammar and Conceptualizaiton*. Berlin/New York: Mouton de Gruyter.
Manjavacas Sneesby, Patricia.（2009）*A Comparative Study of Metonymies and Metaphors with Hand in English, German and Spanish, within the Framework of Cognitive Linguistics*. Herzogenrath: Shaker Verlag.
籾山洋介(1992)「接頭辞「モノ」を含む形容詞・形容動詞の意味分析」田島毓堂・丹羽一弥編『日本語論究3 現代日本語の研究』169–193．和泉書院．
籾山洋介(1994)「形容詞「カタイ」の多義構造」『日本語・日本文化論集第1巻』65–90．名古屋大学．
森田良行(2008)『動詞・形容詞・副詞の事典』東京堂出版．
王心怡(2014)『接頭辞「手」で複合した形容詞・形容動詞及び「手－」を前項要素とする名詞の考察』國立政治大學日本語文學系碩士論文．
斎藤倫明・石井正彦(2011)「第1部 語彙論概説」斎藤倫明・石井正彦編『これからの語彙論』1–78．ひつじ書房．
柴田武(2003)「チイサイ・チイサナ，オオキイ・オオキナ」國廣哲彌編『平凡社ライブラリー 言葉の意味3 辞書に書いてないこと』146–153．平凡社．
Stern, Gustaf.（1968）*Meaning and Change of Meaning: with special reference to the English language*. Bloomington: Indiana University Press.
田村泰男(2005)「現代日本語の接頭辞について」『広島大学留学生センター紀要』15: 25–36．
テイラー，ジョン，R.・瀬戸賢一(2008)『認知文法のエッセンス』大修館書店．
上原聡(2002)「日本語における語彙のカテゴリー化―形容詞と形容動詞の差について―」大堀壽夫編『認知言語学Ⅱ：カテゴリー化』81–103．東京大学出版会．
由本陽子・影山太郎(2009)「第7章 名詞を含む複合形容詞」影山太郎編『日英対照 形容詞・副詞の意味と構文』223–257．大修館書店．
Yu, Ning.（2003）"The bodily dimension of meaning in Chinese：what do we do and mean with "hands"?" In Casad, E. and G. Palmer (eds.)*Cognitive Linguistics and non-indo-European Languages*. 337–362. Berlin/New York：Mouton de Gruyter.

## 辞書

松村明監修(1998)『大辞泉 増補・新装版』小学館．
松村明編(2006)『大辞林第三版』三省堂．
新村出編(2008)『広辞苑 第六版』岩波書店．
山田忠雄他編(2011)『新明解国語辞典 第七版』三省堂．

# 古代・中世の日本語オノマトペの比喩による意味拡張を中心とした認知言語学的考察

大澤(伊藤)理英

## 1. はじめに

　本論では認知意味論によるメタファーとメトニミーの研究および「共感覚的比喩表現」を，主に接尾辞メクをとる古典語オノマトペの意味拡張の分析に適用し，新たな実証を呈するものである。

　本論の目的は，第一に，認知意味論的な立場から，古代と中世におけるオノマトペを対象に，それらの意味拡張の性質を明示することである。第二に，古代から中世にかけて観察されるオノマトペの意味拡張について，通時的に量的に考察する。オノマトペ「〜メク」の意味拡張パターンは，次の4つに分類でき，それぞれ古代と中世においてどの程度見られるかを明らかにする。

1. 擬音語＋メクにおけるメトニミーによる意味拡張
2. 擬音語＋メクにおけるメタファーによる意味拡張
3. 擬態語＋メクにおけるメトニミーによる意味拡張
4. 擬態語＋メクにおけるメタファーによる意味拡張

また，第三の研究目的は，オノマトペの比喩的な意味拡張を具体的に明示し，これまで認知意味論によって一般化されてきた比喩表現の性質に新たな事例を加えることである。

## 1.1 本研究の対象

### 1.1.1 古代の言語資料について

調査対象とするデータは，旧版『日本古典文学大系』(岩波書店)所収の古代の散文全20作品を選んだ。まず国文学研究資料館が試験的に提供している本文の電子化テキストをもとにして，純粋に〜メク[1]のみで単語を成している用例のみを採取した。例えば，オノマトペを表す動詞で，「〜メキ・カワス(ささめき・かわす)」「〜メキ・アフ(きらめき・あふ，ふためき・あふ)」「ウチ・〜メク(うち・ささめく，うち・そよめく)」「鳴り・ひらめく」「言い・そそめく」などの派生語や複合語は，それとして別に検討されるべきものなので今回の分析対象から除いた。ただし，用例が一つの場合，それを複合語と見極めるのは難しいため，同形式による語構成が複数検出された場合にのみ複合語と判断した。

本文の解釈は日本古典文学大系の注を参照した。更に『源氏物語』については今泉忠義(2002)も参照した。

また，今回分析対象とした〜メクについては，調査中に地の文と会話文による差が見出せなかったため，特に地の文と会話文を分ける必要がないと判断した。同様に，接続の仕方(条件・中止述語など)，モーダルな意味(断定・推量，意志・希望など)，テンス・アスペクト的意味についても整理を試みたが，これらとは，語の意味が特別の関係にないと考えられたので，区別せず採用した。

なお，本文に引用する用例について，カタカナ表記はひらがな表記に統一した。

### 1.1.2 中世の言語資料について

中世(室町時代)でオノマトペを表す〜メクの語彙については，先ず『時代別

国語大辞典　室町時代編』から〜メクが付く見出し語を全て筆者大澤(伊藤)が手作業で拾い出し，更にそれらと類似する意味を持った同語基の語彙を選んで分析対象とした。

その他の処理および表記法(カタカナをひらがなに統一すること)については古代の言語資料と同様である。

なお，中世語においては清濁の区別をしているものがある。それらは『時代別国語大辞典』の読みに則っている。

## 2. 古典語のオノマトペの研究

### 2.1　小川五郎(1970)の研究

これまでに古代語の「〜メク」について書かれたものには小川五郎(1970)，南芳公(1978)，梅野きみ子(1975，1981，1982)，出口ひずる(1982)，関一雄(1979，1982)，上野辰義(1987)，小峯和明(1989)，辻田昌三(1976)などがある。

古代のオノマトペ(主に副詞)を対象にした研究では，特定の作品の中での使用語彙についてそれらの語の意味を示したものや，時代別にまとめて語彙の調査をしたもの，その他関連のあるものとしては方言についての調査がある[2]。

小川(1970)は，「時めく」や「色めく」のような名詞にメクが付いた語彙と，「なまめく」や「古めく」のように，形容詞的な語にメクが付いた語彙について，

> 意味の上から考えると，いずれも，ある特定の性状に近似した状態をあらわした語で，現代のそれ，『批評家めく』とか，『学者めく』とかいう語の陰影と変わりはない　　　　　　　　　　　　　　(小川 1970: 22)

と述べている。そして，第1種として「近似をあらわす『めく』」をあげ，第2種として「擬声語の『めく』」をあげている。

次に，小川(1970)の考察において興味深いことは，絵巻物について触れて

いることである。志貴山縁起，伴大納言絵詞などの絵巻物は宇治拾遺物語などと制作された年代も離れておらず，

> それらの絵巻の中には，ここにいう『うめく』『おめく』『あめく』の表情がそのままに絵画化されていることは，絵巻を一見した人であれば直ちに気づくことと思う。引目カギ鼻の源氏物語絵巻とは違って，これらの絵巻には，あけすけで変化の多い，庶民の表情や動作や生活がいきいきと描き出されている。文学界でも同じことであったであろう。人々は平明で力強く写実的な表情を文学に求めたに違いない。『あめく』『おめく』等の語が，文章語としてあらわれる所以であった （小川 1970: 22）

とある。本論文ではことばの分析を目的としているので，文学としてどうかという議論には深入りしない。また，「あめく」などが文章語として限定されるとも思えないので文章語としてあえて狭く捉えることもしない。注目したいのは，「うめく」「あめく」「おめく」について，絵巻にある絵画化された「平明で力強く写実的な表情」が，「あめく」「おめく」という語と似た性質をもつ描写として捉えられていることである。

また，小川(1970)は23語の擬声語を以下の5つに分類している。

（1） 人間の肉体から出る音の擬声語
　　　うめく，おめく，あめく，ささめく，さざめく，そそめく，ひぢめく，くつめく
（2） 動物の音声による擬声語
　　　かがめく，ぶめく
（3） 物体の音による擬声語
　　　からめく，さふめく，さらめく，そよめく，とどめく，ひしめく，ふためく
（4） 人または動物の動作の擬声語
　　　くるめく，こそめく，のためく，むくめく
（5） 光の状態を表す擬声語

ひらめく，きらめく

小川（1970: 26[3]）

　小川（1970）は，同じ平安時代の文献でも，本論文とは異なる資料に依拠していることから，いくつか本論文で調査した結果とは別の語（擬音語の「からめく」や，「さふめく」「のためく」）も見られる。残りの語は本論文の対象語と同じである。小川（1970）は擬態語という言い方をしていないので，本論文で擬態語と呼ぶ語彙は(4)と(5)に当てはまり，分類した5種の語彙について

> いずれも，音声，音響に関するもので，聴覚的なものの多いことがわかる。視覚的なものは，(5)の2例で少なく，触覚的なものは，(4)の中の，「のためく」「むくめく」がそれに当たるが，(1)の聴覚的なものの中にも，「ひちめく」のように触覚的な面を感じさせる語も少なくない　　（小川 1970）

と述べている。

　擬声語として分類される(1)から(3)のような語彙について，ここで再び絵巻の写実的な描写との類似を考え合わせてみる。擬声語とはいえ，「〜メク」の場合には必ずしも聴覚的な感覚を表す意味の範囲に留まっていない。つまり，メクをともなう場合，聴覚で捉えた音に隣接して，視覚で捉えられる音の所有者（主体）の動きの状態を同時に喚起するということである。例えば「あめく」において／a／という語基の部分だけを取ってみれば「聴覚的なもの」であるが，「あめく」という語について言えばその音を発する人の様子も音と同時に喚起されると考えられる。

## 2.2　古代「オノマトペ＋メク」の語彙調査

### 2.2.1　「〜めく」の語彙調査：「オノマトペ＋メク」の割合

　本論で調査した平安時代の散文作品は全部で20作品で，作品名とおよその成立時期は次の通りである[4]。

竹取物語(10C 中)，伊勢物語(10C 前)，平中物語(10C 中)，土左日記(935-945)，蜻蛉日記(10C 中)，宇津保物語(10C 後)，枕草子(10C 後)，落窪物語(10C 終)，和泉式部日記(11C 前)，源氏物語(11C 前)，紫式部日記(11C 前)，堤中納言物語(11C 後 −12C 後)，浜松中納言物語(11C 中)，夜の寝覚(11C 中)，更級日記(11C 中)，狭衣物語(11C 後)，栄花物語(11C 中 − 後)，大鏡(12C 前)，今昔物語集(12C 前)，篁物語(12C 後)

上記の文献中，〜メクが用いられている例は，異なり語数にして108語，延べ語数にして587例であった。

本論文で調査した〜メクの語彙を一覧にすると以下の通りであり，便宜上50音順に並べてある。明らかに意味が異なる同音異義語についてはそれぞれ別語扱いとし，ハイフンなしで「〜めく1」「〜めく2」のように番号を付している。(　)内の数字は，いずれも異なり語数(あるいは語基数)を表し，[　]内の数字はそれぞれの全用例数つまり延べ語数を表す。

「〜メク」(108)［587］

【名詞＋メク(69)】［228］

あみだ(阿弥陀)めく［1］，いけ(池)めく［1］，いま(今)めく［32］，いり(煎り)めく［1］，いろ(色)めく［15］，うた(歌)めく［1］，うちわたり(内裏辺)めく［1］，えびす(夷)めく［1］，おおせごと(仰事)めく［1］，おや(親)めく［8］，かくれみの(隠れ蓑)めく［1］，かど(才)めく［3］，から(唐)めく［11］，かりぎぬ(狩衣)めく［1］，かんだちめ(上達部)めく［1］，きつね(狐)めく［1］，こ(児)めく［20］，こと(事)めく［2］，さぶらひ(侍)めく［3］，しがく(試楽)めく［1］，しぐれ(時雨)めく［3］，しゅぎょうしゃ(修行者)めく［1］，じょうず(上衆)めく［6］，ずいじん(随身)めく［1］，せんじがき(宣旨書)めく［1］，ただのおや(ただの親)めく［1］，ちょうど(調度)めく［1］，つくりごと(作事)めく［1］，つや(艶)めく［6］，てら(寺)めく［1］，とき(時)めく［36］，とのいびと(宿直人)めく［1］，とも(友)だちめく［1］，なま・きんだち(生・君達)めく［1］，なま・そんのう(生・孫王)めく［1］，なみなみのひと(並々の人)めく［1］，

にょうぼう(女房)めく [1], はな(花)めく [1], はる(春)めく [1], ひすまし(樋洗し)めく [1], ひと(人)めく [7], ひとえぎぬ(単衣)めく [1], ひとかず(人数)めく [1], ひとのおや(人の親)めく [2], びょうぶ(四尺の屛風)めく [1], ふみ(文)めく [1], ふゆ(冬)めく [1], ふり(振り)めく [1], ほそびつ(細櫃)めく [1], むかし(昔)めく [1], むかしものがたり(昔物語)めく [1], めしゅうと・めしゅうど(召人)めく [1], もののけ(物の怪)めく [1], もののつみ(物の罪)めく [1], もののへんげ(物の変化)めく [1], やまがつ(山賤)めく [4], やまざと(山里)めく [4], よし(由)めく [6], よのつね(世の常)めく [1], よのひと(世の人)めく [4], よろづものがたり(万物語)めく [1], 例の事めく [1], れいのひとめく(例の人)めく [2], ろう(廊)めく [3], わか・きんだち(若・君達)めく [1], わかれ(別れ)めく [4], わざとつくりたらんものめく [1], [タイトル]『棚なし小舟』[1], [歌の一節]「岩瀬の杜の呼子鳥」めく [1]

【形容動詞ナリ活用＋メク(8)】[38]

あだ(徒・空)めく1 [2], あだ(婀娜)めく2 [7], じょうず(上手)めく2 [4], そら(空)めく [2], ことさら(殊更)めく [18], のどめく [1], さかしら(賢しら)めく [1], をこ(痴・烏滸)めく [3]

【形容詞ク活用＋メク(1)】[22]

ふる(古)めく [22]

【副詞＋メク(2)】[106]

わざと(態と)めく [4], なま(生・艶)めく [102]

【擬音語＋メク(20)】[116]

あめく [1], うめく [16], お(を)めく [1], かかめく [4], きしめく [2], こそめく [4], こほめく [1], ごほめく [2], ささめく [53], さざめく [4], さらめく [2], そそめく [5], そぞめく [1], そよめく [5], つつめく [3], はらめく [2], ふためく [4], ぶめく [2], ほとめく [2], むめく [2]

【擬態語＋メク(8)】[77]

おぼ(朧)めく [22], きらめく [18], とろめく [3], ひらめく [4], ひ

ろめく［1］，ほのめく［25］，むくめく［2］，ゆらめく［2］

上接語に名詞を取る〜メクの例は次のようなものである[5]。

1. この子をまつはし給ひて，内裏にも，率て参りなどし給ふ。<u>わが御匣殿にの給ひて，裝束などもせさせ，まことに親めきてあつかひ給ふ。</u>

（源氏「帚木」，1–p.103 l.3）

2. さて，<u>いけめいてくぼまり</u>，<u>みづつけるところ</u>あり。　　（土佐 p.58 l.8）

3. <u>法師ばら</u>，聲を捧げて<u>阿彌陀めく</u>さへぞ尊かりける。

（栄花・下，p.110 l.2）

「〜メク」は上にあげた用例のように名詞を用言化する機能が代表的であると言われている。名詞を上接語とする異なり語数は全部で69語で，全体の異なり語数の約63％（69／108）を占める。

しかし，名詞を用言化する用法が異なり語数にして約63％という数字は，全体の半数以上であるものの，必ずしも〜メクの上接部がほとんど名詞であると言えるほど多くはない。「名詞＋メク」の延べ語数の割合をみてみると，全体の約38％（228／587）で，全体の半数にも満たないことがわかる。その原因として考えられることは，まず，副詞の「なまめく」[6]という語の延べ語数が102語と，著しく多いことがあげられる。

それでは，このような使用頻度の高い「なまめく」102語を差し引いて，全体の延べ語数を485語（587−102＝485）とし，「名詞＋メク」の延べ語数228語の割合を改めてみてみるとどうだろうか。結果は9％増えて約46％（228／485）となり，およそ半数であることになる。代表的であると言われてきた名詞接続だが，必ずしもそうではないということが示唆される。

狭義の名詞を上接語に取らない語の中で圧倒的に多いのは，オノマトペを動詞化する「〜メク」である。「オノマトペ＋メク」は，異なり語数で28語，延べ語数にして193語に及ぶ。その割合は，異なり語数で約25％（28／108），延べ語数で約32％（193／587）であり，名詞接続以外の領域のほとんどを占めている。

音象徴を表す語基に接続してオノマトペを動詞化する例は，「〜メク」の特徴であり，例えば「〜メク」と同じような名詞を取る「〜ダツ」では見られない。

## 2.2.2 古代のオノマトペと「オノマトペ＋メク」の割合

次に，大坪(1989：576–578)の擬声語語彙表のうち，どの程度のオノマトペが〜メクという語と関連しているかを簡単に確認しておく。大坪(1989)の一覧には，古代散文で80語，今昔物語で53語が擬声語としてあがっている。それらは，本論文の擬音語・擬態語全般にわたっているので，オノマトペ「〜メク」全般について，大坪の擬声語一覧にどれだけの共通項があるかを紹介する。

左見出し語に大坪(1989)「中古散文(80語)」「今昔物語(53語)」の両一覧表をまとめて挙げ，左から3列目の（　）内には今昔物語の情報を入れ，右側2列に古代〜メクを挙げる。また，例えばガハガハ（ガワガワ）とあるものについては音を取ってガワガワの表記のみとした。

（例）　ソヨソヨト，ソヨロト，ソヨメク

1. 我も，さすがに，まだ見ぬ御すまひなれば，たどたどしけれど，人繁うなどしあらねば，寝殿の南おもてに，火ほのかに，暗う見えて，そよそよと，音する。(源氏「浮舟」, 5–p.212 l.11)《そよそよと衣擦れの音が聞こえてくる》
2. ものはいで，御簾をもたげてそよろとさし入るる，呉竹なりけり。(枕草子，一三七段「五月ばかり，月もなういとくらきに」, p.191 l.11)
3. 未の時ばかりに，「筵道まゐる」などいふほどもなく，うちそよめきて入らせ給へば，宮もこなたへ入らせ給ひぬ。やがて御帳に入らせ給へば，女房も南面にみなそよめき住ぬめり。廊に殿上人いとおほかり。(枕草子，一〇四段「淑景舎，東宮にまゐり給ふほどのことなど」, p.164 l.4)

**表1　本稿調査結果による古代オノマトペ「〜メク」と大坪(1989)の擬声語一覧**
括弧内の数字は『今昔物語』の用例数を示し，外の数字は『今昔物語』以外の古代散文作品の用例数を示す。

| 〔ア行〕 | | | 〜メク | |
|---|---|---|---|---|
| | | | あめく | 1 |
| アザアザ | と | 4 | | |
| イウ | と | 2 | | |
| イカイカ | と | 4(4) | | |
| | | | うめく | 16 |
| ウラウラ | と | 4 | | |
| エフエフ | と | 0(4) | | |
| | | | おめく | 1 |
| オイオイ | と | 4 | | |
| オボオボ | と | 4 | おぼめく | 22 |
| 〔カ・ガ行〕 | | | | |
| カカ | と | 2(2) | かかめく | 4 |
| カサ | と | 0(2) | | |
| ガヤガヤ | と | 4 | | |
| カラカラ | と | 4(4) | | |
| ガワガワ | と | 4 | | |
| キ | と | 1(1) | | |
| キシキシ | と | 4(4) | きしめく | 2 |
| キヨキヨ | と | 4 | | |
| キラ | と | 0(2) | きらめく | 18 |
| キラキラ | と | 4(4) | | |
| キロキロ | と | 4 | | |
| クタクタ | と | 0(4) | | |
| クルクル | と | 4(4) | | |
| クレクレ | と | 0(4) | | |
| コウコウ | と | 0(4) | | |
| ケザケザ | と | 4 | | |
| コソコソ | と | 0(4) | こそめく | 4 |
| ゴソゴソ | と | 4 | | |
| コホロ | と | 0(3) | こほめく | 1 |
| ゴホゴホ | と | 4 | ごほめく | 2 |
| 〔サ・ザ行〕 | | | | |
| サ | と | 1 | ささめく | 53 |

| ツ | と | 1 | つつめく | 3 |
|---|---|---|---|---|
| ツブツブ | と | 2(4) | | |
| ツブヅブ | と | 0(4) | | |
| ヅブリ | と | 4(3) | | |
| ツラツラ | と | 0(4) | | |
| トウ | ど | 0(2) | | |
| | | | とろめく | 3 |
| トドロトドロ | と | 6 | | |
| 〔ナ行〕 | | | | |
| ナヨナヨ | と | 4 | | |
| ニココ | に | 0(3) | | |
| ネウネウ | と | 4 | | |
| ノドノド(7) | と | 4(4) | | 1 |
| 〔ハ・バ行〕 | | | | |
| ハク | と | 2(2) | | |
| ハクリ | と | 3 | | |
| ハタ | と | 2(2) | | |
| ハタハタ | と | 4(4) | | |
| ハタリハタリ | と | 0(6) | | |
| ハラハラ | と | 4(4) | はらめく | 2 |
| ヒシ | と | 2(2) | | |
| ヒシヒシ | と | 4(4) | | |
| ヒタ | と | 0(2) | | |
| ビチビチ | と | 4 | | |
| ヒトクヒトク | と | 6 | | |
| ヒヨ | と | 2 | | |
| ヒヨヒヨ | と | 4 | | |
| ヒラヒラ | と | 0(4) | ひらめく | 4 |
| | | | ひろめく | 1 |
| フ | と | 1 | | |
| ブブ | と | 0(2) | ぶめく | 2 |
| フタ | と | 0(2) | ふためく | 4 |
| フタフタ | と | 4(4) | | |
| フツ | と | 2(2) | | |

| | | | | | | | | | |
|---|---|---|---|---|---|---|---|---|---|
| ザザ | と | 2 | さざめく | 4 | フツフツ | と | 4(4) | | |
| ザブザブ | と | 4(4) | | | フツリ | と | 0(3) | | |
| ザブリザブリ | と | 0(6) | | | フリフリ | と | 0(4) | | |
| サメザメ | と | 4(4) | | | ホウ | と | 2 | | |
| サヤサヤ | と | 0(4) | | | ホウホウ | と | 4 | | |
| サラサラ | と | 4(4) | さらめく | 2 | ホト | と | 0(2) | ほとめく | 2 |
| サワサワ | と | 4 | | | ホトホト | と | 4 | | |
| シカシカ | と | 4 | | | ホノボノ | (と) | 4(4) | ほのめく | 24 |
| シシ | と | 2 | | | ホホ | と | 2 | | |
| シト | と | 2 | | | ホロホロ | と | 4(4) | | |
| シトシト | と | 4 | | | 〔マ行〕 | | | | |
| シトド | と | 3 | | | ミシミシ | と | 4 | | |
| シドロモドロ | | 6 | | | ムクムク | と | 4 | むくめく | 2 |
| シオシオ | と | 4 | | | ムム | と | 2 | むめく | 2 |
| スガスガ | と | 4 | | | メラメラ | と | 4 | | |
| スクスク | と | 4 | | | 〔ヤ行〕 | | | | |
| | | | そそめく | 4 | ヤワヤワ | と | 4 | | |
| | | | そそめく | 1 | ユウユウ | と | 0(4) | | |
| ソヨ | と | 2 | そよめく | 5 | ユブユブ | と | 0(4) | | |
| ソヨソヨ | (と)(8) | 4 | | | ユクユク | と | 4 | | |
| ソヨリソヨリ | と | 0(6) | | | ユラユラ | と | 4 | ゆらめく | 2 |
| ソヨロ | と | 3 | | | ユルユル | と | 4 | | |
| 〔タ・ダ行〕 | | | | | ヨヒゾヨヒゾ | | 6 | | |
| タソタソ | と | 0(4) | | | ヨヨ | と | 2 | | |
| タヲタヲ | と | 4 | | | 〔ワ行〕 | | | | |
| チウ | と | 2(2) | | | ワナワナ | と | 4 | | |
| チチヨチチヨ | と | 6 | | | | | | | |

　表1では古代のオノマトペ＋メクをあげているが，この表にない語でも中世以降には〜メクのかたちを持つ語が多くある（ツブメク，ホホメクなど）。この表からも当時のオノマトペ（副詞）にとって〜メクとなる語が多かったことがわかる。

## 2.2.3　古代と中世の言語資料による記述および分析について

　はじめに，ここで古代語と中世語両方に関わる説明を述べておく。本論でオ

ノマトペの意味拡張の分析を，現代語ではなく主に古代・中世の言語資料を対象にして行ったのは，量的にも限られた言語資料の中で通時的な分析を行うことによって，語の意味拡張の流れが明確に考察できると考えたためである。

古代語について紹介する語の意味の記述は，主に『日本国語大辞典』による。本文中に指定のない「　」は『日本国語大辞典』からの引用であることを示す。また，中世語について紹介する意味の記述は，主に『時代別国語大辞典　室町時代編』と『日葡辞書』による。出典の略称は辞典に記載のあるものをそのまま用いた。中世語の意味について本文中に指定のない「　」は『時代別国語大辞典』からの引用であることを示す。

また，古代・中世全体にわたって用例中に付す〈　〉は，『日本古典文学大系(旧版)』，『時代別国語大辞典』，『日本国語大辞典』において既に挿入されているものをそのまま転記したものである。〈　〉は，主に漢文の原文または助詞や送り仮名などを補う記号として使われている。その他，用例にある《　》部分は文の意味を補うために筆者大澤(伊藤)が訳本を参照して現代語訳を挿入したものである。

清濁については，古代においては日本古典文学大系の作品の底本に従っており，中世においては『時代別国語辞典』の弁別に従っている。本論文はその語が清音か濁音かを中心に論じる研究ではなく，実際に本論文で取り上げたそれらの弁別に無理はないものと判断された。

中世において『時代別国語辞典』の用例を用いたのは，中世の資料が膨大で多岐に渡っており，そこから語彙を取り上げることが難しいためである。本論文では大量の語彙について一定の見通しを立てようとするものであり，もともと個人の作業を越えたものでもある。室町時代の言語資料として『時代別国語大辞典』の語彙の弁別と用例は，各々意識してよく拾われ，編集の態度から信頼できると判断されたため，それらを索引として扱った。意味の弁別は大澤(伊藤)の判断に従って行っている。

以上のような言語資料の扱い方と理由に基づいて，先ず，「擬音語＋メク」，「擬態語＋メク」のどちらについても意味拡張を見せない例を始めにあげて説明する。

次に，擬音語からメトニミーによって意味が拡張したものについて見てい

く。それらは，具体的な音を表す意味から，そのような具体的な音の有無から解放された状態を表す，あるいは表すようになったものである。このときの状態とは，音と共起している音の所有者の動きや状態である。そのため音とその音の所有者の隣接関係に基づいた比喩による意味の転移として，メトニミーによる意味拡張であると説明する。

　また，共感覚という捉え方からは，古典語においても，同じ形式で擬音語から擬態語へと意味が拡張している場合には，聴覚によって捉えられる音を表す意味から視覚によって捉えられる状態や動きを表すという，共感覚的な意味の転移が実現していると考えられる。

　次に，「擬音語＋メク」からメタファーによる意味拡張を見せる「オノマトペ＋メク」について，意味の記述を試みる。「オノマトペ＋メク」について，擬音語から直接メタファーによる意味拡張を起こした語はなく，メタファーによる意味拡張を見せる事例ではいずれもメトニミーによる意味拡張を介しているものと考えられる。

　同様にして「擬態語＋メク」についても分析する。
本章では古代語に初出の「オノマトペ＋メク」を中心にとりあげるが，その中で中世語に共通の形式が現れる語については中世における用例も古代の用例に続けて分析する。

## 2.3　古代「オノマトペ＋メク」の意味拡張

　古代語のオノマトペが動詞化した語彙「〜めく」は上の調査結果の通り次の28語である。異なり語数は（　）内に，延べ語数は［　］内に示す。

【オノマトペ＋メク(28)】［193］
【擬音語＋メク(20)】［116］
　　あめく［1］，うめく［16］，お(を)めく［1］，かかめく［4］，きしめく［2］，こそめく［4］，こほめく［1］，ごほめく［2］，ささめく［53］，さざめく［4][9]，さらめく［2］，そそめく［5］，そぞめく［1］，そよめく［5］，つつめく［3］，はらめく［2］，ふためく［4］，ぶめく［2］，ほとめ

く［2］，むめく［2］

【擬態語＋メク(8)】［77］

おぼ(朧)めく［22］，きらめく［18］，とろめく［3］，ひらめく［4］，ひろめく［1］，ほのめく［25］，むくめく［2］，ゆらめく［2］

上記の語彙について，意味の拡張の種類によってそれらを一つ一つ分析していった。その中から本論ではいくつかの例を取り上げて説明する。

## 2.3.1 「擬音語＋メク」に見られる意味拡張

### 2.3.1.1 意味拡張が見られない「擬音語＋メク」

これからあげる語は，擬音語を語基に持つ「〜メク」のうち，本論で調査した用例の中で意味拡張を見せないと判断された語の例である。

擬音語とは，ある音を音形に模写した音象徴である。

ここにあげる第1種の語の意味は，もとの音を表す意味のままで，〜メクという形式をとって動詞化し，《音が鳴る》《音がする》という意味を表す。これらは音象徴語が動詞化した段階のものであり，特に「〜メク」において意味拡張を起こしているとは見なされない。

第2種の語の意味は，意味の拡張が「〜メク」と同語基をもつ副詞などの別の品詞で起こっていると見られるものである。

このような判断は資料の中に副詞の例があった場合に限られるため偶然性もあるが，オノマトペから動詞ができているものと副詞を経由して動詞ができているものとは，できる限り区別する必要があると思われる。このことは本論文において通時的な観点をとる目的の一つである。通時的な分析を取り入れることによって，少しでも意味拡張の経路を見極め，短絡的な分析を避けたいと考えるからである。

以上の判断に際して，次のような前提を設ける。

まず単語以下の語基の部分がオノマトペであると捉え，そこから副詞になるもの，動詞になるものなどがあると捉える。そして，意味が対応する同じ形式の語基が副詞と動詞「〜メク」の両方に見られる場合には，動詞化の前に副詞

化が起こったものと捉え，副詞から動詞が派生したものと考えられる。なお，古代と中世それぞれに見られる共時的な派生関係については，副詞の意味と動詞の意味がどのように対応しているかによって判断する。

## 例1 「こほめく」

いまやいまやと，夜ふくるまで板の上に居て，冬の夜なれば，身もすくむ心地す。その比腹そこなひたる上に，衣いと薄し，板の冷えのぼりて，腹こほこほと鳴れば，翁，「あなさがな。冷えこそ過にけれ」といふに，＊しひてこほめきて，ひちひちと聞ゆるはいかになるにかあらんとうたがはし。
（落窪，p.118 l.5）＊「しひて」《むしょうに》

用例中の波線部コホコホトという音を表す例がある通り，コホは音を表す擬音語であったと考えられる。この場合，コホメクになっても，メトニミー的な意味の拡張は見られない。用例中のコホというオノマトペは，お腹がごろごろと鳴るという意味であるが，この／コホ／という音は，音の所有者にとって不可抗力に発生する音である。このような自然に発生する性質を持つ擬音語の場合は，音の所有者の動きや様子が焦点化されにくいものとも考えられる。

## 例2 「ごほめく」

北方の御兄人の明順・道順弁など云人々，「あな心憂。さば，かうにこそ世は有けれ。いかゞせさせ給はんずる」など申騒げど，つゆかひあるべきにもあらず。殿の内に年比曹司して候ひつる人々，「とありともかゝりとも，君のならせ給はんまゝにこそは」とおもはで，よろづをこぼち運び，ごほめきのゝしりてもて出で運び騒ぐを見るに，いみじう心細し。されど「まな」と制し給べきにもあらず。」
（栄花・上，p.162 l.8）

時奏する，いみじうをかし。いみじう寒き夜中ばかりなど，ごほごほとごほめき，沓すり來て，弦うち鳴らしてなん，「何のなにがし，時丑三つ，子四つ」など，はるかなる聲にいひて，時の杭さす音など，いみじうをかし。
（枕草子，二九〇段「時奏する，いみじうをかし」，p.303 l.4）

用例中の波線部にゴホゴホトという音を表す例があるように、ゴホとは音を表す擬音語であったと考えられる。ゴホゴホトは現代語における《ゴトゴト》という意味に近く、ゴホメクは「ごとごと音が鳴る」という意味であった。ここでもゴホメクにおいて、動詞化にともなうメクの作用のほかには意味の拡張は見られないと考えられる。

### 2.3.1.2　メトニミーによる意味拡張を見せる「擬音語＋メク」

音象徴である語基は、「〜メク」となって動詞化する。音象徴の意味をそのまま受け継いで動詞化すれば、《音がする、音が鳴る》という意味になると考えられる。ここではそれらが《音の所有者の動き》を表すようになったメトニミーによる意味拡張の例をあげる。

《音》とその《所有者》とは隣接関係にある。「擬音語＋メク」の形で《音》から《音の所有者の動きや様態》を表すことは、同じ領域内における焦点の移動であると考えられる。そのため、このような意味拡張はメトニミーによる意味拡張であると説明することができる。

**例1**　「はらめく」

古代のハラメクは雨の降るときなどに《ばらばらと音を立てて降る》という意味で用いられており、擬音語ハラハラの意味の一部が動詞に転じたものと考えられる[10]。

> なほ止まず鳴りみちて、雨の足、あたるところ通りぬべく、はらめき落つ。
> 　　　　　　　　　　　　　　　　　　　　　（源氏「須磨」2–p.53 l.6)
> 今日のひるつかたより、雨いといたうはらめきて、あはれにつれづれとふる。
> 　　　　　　　　　　　　　　　　　　　　　　　　（蜻蛉、p.209 l.2)

ハラメクと同じ語基を取る副詞のハラハラトは、a「布、紙などが連続してすれ合う音」、b「いっせいに動く音」、c「物が砕けたりこわれたりする音」を表す。

ハラハラトbの用例
《いっせいに動く音》
河にはらはらと打入て渡るに　　　　　　　　　　　（今昔三一・十一）

ハラハラトcの用例
《物が砕けたりこわれたりする音》
猪の牙を食出たるが，石をはらはらと食へば　　　　（今昔二十・十）
八つの胡桃一度にはらはらと砕にけり　　　　　　　（今昔二三・十九）

　古代の用例に見られる「雨がハラメク」のハラメクは，このうちのハラハラトbとハラハラトcが表す意味に関連していると考えられる。
　擬音語が動詞化して《音がする》《音が鳴る》という意味になり，そこから《音を立てて降る》という意味を表すようになっているため，上記古代の用例中のハラメクは擬音語からのメトニミー的な意味拡張をしていると考えられる。
　一方，中世では「飯がはらめく」という例が日葡辞書にあがっており，「例えば米粒，胡麻入りの菓子など，或るものが，よく煮えないで，分離している。『飯ガハラメク』。飯がこのようによく煮えていない」とある。
　中世の，「飯がハラメク」という場合のハラメクは，《結束しているものが離れる様子》という意味が加わっているという点で，更に新しい意味の拡張が認められる。これは古代において見られた《小さい物が降ること》を表す意味とも関連しており，メトニミー的な意味の拡張であると思われる。
　古代の「雨がハラメク」と言う場合には，降ることに焦点が当たっているが，「飯がハラメク」の場合には，《結束しているものが離れること》へ焦点がずれていると説明することができる。両者は似た意味拡張を見せるが，直接の派生関係にあるものではないと思われる。それぞれがそれぞれに同じような音を表すという領域内で，メトニミーによる意味拡張が起こっていると考えられる。両者の焦点化の様子を図1にして表すと次のようになる。焦点化される部分を曲線枠内で示す。

 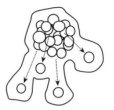

図1　ハラメクにおける焦点化の様子

例2　「ぶめく」

其の後，一両日を経て，大きなる蜂一つ飛来て，御堂の楣(のき)にぶめき行く。
(今昔，5-p.203 l.8)

蜂暫く有て其の引たる□を尋て，東の池に行て，其の□を引たる蓮の葉の上に付て，ぶめき喤(ののしり)けるに，蜘蛛其れにも不見えざりければ，時半許有て，蜂皆飛去て失にけり。
(今昔，5-p.203 l.11)

上の用例にあるように，古代のブメクは，あぶ，蚊，蜂などが《ぶんぶん羽音をたてる》という意味である。音とともにめまぐるしい虫の動きを表している。ブメク①の意味は《音がする》という意味から音の所有者の動きや状態を表す意味へとメトニミーによって意味の拡張が起こったものと考えられる。

また，中世におけるブメクには2つの用例が見られる。中世のブメク①は，古代のブメクと同じく《蜂や蚊などがうるさい羽音をたてる》という意味である。これは古代のブメクの意味を引き継いでいると考えられる。

ブメク①の用例
あめの夜のくらいに，蚊がでて，かしましうぶめく処を，西風がさつと吹て…打払てのけたぞ
(黄鳥鉢鈔_八)

中世に見られるふたつめの用例は次のようなものである。

ブメク②の用例
「ブメク」。「耳ガブメク」。耳がぶんぶん音をたてる
(大文典_二)

「耳がブメク」という表現には，次の二つの意味が考えられる。一つは外界に蚊などの音源が存在して鳴る音を「耳がブメク」と表現する場合であり，もう一つは《耳鳴りがする》という意味で自分の耳の中で音が鳴っている場合である。

外界の音について「耳がブメク」という表現が用いられた場合，「耳がブメク」(ブメク②)と「蚊がブメク」(ブメク①)の関係は，認知心理学における「図－地」の関係の「図－地の反転」として説明することができる(11)。図(figure)とは，「知覚の上で注意の向けられる対象」(大堀 2002: 12)のことであり，「図に対して背景となる際立ちの低い対象」を地(ground)という(大堀 2002: 12)。「図－地の分化は注意の配分によって起きる」(大堀 2003: 13)。そして，図と地の関係は，「ルビンの盃」(12)と呼ばれる例のように，反転して入れ替わることがある。これを「図－地の反転」という。図－地の関係は「知覚のインプットから何を際立ったものとして選ぶか」であり，それは「相対性をもった作業である」と説明されるが(大堀 2002: 13)，この相対性には何らかの要因が関与していると考えられる。例えば，ブメクの分析においては次のように考えられる。

外界の音について「耳がブメク」という表現がされたとした場合の「耳がブメク」(ブメク②)と「蚊がブメク」(ブメク①)では，どちらの表現も，視覚で蚊が飛んでいる動きを捉えることと同時に聴覚で飛んでいる音を捉えるという経験に基づいている。そして，「蚊がブメク」という表現では羽音をともなった蚊の動きに焦点が当てられている。一方「耳がブメク」という表現は，音が耳で鳴っているのを感じる話者の内的感覚のほうに焦点が当たっている。話者にとっては「耳」が際立ち，外界で音を立てている蚊の動きは背景化していると考えられる(13)。

ここにおいて，「感覚器官(耳)ガ～メク」という表現について考えると，全ての擬音語が「～メク」となったときに「耳が～メク」という表現を併せ持つわけではないことに気がつく。例えば，前の条にあったフタメクを取ってみても「耳がフタメク」とは言わないだろう。このような「(感覚器官)ガ～メク」という表現が用いられる要因については，次のようなことが考えられる。

ブメクのブ／bu／のような音は，耳の中で共鳴する類の音であると考えら

れる。そのような類の音が「耳がブメク」のような表現を可能にするものと考えられる。そして，この場合には外界の音源が蚊のように小さくて見えにくかったり，音源がわかりにくいために，それを捉える器官である耳の役割が際立って認知され，「耳」という器官で表されるものと考えられる。

次に「耳がブメク」という表現が《耳鳴りがする》という意味を持つ場合も，上で述べたこと同様の要因に基づくメトニミー表現であると考えられる。しかしこの場合には図－地の反転という説明は当てはまらないと考えられる。《耳鳴りがする》という意味で用いられた場合の「耳がブメク」という表現は，目に見えない音を，その音が発生している耳という空間で表しており，音と，その音が発生する空間との隣接性に基づくメトニミー表現であると考えられる。

以上のような「耳がぶめく」の分析によって，「(感覚器官)ガ～メク」という表現は，一人称の認知主体において感覚器官が働いていることが際立って体験され，感覚器官の働きが意識内で活性化された場合に用いられる表現であると説明することができる。

### 2.3.1.3　メタファーによる意味拡張を見せる「擬音語＋メク」

ここからは，もともとは擬音語であったと見られる語基が「～メク」という形においてメタファーによる意味拡張をしていると見られる語の例をあげる。

これらの事例は全て第1段階にもとの擬音語(語基)の意味からメトニミーによる拡張が起こっていると考えられ，第1段階で派生した意味から第2段階において更にメタファーによる意味拡張が起こったと説明することができる。

**例1**　「そそめく」

ソソメクの場合は，メトニミーによる意味拡張を第1段階に持ち，次にメトニミーとメタファーによる意味拡張が起きていると考えられる。

　　　（第1段階）
　　　[ソソメク　→　ソソメク a]

〈メトニミーによる意味拡張〉
《／soso／という音がする》
→《ざわざわ騒がしい音をたてる》


(第2段階)
[ソソメクa　→　ソソメクb]
〈メタファーによる意味拡張〉
【交替する2つの領域】
起点領域　［具体的な騒がしい音がする場面・空間］
目標領域　［胸の内という抽象的な概念空間］
【対応する意味】
《ざわざわ騒がしい》《落ちつかずそわそわする》


ソソメクaの用例
《ざわざわ騒がしい音をたてる》
果てぬなりと聞く程に，瀧口の弓鳴らし，沓の音し，そそめき出づると，藏人のいみじくたかく踏みごほめかして，丑寅のすみの勾欄に，高膝まづきといふゐずまひに，御前のかたにむかひて，うしろざまに，「誰々か侍る」と問ふこそをかしけれ。
　　　　（枕草子，五六段「殿上の名対面こそなほをかしけれ」，p.100 l.7)

大臣「此の朝臣そゝめきたりけるは。いとまめなりと見るものを，な〔む〕どたは言は多くしつる」宮「ある人をぞ年比氣色ありて聞えけるや。それを今はと思ひて言葉散らすなめり」大臣「うたて，うとからぬなからひなるに，かゝる事どものありける事」との給ふ。かくて侍従の君のために，四十九日のうちに布七匹づ〈つ給ひ〉誦經〔に〕せさせ給ふ。……」
　　　　　　　　　　　　　　　　　（宇津保，2-p.326 l.1)

いと，あはれなる，おのがじゝのいとなみに，起き出でゝ，そゝめき騒ぐも，程なきを，女，いと恥づかしく思ひたり。　（源氏「夕顔」，1-p.139 l.9)

ソソメクbの用例
《落ち着かずそわそわする》
「明日・明後日」と思へば、心あわたゞしく、忙しきに、こなたにも、心の
どかにゐられたらず、そゝめき歩くに、守、外より入り來て、長ながと、
とゞこほる所なく言續けて、「我を思ひ隔てゝ、吾子の御懸想人を、奪はむ
とし給ひけるが、おほけなく心幼きこと。……」

(源氏「東屋」、5-p.143 l.14)

　ソソメクaに見られるメトニミーによる意味拡張では、ソソという音が《大きい音》《騒がしい音》として捉えられている。
　ソソメクbの用例は、浮舟の母君が「婿迎えの日がもう明日明後日に迫っていると思うと、気が気でなくあわただしい気もするので、娘の浮舟の部屋にはゆっくりとも落ちついていられないくらい、そそくさうろつき廻っている」という場面である。波線部の文脈によって「そそめき歩く」という行為が同時に《気が気でなくあわただしい気持ち》を表す行為であることがわかる。
　現代語でも「胸騒ぎがする」という表現や「胸がざわざわする」といった言い方があるが、ソソメクbの例から、古代語でも既に心のあり様を行為の仕方で表現するのにソソメクというオノマトペによる表現が用いられていたことがわかる。
　ソソメクbは、心がざわざわして落ち着かない様子を《音をたてる》という行為に見立てて表現していると解釈することができる。そこで、ソソメクbの意味は擬音語からメトニミーによる意味の拡張を介して、更にメタファーによって意味の拡張が起こったものであると考えられる。
　次に、中世のソソメクは、古代のソソメクaの《ざわざわ騒がしい音をたてる》という意味を引き継いでおらず、擬音語が動詞になったソソメクにおいてメトニミーによる意味拡張が起こったソソメク1を第1段階に持っていると考えられる。
　中世のソソメクは《あたりを憚って、声を立てないようにしながらしきりにことばを交わす》という意味である。

文正がうちのものども，のぞき，そゝめき申けるは（短編＝文正の草子下）

　中世において見られるソソメクでは《ソソという音がする》という意味から《ソソという音をたてる》という意味を表すようになり，それがメタファーによる意味の拡張によって《話すという行為》を表すようになったと考えられる。これらをそれぞれ第1段階と第2段階とする。

　　（第1段階）
　　［ソソメク　→　ソソメク1］
　　〈メトニミーによる意味拡張〉
　　《／soso／という音がする》
　　→《ソソという音をたてる》


　　（第2段階）
　　［ソソメク1　→　中世のソソメク］
　　〈メタファーによる意味拡張〉
　　起点領域　［音をたてる］
　　目標領域　［話す］
　　【対応する意味】
　　《あたりを憚って》《声を立てないように》《しきりに》

例2　「ゆらめく」
　ユラメクのユラはユラ（と），ユラユラ（と）などのユラと同義である。ユラは上代『万葉集』に「足玉（あなだま）[14]も手珠（ただま）もユラに織るはたをきみがみけしに縫ひあへむかも」（万葉集・巻10–2065）とあるように，「玉や鈴などの触れあって鳴る音を表す語」（日国大）であった。それが擬音語からのメトニミー的な意味の拡張によって，古代では《揺れる動き》を表すようになったと考えられる。

　　紫苑色の綾のなよよかなる，白き，又かの少将の脱ぎおきし綾の單衣著

て、髪は此比しもつくろひければ、いとうつくしげにて、長に五寸ばかりあまりて、ゆらめきいくうしろで、いといみじくをかしげなり。

(落窪, p.99 l.7)

　上のユラメクの用例は、髪の毛がゆらゆらと揺れるという意味を表している(15)。
　また、ユラメクとユラユラスル、ユレルとの違いには、ユラメクは観察による動きに限定されるということがあげられる。目に見えないユレ、例えば体感による揺れなどはユラメクでは表せない。現代語では「(自分の乗っている)船がユラユラスル、ユレル」とは言えても、「(自分の乗っている)船がユラメク」とは言いにくい。「地震で(自分のいる)家がユラメク」は更に言えない。一方、ユラユラスル、ユレルは視覚で捉える意味だけでなく、体感によるユレなども含み、ユレていればユレが見えていなくても使える。
　現代語ユラユラスルは、山岡(1998)の現代語の分析で、一人称 ru 形、アスペクト形式やモダリティ形式が無標であるという条件下にあって現れる、「感情表出動詞」の下位分類の「感覚」を表すものに当たると思われる(16)。しかし、古代語のユラメクは観察によって動きを形容する表現に限定されており、感情表出的意味は表し得ない(17)。
　「擬態語＋メク」は、本来はこのユラメクの例のように、目の前で捉えた主体の属性(ここでは《髪の毛が動くさま》)を、視覚で捉えられる様態(ここでは「ゆら」)として表す形式であると考えられる。
　中世のユラメクも次の用例のように「物が、ゆらゆらと動く」という意味であり、古代の意味を引き継いでいると考えられる。中世のユラメクの例は次の通りである。

柘の木はしなうてゆらめくものぢやほどに、鳥が其上にいて欲レ飛ゆらめいて不レ得レ飛ないたほどにとも云ぞ　　　（漢書列伝竺桃抄）

誠に神りよも御なうじうましまし、御風なふして御前のとちやうもゆらめき、左右にむかへるしゝこま犬もうごくけしきに見へければ

（短編＝俵藤太物語下）

ゑいやゑいやと〈門の扉を〉おしたりしは，たださながら大ぢしんのゆる
ごとくゆらめひて有しよな　　　　　　　　　（虎明狂＝あさいな）

## 2.3.2　「擬態語＋メク」に見られる意味拡張

### 2.3.2.1　意味拡張が見られない「擬態語＋メク」

　これからあげる語は，擬態語と考えられる語基を持つ「〜メク」のうち，「〜メク」において意味拡張を見せないと判断される語の例である。

　まず，擬態語(副詞)とは，ある運動を形容するものであり，はじめから修飾する主体の動きのほうに焦点がある。そのため，「〜メク」の形を取っても焦点は主体の動きのほうにあるままである。そこで，このように修飾語であった擬態語(副詞)が動詞に転じてそのような運動を表す意味に拡張された段階では「〜メク」においてメトニミーによる意味拡張は起こらないと考えられる。これは「擬音語＋メク」の場合と異なる。

　またこのほか，「〜メク」と同語基をもつ副詞などで既に意味の拡張が起こっており，「〜メク」の多義性はそれらの意味を受け継いだものであると考えられる場合も，「〜メク」において新たな意味拡張が起こったものとは考えられない。

　以上の判断の前提は2.3.1.1「意味拡張が見られない擬音語」における冒頭の説明で述べたことと同じである。

　まず以上のような理由から「擬態語〜メク」において意味拡張が見られない事例をあげる。

**例1　「とろめく」**

　「答，よとは淀也。水のよどみてながれもやらぬ義也。とろとろともいへり」(『名語記』四)というトロトロの用例は《物がとけて，流動体・粘液状になっているさま》を表す。この用例のように，トロメクのトロは擬態語であるといえる。

　トロメクは下の用例に見るように《眠気がさす，トロトロする》という意味

を表す。これもトロトロという擬態語の意味を受け継いでおり、「〜メク」において新たな意味拡張は起こっていないと考えられる。

> 今昔(いまはむかし)，天竺(てんぢく)に國王御(おはし)けり。其の<u>國王</u>の心極(きはめ)てねぢけくて，<u>性(しやう)</u>，本(もと)より<u>とろめきてぞ</u>有(あり)ける。只寝(い)をのみ眠(ぬ)るを役(やく)と為(せ)り。 (今昔，1–p.318 l.3)

「此の國王は只の事にも不在ず。かく<u>とろめきて</u>寝をのみ眠給ふは，此，必ず御病に在すめり」と云て (今昔，1–p.385 l.5)

## 例2 「ほのめく」

ホノメクと同語基をもつ副詞のホノボノトは「夜の<u>ほのぼのと</u>明くるに」(『伊勢物語』四)のように，《光がわずかで薄暗いさま，またものがはっきりと見分けられないさま》(これをホノボノト a とする)と，「<u>ほのぼのと</u>思い出でてきこえん」(『狭衣物語』一)のように《わずかに聞いたり知ったりするさま》(これをホノボノト b とする)を表す。

ホノメクには次のような用例による意味が見られる。

> ホノメク a の用例
> 《光がわずかで薄暗いさま，またものがはっきりと見分けられない》
> <u>かげろふの有るかなきかに</u><u>ほのめきて</u>あるは有りとも思はざらなむと，ほのかにいふ聲，いみじう，をかしう聞ゆ。
> (宇津保，1–p.61 l.2，歌)

> ホノメク b の用例
> 《わずかに聞いたり知ったりする》
> いまも，さるべきをり，<u>風のつてにも，ほのめき聞え給ふ事</u>，絶えざるべし。 (源氏「乙女」，2–p.320 l.3)

上のホノメクbの用例は《今でも適当な機会には，風の便りにでも，なんとか文通をなさることも絶えないに違いない》という意味で，絆が消えそうで消えないくらいになんとか連絡を取っている様子がホノメクによって表現されている。

　　「この頃，あけくれ思ひ出でたてまつれば，<u>ほのめきもやおはすらん</u>。いかで，おはすらん所に，たづね参らん。罪深げなる身どもにて」と，後の世をさへ，思ひやり給ふ。
　　　　　　　　　　　（源氏「総角」，4-p.450 l.6）《ちょっと姿を見せる》

　上の用例は，源氏物語で中君が夢の中で亡き父（八の宮）の姿を見ることを大君に話している場面で，「殊に大君は，この頃明けても暮れても父宮のことをお思い出し申しあげているので，ちらちらお姿を見せに来たのかもしれないなあ」と思うところである。ここではホノメク主体は「父宮（八の宮）」であり，ホノメク主体の意志性に関わらず，話者側の「かすかに見える」という視点を脱して，動作主体の「かすかに見せる」という意味を表すようになっている。

《ちょっと弾く》
「これは，少し，<u>ほのめか</u>い給ひたりや。「あはれ，わが妻」と言ふ琴は，さりとも，手ならし給ひけむ」など，問ひ給ふ。　　（源氏「東屋」，5-p.196 l.15）

　この用例は琴を弾く場面で《琴を少し弾く》という意味で用いられる例である。とりわけ目の前の特定の場面に強く依存しており，語用論的強化によって意味が特殊化していく例であると考えられる。
　これらの意味はいずれも副詞ホノボノト a，b の意味を受け継いでおり，擬態語が動詞化したものであると考えられる。そのため，古代のホノメク自体には意味の拡張はないと考えられる。

　中世のホノメクには①《そのものの姿がそれとわかる程度の明かりがさしてくる。また，その明かりにものが映じる》，②《その姿は見えないが，実体が

それだと識別できる程度に，声が聞こえる》，③《直裁的にではないが，それとなく言って真意をわからせようとする》，④《そのものらしい明るい傾向やにぎわいなどがようやく現れようとする》という意味があるとされる。それぞれをホノメク①から④とする。

　これらも全て副詞における《ちょっと知覚するさま》《ちょっと…するさま》という意味が動詞化したもので，古代の意味を引き継いだものと考えられる。そのため，中世のホノメクにおいても特に意味拡張が起こったものとは見なさない。

　　　ホノメク①の用例
　　　《そのものの姿がそれとわかる程度の明かりがさしてくる。また，その明かりにものが映じる》
　　　たかねの嵐雲を払て，月もやゝほのめきいで　　　（短編＝あしひき）
　　　まだ残る夜半に春日の仄めきて　花より奥の木がくれの里
　　　　　　　　　　　　　　　　　　　　　　　　　　　（永原千句三）

　　　ホノメク②の用例
　　　《その姿は見えないが，実体がそれと識別できる程度に，声が聞こえる》
　　　ことのはの種とぞ花や惜らん　かはづほのめく木がくれの水
　　　　　　　　　　　　　　　　　　　　　　　　　　　（春夢草上）
　　　ゆふべの風にむしぞほのめく　とをき野の草の末葉に月いでて
　　　　　　　　　　　　　　　　　　　　　　　　　　　（新撰菟玖波四）

　　　ホノメク③の用例
　　　《直裁的にではないが，それとなく言って真意をわからせようとする》
　　　此人やがてひめぎみの御たもとにすがりておほせけるは，かねてよりほのめく事もなくてまいる事はづかしながらとて（短編＝たなばたの本地）
　　　忍尋縁恋　おもひ草おばなが露にぬれぬれすほのめく風のつてにと

はばや（衆妙集）

ホノメク④の用例
《そのものらしい明るい傾向やにぎわいなどがようやく現れようとする》
我そのの梅のほつえに鶯のねになきぬべき恋もするかな。…漸く春がほのめきて，鶯がなきつべき也　　　　　　（古今和歌集聞書十一）
佳句と云い，佳境と云い，心もほのめくほどに，馬の遅がせうし也
　　　　　　　　　　　　　　　　　　　　　　　　（中華若木抄三）
発句。庭ぞ秋掘うへし田のみなる世哉。庭のかたはらに田をうへて，やうやうほのめくにや　　　　　　　　　　　　　　（宗長日記）

## 2.3.2.2　メトニミーによる意味拡張を見せる「擬態語＋メク」

　擬態語は本来動詞で表される動きを形容する意味を持っているため，もともと焦点が動きの様態に置かれていると考えられる。
　そのため，「擬態語＋メク」における動詞化を経ても，「擬音語＋メク」のようにメトニミーによる意味拡張を見せる事例は見られないと判断される。

## 2.3.2.3　メタファーによる意味拡張を見せる「擬態語＋メク」

　ここからは，もともと擬態語だったと考えられる語基が，「〜メク」という形においてメタファーによる意味拡張をしていると捉えられる語の例を挙げ，それらについて分析する。
　これらは次の2種類に分けられる。

1. 擬態語である副詞からメタファーによる拡張が起こっていると考えられる語

　　例1「むくめく」　例2「ひら(平)めく」

2. 第1段階で副詞において擬態語(語基)からメトニミーによる意味拡張が

起こっていると考えられ,「〜メク」において第2段階で更にメタファーによる意味拡張が起こったと考えられる語

　　例3「おぼめく」　例4「きらめく」

**例1 「むくめく」**
　ムクメクは《虫などのようにムクムクと動く,うごめく》という意味を表す。
　一方,副詞ムクムクトには「毛<u>むくむく</u>とある物,さしころされてあり。みれば狸なりけり」(『古今著聞集』一七・六〇三)という例があるように,ムクムクトは「毛などが多く重なり合って生えているさま」という意味があるとされる。ムクメクはこのようなムクムクトで表される《虫のようなもの》に《物体が動く様子》を見立てたもので,副詞ムクムクトからメタファーによる意味拡張が起こっていると考えられる。

　　　「亂れ足は動かれず侍り。<u>左右にかづき給ふる者は蓑蟲のやうにてや,むくめきまいらん</u>」といふ程に　　　（宇津保, 3-p.436 l.2）

　　［ムクムクト　→　ムクメク］
　　〈メタファーによる意味拡張〉
　　【交替する2つの領域】
　　起点領域　［ムクムクとしたさま］
　　目標領域　［ムクムクと動く］
　　【対応する意味】
　　《虫のような動き》

　一方中世のムクメクは,日葡辞書によれば「例えば,着物をひきかぶって寝ている人,土中のもぐらなどが,身体をゆする,すなわち,動かす。例,『押さえたる膝を上げんと<u>むくめき</u>ける〈元和版本『蠢動(むくめき)ける』〉間,云々』『太平記』。巻卅四。手をかけていた膝を動かして,云々」とある。日葡辞書の用例では,古代のムクメクの意味を引き継いでいるように見えるが,下

の用例のように中世のムクメクには「口のむくめいた□ぞ」,「(疵が)むくめき, かゆくて」という表現も見られる。

不ν啓とは, 云い不ν開ぞ。不ν悱, 一悱とは, 口のむくめいた□ぞ
(論語湖月抄 述而)

箭尻等籠たるを抜事。…利木等の抜薬…疵の口に押籠て上を包可ν置。不日にむくめき, かゆくて, 疵の口外へ出也
(金瘡療治鈔)

このような中世のムクメクは古代のムクメクの意味をそのまま引き継いでいるとは言えず, 更にメタファーによる意味拡張が起こっていると考えられる。

**例4 「きらめく」**

キラメクと同じ語基を持つキラキラという副詞は「御あかしの〈略〉おそろしきまで燃えたるに, 仏のきらきらと見え給へるは, いみじうたふときに」(枕草子, 一二〇「正月に寺にこもりたるは」),「見あげ給へれば, 人もなく, 月の顔のみきらきらとして, 夢の心ちもせず」(源氏, 明石)とあるように,「光り輝くさま」を表す。このような例からもキラは擬態語であることがわかる。

キラが動詞化したキラメクは, 次のように《光り輝く》という意味から《派手に振る舞う》という意味を表すようになる。

　　　［キラメクa　→　キラメクb］
　　　〈メタファーによる意味の拡張〉
　　　【交替する2つの領域】
　　　起点領域　［自然現象］
　　　目標領域　［人為的行為］
　　　【対応する意味】
　　　《光輝く》《派手に》

　　キラメクaの用例
　　《光り輝く》

ほどなき庭に，ざれたる呉竹，前栽の露は，猶，かゝる所も，おなじごと<u>きらめき</u>たり。　　　　　　　　（源氏「夕顔」，1–p.140 l.5)
のどかに院の内の有様を御覽ずれば，庭の砂は水精のやうに<u>きらめき</u>て，池の水清く澄みて，色いろの蓮の花竝み生ひたり。
（栄花・下，p.68 l.3)

キラメクｂの用例
《派手にふるまう》
<u>源宰相は</u>，かゝる事をも知り給はで，おもほす事のならぬをのみ思ひ焦られ，臥し沈み，病になり，ある時は遊び<u>きらめき</u>つゝ，旅住みをし，思ひし妻子の上をも知らで，戀ひ悲しみ給ふ。　　　（宇津保，1–p.264 l.4)
このかみの<u>大臣</u>宰相にておはしけるほどは，この殿は中納言にてぞおはしける。ひきこされ給けるぞめでたく，そのころなどおりすべていみじかりし御よおぼえにて，<u>御まじらひのほどなど</u>，事のほかに<u>きらめき</u>給き。　　　　　　　　　　　　　　　　　　　　　（大鏡，p.157 l.1)

キラメクｂでは，ともに《派手に振る舞う》という意味を表している。主体の派手な活動を《きらきらと光り輝く》という意味に見立てたメタファーによる意味拡張が起こったものと考えられる。

中世のキラメクには①《物が光を受けて反射し，美しく光り輝く》という意味と，②《はなやかに，贅を尽くして飾り立てられ，まぶしいばかりである》という意味が見られる。中世のキラメク①は古代のキラメクａの意味を引き継いでいると考えられる。

しかし，中世のキラメク②は，用例を見る限りでは古代のキラメクａや中世のキラメク①から，メタファーによる意味拡張が起こって派生した意味であると思われる。

　　　［キラメク①　→　キラメク②］
　　　〈メタファーによる意味拡張〉
　　　【交替する２つの領域】

起点領域　［自然現象］
目標領域　［人為的行為］
【対応する意味】
《派手》《輝き》


中世のキラメクの用例は次の通りである。

キラメク①の用例
《物が光を受けて反射し，美しく光り輝く》
煌々は星の<u>きらめく</u>なりぞ。小星は夜があくればみへぬが，<u>明星</u>はなを<u>きらめく</u>ぞ　　　　　　　　　　　　　　　　（毛詩抄 七）
<u>網代輿</u>の金威稠（<u>きらめい</u>）たるに宗光は乗下へば，軍兵共は其数御輿を前後左右を打囲み　　　　　　　　　　　　　（神道集 八）

キラメク②の用例　［キラメク①　→　キラメク②］〈メタファーによる意味拡張〉
《はなやかに，贅を尽くして飾り立てられ，まぶしいばかりの状態である》
中納言大将兼長，冬の春日祭の使に立給ひし<u>供の人々</u>，<u>色々の花を折てきらめきける中に</u>　　　　　　　　　　　　　（歌林良材集 下）
急ぎ鹿嶋へ使者をたて，神主をめしよせ，<u>いつよりもきらめいて忠をつくしてもてなしけり</u>。酒も三献と見えし時，沙金百両，能馬に鞍をひてひつたてたり　　　　　　　　　（毛利家本幸若＝信太）

## 2.3.3　古代「オノマトペ＋メク」に見られる意味拡張のまとめ

　以上，本論では，古代のオノマトペが動詞化した「〜メク」に見られる意味拡張について分析を試みた。また同じ形式をとる中世語の「〜メク」がある場合には中世語も続けて分析し，古代語との意味の対応について確認した。
　本章ではまず，擬音語がメクによって動詞化したときに，《ある具体的な音がする》という意味だけでなく，音の所有者の状態までも表すようになるこ

と，更に音の所有者である主体の状態から具体的な行為を示すようになることを見ていった。これらの意味の拡張は，殆どが空間的な隣接性に基づくメトニミーによるものであった。この段階では聴覚で捉えた音を音形に模写して表す形式によって，視覚で捉える状態をも表すようになるという共感覚的な意味の転移という性格も同時に併せ持っていると考えられる。

更に，擬態語からのメタファーによる比喩的な意味拡張(「むくめく」「おぼめく」「きらめく」)の事例も認められた。

本論文で分析対象とした古代の「〜メク」における意味拡張の分類の結果は次頁の表2の通りである。

メタファーによる意味の拡張が起こっていると考えられる語のうち，意味の対応がある同形式の擬音語を対に持っている語(そそめく，そよめく)については，擬音語からいったんメトニミー的な意味の拡張を経たものと考えられるため，第1段階にこれを設けた(そそめくa，そよめくa)。表2のように，このような擬音語＋メクに見られるメトニミーによる意味拡張の事例がもっとも多く見られた。

また，もともと擬態語である語にはメトニミーによる意味拡張は見られないと判断しており，表2でも「なし」としている。

表2 古代「オノマトペ＋メク」に見られる意味拡張

| | 「擬音語＋メク」1-0 〜 1-2　　「擬態語＋メク」2-0 〜 2-2 | 事例数 | 割合(%)(事例数/全事例数) |
|---|---|---|---|
| 1-0 | 意味拡張が見られない事例<br>きしめく，こほめく，ごほめく，さらめく，そぞめく，ほとめく | 6 | 0.167<br>(6/36) |
| 1-1 | メトニミーによる意味拡張を見せる事例<br>〈音→音の所有者の動きや様態〉<br>あめく，うめく a，うめく b，かかめく，こそめく，ささめく a，さざめく，ざざめく，そそめく a，そよめく a，つつめく，はらめく，ぶめく，ふためく，むめく，(ゆらめく)<br>〈部分→全体〉ささめく b | 17 | 0.472<br>(17/36) |
| 1-2 | メタファーによる意味拡張を見せる事例<br>そそめく b，そよめく b，ゆらめく | 3 | 0.083<br>(3/36) |
| | 「擬音語＋メク」1-0 〜 1-2（古代語）　小計 | 26 | 0.722<br>(26/36) |
| 2-0 | 意味拡張が見られない事例<br>とろめく，ひら(閃)めく a，ひら(閃)めく b，ひろめく，ほのめく a，ほのめく b | 6 | 0.167<br>(6/36) |
| 2-1 | メトニミーによる意味拡張を見せる事例<br>なし | 0 | 0<br>(0/36) |
| 2-2 | メタファーによる意味拡張を見せる事例<br>おぼめく a，おぼめく b，きらめく，むくめく | 4 | 0.111<br>(4/36) |
| | 「擬態語＋メク」2-0 〜 2-2（古代語）　小計 | 10 | 0.278<br>(10/36) |

# 3. 中世のオノマトペの研究

　中世以降の「〜メク」については山口豊(1993)などがある。山口豊(1993)は分類語彙表に基づいて中世の〜メクという語彙について意味の分類を行っている。また，特定の作品について語彙を調査したものには，原まどか(2000「中世の擬音・擬態語について舞の本を中心に」)などがある。

## 3.1　中世「オノマトペ＋メク」の対象語彙について

　中世のオノマトペは『時代別国語大辞典　室町時代編』の見出し語に基づ

き,「〜メク」のかたちを取るオノマトペと,それらと同じ語基を持った語を対象として分析した。

## 3.2 中世「オノマトペ＋メク」の意味拡張のまとめ

中世における「オノマトペ＋メク」については,紙面の都合上,本論では結果のみを示す。

中世においては古代よりも多くの事例が検出された。擬音語とともに特に擬態語からの意味拡張の例が多く現れている。そして,擬態語の中でも感覚や感情を表すいわゆる擬情語への意味拡張も見出された。

本論で分析対象とした中世の「オノマトペ＋メク」における意味拡張について量的な結果は次の表3の通りである。なお,メタファーによる意味の拡張が起こっていると考えられる語のうち,擬音語と同形式の語については,第1段階にメトニミーによる意味拡張が起こったものと考えられる。中世においては,擬音語＋メクだけでなく擬態語＋メクの意味拡張の割合も増えており,メタファーによる意味拡張も増えていることがわかる。

表3 中世「オノマトペ＋メク」に見られる意味拡張

|  |  | 事例数 | 割合(%)(事例数/全事例数) |
| --- | --- | --- | --- |
|  | 「擬音語＋メク」1-0〜1-2　　「擬態語＋メク」2-0〜2-2 |  |  |
| 1-0 | 意味拡張が見られない事例<br>うめく①, うめく②, うめく③-1, がやめく, がらめく, ごじめく, ざめく①, ざざめく①, ざざめく②, ざやめく①, そよめく, たぶめく, はためく①, はちめく, ばらめく①, ばらめく②, ひくめく, ひしめく①, ひしめく②, ぶめく①, ふためく①, ふためく②, ゆらめく | 23 | 0.165 (23/139) |
| 1-1 | メトニミーによる意味拡張を見せる事例<br>〈聴覚→視覚〉いめく, うぐやめく, うめく③-1, おめく, かからめく, がさめく, がためく, ぎぎめく①, ぎぎめく②, (ぎしめく), (きちめく), くくめく, こそめく, ごぞめく, ごろめく①, ざくめく, ささめく①, ざぶめく, (ざめく②), さらめく①, (ざやめく), じじめく, すめく, (どくりめく), どめく, どどめく①, どしめく, どよめく, ののめく, (はためく), ばためく, ばばめく, はらめく, ひめく, ひそめく①, びためく, び |  |  |

| | | | |
|---|---|---|---|
| | ちめく, ぶめく②, ぶぶめく, ぼぼめく, わめく, わやめく, わわめく<br>〈聴覚→触覚〉さらめく③ | 44 | 0.317<br>(44/139) |
| 1-2 | メタファーによる意味拡張を見せる事例<br>ががめく, ぎしめく, きちめく, ごろめく②, ざめく③, ささめく②, ざざめく③, ざやめく②, さらめく②, そそめく, (どくりめく), どどめく②, はためく②, はらめく | 14 | 0.102<br>(14/139) |
| | 「擬音語+メク」1-0 〜 1-2(中世語) 小計 | 81 | 0.583<br>(81/139) |
| 2-0 | 意味拡張が見られない事例<br>うごめく, おぼめく①, おぼめく②, ぎらめく, きらめく, ぐじめく, ぐなめく, くるめく, こせめく, じくめく, すためく, すらめく, ぞろめく, たぢめく, だらめく, ちらめく, ちろめく, つぶめく, ぶつめく, てばめく, とちめく, にとめく, ばさめく, ひかめく, ひくめく, びくめく, ひそめく②, ひらめく①, ひらめく②, ぶきめく, ふらめく, ぶらめく, ほのめく①, ほのめく②, ほのめく③, ほのめく④, ほろめく, ゆさめく, ゆすめく, ゆぶめく, ゆらめく, よろめく, わさめく, 〈感覚〉ひりめく, 〈感情〉いらめく | 45 | 0.324<br>(45/139) |
| 2-1 | メトニミーによる意味拡張を見せる事例<br>なし | 0 | 0<br>(0/139) |
| 2-2 | メタファーによる意味拡張を見せる事例<br>おぼめく, きらめく, ぐりめく, ざくめく, ぞぞめく, ひら(閃)めく, ひら(平)めく, びらめく, びろめく, ほめく, ほほめく, ほのめく, むくめく | 13 | 0.094<br>(13/139) |
| | 「擬態語+メク」2-0 〜 2-2(中世語) 小計 | 58 | 0.417<br>(58/139) |

# 4. 古代・中世「オノマトペ＋メク」における意味拡張の特徴

## 4.1 メトニミーのメタファーへの先行：古代・中世「オノマトペ＋メク」の意味拡張の特徴

　古代・中世語のオノマトペにおける意味拡張について、まず、共通の形式をもった擬音語と擬態語間に見られる意味拡張は、空間的近接関係に基づくメトニミー的な比喩による意味の拡張であると考えられる。擬音語からメトニミー的な意味の拡張によって音が背景化し、音がなくてもそのような様子を形容す

るようになると考えられる。
　また，音を表す擬音語がはじめにある場合，上記のように様態を表す擬態語へとメトニミー的な意味拡張を起こしてから，次にメタファーによる意味の拡張が起こると考えられる。
　例えば，古代語のソソメクという語ははじめに《ソソという音がする》という意味を表していたと考えられるが，それが動詞「〜メク」という環境にあって，音よりも動作主体の行為のほうに焦点が移動し，《ソソという音をたてる》という意味に拡張したものと考えられる。ここにおいて，ソソメクは《ソソという音がする》というソソメクの意味（これを意味①とする）から《ソソという音をたてる》というソソメクの意味（これを意味②とする）へとメトニミー的な意味の拡張を起こしたと考えられる。そして，このようにメトニミー的な意味拡張によって派生したソソメク②の《ソソという音をたてる》という意味がメタファー的な意味の拡張を起こして《落ちつかずそわそわする》という意味を表すようになったものと考えられる。つまり，メトニミー的な意味拡張によって生じた意味からメタファーによる意味拡張が起こったものと考えられる。
　従って，本論文の古代・中世語それぞれの「擬音語＋メク」の意味拡張については，メトニミーによる意味の拡張がメタファーによる意味の拡張に先行すると考えられる。
　更に，古代および中世の擬態語に見られる比喩的な意味の拡張を見ると，メタファーによる比喩表現が多く見られ，このうち感情を表す意味に拡張した例もわずかながら認められた。
　これらの意味拡張の事例によって，メタファーによる比喩表現は，外見の様態や動きを表すようになる意味拡張が心的状態を表す意味に先行すると考えられる。
　ただし，触覚に基づいて形状を表す表現については外見の様態や動きを表す意味に先行すると考えられる事例も見られた。

## 4.2 メトニミーからメタファーへ：
## 　　古代から中世にかけて見られる意味拡張のしかたの変化

「擬音語＋メク」については，メトニミーによる意味の拡張が中心だった古代と同様に，中世においても多くの事例が見出せるが，古代とくらべ，中世においては擬音語からのメトニミー的な意味拡張を経て，更にメタファーによる意味の拡張を見せる事例がより多く出現する。

## 4.3　分析結果とまとめ

本論文で分析対象とした古代および中世のオノマトペ「～メク」における意味拡張の量的な詳細は次頁の表4の通りである。

メタファーによる意味拡張が起こったと考えられる語の中で，擬音語と同形式で意味が対応していると考えられる語については，第1段階にメトニミーによる意味拡張が起こって，そこからメタファーによる意味拡張が起こったものと考えられる。

表4のように，古代のおいては擬音語＋メクに見られるメトニミーによる意味拡張が多くの割合を占めており，中世に至っても，擬態語＋メクのメトニミーによる意味拡張の事例は同様に多くあるが，古代においてメトニミーによる意味拡張を見せた事例から，中世ではメタファーによる意味拡張が更に多く見られる。そして，中世では擬態語＋メク全体の割合が増えている。

表4　古代・中世「オノマトペ＋メク」に見られる意味拡張

| | 「擬音語＋メク」1-0 ～ 1-2 | 「擬態語＋メク」2-0 ～ 2-2 | 数 古代 中世 | 割合(%) (数/全体数) 古代 中世 |
|---|---|---|---|---|
| 1-0 | 意味拡張が見られない事例 きしめく，こほめく，ごほめく，さらめく，そぞめく，ほとめく | 意味拡張が見られない事例 うめく①，うめく②，うめく③-1，がやめく，がらめく，ごじめく，ざめく①，ざざめく①， | | |

| | | | | |
|---|---|---|---|---|
| | | ざざめく②，ざやめく①，そよめく，たぶめく，はためく①，はちめく，ばらめく①，ばらめく②，ひくめく，ひしめく①，ひしめく②，ぶめく①，ふためく①，ふためく②，ゆらめく | 6<br>23 | 0.167<br>0.165 |
| 1–1 | メトニミーによる意味拡張を見せる事例<br>〈音→音の所有者の動きや様態〉あめく，うめくa，うめくb，かかめく，こそめく，ささめくa，さざめく，ざざめく，そそめくa，そよめくa，つつめく，はらめく，ぶめく，ふためく，むめく，（ゆらめく）<br>〈部分→全体〉ささめくb | メトニミーによる意味拡張を見せる事例<br>〈聴覚→視覚〉いめく，うぐやめく，うめく③-1，おめく，かからめく，がさめく，がためく，ぎぎめく①，ぎぎめく②，（ぎしめく），（きちめく），くくめく，こそめく，ごぞめく，ごろめく①，ざくめく，ささめく①，ざぶめく，（ざめく②），さらめく①，（ざやめく），じじめく，すめく，（どくりめく），どめく，どどめく①，どしめく，どよめく，ののめく，（はためく），ばためく，ばばめく，はらめく，ひめく，ひそめく①，びためく，びちめく，ぶめく②，ぶぶめく，ぼぼめく，わめく，わやめく，わわめく<br>〈聴覚→触覚〉さらめく③ | 14<br>44 | 0.472<br>0.317 |
| 1–2 | メタファーによる意味拡張を見せる事例<br>そそめくb，そよめくb，ゆらめく | メタファーによる意味拡張を見せる事例<br>メタファーによる意味拡張を見せる事例<br>がみめく，ぎしめく，きちめく，ごろめく②，ざめく③，ささめく②，ざざめく③，ざやめく②，さらめく②，そそめく，（どくりめく），どどめく②，はためく，はらめく | 3<br>14 | 0.083<br>0.102 |
| | | 「擬音語＋メク」1-0 ～ 1-2　小計 | 26<br>81 | 0.722<br>0.583 |
| 2–0 | 意味拡張が見られない事例<br>とろめく，ひら(閃)めくa，ひら(閃)めくb，ひろめく，ほのめくa，ほのめくb | 意味拡張が見られない事例<br>うごめく，おぼめく①，おぼめく②，ぎらめく，きろめく，ぐじめく，ぐなめく，くるめく， | | |

| | | こせめく，じくめく，すためく，すらめく，ぞろめく，たぢめく，だらめく，ちらめく，ちろめく，つぶめく，ぶつめく，てばめく，とちめく，にとめく，ばさめく，ひかめく，ひくめく，びくめく，ひそめく②，ひらめく①，ひらめく②，ぶきめく，ふらめく，ぶらめく，ほのめく①，ほのめく②，ほのめく③，ほのめく④，ほろめく，ゆさめく，ゆすめく，ゆぶめく，ゆらめく，よろめく，わさめく，〈感覚〉ひりめく，〈感情〉いらめく | 6 45 | 0.324 (45/139) |
|---|---|---|---|---|
| 2-1 | メトニミーによる意味拡張を見せる事例 なし | | 0 0 | 0.000 0.000 |
| 2-2 | おぼめくa，おぼめくb，きらめく，むくめく | おぼめく，きらめく，ぐりめく，ぞぞめく，ひら(閃)めく，ひら(平)めく，びらめく，びろめく，ほめく，ほほめく，ほのめく，むくめく | 4 13 | 0.111 0.094 |
| | | 「擬態語＋メク」2-0～2-2 小計 | 58 | 0.278 0.417 |

　最後に，本論の分析で得られた古代から中世にかけて見られたオノマトペ＋メクにおける意味拡張の5つのパターンを次の図2のように提示する。いずれも各々の事例が必ずそのモデルに限定されるという意味ではなく，全事例の分析結果から可能性のあるパターンを提示するものである。

　本論文では，オノマトペの動詞形「～メク」の意味拡張として上のようなパターンを提示したが，分析中でも示したように，副詞の段階で動詞を修飾することによって意味が拡張した事例も多いと考えられる。しかし，モデル1のような意味拡張を見せるカカメクのような事例では，「カカト鳴ク」といった副詞の段階で意味を拡張させることはないと考えられる。このような具体的な鳴き声を表す擬音語は，～メクのように動詞化すると，同時にメトニミーによる意味拡張が起こり，音の所有者の行為が焦点化される。例えばカカトという

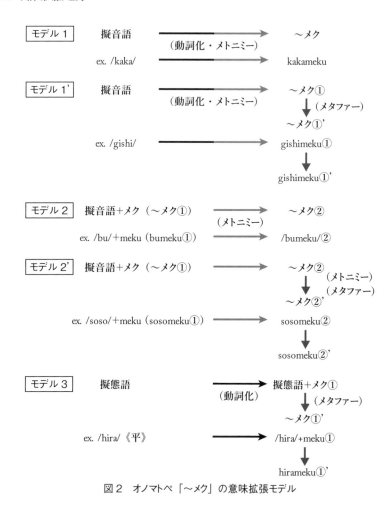

図2 オノマトペ「〜メク」の意味拡張モデル

副詞がカカメクになると,《カカという音がする》といった意味を介さずに,《猿がカカと鳴く》という行為を表すようになると考えられる。

　モデル1およびモデル1'とモデル2およびモデル2'との違いは,動詞化したときにメトニミーによる意味拡張が起こらない段階を設けられるか設けられないかの違いとする。モデル1および1'では動詞化と同時にメトニミーによる意味拡張が起こると考えられるのに対して,モデル2および2'では《音がする》という意味を持つ段階が見られ,それらは動詞化したときに同時にメ

トニミーによる意味拡張が起こったものとは考えられない事例である。例えば、「木の葉がソヨメク」という事例などもそうで、ソヨメクのソヨは葉が風に吹かれて揺れる音を表したが、ソヨメクという動詞になると先ず《ソヨという音がする》ことを表し、そこからメトニミーによる意味拡張が起こって《ソヨという音をたてる動き》が焦点化されて《風に吹かれて揺れる》という意味が派生したものと考えられる。

　モデル1および1'が動詞化と同時にメトニミーによる意味拡張を起こすと考えられる理由は、認知的際立ちの原則に基づくものと考えられる。特にhuman > non human, visinle > invisible(R. W. Langacker 1993)といった認知的際立ちの原則に従って、カカメクやアメク、ワメク、ムメクといった語は、それぞれ「カカ、ア、ワ、ム」という有情物が発する声が動詞化すると、同時にその音の所有者の声をともなう行為を表すようになるものと考えられる。

　モデル3は擬態語＋メクからの意味拡張を提示したものである。もともと擬態語である語を語基にもつ〜メクが意味拡張を見せる場合は、メタファーによる意味拡張であると考えられる。

　以上、本研究の分析および考察結果は次の通りである。

〈共時的な考察〉
1)　古代語と中世語のオノマトペ「〜メク」において、共通の形式をもった擬音語と擬態語間に見られる意味拡張は、空間的隣接関係に基づくメトニミーによる意味の拡張であること。
　その際、聴覚と視覚間で感覚間に交替が起こることから、派生した語は共感覚的メトニミー表現でもあると考えられること。
2)　古代語と中世語の「擬音語＋メク」のうち、メタファーによる意味拡張が見られる事例では、第1段階にメトニミーによる意味拡張が起こり、第1段階で派生した意味から第2段階でメタファーによる意味拡張が起こったものと考えられること。
3)　外見の状態を表す表現から感情を表すメタファー表現が派生したと考えられること。

〈通時的な考察〉
4) メトニミーによる意味の拡張が中心だった古代語と同様に，中世においても多くのメトニミーによる意味拡張の事例を見出せるが，古代語とくらべ，中世語においては擬音語からメトニミーによる意味拡張を介して更にメタファーによる意味の拡張を見せる事例がより多く現れること。
5) メタファーによる意味の拡張を見せる事例において，外見の状態を表わす擬態語(非擬情語，狭義擬態語)から感覚や感情を表す擬態語(擬情語)へと意味拡張を起こした事例は，古代から中世にかけて若干数現れること。
6) 外見の状態を表すメタファーによる比喩表現が，感情を表すメタファーによる比喩表現に先行すると考えられること。

注
(1) 「めく」について『時代別国語大辞典』には次のように説明されている。
　　め・く(接尾四)名詞，また，擬態語・擬声語を中心とする副詞に付いて，動詞をつくる。「meki, u, eita.(メキ，ク，イタ)。或る名詞と複合して用いられ，或る物のように見えるとか，示すとかを意味することば。例，「人メク」。分別，知識などのある人に見せかける。「色メク」。或る色などがよく現れる。すなわち，輝く。「ワサメク」。よく語る，すなわち，話す」(日葡)①名詞に付いて，いかにもそのものの雰囲気を感じさせる意を表わす。「医書ノ臣トモシタゾ。仙人メイタ者ナリ」(玉塵三)「柴の垣ほ，竹の柱，草木のたゝずまひも山里めきて，都の内の心ちもし侍らず」(草根集二)②名詞に付いて，いかにもそのものの特徴がはっきり見えてくる意を表わす。「色めく　色付心也。めくは，色に成リたると云心也」(謡抄湯谷)「まだきより冬めきたる月すさまじく」(四道九品)③擬態語・擬声語などに付いて，そういう様子を如実に示す意を表わす。「ざざめく」「ほのめく」「ろりめく」など。「副詞その他の語の多くからは…繰返しの終りの語を省き助辞「メキ，メク」を添えて，或る動詞が形成される。それらはそのような調子にするとか，そのような様子を示すとかの意味を持っている。例，「ビタビタ」…「ビタメク」…。「グワラグワラ」…「グワラメク」…。「ジジメク」…「ギギメク」…「ザザメク」」(大文典二)「虚空ニモ七星ハヒカメイテ有ル程ニ，空ニモヨイゾ」(襟帯集)「自若ハ理運ニサウヌテイニ，自然ニワザトメカヌゾ」(玉塵一)
(2) 「枕草子のオノマトペ」(古館広子，1981. 12)，「古事記の擬音語」(春日和男，1950. 12)，「上代文学における擬音語・擬態語の効果」(俞　三善，1993. 03)，「むかしの擬声語・擬態語」(鈴木雅子，1965. 12)，「方言の擬声語・擬態語」(都竹通年雄，1965. 12)，大坪併治(1989)，山口仲美(1970a. 11, 1970b. 12, 1976. 11, 1976. 12, 1983, 1989, 2001,

2002)など。
(3) 漢数字は横書きに合わせてアラビア数字にした。
(4) 出典の表記及び成立時期は,『日本国語大辞典』(1972, 小学館)別冊「主要出典一覧」に依る。
(5) 以降,用例の下線は筆者大澤(伊藤)による。下線部のうち実線は当該語彙「〜メク」を,二重線はその状態の所有者または運動の動作主体を,波線は,文内の最も近いところで「〜メク」の解釈に役立つ内容を示す。
(6) 「なまめく」の上接語に当たる「なま(生)」は,接頭辞とされているが,次の例のように単独用法もあるので副詞とする。副詞の「なま」は《なんとなく,どことなく》という意味である。
 (例)御調度どもゝ,いと古體に,なれたるが,昔様にてうるはしきを,「なま,物の故知らん」と思へる人,さる物要じて(源氏「蓬生」,2-p. 139 l. 14)
 《お道具類などで,いかにも古風で手慣れたのが,昔風の作りできちんとしているので,何かその由緒でも知ろうと思う半可通の成り上がり物は,そういう物をほしがって》
(7) ノドメクは本論では形容動詞ナリ形に分類し,本論で分析対象としたオノマトペの類からは除外した。
(8) ( )で包んだものは,その助詞を用いたり,用いなかったりすることを示す,とある(大坪1989: 578「備考」)。( )のないその他の助詞「と」はいずれの例にも用いられていることを示している。
(9) 清濁について論じられたものには川本栄一郎(1966),山口仲美(1973),松尾聡(1975)などがある。ササメクとサザメクの存在について,川本(1966)と松尾(1975)の研究によると,中古語の「さざめく」は存在しなかったとされる。このような研究を考慮しながら,中古語の清濁を扱っていく。
(10) ここでは擬音語のハラハラトから中古の用例に見られる「雨がハラメク」のハラメクが派生したと説明することができるので,「はらはらと落つる涙ぞあはれなる」(山家集)や「御髪のかかりはらはらと清らにて」(源氏,若菜下)のような擬態語のハラハラトとは別に扱う。
(11) Langacker, R. W. (1987b)は認知心理学の「図と地」の関係を言語学に応用しており,図と地はそれぞれプロファイルとベースという術語で説明される。
(12) 「ルビンの盃」と呼ばれる左の図は見方によって盃(さかずき)に見え,顔が向き合っているようにも見える。
(13) 瀬戸賢一(1997)では(巻下吉夫,瀬戸賢一著,中右実編,日英語比較選書『文化と発想とレトリック』,研究社出版),例えば "Bees are swarming in the garden." が "The garden is swarming with bees." に転じるような例が図地反転のメトニミーとして説明さ

(14)「足玉」は「あしだま」(鶴久, 森山隆編『万葉集』:309, 1972, 桜楓社)という訓みが与えられていたが, 中村 1991(中村哲信, 「あなだま考」『国語と国文学』平成 3 年 7 月号)より, 「あなだま」と訓む。
(15)ユラメクは現代語では「炎がゆらめく」のように, 光などがかすかに揺れる様子を表す。中古のユラメクと現代のユラメクとではその意味に縮小化が見られる。
(16)山岡(1998)は「発話者が発話時における発話者自身の感情を, 動詞述語のル形終止を用いて表出する表現である」と定義し, 次のような「感情動詞の三分類と下位分類」を挙げている。

感情動詞の三分類と下位分類(山岡 1998:48)

|  | 1 思考 | 2 情意 | 3 感覚 | 4 知覚 | S 評価用法 |
| --- | --- | --- | --- | --- | --- |
| (A)感情表出<br>[I]+V-ru | A-1 思考表出<br>〜ト(〜ク)思う | A-2 情意表出<br>困る | A-3 感覚表出<br>胃ガ痛む | A-4 知覚表出<br>見える | S-A 表意表出<br>(〜ニ驚く) |
| (B)感情変化<br>[I]+V-ta | B-1 思考変化<br>ひらめく | B-2 情意変化<br>あきれる | B-3 感覚変化<br>肩が凝る |  | S-B 評価変化<br>(〜ニ驚いた) |
| (C)感情描写<br>I+V-teiru | C-1 思考描写<br>〜ヲ思う | C-2 情意描写<br>怒る | C-3 感覚描写<br>顔がほてる | C-4 知覚描写<br>見る |  |

(17)現代語のユラメクもこれを引き継いでいる。

## 参考文献

出口ひづる(1982)「『なまめく』『なまめかし』考―宇津保物語を中心に―」, 『国語国文薩摩路』27:29-42

原まどか(2000)「中世の擬音・擬態語について―舞の本を中心に」, 『国語研究』63, 國學院大學:47-63

古館広子(1981)「枕草子のオノマトペ」, 『成蹊国文』15:45-60

今泉忠義(2000)『新装版 源氏物語(一)』, 講談社学術文庫

今泉忠義(2001)『新装版 源氏物語(二)』, 講談社学術文庫

今泉忠義(2001)『新装版 源氏物語(三)』, 講談社学術文庫

今泉忠義(2001)『新装版 源氏物語(四)』, 講談社学術文庫

今泉忠義(2002)『新装版 源氏物語(五)』, 講談社学術文庫

今泉忠義(2002)『新装版 源氏物語(六)』, 講談社学術文庫

今泉忠義(2003)『新装版 源氏物語(七)』, 講談社学術文庫

伊藤理英(2002)「オノマトペに関する考察:擬音語と擬態語間の共感覚比喩表現について」, 『日本エドワード・サピア協会 研究年報』16:55-66

伊藤理英(2004)「中古の比喩表現について」, 『人間文化論叢』6(2003年度), お茶の水女子大学大学院人間文化研究科:105-117

春日和男(1950)「古事記の擬音語」, 『福岡商大論叢』1(3):55-80

南芳公(1978)「中古接尾辞攷(一)—ダツ・メクの機能—」,『国語研究』41, 國學院大學:31-52
中村哲信(1991)「あなだま考—「記」・「紀」と「万葉集」の玉をめぐって」『国語と国文学』68(7), 平成3年7月号, 至文堂:1-15
小川五朗(1970)「説話集にあらわれる『—めく』『—めかす』について」,『関東短期大学紀要』16:19-28
大堀壽夫(1992a)『認知言語学』,東京大学出版会
大堀壽夫(1992b)「言語記号の類像性再考」,『ポストモダンの記号論・情報と類像』,日本記号学会(編),東海大学出版会:87-96
大堀壽夫(2002)『認知言語学』,東京大学出版会
大坪併治(1989)『擬声語の研究』,明治書院
Ronald W. Langacker(1988) *The Cognitive Perspective*. Duisburg: Linguistic Agency University.
Ronald W. Langacker(1993) "Reference-point Constructions." *Cognitive linguistics* 4 (1): 1-38
関一雄(1977)『国語複合動詞の研究』,笠間書院
関一雄(1979)「接尾語『ぶ』『む』『めく』『だつ』・『がる』の消長(一)平安時代仮名文学の用例を中心に」,『山口大学文学会誌』30:45-65
関一雄(1982)「接尾語『ぶ』『む』『めく』『だつ』・『がる』の消長(二)平安時代仮名文学の用例を中心に」,『馬淵和夫博士退官記念国語学論集』:593-618
鈴木泰(1992)『古代日本語動詞のテンス・アスペクト:源氏物語の分析』,ひつじ書房
鈴木雅子1965「むかしの擬声語・擬態語」,『言語生活』171,筑摩書房:60-65
辻田昌三(1976)「『だつ』と『めく』」,『埴生野国文』6,四天王寺女子大学国文学会:10-19
都竹通年雄(1965)「方言の擬声語・擬態語」,『言語生活』171,筑摩書房:40-49
上野辰義(1987)「『いまめく』『いまめかし』等の語義について」,『神戸女子大学紀要』(文学部篇)20(1):35-50
梅野きみ子(1975)「『源氏物語』の『なまめく』と『なまめかし』について」,『椙山女学園大学研究論集』6:187-212
梅野きみ子(1981)「『浜松中納言』における「えん」と「なまめく」「なまめかし」:『源氏物語』の用法と対比して」,『名古屋大学国語国文』49:1-14
梅野きみ子(1982)「『夜の寝覚』における「えん」と「なまめく」「なまめかし」」,『名古屋平安文学研究会会報』8:1-20
山田進・菊池康人・籾山洋介編(2000)『日本語:意味と文法の風景:国広哲弥教授古希記念論文集』,ひつじ書房
山口仲美(1970a)「今昔物語集の文体について 直喩表現の分析から—1—」,『国語と国文学』47(11),至文堂:43-58
山口仲美(1970b)「今昔物語集の文体について—直喩表現の分析から—2—」,『国語と国文学』47(12),至文堂:31-47

山口仲美(1976a)「源氏物語の比喩表現と作者－上－」,『国語国文』45(11), 中央図書出版社：1–16
山口仲美(1976b)「源氏物語の比喩表現と作者－下－」,『国語国文』45(12), 中央図書出版社：16–33
山口仲美(1983)「『つぶつぶと』肥えたまへる人(読む)」,『日本文学』32(8), 日本文学協会編：65–68
山口仲美(1983)「源氏物語の象徴詞－その独自の用法」,『国語と国文学』60(10), 至文堂：26–38
山口仲美(1989)『ちんちん千鳥のなく声は 日本人が聴いた鳥の声』, 大修館書店
山口仲美(1992)「『擬声語の研究』大坪併治」,『国語学』168：47–52
山口仲美(2001)「擬音語・擬態語の変化」,『日本語史研究の課題』所収, 日本語研究会編, 武蔵野書院：200–225
山口仲美(2002)『犬は『びよ』と鳴いていた：日本語は擬音語・擬態語が面白い』, 光文社
山口豊(1993)「接尾辞『めく』の消長」,『言語表現研究』9：28–35, 兵庫教育大学
山梨正明(1988)『比喩と理解』, 東京大学出版会
山岡政紀(1998)「感情表出動詞文の分類と語彙」,『日本語日本文学』第8号, 創価大学日本語日本文学会：1–17
兪三善(1993)「上代文学における擬音語・擬態語の効果」,『実践国文学』43：125–130

**辞典・事典ほか(年代順)**

『日本国語大辞典』(1972–1981), 小学館
『時代別国語大辞典 室町時代編』(1985–2001), 三省堂

# 時間認知による副詞と名詞の分類考
―副詞的名詞句の品詞分類研究から―

寺﨑知之

## 1. はじめに

　本論の目的は，品詞論においては大きく副詞と呼称される要素について，密接に関係を持つ「名詞」との関係性を精査し，そこから副詞としての特性を与える要素として，「時間性」とは何かを記述することである。「品詞のゴミ箱」と言われることすらある副詞的カテゴリにおいて，他の品詞との差異を厳格に識別し，特定することは困難であり，必定，本論で扱われる語群はその他のカテゴリとの境界的なものを多分に含むことになる。これらの語群において，どのように時間的要素が立ち現れ，どのようにして「副詞的」たらしめているのかを精査することにより，品詞における時間要素の扱い方，それぞれの品詞の特性を改めて検討する階となる。

### 1.1　認知言語学における時間の概念

　言語のメカニズムを人間の認知能力に根ざしたものと見なす認知言語学においては，事態の有り様とその受容に関わる部分が言語運用に大きな影響を及ぼ

すため，とりわけ時間という要因が重要になってくる．本論では，中心的な認知言語学の理論の中で，時間という要因がどのように関わってくるか，総論的立場の強いLangacker(2008)，山梨(1995, 2000)などから概観する．

　認知言語学の理論体系の中で，時間は最も根源的な経験の中の一要素として現れる．まず，認知言語学の中でも重要な術語にはイメージ・スキーマ(image schema)がある．これは概念以前の存在であり，認知能力を認める上での大前提とされ，身体的な経験を繰り返すことによって得られる，比較的単純な一定のパターンや形式，規則性などとされる．日常的に経験されることから得られるイメージの総体として，頻繁に取り扱われる事例としては例えば容器のスキーマ(Johnson 1987)などがあり，これは個々の容器のイメージを指すものではなく，空間への出入りに関わる具体的な経験の中で繰り返し表れる，抽象的な構造そのものを示す．Langacker(2008)においては，イメージ・スキーマとは「特に視覚，空間，動き，そして力と関連する日常の身体経験から抽出されたスキーマ化されたパターンである(Langacker 2008: 41)」とあり，このイメージ・スキーマの記述の中に，最も基本的であると思われる時間に関する能力がある．

> ある特定の経験ドメインにある，これ以上何にも還元することのできない**最小の概念(minimal concepts)**は，ある基本的な感覚に基づいている．空間のドメイン内には線，角，湾曲の概念が，視覚のドメイン内には明るさや焦点色の概念が，時間のドメインには順序の先行性の概念が，そして運動のドメイン内には筋肉の力を使うといった概念が，最小の概念として存在している．
> 　　　　　　　　　　　　　　　　　　　　　　　　　　　(ibid.: 42)

　論旨に含まれないため，Langackerは「時間とは何か」という方向性での議論は行っていないが，この「順序の先行性の概念」という端的な表現から，「時間知覚」の本質的要素がイメージ・スキーマの構成に必要不可欠であることが述べられている．また，イメージ・スキーマによって得られる概念について，Langackerは以下のように述べる．

最も重要なことは，言語が表す意味として喚起される概念は**明確ではない**ということである。概念は明確な方法で世界を反映したり，世界と一致することはない。また，概念は客観的な状況から直接的に自動的に得られることもない。したがって概念意味論は，日常言語に多く見られる創造的な認知プロセスと心的な構築物を明らかにしていかなければならない。

(ibid.: 45)

こうした概念の有り様について，同じく経験のドメインの記述で具体例を挙げているのが山梨(2000)である。この中で，やはり時間のドメインは認知の基本ドメインの１つとしてあげられている(ibid.: 40)が，この基本ドメインと具体的な経験ドメインの間には隔たりがあり，時間についての記述は慎重なものとなっている。

外界認知に関わる経験のなかでも，特に場所・空間の認知に関わる経験は，日常言語の意味の発展の場として重要な役割をになっている。この種の経験は，場所・空間を直接的に反映する経験として理解されているのではない。場所・空間にかかわる経験は，前・後，上・下，遠・近，高・低，左・右をはじめとする認知主体の主観的な解釈を反映するさまざまな次元によって特徴づけられている。場所・空間にかかわるこの種の次元は，われわれが投げ込まれている世界の位相空間的な概念の背景となっているだけでなく，我々の日常生活における主観的な概念の体系を特徴づけている。ここで問題とする主観的な概念の領域としては，<u>時間</u>，性格，対人関係，情報量，能力などに関わる意味領域が考えられる。<u>例えば，「１時間前」，「30分後」のような表現から明らかなように，時間の概念の叙述には，場所・空間的な次元の一つである前・後の次元が関わっている</u>。

(ibid.: 121 下線は筆者)

ここで述べられていることはつまり，「時間知覚」については根源的な能力であり，ヒトの認知を考える上では必要不可欠ではあるが，実際の言語として表れる「前」「後」などの表現は，空間的な経験に依拠したものになるという

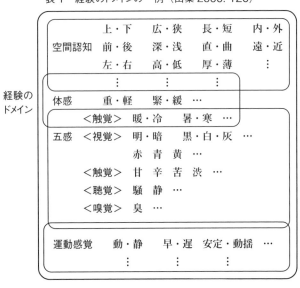

表 1 経験のドメインの一例（山梨 2000: 120）

ことである。このような「時間知覚そのものの根源性」と「言語表現」の隔たりについては，注意する必要がある。

## 1.2 時間語彙と空間語彙の関係性

言葉に立ち現れる「時間性」という観点については，以下のようないくつかの引用からその扱いが確認出来る。

> 一般に，時間にはそれ自身のことばがない。そこで，ことばを借りる。どこから借りるか。一番ふつうなのは，空間からの借用である。そもそも「時間」の「間」は，「あいだ」であり，空間のことばである。「空間」の「間」と共通だが，これは「間」の意味が「空間」と「時間」のどこか中間にあることを意味しない。あくまで「空間」からの借用である。　（瀬戸 2005: 200）

空間というのは人間が直接身を置くことのできるところであり，<u>視覚や触</u>

覚によって直接把握できる具体的な領域である。一方，時間は私たちが五感などによって直接把握できる対象とは考えられず，空間と比べて抽象的な領域である。このような空間と時間の本質的な違いを考えると，時間という把握しにくい対象を，空間というより把握しやすい対象を通して理解するという私たちの認知方略(cognitive strategy)の言語への反映として，空間から時間への一方向的な意味の拡張があると考えられる。

(籾山・深田 2003: 145 下線は筆者)

TIME　1. Time is directional and Irreversible
　　　2. Time is Continuous
　　　3. Time is Time is Segmentable
　　　4. Time can be measured

(Lakoff and Johnson 1980: 138)

　瀬戸(2005)と籾山・深田(2003)は一般的であると思われる「時間に関わる言葉」(以下「時間語彙」と呼称する。同様に空間的要素に関わる言葉は「空間語彙」である)の扱いを端的に示したものである。その下のLakoff and Johnson (1999)は時間にどのような要素が存在し，それが何と対応してメタファー写像がなされるかを検討するものである。こうして「言葉」と「時間」の関係性を考察する場合には，多くの議論においては「時間語彙」は多くの部分において「空間語彙」に依拠しているという結論が導き出されるわけである。しかし，こうした記述を成立させる上で必須であるのは，「時間的であるとはどういうことか」という規定であろう。本論では，「時間語彙」に含まれる語群の中から，それを「時間的」たらしめる要素を引き出し，そうでない語群と識別し，特徴を絞り込むことを目標とする。
　例えば，興味深い題材には，定延(2002)の中の「空間的分布を表す時間語彙」と呼ばれる現象がある。具体的には，以下のような現象を指す。

(1)a.　さっきレストランがあったけど，あそこはおいしいの？
　　b.　本当に怖いところもときどきあったけど，まぁ楽しかった。

c.　<u>たまには</u>愛称で呼ばれるのを嫌う人間がいるから注意が肝腎だ。

（定延 2002: 187）

　（1）の事例は、「元々時間を表すと思われていた副詞により、空間的な分布を示す」と言われる事例である。他にも、形式名詞「トコロ」や「ウチ」「アイダ」などの語は、表す事態の空間的要素に焦点を置くか、時間的要素に焦点を置くかによって、文法的な性質が変わってくるという現象も確認出来る。

（2）a.　彼女が掃除をしている時に、彼は {出ていった／やってきた}。
　　　b.　彼女が掃除をしているところに、彼は {?出ていった／やってきた}。
　　　c.　彼女が掃除をしているところで、彼は {?出ていった／?やってきた}。

（3）a.　寝ている {うちに／あいだに} 郵便屋が来た。
　　　b.　まだ寝ている {うちに／?あいだに} 郵便屋が来た。

　こうした1つ1つの語彙項目について、事例研究として掘りさげることにも大いに意味があるが、そのための前提として、やはり「時間的であるとは何か」という問題は無視できないものである。また、「サッキ」や「トコロ」や「アイダ」といった語に「時間的な意味」と「空間的な意味」が与えられることに問題はないかもしれないが、「それはそもそもその語に与えられた意味であるのか」という問題も残されている。「時間的である」という認識の多くは、語彙に換言されるというよりも、発話という言語を取り扱う行為自体に付きまとう、いわば不可分な要素であるとさえ言える。

　　ある文が発話され、その文によって何らかの事柄が表現されたとき、その
　　表現された事柄は何らかの時間的な性質を帯びざるをえない。

（金水他 2000: 3）

　本論では、そうした大局的な視座も含めて、改めて「特定の語に時間的意味

(以下，時間性と呼称する)が与えられるとはどういうことか」という問題について，多方面から考えてみたい。

## 2. 品詞論における副詞的カテゴリ

### 2.1 副詞分析への導入

　本論では，副詞と呼ばれるカテゴリについて分析を行うことになるが，改めて，ここで何故副詞的カテゴリの分析が必要であるかを確認する。まず，「アイダ」という語の場合，空間表現と時間表現に以下のような差が表れる。

（4）a.　私が仕事をしている｛あいだ／あいだに｝寝ているなんて。
　　　b.　私とあなたの｛*あいだ／あいだに｝壁がある。

　(4)で分かる通りに，空間用法における「アイダ」の場合，副詞的に用いようとしたときに助詞「ニ」を伴わない用法が存在しておらず，時間要素を示す時にのみ，取捨選択が可能である。当然助詞の有る無しで意味も変わり，動詞の様態にも影響を与える。具体的には，「アイダ」の場合，「寝ている」状態は「私が仕事をしている」期間はずっと続いていることが含意されており，「アイダニ」では，あくまで「眠りに入る」という瞬間的な動作が行われたのが「私が仕事をしている」期間内であることが示されている。こうした，時間を表す語彙が「ニ」と共起するかどうかの差については中村(2001)で検討されており。具体的には以下のような分類になる。

（5）a.　「3時に」等の暦的(絶対的，calendrical)表現は助詞のニと共起する。
　　　b.　「きょう」等の直示(相対的，deictic)表現はニと共起しない。
　　　c.　「夜」等の表現はニと共起する場合と共起しない場合がある。

(中村 2001: 158)

中村(2001)で挙げられた(5)の分類によれば，こうした現象を分け隔てる要因の1つとして，各語彙(きょう，夜など)の持つ副詞性と名詞性の違いが関与している。つまり，「きょう」「あさって」等の直示は副詞であるため格助詞と共起しないが，「3時」「3日」等の表現は名詞なので格助詞と共起する。しかし，すべての語彙が副詞か名詞かに一義的に決定されるわけではなく，「夜」「朝」「夕方」等のような語彙は，副詞性と名詞性を両方持つことになる。そのため，副詞との共起の状態には揺れがあるとされる。このように，「名詞である」「副詞である」という判断が，個々の語彙に与える時間性に大きく影響を与えている。そもそもこれは当たり前のことであり，認知言語学的な前提に基づけば，品詞の分類というものは事態の時間的な要素から始まっていると言っても過言ではなく，品詞間の関係を吟味し，境界的な領域を取り扱うことで，各々の品詞に関わる時間要素に焦点を当てることが可能になる。

## 2.2 副詞カテゴリの定義

### 2.2.1 修飾語としての副詞

副詞の基本的性格については，益岡・田窪(1992)で簡便にまとめられているので，これを引用する。

1. 副詞とは，述語の修飾語として働くのを原則とする語をいう。主な種類として，「様態の副詞」，「程度の副詞」，「量の副詞」，「テンス・アスペクトの副詞」，等がある。
2. 文全体に対して修飾語として働く語も，副詞の一種とみなし，「文修飾副詞」と呼ぶ。文修飾副詞には主として，「陳述の副詞」，「評価の副詞」，「発言の副詞」，などがある。 (ibid.: 41)

また，これとは別カテゴリとして，「名詞」の項目にも「副詞相当句」という言葉が用いられており，これを作る名詞として以下のような例が出されている。

（6） 益岡・田窪(1992)における「副詞相当句を作る名詞」
時：時(に)，おり(に)，あいだ(に)，うち(に)，後(で／に)……
原因・理由：ため(に)，おかげ(で)，せい(で)……
様態：とおり(に)，よう(に)，かわり(に)……
　　　　　　　　　　　　　　　　　　　　　　　　(ibid.: 36)

更に，品詞の種別とは別に「述語の修飾語」という項目を立て，この中では以下のようなものを取り上げている。

（7） 益岡・田窪(1992)における「述語の修飾語」
　　a. 形容詞の連用形　　　鈴木さんはその申し出を簡単に断った。
　　b. 動詞のテ形　　　　　花子は急いで食事の用意をした。
　　c. デ格　　　　　　　　太郎は大声で助けを求めた。
　　d. 数量名詞　　　　　　子供が3人遊んでいる。
　　　　　　　　　　　　　　　　　　　　　(ibid.: 95 下線は筆者)

こうして(6)(7)などで取り上げられた事例は，構造的に他の品詞カテゴリに属するとみなされているものがほとんどであるが，「述語を修飾する」という副詞に定められた機能を有しており，それ全体が副詞的機能を果たす(つまり，副詞相当句，もしくは副詞句)。こうしたいくつかのカテゴリについて，その他のカテゴリに含まれるからといって分析対象からはずしてしまうことはできないだろう。

## 2.2.2　「副詞的表現」の枠組み

　上記のように，古来よりの日本語学における副詞の規定はあくまで述語修飾との関連性で定められたものである。他の品詞カテゴリは形式からそれと定められているため，尺度が異なる場合もあり，混乱を引き起こす原因となっていた。これについて，あくまで「修飾成分」としての副詞要素を包括的にカテゴライズし，一元的に分類しようと試みたのが，仁田(2002)である。この中で仁田は，以下のように述べている。

副詞は，かつて単語のごみ箱的存在であった。そのこともあって，従来，副詞的修飾成分への文法的研究は，組織化と体系化に欠けるところが少なくなかった。現在にあっても，いくつかの優れた研究は存しはするものの，全体として，副詞的修飾成分への分析・記述は，述語成分などに対する研究に比べて，かなり立ち遅れているといえよう。　　　（仁田 2002: 1）

　このような「立ち遅れ」の原因としては，副詞カテゴリの統語的な機能が形態的な異なりに現れないこと，つまり外見的な異なりからの分類，記述が困難であることをあげている。どうしても個別の語彙研究に陥りがちなこの領域の分析のためには，形式の枠を超えた大系的分析・記述が必要であるという問題意識を明示している。この問題を解決するため，仁田は命題（言表事態）の内部で働く副詞的修飾成分を様々に下位分類し，それらの関係性からリスト化，記述することを試みている。ここで述べられた「成分」という言葉は，具体的な動詞文を確認し，そこに現れる文の成分（構成要素）の事態的意味に重点を置いたものとなっている。具体的な分類には述語成分・共演成分・状況成分・命題内修飾成分・モダリティ修飾成分・接続成分・独立成分・規定成分・並列成分などがあげられている。本論では全ての成分を取り上げることはないが，最も関連の深い「状況成分」の例のみを確認しておく。
　状況成分とは，述語成分や共演成分，さらに命題内修飾成分によって形作られた事態の成り立つ時や所や原因といった，事態成立の外的背景や状況を表した成分であるとする。

　（8）　<u>1910 年 10 月 30 日</u>，<u>美しい湖にのぞんだハイデンで</u>アンリー・デュナンは，82 歳の生涯を閉じた。　　　　　　　　　　　（ibid.: 24）

(8)の下線部が状況成分であり，各々〈時の状況成分〉と〈所の状況成分〉と定められている。「時の状況成分」は事態の生起時を表すものである。こうした成分を持つものは形式的に様々な形を取りうるが，代表的なところでは文としても立ち現れるという例が示されている。

（9） 或日の事でございます。お釈迦様は極楽の蓮池のふちを，独りでぶらぶら御歩きになつてゐらしやいました。（芥川龍之介「蜘蛛の糸」）
(ibid.: 26)

(9)の場合，下線部が時の状況成分を表したものである。〈所の状況成分〉は同様にして事態が生起する場所を表すもので，多くは助詞を伴った形で現れる。

(10) a. モスクワの別荘で，おいらはよく旦那と話しした。
b. 首のまわりを虻が飛んでいた。 (ibid.: 27, 28)

この2つの「状況成分」について，仁田は以下のように興味深い補記を付している。

所の状況成分が密接に関与するのも，時の状況成分と同様に，動的事態であった。運動とでも呼べばよいような，具体的な動きは，その現れに空間を必要とし，それが存在する空間を抜いては考えられないが，動きが抽象化していくと，所の状況成分の必要度が減じていく。 (ibid.: 28)

この言明から分かる通りに，「状況成分」の示す内容は，動詞文を中心として，何らかの動的事態（プロセス関係）を示す文の時・所の所在を示すものとして機能するものである。また，旧来の品詞論で認められた形式的な枠を飛び越え，意味的な区分けを基準に，同様の目的を持った表現を大きく「副詞的表現」としてまとめ上げているものである。このような視点に立ったとき，副詞というカテゴリは名詞カテゴリとのつながりをより密にすることになる。次節以降，主に時間に関わる議論を踏まえつつ，この2つのカテゴリの境界性についての検討を行っていく。

## 3. 副詞的名詞句

上記のように，副詞と見られるカテゴリの中には様々な品詞が入り交じり，

「修飾成分」という枠内で多様な分類，基盤付けが可能であるが，中でも副詞との接点が考察に値する品詞群としては，(3)(4)の例などからも分かる通り，名詞が挙げられるだろう。名詞の概念原型は「物質的・空間的」なものであるがそこに時間性が介在することにより，動的な意味が付加されて副詞として「述語(主に動詞文)の修飾成分」として機能することが可能になる。本論では，そんな副詞と名詞の間にどのようなつながりがあるのかを，日英の修飾成分を比較した小沢(1991)を基に検討したい。

## 3.1 副詞的名詞句の分類考

仁田(2002)は副詞類を5つの分野に分けて検討しているが，その中でも本論で主に取り上げるカテゴリは「時間関係の副詞」と呼ばれるものである。この「時間関係の副詞」群は，それ単体では「名詞である」ものがほとんどといってしまって良い。ここでいう名詞というのは，基本的性質としてLangackerの提唱した概念原型を満たすという意味以外にも，いわゆる日本語学的な形態論でのカテゴライズを念頭に置いたものである。多少の幅は出来てしまうが，ひとまず，以下の引用を参照されたい。

(11) 名詞，動詞，形容詞のような主要な品詞は，文中で果たす役割が1つではなく，いくつかの機能をにないうる。主要な品詞に属する単語は多機能であることから，どれが一次的な機能であるかによって，それらの品詞性は相対的に位置づけられるものである。名詞は主語・補語になることを，動詞は述語になることを，形容詞は既定成分になること(ある種の形容詞は述語になること)を主たる役割とする。副詞は主要な品詞の1つであるが，もっぱら動詞・形容詞を修飾限定する成分として機能するもので，語形変化しない。しかし，副詞には多くの例外がみられる。　　　　　　(村木 2012: 52)

副詞の存在はこの規定においても非常に曖昧で，以下のような名詞群は2つの状態を取り得る，微妙な立ち位置にある。これが，「時間を表す名詞」の

独特の振る舞いである。

(12) a. 明日一緒に食事に行こう。(副詞的／直示的)
 b. 学会があるのは明日だ。(名詞的／直示的)
 c. 9月27日に，新しい法律が施行される。(副詞的／絶対的)
 d. 9月27日がデッドラインなんだよ……。(名詞的／絶対的)
 e. 30分走り続けてへとへとになった。(副詞的／時間量)
 f. 化粧するだけなのに30分は長すぎるだろう。(名詞的／時間量)
 g. 彼はいつもああやって犬を連れて散歩している。(副詞的／頻度)
 h. おかしいな，いつもは散歩をしてる時間なんだけど。(名詞的？／頻度)

　こうして「副詞と名詞の境界」に位置していることが，時間関係の名詞の特徴といえる。このような特徴は，時間語彙に特徴的なものであるという傍証として，こうした語についての分類研究を行った小沢(1991)を見てみたい。当該論分では，伝統文法で「副詞的対格(adverbial accusative)」と呼ばれる語句について，それまで言われてきた「名詞句の副詞的用法は，とくに時間・場所・距離・様態を表す名詞によく見られる」という論を確認するため，網羅的に分類・分析したものである。小沢はこれらの現象を中立的な「副詞的名詞句(Adverbial NP)」と呼称しており，具体的には以下のようなものがあげられている。

(13) a. I'll back *next week*.　(来週戻ってくるよ)
 b. He talked *a great deal*.　(彼は大いにしゃべった)
 c. Come *this way*, please.　(こちらへお越し下さい)
 d. They always travel *second class*.　(彼らはいつも二等で旅行する)

(小澤 1991: 135 和訳及び下線は筆者)

　それぞれ，(13a)はTime(時間)を表す例，以下，Measure(量)，Direction(方向)，Manner(方法)などが副詞的に表されているものである。日本語と1対1

対応で副詞的に表示するのは難しいが，やはり，動詞を修飾する際に，名詞句が前置詞無しでそのまま接続しており，まるでそれ全体が副詞であるかのように振る舞っている。

### 3.1.1　Time(時間)

　この現象については「時間を表すものが多い」として，様々なタイプの実例を取り上げている。まずは「時点」を表すもの。日本語の副詞分類(仁田(2002)に依る)では「時の状況成分」に分類されるものである。

(14) a.　John arrived [that moment/minute/hour/day/week/month/year].
　　 b.　John stayed in New York {*(during)that period of his life/ *(before) that interval}.
　　 c.　Would you like to stay with us {a day or so? /a few days?}

　様々な名詞が副詞的意味を取りうるが，(14b)の period や interval といった名詞の場合，前置詞は義務的となる。前置詞との関係については，基本的に前置詞を伴わないものが「副詞的名詞句」となるわけだが，前置詞の有る無しは随意的なものであり，一般には前置詞を伴わない方がくだけた意味合いになるとする。また，以下にみられるように前置詞の有る無しで意味が違う場合もある。Quirk et al.(1985)によれば，このような場合に省略出来るのは at, on, in に限られ，before や since などは義務的であり，前者が無標，後者が有標の前置詞とされる。

(15) a.　I saw her {Φ/ *on} last Thursday. (前置詞を伴うものが非文となる)
　　 b.　I'll see you on Monday.＝I'll see you Monday. (前置詞が随意的である)
　　 c.　I'll see you before Monday.≠I'll see you Monday. (Quirk et al. 1985)

　また，(14c)にあるように，未来を表す場合には数量詞を伴う。こうした未来の用法には以下のような事例もある。(16a)は「来月中ずっと」の意味と「来

月のうち何日か」の意味のどちらとも解釈出来るが，(16b) は前者の意味しかない。

(16) a. He'll be staying here next month. [ambiguous]
  b. He'll be staying here for the next month. [unambiguous]

ここで表れている next month は，意味的に「時の状況成分」類(事態の発生する時点を表す)と「時間関係の副詞」類(時間の幅や様態を表す)の境界が曖昧である。これは未来形に限ったことではなく，英語の場合，副詞的名詞句が時制によって意味を変えることがある。以下の事例では，過去時制と現在完了形では時点をさす用法(時の状況成分)であるが，現在完了進行形では時間の幅をさす用法(時関係の副詞)になっている。

(17) a. I (have) visited my mother this morning. (time position)
  b. I have been visiting my mother this morning. (time span)

以下に，残った「Time(時間)」の区分に含まれる事例をいくつか列挙しておく。(18a-c) は duration(継続)を表し，(18d-f) は Frequency(頻度)表す用法である。それぞれ「時間関係の副詞」，「頻度の副詞」に対応するだろう。

(18) a. You've been away a long time.
  b. We stayed at that hotel three weeks.
  c. I thought a minute.
  d. I shall be in my office every other day.
  e. Each summer I spend my vacation in Bermuda.
  f. I visit England three times a year.

### 3.1.2 Location(場所)

場所を表す副詞的名詞句については，Larson(1985)から事例を引用するが，その中身は実質「place」を伴うものばかりであり，他の語を持つものは

ほとんど存在しないと，小澤は指摘する。

(19) a. You have lived [someplace warm and sunny].
　　　　　　　　　　[few places that I cared for].
　　　　　　　　　　[every place that Max has lived].
　　　　　　　　　　[here/there].
　　b. You have lived {*(on)43rd St. / *(in)Germany}.
　　c. You have lived *(at)some {location/adress/area} near here.

これらの事例では，(19a)のように place を持つもの(と here, there などの直示表現)は典型的な副詞的名詞句となりうるが，(19b, c)のように，他の場所を表す名詞の場合，前置詞無しで用いることは出来ない。これを論拠に，場所を表す副詞的名詞句は，place のみに存在する例外的なものであると判断している。

### 3.1.3 Direction(方向)

こちらに属する例も，direciton, way などの基本語がほとんどである。

(20)　We were headed [on {that course/this bearing/some path}].
　　　　　　　　　　　[that direction].
　　　　　　　　　　　[*some path / *that course].

### 3.1.4 その他 Manner(方法) Distance(距離) Extent/Measure(量)

Manner の具体的用法で見られる例は実質的に way の一語だけである。その他，Disntance の実例が(22)，Extent/Measure(量)の実例は(23)となる。

(21)　You pronounced my name
　　　　　　　　　　[in {this fashion/the prescribed manner/that way}]
　　　　　　　　　　[that way/every way one could imagine].

[*this fashion / *the prescribed manner].
(22) a. They ran two miles in ten minutes.
　　 b. We climbed a further thousand feet before dusk.
(23) a. He ran a mile.
　　 b. It cost ten dollars.

ただし，extent/measure の事例については，副詞句なのか直接目的語なのかはっきりしないものが多い，と扱いを保留している。

### 3.1.5　副詞的名詞句の示す特徴の分析

ここまでのリストアップを経て，小沢の分析は大きく 3 つの要点にまとめられる。

(24)（以下は，小沢(1991)の結論部分を一部改編したものである）
①副詞的名詞句に使われる名詞の種類は実際には限られており，時間を表すタイプが圧倒的に多い。場所を表すものでは直示語の here, there を除けば限定された place のみであり，方向を表すものは way と direction だけ，距離は distance，様態はほぼ way のみに限られているのである。時間以外では全て一般名詞（代表的名詞）のみだという点が注目される。

② this や every などの直示語や数量詞のついた副詞的名詞句全体として見ると「方向性(Drectionality)」という特徴を観察できる。直示語は，それ自体に方向性が含まれるので(eg. tomorrow：現在時→未来時)単独で副詞としても使われる。この特徴は時間に典型的に見られるので時間を表すタイプが多いことも予測される。方向を表す direction と様態を表す way は総称的な名詞であり，他の名詞をそもそも必要としない。manner より way の方が使われるのは，後者の方が方向性の概念が強いからである。

③前置詞の有無にもいくつかの要因が関与している。随意的な削除を受ける場合，一つには informal かどうかの違いがある。（中略）義務的に削除

を受ける場合は，直示語などの持つ方向性の概念が強すぎるので前置詞が不要になると考えられる．義務的に前置詞を必要とする場合は，その前置詞が有標，つまり省略すると文意が不明確になるからという理由が最も重要だと思われる．　　　　　　　　　　　　（小沢 1991: 162–163）

　(24)①が最も重要な主張であり，英語において「副詞的名詞句」を構成する語としては，時間関係の語が圧倒的に多く，他のパターンについては「むしろ例外的なものである」ということである．(24)②はこうした「副詞的名詞句」を構成する語の制限についての分析である．方向性（Directionarity）という言葉については，残念ながらあまり具体的な考察は無く，実際に並べられた語句を見てイメージするしかない．確かに way や direction などはイメージに一貫性があるというのは納得出来る部分がある（なお，あくまで「方向性」は必要条件であって，他の要因の考察も当然必要であることは示唆されている）．(24)③は，こうした意味的な問題が，文法的な問題である前置詞の有無とどのように繋がっているのか，という部分の考察である．「前置詞を義務的に省略する場合(15a など)は「方向性」の概念が強すぎるためと思われる」という検討が必要な分析もある．また，「場所を表すタイプが殆どないのは「方向性」と「場所性」の概念が衝突するためだと思われる」という説明もあり，この部分も一考を要する．

## 3.2　日本語の「副詞的名詞」との比較

　品詞の概念は言語間を跨いでそのまま通用するわけではないので，以上の小沢の研究を単純に日本語の名詞―副詞間の関係に対応させるわけにはいかないだろうが，それでも，両言語にまたがるなんらかの共通性は確認できるのではないだろうか．以下では，小沢の研究結果から得られた(24)の3項目を日本語の副詞的修飾成分と比較・対照することでその共通性を探る．

### 3.2.1　副詞的名詞句として使用出来る語の制限

　以下の表は，仁田(2002)の巻末索引の一部である．

表2 仁田(2002)の巻末索引抜粋(か〜こ)

カーンと・かすかに・がたがたと・固く・堅く・カチッカチッと・ガチャンと・かちんかちん・かちんかちんに・がっしりと・かつて・かなり・かなりの・かねがね・かねて・がぶがぶ・からからと・ガラガラ・からからに・ガラッと・ガラリと・からんころんからんころん・がりがりに・軽く・かろうじて・軽やかに・乾いた声で・ガンガン・ガンガンと・頑強に・完全に・簡単に・簡単には・期間+デ・きちんと・きつく・きっぱり・きびしく・きゃっきゃっと・キューッと・急に・ぎゅっと・今日・強硬に・器用に・今日は・極端に・極度に・去年は・きらきら・ギラギラ・きれいに・極めて・近年・銀灰色に・グイと・偶然・ぐさりと・口々に・くっきりと・ぐつぐつ・クッくッと・グッスリ・グッと・ぐでんぐでんに・くどくどと・くねくね・〜クライ(ニ)・ぐるぐる・黒く・詳しく・怪訝な気持ちで・けさは・けたたましく・結構・〜ゲニ・ゲラゲラ・ケロリと・元気に・現在・現在は・厳重に・五,六度は・故意に・強引に・轟々と・五回・黄金色に・濃く・ごく・刻一刻と・刻々と・穀潰しの豚みてぇに・克明に・ごくりと・午前九時十分・午前八時三十分に・ごそごそ・こそこそと・木っ端微塵に・コテンパンに・今年は・子供たちと大して変わらない姿で・ことん, と・粉々に・この間・このあと・この頃・この時・このところ・この夏・この日・この前・好んで・小走りに・細かく・小指ほどの大きさに・ゴロゴロと・コロリと・こわごわ・今後・こんどの日曜日に・今晩・今夜

　表の中で，名詞単体であると判断できるものは枠を施した。こうしてみると，日本語の中でも時間を表す名詞が単体で副詞的成分となりやすいことは確認できる。英語の場合と同じように，日，年，季節など，様々な名詞を用いることが出来るし，「この」を伴う例が多いおかげで直示表現との関係性も密接に見える。また，その全てが時の状況成分(Time position)の事例である。唯一例外的なのは偶然であるが，これは仁田(2002)では「主体状態の副詞」に分類されているものの，「もはや主体の状態・態度のありようというよりは，必然・偶然性からした事態の出現・存在のあり方を表しているものである」とし，「主体状態の副詞」では例外的な扱いがなされている。また，「何カノ拍子ニ」という他の副詞成分との並列性にも言及され，変則的な時点表現と解釈することも出来るだろう。なお，英語の場合に見られたMannerの副詞句との並行性に触れておくと，リスト中太字の「乾いた声で」や「怪訝な気持ちで」「子供たちと大して変わらない姿で」というように，「名詞＋助詞(デ格)」の形で方法が表示される用法が観察出来るが，名詞単体での副詞成分とは言い難い。この他，リスト外の索引部分で「名詞のみの形式」を調べると，「全部」「全員」「大部分」「多少」といった量(Measure)の副詞がいくつか確認できるが，実際の用法では「全部が」「全部を」となるので，やはり英語の事例同様に目的語

などの文法要素との差別化が難しい。また，英語での分析同様，場所を表すものというのは1つも存在していない。

### 3.2.2 副詞的名詞句を形成する条件

　場所を表す place など，副詞的要素を構成する「場所」表現が存在した英語と比較すると，日本語ではより時間表現の特異性が際だっており，名詞のみで副詞となるのは時間関係のものだけであると言ってしまっても良い。小沢の提唱する「方向性（Directionality）」についても，時間の性質そのものが有している特性であると考えられるため，日本語の副詞においては，それがより厳密な形で副詞の特性として表れているのだと考えられる。動詞（より厳密に言うなら「言表事態」（仁田 2002: 1））を修飾するという副詞の基本的な性質から，時間語彙はそれ単体で事態の様態を表しうるものであると考えられる。結局，何らかの事態を伴わずに時間要素のみに言及することは稀であり，「時間に言及する≒事態に言及する」のであるならば，時間語彙は，それすなわち事態の有り様を表す語彙（副詞）となる。そう考えると，ここで取り上げられる「名詞」は，「副詞」との境界上にある存在であり，「副詞を形成する名詞」であるとも「名詞の性質を持ちうる副詞」とも言える。

### 3.2.3 英語前置詞と日本語助詞の関係性

　英語の前置詞と日本語の助詞をそのまま対照させるのもいささか乱暴な話ではあるが，表中でも，副詞成分として「名詞＋助詞」の形式がリストアップされているので，これを比較してみたい。表で確認できる助詞は時点を特定する「ニ」と，取り立て詞の「ハ」の2種類である。英語で取り上げられた随意的な前置詞（無標の at, on, in）と対応するのは，当然このうちのニ格の方であろう（取り立てのハについては今回は取り上げない）。

(15) b.　I'll see you on Monday. ＝I'll see you Monday.　　　　　（再掲）
　　　 b'.　月曜日に彼女に会う予定だ。＝月曜日彼女と会う予定だ。

随意的な場合に，助詞の無い方がくだけた表現に見えるのも英語の場合と同

様である。また,「直示性」との兼ね合いも小沢の主張と並行する部分があり,中村(2001)の主張もこれと同じであることが分かる。

（ 5 ）a. 「3時に」等の暦的(絶対的,calendrical)表現は助詞のニと共起する。
　　　b. 「きょう」等の直示(相対的,deictic)表現はニと共起しない。
　　　c. 「夜」等の表現はニと共起する場合と共起しない場合がある。

(再掲)

　ただし,小沢の言うような「直示語の持つ方向性の概念が強すぎるために前置詞の削除が義務づけられる」ほどの強さが,日本語の助詞に適用されることは保証されない。小沢が挙げた「前置詞があると非文法的になる」事例は以下のようなものだが,これを日本語の助詞に置き換えても,特に問題無く付随することが可能である。

（25）a.　next Sunday(week, year...)　／*on next Sunday
　　　b.　Last Monday(week, year...)　／*on last Sunday
　　　c.　次の日曜日(に),一緒に出かけよう。
　　　d.　(前の／こないだの)日曜日(に),一緒に出かけた。

　こうして日本語の助詞に許容される用法を英語と対応させた場合,「副詞的名詞句に前置詞が不要である理由」は,直示語の持つ方向性(事態の存在するTime position の在処)が明確であるためだという理解は可能だが,「前置詞を伴ってはならない理由」にはなっていないようである。もしくは,英語前置詞はそうした「方向指示の機能」が強く,日本語助詞の場合はそこまで明確ではないので共起を許す,と考えることも可能かもしれない。実際,通常はニ格との共起を許さない直示語でも,表現次第では共起が可能である。また直示性についても,各々の語にどの程度の強さがあるかは検討の余地があるだろう。

（26）a.　こうしておけば,あしたにでも,ママがほうきではきだしてしま

b. 「お願いです，あしたにはなんとか……」とモリヨンは叫ぶ。
   c. 順延された運動会は {明日／?明日に／あさって／あさってに} 行われます。

## 3.3 副詞的名詞句についてのまとめ

　以上の調査について，本論のまとめを行う。大きく分けて，副詞カテゴリ内での語彙の制限についての考察，そして副詞・名詞間での品詞的つながりについての考察の，2点が結論として得られる。

### 3.3.1 時間関係の副詞に関わる展望

　時間性の関わる語彙について言及し，「語の意味」を書きだそうとしても，どうしても様々なものが影響しあってくるために対象を絞りにくくなってしまうが，俯瞰的に副詞というカテゴリ全体を捉えることで，いくつか見えやすくなってくる部分もある。1つは，(1)でも取り上げた「*空間的分布を表す時間語彙*」と呼ばれる現象が，副詞カテゴリの中で起こることの動機である。

(1a)　さっきレストランがあったけど，あそこはおいしいの？

(定延 2002: 187)

　(1a)で用いられる「さっき」は，時間的な意味内容が主ではなく，「さっき（通り過ぎた場所に）……」という場所を表すものである，というのが定延(2002)における主張であるが，何故わざわざ場所を表すために時間語彙を副詞的に用いるのかと言えば，それは「ある」という状態動詞を副詞的に修飾する「空間語彙」が存在しないためである。「さっき」という直示表現はそのまま time position を示す副詞となりやすいものであり，これが事態性を伴い，そのまま「時点と共起しうる場所」を示す副詞的な形式を持つことは，直示表現の持つ「イマココ」性の表れであると理解できる。また，本章冒頭で挙げたもう1つの例文についても，改めて「副詞的名詞句」の観点から考察が与えら

れる。

（4）a. 私が仕事をしている｛あいだ／あいだに｝寝ているなんて。（再掲）

この例文における「あいだ」と「あいだに」の意味の違いを検討するとき，注目すべきがニ格の有無なのはもちろんだろうが，それよりもまず，後続する述部の動詞が「テイル」形だった，という部分を見なければならない。つまり，英語の事例で取り上げられた以下の差分である。

（17）a. I (have) visited my mother this morning.（time position）
b. I have been visiting my mother this morning.（time span）（再掲）
a'. 私は今朝母のところを訪れタ。（time position）
b'. 私は今朝母のところを訪れテイタ。（time span）

当然の話だが，アスペクトの問題で「テイル」が使われているのだから，(17a)は継続的な意味が優先される。進行相が時間の継続を優先するのは，副詞の性質というよりも動詞(句)の性質によるものである。同時に「テイル形が継続を優先する」という事実は(4)の「仕事をシテイル」の方にも関係してくる。つまり「仕事をシテイルあいだ」という名詞句は，継続を必要とする(つまり点的ではない)時間語彙であり，なおかつ直示的ではない。直示的なものであれば前置詞(助詞)を伴わずに「時の状況成分」を示す用法(今日，明日など)が存在したが，直示的でない場合，そこには方向性(Direcutionality)がないため，「時の状況成分」を成すためのニ格を必要とする。そのために，ニ格を伴わない状態で「テイル形」以外のアスペクトを表現しようとすると不自然になってしまう。

（4）a'. 私が仕事をしている｛?あいだ／あいだに｝寝たなんて。

つまり，(5)で示された中村(2001)の直示要素と助詞の関係性については，時の状況成分(time position)を示す副詞となる場合の制限について言及したもの

であり，時の状況成分であるか，時間関係の副詞(Time span etc)であるかは，動詞の形式との関係性を考える必要があるということである。

### 3.3.2　副詞性を含む名詞句についての今後の課題

本論では，「名詞が副詞的に用いられるとき，助詞の有無が直示性や，その語の表す時間性によって変わり，表したい事態の内容(時制)によっても，取り得る形式が変化する」という大枠の結論が得られた。名詞と副詞の境界について観察してきたわけだが，この領域に残された問題は数多い。とりあげた事例に限っても，「私が仕事をしているあいだ」は，英語ならば during, while などの意味に相当するものであり，これとの比較も必要になるだろう。during は「有標な前置詞」であるので，小沢の分析における before などとの対応が見込めるが，while との比較（「仕事をしている―アイダ」という構造を考えるならこちらの方が自然である）となると，今度は接続詞との兼ね合いになってくる。この場合の「アイダ」の品詞は一体なんなのだろうか。品詞の区分で議論するならば，自然に「接続詞」のカテゴリで議論されている研究にも行き当たるのことになる。時点(time position)に関係しているものとして，以下を引用しておく。

> (27)　従属接続詞の機能は，文相当の形式を受けて，後続の(主)節に接続することである。動詞や名詞から派生したものが多く，形態的には，動詞の中止形と一致するものと，名詞の一語系と一致するものがある。元の動詞や名詞の性質を部分的にとどめているものがある。
> 　　　　　　　　　　　　　　　　　　　　　　　　　　（村木 2012: 310）

この接続詞の議論で取り上げられているものには，たとえば「〜途端」や「拍子」「はずみ」「やさき」「最中」「折(に)」「際(に)」が挙げられている。これらに比べると，アイダは単独で意味をなし，より名詞的性質の強い語であるとは思われるが，「〜アイダ(に)」形式の振る舞いは，これら接続詞の語群に近いものである。

## 4. 結語

　以上のように，「時間性」を手がかりに品詞論の視野を広げると，最終的にはどのような領域においても時間に関わる相互関係というのは無視できない要因であり，こうした視座に立った新たな品詞の整理，もしくは，品詞の垣根を越えた新たなカテゴライズの可能性も見えてくるだろう。本論では事例研究を取り上げて1つ1つをボトムアップ的に観察したが，これらの事例を元にして，新たな時間考察の枠組みを構築し，日本語学の体系に組み込むことが求められるだろう。また，時間との関わりにおいて，こうした体系は認知言語学的な概念との関わり合いを深くする。動詞・名詞といった中心的なトピックスに加え，文の修飾を主とする副詞領域の整備が，認知的な道具立てから行われることも期待される。

参考文献

服部四郎(1955).「日本語・監修者註」. 市河三喜・服部四郎(編)『世界言語概説下巻』301-305. 研究社.

伊藤創(2008).「「6時に」と「6時で」―空間と時間の関係―」. 関西言語学会発表資料.

Johnson, Mark (1987). *The Body in the Mind.* Chicago: University of Chicago Press.

神尾昭雄(1980).「『に』と『で』―日本語における空間的位置の表現―」.『言語9』55-63. 大修館書店.

金水敏・工藤真由美・沼田善子 (2000).『時・否定と取り立て』. 岩波書店.

国広哲弥(1967).『構造的意味論』. 三省堂.

国広哲弥(1986).「意味論入門」.『言語15-12』194-202. 大修館書店.

Lakoff, George (1987). *Women, Fire, and Dangerous Things.* Chicago: The University of Chicago Press.(池上嘉彦・河上誓作　他(訳)(1993).『認知意味論』紀伊國屋書店.)

Lakoff, George, and Mark Johnson (1980). *Metaphors We Live By.* Chicago: The University of Chicago Press.(渡辺昇一　他(訳)(1986).『レトリックと人生』大修館書店.)

Langacker, Ronald W (1987). *Foundations of Cognitive Grammar.* Vol. 1. Stanford: Stanford University Press.

Langacker, Ronald W (1991). *Foundations of Cognitive Grammar.* Vol. 2. Stanford: Stanford University Press.

Langacker, Ronald W (2008). *Cognitive Grammar: A Basic Introduction.* Oxford University Press.

Larson, R. K (1985). Bare NP Aderbs. Linguistic Inquiry 16: 595-621.

益岡隆志・田窪行則(1987).『日本語文法　セルフ・マスターズシリーズ3 格助詞』．くろしお出版．
益岡隆志・田窪行則(1992).『基礎日本語文法―改訂版―』．くろしお出版．
益岡隆志(1995).「時の特定，時の設定」仁田義雄(編)『複文の研究(上)』，149-166．くろしお出版．
宮島達夫・仁田義雄(編)(1995).『日本語類義表現の文法(上)単文編』．くろしお出版．
籾山洋介・深田智(2003).「意味の拡張」「多義性」．松本曜(編)『認知意味論』73-186．大修館書店．
村木新次郎(2012).『日本語の品詞体系とその周辺』．ひつじ書房．
中村ちどり(2001).『日本語の時間表現』．くろしお出版．
仁田義雄(2002).『副詞的表現の諸相』．くろしお出版．
小沢悦夫(1991).「副詞的名詞句の性質について」．『早稲田商学343号』135-166．早稲田大学．
Quirk. R. et al (1985). A Comprehensive Grammar of the English Language (longman)
定延利之(2000).『認知言語論』．大修館書店
定延利之(2002).「時間から空間へ？―〈空間的分布を表す時間語彙〉を巡って」，生越直樹(編)『対照言語学(シリーズ言語科学4)』183-215．東京大学出版会．
瀬戸賢一(2005).『よくわかる比喩』．研究社．
竹林一志(2007).『「を」「に」の謎を解く』．笠間書院．
田中重範(1997).「空間表現の意味・機能」．中右実(編)『空間と移動の表現』1-123．研究社
寺村秀夫(1984).『日本語のシンタクスと意味2』．くろしお出版．
寺﨑知之(2009).「時間・空間表現の認知言語学的考察―両義の把握モデルに基づく語彙の分析―」，京都大学人間・環境学研究科　修士論文
寺﨑知之(2013).「時間・空間の語彙分類について」．児玉一宏・小山哲春(編)『言語の創発の身体性』．ひつじ書房．
碓井智子(2004).「空間から時間へ―写像の動機付けと制約―」，『言語科学論集』No. 10 1-17．京都大学．
山田進(1981).「機能語の意味の比較」．国広哲弥(編)『日英語比較講座第3巻　意味と語彙』．大修館書店．
山梨正明(1995).『認知文法論』ひつじ書房．
山梨正明(2000).『認知言語学原理』くろしお出版．
山梨正明(2004).『ことばの認知空間』開拓社．

# 親子のやりとりにおける前置詞の使用
―対話統語論のアプローチ―*

堀内ふみ野

## 1. はじめに

　親子の会話には，大人同士の会話とは異なる特有のやりとりのパターンが観察されることがある。例えば，英語圏の親子の会話を見ると，親がその場にある物を指差して子供にその名前を尋ねるやりとりがしばしば観察される。クッキーを指して "What's this?" と尋ね，子供が答えなければ "Cookie." と教える，といったやりとりである。

　このように，名詞(特に具体物の名前)であれば，発話の場に存在する物を介して明示的に教えることが可能であろう。しかし，上記のように明示的に教えられる言葉は実際のところごく一部であり，例えば前置詞のような機能語については，親がメタ的に意味や用法を教えるやりとりがほとんど見られない。それでも，子供は成長過程で自然とそれらを習得し，使用できるようになる[1]。本論では，親子の会話で前置詞がどのように使用され，その用法が子供の月齢に応じてどのように変化していくかを示すことで，前置詞が習得されるプロセスを探る。なお，前置詞には後ろに補部名詞句を伴う用法(e.g. **on** the table)と後ろに補部名詞句を伴わない副詞的・不変化詞的な用法(e.g. come **on**)があ

る。本論では両者を包括的に「前置詞」と記すが，補部名詞句の有無で区別して論じる必要があるときのみ，「前置詞用法」と「副詞的・不変化詞的用法」という用語を用いることとする。

　英語の前置詞については，認知言語学の枠組みでこれまでにも数多くの分析がなされてきた(e. g. Brugman 1981; Lakoff 1987; Taylor 1988; Dewell 1994; Tyler and Evans 2003; Deane 2005)。前置詞は一般に多義的であり，共起する語や使用文脈に応じて様々な異なる意味を表す。認知言語学においては，初期の研究からその多義性が注目され，一つの前置詞に複数の意味が結びつく認知的な動機づけが論じられてきた。これらの研究の多くは，作例を基に類義語(on/over/above)や反義語(in-out, to-from, above-below)を比較したり，他言語の前置詞と対照研究を行ったりすることで，各前置詞の意味分析を精緻化している。作例によって前置詞以外の要素を固定し，緻密な比較を行ったからこそ，前置詞の様々な意味特性が明らかになったと言えるだろう。

　その一方で，作例に基づく分析は単文を単位としたものとなりやすく，認知言語学の前置詞研究の分野では文を超えた談話レベルの分析や話し言葉の分析はあまり行われてこなかった。認知言語学は用法基盤・経験基盤主義の言語観に依拠し，話者の言語知識は過去の言語使用に基づいてボトムアップ的に形成されると考える(Langacker 1987, 2000, 2008)。これに基づくと，前置詞やそれを含む構文に関する話者の知識も，使用文脈の中で形成され，文脈的な情報を含む形で蓄積されていると考えられる。また，用法基盤の言語観に基づいて言語習得を論じたTomasello(2003)の研究でも，幼児はコミュニケーションの目的をもって発話を行い，共同注意や意図理解といった社会認知的な能力に依存して言語を習得していくことが示されている。これを踏まえても，前置詞に関する知識がどのように構成されていくかを探る上では，実例が生起する言語的・社会的な環境，および，その中での生起パターンや機能を重視した観察を行うことが重要であろう。

　本論は，言語使用の中で形成・蓄積される知識の在り方を探る一つの事例研究として，親子会話における前置詞の使用事例を分析する。分析に当たっては，対話とコミュニケーションを重視する対話統語論(dialogic syntax)(Du Bois 2014)の枠組みを適用することで，発話の連鎖関係や相互行為に着目した

分析を試みる。それを通して，幼児が親とのやりとりの中でどのように前置詞を産出し始め，その用法が月齢と共にどのように変化していくのかを観察し，幼児が言語使用の中から前置詞を習得するプロセスを探っていく。

　本論の構成を次に示す。まず，2節で前置詞に関する先行研究の概要を示し，その問題点を指摘する。その後，対話統語論の枠組みについて説明する。3節ではデータと調査方法を示し，4節で調査結果の提示と分析を行う。5節では，本研究の意義を対話統語論や前置詞の研究との関わりから論じる。6節は全体のまとめである。

## 2. 先行研究

　本節ではまず，認知言語学における前置詞研究を概観し，本論での取り組みを示す。次に，本論の分析に適用する対話統語論の枠組みについて説明する。

### 2.1　認知言語学における前置詞研究

#### 2.1.1　前置詞の多義性：over の分析事例

　1節で述べたとおり，認知言語学の枠組みでは前置詞の多義性について多くの研究がなされ，意味拡張の背後にある認知的動機づけが論じられてきた。例えば，認知意味論の初期の研究である Brugman(1981) や Lakoff(1987) は，イメージスキーマを用いて特に多義的な over の意味を分析している。それらの研究では，over の中心的意義が "ABOVE＋ACROSS" とされ，それに対応するイメージスキーマが図1のように示されている[(2)]。

図1　"ABOVE＋ACROSS" のスキーマ（Lakoff 1987: 419）

このイメージスキーマを具体化した事例として(1)が挙げられ，ここから over の意味が拡張するプロセスが説明されている．例えば(2)の用法は，tr (trajector) が the power line という一次元のものになっていることから，(1)からイメージスキーマ変換を介して拡張した事例であるとされる．一方，(3)の用法は，「支配するものは上，支配を受けるものは下」というメタファーを介して支配関係を表す意味へ拡張した事例とされる．

（ 1 ） The plane flew **over** the field. （Brugman 1981: 10）
（ 2 ） The power line stretched **over** the yard. （Lakoff 1987: 426）
（ 3 ） She has a strange power **over** me. （ibid.: 435）

その後の研究で，Dewell(1994) はイメージスキーマ変換をより重視した分析を提示し，Deane(2005) は認知科学の知見を取り入れつつ on や above との比較から over の中心義を再考している．Tyler and Evans(2003) は，ミニマルペアの比較を通して類義語である over/above の相違や反義語である over/under の非対称性を示し，それが生じる要因を身体性の観点から考察している．このように，over の意味に関しては多くの分析がなされ，関連語彙との比較を基に意味分析が精緻化されてきた．

しかし，これまでに挙げた分析はどれも作例に基づく単文単位の分析であり，生起文脈と over の意味との関わりについてはあまり分析されていない．また，例えば over の中心義についても研究者ごとに異なる意義が設定されるなど，しばしば直観に依拠した分析が行われる傾向も見られた．

## 2.1.2 コーパスに基づく前置詞の習得研究

このように作例に基づく前置詞分析が多い中，Hallan(2001) は親子の会話コーパスの実例を観察し，興味深い事実を提示している．Hallan は，CHILDES(MacWhinney 2000) を通してアクセス可能な Wells Corpus を用いて親子の会話における over と on の実例を観察し，幼児が早期に習得する用法やコーパス内に高頻度で生起する用法と，従来の多くの研究で「中心義」とされてきた用法との間には乖離があることを示した．例えば，幼児による over

の使用を見ると，(1)のような "ABOVE＋ACROSS" の意味を有する前置詞用法ではなく，句動詞(e. g. fall **over**)や定型句(e. g. **over** there)の一部として生起する副詞的・不変化詞的用法が頻繁に観察される。また，前置詞用法の中でも早い段階で見られるのは all **over** X という表現内での使用であり，やはり "ABOVE＋ACROSS" の意味での使用ではない。

　Hallan の研究は，認知言語学の枠組みで行われてきた前置詞研究に対し，特に次の 2 点で重要な意義を持つと思われる。第一に，内省に基づく作例ベースの分析と現実の言語使用(習得順序および使用頻度)との乖離を，コーパスデータから定量的に示した点である。コーパスデータを観察すると直観に依拠した分析とは異なる結果が得られることが多々あることはしばしば指摘されているが(e. g. Hopper 2001)，Hallan の研究は前置詞の用法に関してこれを実証していると言えるだろう。2.1.1 節で見たように，作例に基づく意味記述があったからこそ前置詞の研究が発展した面もある。一方で，使用の中からボトムアップ的に言語知識が形成・蓄積されていくとする用法基盤主義の考え方に基づくならば，話者の言語知識の構造を探る上では実際の言語使用や習得の場で見られるパターンを詳細に観察することも必要であろう。

　第二に，言語表現が習得される単位は必ずしも語単位ではないことを示唆した点である。前節で触れたように，従来の研究では over 1 語の意味を文脈から切り離して "ABOVE＋ACROSS" のように定義しており，前置詞の意味とその生起環境との関わりについてはあまり考慮されていなかった。over 自体の意味が比較的わかりやすい(1)の用法が「中心義」とされてきたことも，この傾向と関連していると思われる。一方，子どもが早期に習得するのは，fall over や over there といった句動詞や定型句の中に埋め込まれた用法である。これらは over が他の要素との共起関係の中で初めて意味を伝える用法であり，ここから over が担う意味だけを取り出すことは難しい。こうした用法での生起頻度が高いことから，Hallan は，前置詞に関する知識が，頻繁に共起する他の語と共に，前置詞 1 語よりも大きな単位で解釈・蓄積されている可能性を提示している。これは，言語知識の単位が現実の言語使用から抽出され，生起文脈を含む形で話者の言語知識が構成されているとする用法基盤の考え方とも整合性がある[3]。

以上のように，用法基盤の立場に依拠するならば，現実の使用文脈に埋め込まれた形で前置詞の使用および習得の実態を捉えた Hallan の研究の意義は大きい。しかし，Hallan が主に注目しているのは発話内部における語の共起関係であり，発話間の連鎖関係の分析を主眼としているわけではない。幼児の発話の前後にどういった発話があったか，幼児がその発話をした相互行為上の目的が何かという点はあまり詳しく分析されておらず，扱われている「文脈」の範囲は限定的であったとも言えるだろう。

そこで本研究では，Du Bois(2014)の対話統語論の枠組みを用いて親子の会話における前置詞の使用事例を分析し，会話の中から前置詞に関する知識がボトムアップ的に構築されていくプロセスを探る。対話統語論は，言語表現を産出する基盤が過去の経験(過去に聞いた発話)の蓄積だけでなく進行中の対話にも存在するという考えのもと，話者が先行発話に基づいて発話を構築するメカニズムを明らかにすることを目指したアプローチである。次節では，この対話統語論の枠組みについて詳しく説明する。

## 2.2 対話統語論

### 2.2.1 理論的な背景

文法に対する考え方は言語理論によって多様であるが，Hopper(1987, 1988, 1998)の創発文法(Emergent Grammar)においては，言語の構造や規則性は日常の言語使用から創発すると考えられている。ここでは，談話内で繰り返し生じるパターンが文法であると考えられ，文法は話者がコミュニケーション上の必要性に迫られて生み出す動的なものとして捉えられている。特に話し言葉は動的な使用の中で生じる文法を最もはっきりした形で示すものであると考えられ(Du Bois 2003: 54)，こうした文法観に依拠した研究において重要な研究対象とされてきた。

Du Bois(2014)が提唱した対話統語論も，こうした対話とコミュニケーションを重視する文法観を背景としている(cf. 崎田・岡本 2010: 87–91)。対話統語論では，どの発話も先行文脈から切り離しては存在しえないという前提のもと，発話間の連鎖関係を特に重視する。より具体的には，対話の相手によって

産出された先行発話に基づき，別の話者が新たな発話を構築する仕組みを明らかにすることが目指されている。

　対話統語論の枠組みにおいて特に注目されているのが，発話間に見られる「響鳴(resonance)」と呼ばれる現象である[4]。会話には，ある発話に対して別(または同一)の発話者が音韻・形態・統語・意味・機能などあらゆる面で類似した発話をする現象が多く見られるとされる。例えば Du Bois(2014)は以下のような会話を例に挙げている。

(4)　1.　JOANNE; (H)It's kind of like ^you Ken.
　　　2.　(0.8)
　　　3.　KEN; That's not at ^all like me Joanne.　　　(Du Bois 2014: 361)

対話統語論では，発話間のマッピング関係を明示する表記法として，複数の発話間で対応する要素間を縦に配置するダイアグラフ(diagraph)という表記法が用いられる。(5)は(4)をダイアグラフの形式で表したものだが，これを見ると発話間のマッピング関係がはっきりと見て取れる。

(5)　〈ダイアグラフ〉
　　　1.　JOANNE; it 　  's kind of   like   ^you Ken　　 .
　　　3.　KEN; 　　that 's not at ^all like   me Joanne 　.　(ibid.: 362)

この例では，代名詞(it: that, you: me)や固有名詞(Ken: Joanne)，副詞的な修飾要素(kind of: not at all)が類似の位置に共通して生起し，形態的な一致('s：'s, like: like)も見られる。また，意味的には it と that, you と me がどちらも同じ指示対象を指している。さらに，固有名詞の使用は呼びかけ語という共通の語用論的機能を有しており，構文のレベルでも X is Y というコピュラ文の構造が共通している。音韻的にも，両者は共に文末が下降調となっている。この例に見られるように，先行発話と類似した発話を後続させることで発話間の類似性を活性化させる現象が響鳴と呼ばれる。響鳴による発話は，全く新しい文を一から構築するよりも認知的負荷が少なく，また，先行発話の情報を使うことで

会話への関与を示すはたらきも持つとされている。対話統語論では，こうした響鳴の繰り返しによって対話の中から文法が発達すると考えられている。

### 2.2.2　子供の言語使用と対話統語論

2.2.1 節で示したとおり，対話統語論の枠組みは文法の発達を考える上で会話における発話間の関係を重視する。1 節で触れた用法基盤主義の言語観に基づくならば，幼児は主に周囲の大人(典型的には親)との会話の中で，発話連鎖の情報も記憶・活用しながら言語を習得していると考えられる。このため，対話統語論のアプローチは幼児が実際の言語使用の場から文法的要素を習得する過程を観察・分析する上でも相性が良いと考えられる。

実際に，近年は対話統語論の枠組みを用いて幼児の言語使用を分析した研究が見られる。例えば，Köymen and Kyratzis(2014) は，幼児による補文構文(complement construction)の使用を響鳴の観点から分析し，その構文が相互行為の中で対話的に構築されていくことを示した。この研究では，当該構文の使用が対話の相手であるほかの幼児や周囲の大人へのスタンス表示(cf. Du Bois 2007)と密接に関わっていることが指摘され，対話統語論の枠組みを習得研究に適用する有効性が示されている。また，崎田・岡本(2010: 120–121)では，幼児が母親の先行発話の形式につられて自分の意志と異なる返答をしている事例が挙げられており，「先行発話から刺激を受けての「響鳴ありき」という反応は幼児期に顕著に見られる特徴である」という指摘がなされている。さらに，崎田・岡本(ibid.: 126)では，幼児は先行発話から抽象化を行っていること，つまり対話の中に見いだしたパターンや構造を利用して自らの発話をしていることが示され，対話の中で言語構造のあらゆる面が学習されていくことが指摘されている。これは，子供が項目依存で言語を学び始め，そこからパターンを発見して抽象的構文を習得していくという Tomasello(2003)の指摘とも整合性がある。

このように，対話統語論の枠組みを習得研究に適用する有効性は示されつつあるものの，筆者の知る限りそうした研究は未だ少数であり，Du Bois(2014)が提示している事例も大人同士の会話が中心である。特に，当該の枠組みを前置詞のような特定の文法カテゴリーの使用に適用した分析はなく，従来の認知

意味論的な前置詞研究と，近年の対話を重視したアプローチを繋ぐような研究は行われていない。本論では，幼児による前置詞の使用事例を響鳴の観点から観察し，親の発話との関係を明らかにすると共に，その在り方が月齢に応じて変化していくことを示す。それを通して，これまで意味拡張の認知的動機づけのみが注目されがちだった前置詞に関しても，相互行為の中で対話的に構築される言語知識が豊かに存在することを示していく。

## 3. データと調査方法

### 3.1 使用するデータ

本論では，親子会話の実例を見るため，Providence Corpus(Demuth et al. 2006)のデータを使用した。このコーパスはCHILDES(MacWhinney 2000)を通してアクセス可能なアメリカ英語のコーパスで，男女3名ずつ合計6名分の英語話者の幼児のデータ(書き起こしデータおよび動画)を含んでいる。データの取得時期は概ね1歳から3歳半前後であり，1時間程度の家庭内での自然会話(通常，母親との会話)が約2週間おきに採取されている。ただし，幼児によっては集中的にデータが取られている時期があり，例えばLilyという女児については2歳0ヶ月から3歳0ヶ月までの期間，1週間おきにデータが採取されている。

このコーパスを使用した理由としては，主に次の2点が挙げられる。第一に，それぞれの幼児のデータが比較的短い間隔で取られているため，月齢に応じた変化を辿るのに適していることである。第二に，動画データがあるため場面が理解しやすく，分析の手助けとなる情報が豊富なことである。音声を聞くことができるのはもちろんのこと，身体の動きや場面における物との関わりとあわせて言語使用を観察できる。これらは書き起こしデータや音声のみのコーパスでは得にくいものだが，使用文脈に根ざした分析を目指す本論においては重要な要素である。今回の研究では，このコーパスからランダムにAlex(男児)，William(男児)，Lily(女児)という3名のデータを選び，分析の対象とした[5]。その中でも，今回はまずAlexのデータについて重点的に観察を行い，

そこで見られた傾向が他の2名にも当てはまるかどうかを観察した。

## 3.2 調査方法

調査方法の詳細について以下に説明する。本研究ではまず，Providence Corpus から Alex 自身による前置詞の使用事例を抽出した。Providence Corpus の書き起こしデータには品詞情報がタグとして付与されており，前置詞を表す prep というタグも存在するため，タグを基に検索をかけることが可能である。しかし，prep タグが付与されているのは後ろに補部名詞句を伴う前置詞用法のみであり，補部名詞句を伴わない副詞的・不変化詞的用法の前置詞には，副詞を表す adv のタグが付与されている。本研究では副詞的・不変化詞的用法も対象にするため，prep または adv のタグが付与されている用例を検索した上で，それが Altenberg and Vago (2010) の前置詞のリストに記載されている (6) の語であった場合に分析対象として抽出することとした[6,7]。

（6） about, above, across, against, along, among, around, at, before, behind, below, beneath, beside, between, beyond, by, despite, down, during, for, from, in, into, like, near, of, off, on, onto, out, over, since, through, throughout, till, to, toward(s), under, until, up, upon, with, within, without

（Altenberg and Vago 2010: 65）

その後，発話間の関係を観察するため，抽出したデータに対して大きく2つの観点からコーディングを行った。

第一の観点は，「幼児による前置詞の使用が，先行発話への響鳴によるものかどうか」である。前節でも触れたとおり，響鳴の起こり方には様々なパターンがあり，先行発話との類似関係は語彙だけでなく音韻，統語，語用論的な機能など様々なレベルに現れうる。また，響鳴は直前の発話に対して起こるとは限らず，話し手・聞き手の間に共有されている過去のやりとりに基づいても起こりうる (Du Bois 2014)。このため，どういった発話を響鳴によるものと見なすかには，様々な基準が考えられる。その中で，幼児による補文構文の使用を

分析した Köymen and Kyratzis(2014)は，先行する 20 節以内に補文構文が生起していた場合に響鳴による産出とみなしている。そこで，本研究でも，先行する 20 節以内，かつ，対話の相手である親の発話に同じ前置詞が生起していた場合に，それを響鳴による産出とみなすこととした。響鳴は，必ずしも別の人の発話に対して起こるものではなく，自分自身の発話に対しても起こるとされる。しかし，今回は親子の会話から対話的に構築される前置詞の使用に焦点を当てるため，幼児が自分の発話に響鳴している事例(幼児が連続して発話し，そこで同じ前置詞を繰り返し産出している場合など)は，親の発話への響鳴とは別に「自己発話の繰り返し」としてカウントすることとした。

　第二の観点は，「響鳴が起こっている単位が何か」である。親の発話への響鳴によって前置詞が使用されている場合，その響鳴のしかたには多様なパターンが見られる。例えば，前置詞句の部分だけ響鳴している事例のほか，[動詞＋目的語名詞句＋前置詞句]といった，より大きな範囲で響鳴している事例も見られた。本研究では，響鳴が見られた事例に対し，響鳴している単位が前置詞句のみであるか，動詞句全体であるか，あるいは主語も含んだ文全体であるのかを観察した。

　本研究では，上記 2 つの観点からまず Alex のデータを観察し，その後，William や Lily にも同様の傾向が見られるかを調べた。なお，コーパスデータを月齢ごとに見ると，同じ月齢の中に 2 つのデータがある場合(約 2 週間おきにデータを取られている場合)と，当該の月齢のデータが 1 つしかない場合があった。今回は，データを集計する上で月齢ごとのデータ数の不均衡が生じないよう，同じ月齢のデータが複数ある場合はその中で最も早い時期のデータのみを集計に用いることとした。

## 4. 調査結果と分析

　本節では，調査の結果を示し，それに対して分析を行う。4.1 節では Alex のデータを観察した結果の概要を示し，4.2 節から 4.5 節で，Alex の各時期における前置詞の使用事例の特徴を示す。その後，4.6 節で，比較対象の William と Lily の結果を示す。

## 4.1 月齢に応じた変化の概要

Providence Corpus には，Alex のデータとして，1歳4ヶ月〜3歳5ヶ月のデータが含まれている。これを1歳4ヶ月の分から順に観察したところ，1歳8ヶ月のデータに初めて前置詞の産出が見られた。月齢に応じて前置詞の使用事例がどう変化するかを辿ると，大きく次の2つの傾向が見られた。

第一に，前置詞を産出し始める初期の段階ほど，幼児は響鳴を通して前置詞を使う傾向がある。以下の表は，Alex による前置詞の使用事例を響鳴の観点からコーディングした結果を，半年単位で集計したものである。(a)〜(c)列の数字は事例数を表し，「(d)響鳴率」は(a)〜(c)の合計（当該時期における前置詞の全使用事例数）に対して「(a)親の発話への響鳴」が占める割合を算出したものである。

表1　月齢に応じた響鳴率の変化(Alex)

| 月齢 | (a)親の発話への響鳴 | (b)自己発話の繰り返し | (c)響鳴なし | (d)響鳴率(%) |
|---|---|---|---|---|
| 1;8–2;1 | 10 | 4 | 5 | 52.6% |
| 2;2–2;7 | 37 | 9 | 41 | 42.5% |
| 2;8–3;1 | 56 | 138 | 203 | 14.1% |
| 3;2–3;5 | 43 | 111 | 156 | 13.9% |
| 合計 | 146 | 262 | 405 | 18.0% |

この表のとおり，初期の段階ほど先行発話への響鳴を通して前置詞を産出する割合が大きい。しかし，月齢が進むにつれて，徐々に響鳴による産出の割合が低下していくことがわかる。

第二の傾向としては，月齢が進むにつれて響鳴する単位の拡大が見られる。例えば，前置詞を産出し始める初期の段階では，幼児が響鳴を通して over there のような定型句や up のような単独の前置詞のみによって構成された発話を行う傾向があった。しかし，月齢が進むにつれて，［動詞＋目的語名詞句＋前置詞句］といった単位や節全体など，より大きな範囲での響鳴が見られるようになる。

以降では，観察結果を具体事例を挙げながら示していく。本論では，便宜的

## 4.2　Phase1：響鳴を通した産出の開始

　まず，親の発話に響鳴する形で幼児が前置詞を使い始める段階の事例を見ていく。以降のデータにおいて，MOT は母親，CHI は対象の幼児の発話を表す。データの出典として記載しているのは幼児の名前と齢であり，例えば(7)の表記は Alex が 1 歳 8 ヶ月 25 日の時のデータであることを表す。行の区切りは Providence Corpus の書き起こしデータに従っている。

　(7)は，Alex が前置詞を産出し始める 1 歳 8 ヶ月時点のデータである。この場面では，Alex と母親が数字の形をした玩具を使って遊んでいる中で，母親が「8」の形の玩具を少し遠くに置き，Alex にその場所を答えさせようとしている。

(7) 1.　MOT: do you see the eight?
　　 2.　MOT: it's **over** there.
　　 3.　CHI: yyy.
　　 4.　MOT: you found it, very good.
　　 5.　CHI: xxx.
　　 6.　MOT: eight.
　　 7.　MOT: how bout [: about] this one?
　　 8.　CHI: three.
　　 9.　MOT: three, very good.
　　10.　CHI: yyy ⟨what [?]⟩ ⟨is [?]⟩ ⟨it [?]⟩.
　　11.　MOT: how about this one?
　　12.　MOT: what's this?
　　13.　CHI: what's that yyy?
　　14.　MOT: seven.
　　15.　MOT: yyy yyy yyy.

16. MOT: eight.
17. CHI: xxx yyy.
18. CHI: 〈**over** [?]〉〈there [?]〉.                          (Alex, 1; 8.25)

このやりとりの中では，母親が1行目でまず "Do you see the eight?" と尋ねる。しかし，Alex が何も答えないため，母親は2行目で自ら "It's over there." と言い，質問への回答を示している。その後，母親が16行目で改めて "Eight." と言い，Alex に答えを促すと，Alex は先行発話で使われていた over there という定型句を用いて応答を行っている。このやりとりにおける対応する要素間の関係をダイアグラフで表すと，次のようになる。

(8) 〈ダイアグラフ〉
    1.  MOT: do you see the eight ?
    2.  MOT:                          it's over there .
    16. MOT:              eight .
    18. CHI:                          over there .

この例で Alex は，1行目・2行目の母親の発話に響鳴する形で，18行目において "Over there." という発話をしている。さらに，1–2行目と16–18行目の関係を見てみると，どちらも玩具の場所を問う質問とそれに対する応答という関係を成している。つまり，Alex の発話には，over there という語彙的な響鳴に加えて，質問に応答するという機能的なレベルでも先行発話の連鎖への響鳴が見られる。幼児は一般に1歳4ヶ月頃から他者の意図を理解するようになるとされ，意図的に行われた行動のみを選択的に真似るとされる (Carpenter et al. 1998)。(7)で Alex は，16行目の母親の発話が「場所を答えてほしい」という意図であることを先行文脈から理解し，その上で "Over there." という発話をしているのではないかと考えられる。

over の用法の観点から見ると，(7)は Alex が over を産出する事例として最初に観察されたものであるが，この事例に限らず2歳3ヶ月より前に Alex が over を使うときは常に over there という定型句の中で使用していた。音声的に

も over there は区切りなく一息で発話されており，Alex はこの定型句を 2 語の組み合わせとしてではなく 1 つのまとまりとして覚えていると思われる。特に，使える前置詞の種類が少ない 1 歳代後半から 2 歳代初めの時期には，親から何かの場所を問われると実際の場所がどこであるかに関わらず over there と応答する例が多く観察された。(9)は Alex が 1 歳 11 ヶ月の時のデータである。

(9) 1. MOT: where does the bird go?
    2. CHI：**over there.**
    3. MOT: no the bird goes in the tree.　　　（Alex, 1; 11.2）

ここでも Alex は，where で始まる親からの質問に "Over there." と答える。しかし，親はその後 "No" という否定語を用いた応答しており，Alex による回答が母親の期待とは異なっていたことがわかる。しかし Alex は，over there という表現で場所を問う質問への応答が行えること，母親とのやりとりがそれによって成立することを認識しており，それを(9)の会話にも適用しているように思われる。こういった事例も，over の用法が over there という定型句の中，かつ，「場所を問う親の質問に応答する」という発話の連鎖関係の中で理解・産出されていることを示唆する。これは，例えば Tomasello (2003) が挙げている，幼児が I-wanna-do-it といった表現を内部構造の分析なしに丸ごと覚えるところから言語習得を開始するという現象とも繋がるものであろう。Tomasello によると，幼児はある発話を大人がそれを使った文脈の中で覚えており，覚えた表現を文脈の要請に応じて再生産することができるという。Alex の事例でも，over there という表現を一まとまりで覚え，かつ，場所を問う質問に答えるという会話の文脈の中でそれを再生産しているように思われる。

　なお，これまで見た事例で over が補部名詞句を伴わない用法で生起していたように，2 歳 1 ヶ月までのデータには，Alex が［前置詞＋補部名詞句］というまとまりで響鳴する事例は見られなかった。しかし，2 歳 1 ヶ月以降になると，徐々に後ろに補部名詞句を伴う前置詞用法の産出が増え，［前置詞＋補部名詞句］という形での響鳴が見られるようになる。次の(10)では，Alex (2 歳

(10) 1. MOT: okay, get **in** your chair.
2. MOT: hurry up !
3. CHI: no **in** chair.
4. CHI: yyy yyy.（不明瞭な発話）
5. MOT: yes, it's Alex's chair.　　　　　　　　（Alex, 2; 1.2）
(11) 〈ダイアグラフ〉
1. MOT: okay　,　get　　in　　your　　chair .
3. CHI: no　　　　　　in　　　　　　chair .
5. MOT: yes　,　it's　　　Alex's　　chair .

　この例では，Alexを椅子に座らせようとしている母親が1行目で"Okay, get in your chair."と言う。Alexは，これに響鳴する形で，先行発話に含まれる前置詞inと名詞chairを用いて"No in chair."と応答している。母親の発話に含まれていたyourが抜けており，音声を聞いてみても，Alexはnoとinとchairをそれぞれはっきりと区切って発音している。これはover thereが区切りなく一息で発話されていたことと対照的であり，over thereの用法に比べて各構成要素がより独立的に認識されているように思われる。このあと，2歳3ヶ月頃から，Alexが先行発話への響鳴なしに前置詞句を自ら構成して使用する頻度が増していく。次節では，響鳴による使用の割合が低下する2歳3ヶ月〜2歳4ヶ月の事例を見ていきたい。

## 4.3　Phase 2：響鳴なしでの使用の増加

　次の例は，Alexが2歳3ヶ月の時の発話であり，響鳴なしで前置詞句を使っている事例である。Alexがボウルの中に入っている豆を投げてテーブルに散らかしたのを母親が見つけて，"Don't do that again."と言っている。

(12) 1. MOT: don't do that again.

2. CHI: **in the bowl**.
3. MOT: yes that's right.
4. MOT: you put them **in the bowl**, don't throw'em ［：them］.

（Alex 2; 3.14；堀内 2017: 345）

　この例では Alex が 2 行目で "In the bowl." という前置詞句を産出している。先行する 20 発話以内に in を使った発話はないことから、Alex は響鳴を通さず自ら前置詞句を産出していると考えられる。
　しかし、この事例には響鳴が無関係かというと、そうではない。発話の連鎖をよく見ると、母親のほうが Alex の発話に響鳴し、4 行目で同じ in the bowl という前置詞句を使った発話をしていることに気付く。ダイアグラフで表すと、次のようになる。

(13) 〈ダイアグラフ〉
2. CHI:　　　　　　　　　 in the bowl  .
4. MOT: you put them 　 in the bowl  ,

　母親は、3 行目の "Yes that's right." ですでに Alex の発話への理解や同意を示している。また、「もう豆を投げてはいけない」という内容を伝えるだけであれば、4 行目の発話は後半の "don't throw' em ［：them］" だけでもよいように思われる。しかし、母親は 4 行目で Alex と同じ前置詞句を用いて "You put them in the bowl," と言っており、あえて Alex に響鳴する形で発話を行っているようにも見える。さらに母親は、in the bowl という前置詞句を、主語、動詞、目的語を含む「完全」な節の中に埋め込んで使用している。この母親の発話は、Alex の発話に対する理解を "Yes that's right." よりも明示的に示すと同時に、より大きな構造(動詞句や節)の中で前置詞句を使う方法を暗黙にフィードバックしているとも考えられる。
　類似の事例として、(14) のような例も見られる。これは、Alex が椅子の前へ移動したあと、椅子に座らせてもらうため母親に話しかける場面である。まず Alex が 2 行目で in chair という前置詞句を響鳴なしで使用し、次の行で母

親がそれに響鳴しつつ，in 句を含む「完全」な文の形で応答している。

(14) 1. CHI: mommy, **up**.
   2. CHI: **in** chair.
   3. MOT: do you wanna sit **in** your chair?
   4. CHI: please.
   5. MOT: go sit **in** your chair.
   6. MOT: then you'll be higher.　　（Alex, 2; 3.26；堀内 2017: 345）

(15) 〈ダイアグラフ〉
   2. CHI:　　　　　　　in　　　chair .
   3. MOT: do you wanna sit in your chair ?
   5. MOT:　　　　　go　　sit in your chair .

前節で挙げた幼児による響鳴は，親が始めた会話（質問など）に対して幼児が何らかの反応を要求される場面で観察された。それに対して(14)では Alex が自ら会話を始めている。この時期の Alex は，親の注意をひいて「椅子にのせてほしい」という要望を伝えるため，自ら in と chair という語を組み合わせた発話をしていると考えられる。このとき母親は何も言わずに Alex を椅子に座らせることもできるはずだが，3 行目と 5 行目で Alex の発話に響鳴しながら応答を行い，Alex の意図を確認しつつ自らの理解を伝えている。Alex は 1 行目で一度 up と言っているが応答が得られず，探索的に in chair という別の前置詞句を使っていることからも，自らの要望を明確に伝える手段を十分には習得していないことがうかがえる。"Do you wanna sit in your chair?" という親の応答は，動詞 wanna や sit を使えば意図をより明示的に表せることを暗黙的に教える役割も果たしているのではないかと考えられる。さらに，発話の形式を見ると，Alex は chair を無冠詞で使っており，かつ，主語や動詞がない前置詞句単独の発話を行っている。それに対して母親は，前置詞 in を使いつつ文法的に「完全」な文の形で応答を行っている。これらのことから，母親の発話は(12)と同様に，Alex に前置詞句を含むより大きな構造を伝える機能を担っているように思われる。

以上をまとめると，Phase 2 で Alex は響鳴なしでも前置詞句を産出するようになるが，その場合は前置詞句単独での発話である。それに対して母親が「完全」な文で響鳴している事例が多く見られ，それは幼児の発話への理解を示すと同時に，前置詞句をより大きな構造の中で使用する方法をフィードバックしているとも考えられる。親の発話が果たす役割は，2歳5ヶ月以降での Alex の発話の変化からも見て取れる。その変化について，次節以降でさらに観察していく。

## 4.4　Phase 3：響鳴範囲の拡大

　2歳3ヶ月〜2歳4ヶ月頃に響鳴による産出の割合がいったん減少したあと，2歳5ヶ月〜2歳7ヶ月には再び響鳴による産出の割合が増え，Alex による前置詞の使用事例全体の4割程度が響鳴を介して産出されるようになる。しかし，Phase 1 で見られた響鳴と異なるのは，over there のような単一の定型句だけでなく，［動詞＋目的語名詞句＋前置詞句］といったより大きな単位で親の発話に響鳴している点である。さらに，この時期のデータの特徴として，先行発話の要素の一部を置き換えて響鳴する事例が見られることや，母親による先行発話が長く複雑になっていることも挙げられる。以降で，具体事例を詳しく見ていく。

　まず，(16) の例を見てみよう。これは Alex が2歳5ヶ月のときのやりとりで，母親がボウルに砂糖を移そうとしている場面である。ここでは，母親の質問に対して Alex が，前置詞句単独 (in the bowl) ではなく動詞の目的語である this も含む範囲で響鳴している。

(16)　1.　MOT: would you like to put <u>this **in** the bowl</u>.
　　　2.　CHI: <u>this **in** the bowl</u>?　　　　（Alex, 2; 5.23；堀内 2017: 346）
(17)　〈ダイアグラフ〉
　　　1.　MOT: would you like to put this in the bowl ．
　　　2.　CHI:　　　　　　　　　　　this in the bowl ？

母親による1行目の発話を見ると，幼児が前置詞を使い始める初期のデータ (e. g.(7)の It's over there.)に比べて長く複雑な構造をしている。Alex はこの一部である "this in the bowl" という部分を利用して発話しているが，この箇所は，母親の発話の中では put を主要部とした動詞句(put this in the bowl)の一部に当たる。この事例で Alex は，「動詞句」のような文法的単位を認識してその構造に合うように発話を構築しているというよりも，直前の発話の形式を基に産出を行っていると考えられる。

(16)では Alex の発話に動詞 put が含まれていなかったが，次の(18)の例では動詞を含む範囲での響鳴が見られる。

(18)　1.　MOT: and I'll let you pour it **in**.
　　　2.　MOT: okay?
　　　3.　CHI：pour it **in**.　　　　　　　　　　　　(Alex, 2; 5.23)

1行目の親の発話を見ると，やはり let という使役動詞を使った比較的複雑な構造を持つ。この発話のあと，"Okay?" と聞かれて応答を要求された Alex は，3行目で動詞 pour を含む "Pour it in." という応答を行っている。

(19)　〈ダイアグラフ〉
　　　1.　MOT: and I'll let you pour it in .
　　　3.　CHI:　　　　　　　　　pour it in .

この例のように，響鳴を介して［動詞＋目的語名詞句＋前置詞句］という形式の発話を産出する事例は，Alex が2歳6ヶ月のときのデータにも多く観察される。さらに，(20)では親の質問に対して Alex が先行発話の that を it に置き換えて応答しており，単なる繰り返しではない形での響鳴が見られる。

(20)　1.　MOT: would you like me to open that **for** you?
　　　2.　CHI: open it **for** you.　　　　　　　　(Alex, 2; 6.6)

(21) 〈ダイアグラフ〉
　　 1. MOT: would you like me to open that for you ?
　　 2. CHI:　　　　　　　　　　　　　　open it　for you .

　次の(22)の例も，2歳6ヶ月のAlexが響鳴を通して［動詞＋目的語名詞句＋前置詞句］という構造の発話をしている例である．(16)で見たように，Alexの2歳5ヶ月までのデータには，動詞putを含む発話の事例が見られない．しかし，2歳6ヶ月以降になると，響鳴を通してputを含む発話がされるようになる．

(22) 1. MOT: come on, put all the pieces inside.
　　 2. MOT: help me.
　　 3. MOT: I'll open it.
　　 4. CHI: open.
　　 5. MOT: okay, go ahead.
　　 6. MOT: put em [ : them] in.
　　 7. CHI: put it **in**.　　　　　　　　　　　　　　(Alex, 2; 6.6)

(23) 〈ダイアグラフ〉
　　 1. MOT: come on　,　put all the pieces　inside　.
　　 6. MOT:　　　　　　　put them　　　　in　　 .
　　 7. CHI:　　　　　　　put it　　　　　 in　　 .

　ここでもAlexは，先行発話のthemをitに置き換えて発話している．2歳6ヶ月時点でのデータには［put＋目的語名詞句＋前置詞句（場所句）］という構造の発話が複数回見られ，先行発話への響鳴を通してAlexが動詞putの用法を習得し始めていることがうかがえる．
　これまで見てきた例は，動詞句全体または動詞句の一部の響鳴であったが，これ以降には徐々に節または文全体での響鳴も見られるようになる．(24)は，2歳10ヶ月のAlexが，主語や動詞を含む文を響鳴によって産出している事例である．(25)のダイアグラフに示すように，母親の先行発話における

because 節に響鳴する形で，Alex は主語や動詞を含む「完全」な文を産出している[8,9]。

(24) 1. MOT: we hafta move to the inside (be)cause <u>we're running **out of** room</u>.
  2. CHI: yyy yyy.（不明瞭な発話）
  3. CHI: <u>we're running **out of** room</u>.  (Alex, 2; 10.11)
(25) 〈ダイアグラフ〉
  1. MOT: (be)cause  we're running out of room .
  3. CHI:     we're running out of room .

このように，Alex は先行発話への響鳴を通して，徐々に前置詞句を含んだ文の形式を産出するようになっていく。

## 4.5　Phase 4：響鳴なしでの文の産出

さらに，次の段階になると，Alex は響鳴を通さずとも「完全」な文の中で前置詞句を使用するようになる。次の例では，2 歳 11 ヶ月になった Alex が，先行発話には生起していない前置詞 on を文の中で使用している。

(26) 1. MOT: there's an alligator right there, there's oh there no, oh these two match.
  2. MOT: here ya go.
  3. CHI: he's sleeping.
  4. CHI: he's sleeping **on** the floor.
  5. MOT: yeah, his eyes are closed, he's tired.  (Alex, 2; 11.8)

この例では後続する母親の発話が "Yeah," で始まっており，Alex の発話と矛盾の無い内容を述べていることからも，この時点で Alex が前置詞句（on the floor）を含んだ文を適切に使っている（少なくとも問題なく意思疎通できてい

る）ことがうかがえる。さらに，(27)に示すのは Alex が 3 歳 5 ヶ月のときの会話である。この例において母親が使っている前置詞は in と out だが，Alex は down, like, on, with という多様な前置詞を使い分けている。

(27) 1. CHI: Mom let's go xxx.
 2. CHI: yyy yyy **down like** this.
 3. MOT: no, because it's too hot **in** there.
 4. MOT: I don't want you **in** there.
 5. CHI: Mommy there's a bee **on** it.
 6. MOT: I know+//.
 7. MOT: we'll get the bee **out** later.
 8. CHI: hey Mom!
 9. CHI: you wanna play **with** the bee? (Alex, 3; 5.16)

この時点で Alex は，先行発話への響鳴を介さずとも，様々な前置詞を主語や動詞を含む文の中で自在に産出できるようになっている。

しかし，表1(4.1節)の2歳8ヶ月以降のデータからもわかるとおり，月齢が進んでも響鳴を通した前置詞の使用が完全になくなるわけではない。さらに，響鳴の範囲を見ても，初期に見られたような前置詞句単独での響鳴も一定の割合で観察され続けた。例えば次の(28)は，3歳2ヶ月の Alex が，主語や動詞を含む文の形ではなく，前置詞句単独での響鳴を行っている例である。これは，複数個ある蓋付きの入れ物のうち，おもちゃがどれに入っているかを話している場面である。

(28) 1. MOT: xxx how(a)bout this one?
 2. CHI: no no no.
 3. MOT: no no oh no it's not <u>**in** there</u> I'm sorry it's <u>**in** this one</u>.
 4. CHI: <u>**in** this one</u>. (Alex 3; 2.；堀内 2017: 347)

まず，母親が1行目で "how(a)bout this one?" と言いながら1つの入れ物を手

に取ると，2行目でAlexが"No no no."と言っている。Alexは，その入れ物には入っていないということに気がつき，それを伝えていると思われる。これを受けて母親は3行目で"It's not in there I'm sorry it's **in this one**"と言い，別の入れ物を手にする。するとAlexが4行目で"In this one."という発話を行っている。3行目の母親の発話では"it's not in there"という否定が行われた上で"it's in this one"と訂正されていることからわかるように，この発話で最も焦点化されているのは「（そちらではなく）こちらの入れ物である」ことを伝える"in this one"という部分であろう。Alexは，"in this one"の部分だけを自らの発話に使うことで，母親の発話を理解したことを示す以上に，「そうだよ，こっちだよ」という同意の意思を伝えているとも考えられる。この会話をダイアグラフで示すと，次のようになる。

(29) 〈ダイアグラフ〉

| | 3. | MOT: | | it's not | in there | |
|---|---|---|---|---|---|---|
| | | | I'm sorry | it's | in this one | . |
| | 4. | CHI: | | | in this one | . |

この例において，母親による先行発話自体は，複数の節が一続きで発話されているものである。しかしAlexは，その中で意味的に焦点化されており，かつ，Alex自身も同意する部分だけを選択的に発話しているようにも思われる[10]。

## 4.6　ほかの幼児との比較

これまで見てきたように，Alexによる前置詞の使用事例においては，前置詞の使用の初期段階ほど親の発話への響鳴による産出が多く見られること，響鳴の範囲が月齢に応じて拡大していくことが観察された。そこで，Providence Corpusに含まれるほかの幼児のデータにもこれらの傾向が見られるかを観察するため，同様のコーディングをWilliam（男児）とLily（女児）のデータに対しても実施した。Alexの観察では，前置詞の初例が観察された1歳8ヶ月から3

歳5ヶ月までの計22ヶ月分のデータを扱った。そのため，WilliamとLilyについても，前置詞の初例が観察されてから22ヶ月分のデータを響鳴の観点から観察することとした。

まず，Williamについては，コーパスに含まれる最も早い月齢である1歳4ヶ月時点のデータで既に前置詞の産出が見られた。1歳4ヶ月から22ヶ月後の3歳1ヶ月までを対象にAlexの場合と同じ方法で響鳴率を調査したところ，表2の結果が得られた[11]。

表2　月齢に応じた響鳴率の変化（William）

| 月齢 | (a)親の発話への響鳴 | (b)自己発話の繰り返し | (c)響鳴なし | (d)響鳴率(%) |
| --- | --- | --- | --- | --- |
| 1; 4–1; 9 | 7 | 4 | 9 | 35.0% |
| 1; 10–2; 3 | 15 | 15 | 12 | 35.7% |
| 2; 4–2; 9 | 47 | 89 | 131 | 17.6% |
| 2; 11–3; 1 | 34 | 103 | 127 | 12.9% |
| 合計 | 103 | 211 | 279 | 17.4% |

Williamの場合，1歳4ヶ月から1歳9ヶ月までの響鳴率がAlexのデータ（さらには，後に見るLilyのデータ）より低い。Williamは，コーパス内の最初のデータである1歳4ヶ月時点で既に親の発話に響鳴することなくupを複数回使っており，これ以前にupという語彙を習得していた可能性がある。1歳4ヶ月から1歳9ヶ月までの期間にWilliamが響鳴なしで発話した9例のうち，4例がup，さらに2例がその反義語のdownであった。Tomasello(1987)においてもupとdownは早期に習得される前置詞とされており，これに合致する形でWilliamは1歳4ヶ月より前に響鳴なしでこれらを産出できるようになっていたと考えられる。このため，他の幼児に比べ，初期段階であっても響鳴を通した産出の割合が低くなっていると思われる。しかし，William自身の変化を辿るとAlexの例と同様に2歳4ヶ月以降は響鳴の割合が大きく減少し，さらに2歳11ヶ月以降は，響鳴による産出が12.9%にまで減っている。

月齢が進むにつれて響鳴率が下がる傾向は，Lilyにも見て取れた。Lilyによる前置詞の初例が観察されたのはAlexと同じ1歳8ヶ月であったため，ここから3歳5ヶ月までの響鳴率を集計した。その結果が表3である。

表3　月齢に応じた響鳴率の変化(Lily)

| 月齢 | (a)親の発話への響鳴 | (b)自己発話の繰り返し | (c)響鳴なし | (d)響鳴率(%) |
|---|---|---|---|---|
| 1;8-2;1 | 26 | 14 | 26 | 39.4% |
| 2;2-2;7 | 57 | 59 | 115 | 24.7% |
| 2;8-3;1 | 66 | 99 | 201 | 18.0% |
| 3;2-3;5 | 60 | 115 | 214 | 15.4% |
| 合計 | 209 | 287 | 556 | 19.9% |

Lily は，Alex や William に比べて前置詞の産出数の総数が多い。また，自己発話の繰り返しの割合は低く，比較的早い時期から多様な用法で前置詞を使っている。2歳10ヶ月のデータには，親の先行発話に響鳴するのではなく，先行発話の構造を引き継いでそこに新たな前置詞句を付け足す(30)のような興味深い事例も観察された。これは，一種の co-construction(cf. Ono and Thompson 1995)とも見なせる事例であり，響鳴とは異なる形で先行発話の情報を利用した産出を行っている。

(30)　1.　MOT: he really likes to watch tv what does he like to watch on tv?
　　　2.　CHI: **with** me?
　　　3.　MOT: right.　　　　　　　　　　　　　　　　(Lily, 2; 10.8)

このように，Lily のデータのみに見られた特徴もあるものの，月齢が進むにつれて響鳴率が低下する点は Alex や William のデータと共通していた。

さらに，響鳴範囲が徐々に拡大していく傾向も共通して観察された。William も Lily も，前置詞の産出を始めた初期の段階では，響鳴を通して up や down を単独で用いる発話を頻繁に行っていた。

(31)　1.　FAT: we all fall....
　　　2.　FAT: **down!**
　　　3.　CHI: **down!**　　　　　　　　　　　　　　(William, 1; 6.5)

その後のWilliamの発話を辿ると，1歳11ヶ月時点のデータに "Calm down." という動詞を含んだ響鳴が見られ，2歳3ヶ月になると(32)のようなより大きな範囲での響鳴が見られた。

(32) 1.　MOT: here, <u>I'll play **with** this</u>.
　　 2.　CHI: <u>let's play **with** this</u>.
　　 3.　MOT: <u>let's play **with** this</u>, okay.　　　　　　(William, 2; 3.7)

(33) 〈ダイアグラフ〉
　　 1.　MOT: here ,　I 'll play with this　　　．
　　 2.　CHI:　　　　 let's play with this　　　．
　　 3.　MOT:　　　　 let's play with this, okay．

(32)でWilliamは，先行発話の "play with this" という部分を利用しつつ，"I'll" を "let's" に変えて自分の発話を行っている。このとき，2行目の発話は文法的にも「完全」な文の形を成している。この直後に母親もWilliamの発話に響鳴しつつ "okay" と言っており，Williamの発話は問題なく理解されて会話が進行している。この発話が見られる2歳3ヶ月頃から，Williamは，徐々に響鳴なしにも前置詞句を含む「完全」な文の形を産出するようになる。

　一方，Lilyのデータでも2歳0ヶ月に "Take it off." といった動詞を含む響鳴の事例が見られるようになり，2歳2ヶ月頃から徐々に主語も含む形での響鳴が観察されるようになる。例えば，次の(34)では，2歳3ヶ月のLilyが響鳴を通して母親からの質問に答えている。その際，動詞 wanna が want になってはいるものの，主語と動詞を含んだ文の形式を産出している。

(34) 1.　MOT: <u>don't you wanna jump **on** it</u>?
　　 2.　CHI: <u>I don't want jump **on** it</u>.　　　　　　　(Lily, 2; 3.5)

(35) 〈ダイアグラフ〉
　　 1.　MOT:　don't you　wanna jump on it ?
　　 2.　CHI:　I don't　　　want　jump on it ．

このように，WilliamやLilyのデータにおいても，最初は前置詞単独で響鳴していたところから範囲が徐々に拡大し，動詞句や節，あるいは文の単位で響鳴するようになる傾向が見られた。

## 5. 考察

本節では，以上の観察結果をまとめた上で，幼児による前置詞の産出において響鳴が担う役割を考察する。さらに，本研究の意義を響鳴や前置詞の研究との関わりから論じる。

### 5.1 幼児の言語使用における響鳴

はじめに，事例の観察結果を振り返り，幼児による前置詞の使用において響鳴が担う役割について検討する。まず，前置詞を産出し始める初期の段階において，幼児は親の発話に響鳴する形で前置詞を使うことが多い。例えば，親の発話に響鳴しつつAlexが"Over there."と応答し，親の質問に答える事例である。しかし，次の段階になると，幼児は親の発話への響鳴ではなく意志や要望を伝えるために自ら"In chair."のような前置詞句を作るようになる。その後，幼児は再び親の発話に響鳴する形で，動詞句や文といったより大きな構造の中で前置詞を使い始める。その段階を経て，幼児は徐々に響鳴せずとも前置詞を含む「完全」な文を産出するようになっていく。

こうしたプロセスを踏まえると，幼児が前置詞を習得する上では，響鳴を介した使用が1つの足がかりとなっていることが見て取れる。つまり，自力で前置詞やそれを含んだパターンを産出することは難しくとも，「響鳴を通してであれば産出できる」という段階があり，その段階で幼児は先行発話への響鳴を通して前置詞句を用いる。それを足がかりとして，幼児は徐々に自力で前置詞句を含む発話をするようになると思われる。

では，幼児はどのようなときに先行発話に響鳴し，新たな語彙や，それを含むより大きな構文を学んでいくのだろうか。ここで注目すべきは，親による発話の特徴とその役割である。次節では，親の発話の特性に着目して考察を進める。

## 5.2 親からの響鳴が担う役割

言語習得の研究では，大人の発話からのインプットが習得において重要な役割を担うことが指摘されてきた。例えば，大人による対幼児発話(child-directed speech)の量に応じて幼児が習得する語彙数，特定の語を使う頻度，語を習得する年齢などが予測できるとされる(cf. Huttenlocher et al. 1991; Hart and Risley 1995; Goodman et al. 2008)。さらに，Roy et al.(2009)では，周囲の大人が幼児の言語能力に応じて発話の複雑さを細かく調整していることが示されている。幼児がある語の使い方を覚える前とあとを比較すると，覚える前は大人が自らの発話を徐々に短くし，覚えたあとは徐々に長くしていることが見て取れるという。つまり，周囲の大人が発話を単純化することで幼児は語を習得しやすくなり，また，大人が徐々に発話を複雑化することで幼児はその語が含まれる句や節の構造を段階的に習得することができるのであろう。この研究では，幼児が大人の発話から言語を学ぶだけでなく，大人も幼児の発話に応じて自らの発話を修正していることが示されており，双方向のフィードバックが見られる点が興味深い。

本論で示した事例を親の発話に注目して振り返ると，Alex が響鳴を通して前置詞を使い始める初期段階(Phase1)の事例において，響鳴が起こる対象となる親の発話は "It's over there." や "Okay, get in your chair." のような単純な構造の短い発話であった。"It's over there." はおもちゃの場所を示す発話，"Okay, get in your chair." は椅子に座っていない Alex を椅子へ移動させるための発話であり，意味的にも場所を表す前置詞句の部分に焦点が置かれている。また，発話の連鎖関係を見ると，幼児が何らかの応答を要求された場面で響鳴が起こりやすい。このように見ると，幼児からの響鳴が起こる場合，その先行発話には「響鳴しやすい素地」と言えるような特性があるように思われる。さらに，次の段階(Phase 2)で Alex が自ら "In chair." のような前置詞句を産出するようになると，親は幼児と同じ前置詞を使いながらも "Do you wanna sit in your chair?" という「完全」な文で応答を行う。Phase 3 以降で Alex が動詞や主語を含む単位で響鳴していることを踏まえると，Phase 2 における親の発話が効果的なフィードバックとなり，動詞句や節，文の構造を伝えている可能性があ

る。さらに，Phase 3 になると親による発話も長く複雑なものになっており，Alex の言語使用の状況に応じて親も無意識的であれ発話を変化させていることが見て取れる。

　親の発話が幼児の言語習得において重要な役割を担うことは広く知られているが，それらの研究では必ずしも発話間の連鎖関係が注目されていたわけではない。例えば，Hallan(2001) や Roy et al.(2009) で主に示されているのは表現の生起頻度や発話の平均的な長さといった量的データであり，発話間の関係性というよりも，発話内部の性質が注目されてきたと言える。しかし，親子のやりとりを見ていくと，親による調整された発話が響鳴による前置詞の産出を促し，また，幼児の発話直後に行われる「完全」な文での響鳴が，前置詞をより大きな構造の中で用いる方法を効果的に学習させているのではないかと考えられる。この点を実証するには，親の発話をより詳しく観察することが必要であろう。しかし，響鳴に関わる親の発話は，幼児が前置詞を習得する上でヴィゴツキー学派の言う「足場かけ(scaffolding)」の役割を担っている可能性がある。ヴィゴツキーの理論では，学習者が自力でできることと他者からの助けがあればできることの間の領域を「最近接発達領域(zone of proximal development)」と呼び(Vygotsky 1978)，援助者が「足場かけ」を行ってこの領域に働きかけることで学習者は自力でできる領域を拡張することができると考えられている。本論で示したデータからは，幼児の言語習得の段階に応じた「足場かけ」が響鳴を介して行われ，それが最近接発達領域の拡大を助けている可能性が考えられる。これは，発話自体の性質だけではなく，発話間の連鎖関係も習得を促進する重要な要素であることを示唆するものであろう。

## 5.3　響鳴の研究に対する示唆

　本論で見たとおり，響鳴は大人同士の会話だけでなく親子の会話にも頻繁に観察される現象である。本論の成果は，対話統語論の枠組みが習得研究や前置詞のような文法的要素の研究にも有用であることを示していると言えるだろう。発話間の響鳴に着目して会話データを見ることは，使用の中から形作られる文法知識の構造を探る上で有効なアプローチとなりうるものであり，対話統

語論の枠組みは文法研究や習得研究に広く貢献する可能性を持つ。今回は事例研究として極めて少数の幼児のデータのみを観察したが，今後対象のデータを増やしていくことで，より一般化した形で議論を行うことも可能になるであろう。

　さらに，Du Bois(2014)らの響鳴の議論では，響鳴する側が先行発話の中から要素を選択し，自らの発話に利用する点に焦点が当てられてきた。そこで注目されていたのは，いわば響鳴する側の能動性である。一方，今回の事例を見ると，親の発話の「響鳴されやすさ」には段階性があり，親，つまり響鳴される側も相手の発話に応じて自らの発話を調整している様子が見て取れた。今回観察したのは親子の会話であるが，大人同士の会話も相互行為的な性質を持つことに変わりはない。そのため，会話の参与者が互いの知識状態に配慮しながら発話を調整し合う現象は広く観察されることが予想される。響鳴に着目した研究を行う際には，響鳴される側の発話形式にも注意を向けることで，参与者が発話を双方向に調整しながら対話を進めるプロセスを明らかにできるのではないか。

## 5.4　前置詞研究の発展に向けて

　本論の観察結果から，幼児が前置詞やそれを含む構造を産出し始めるプロセスには，親の発話への響鳴，さらには親からの響鳴が重要な役割を担っていることがわかる。2節で述べたとおり，従来の前置詞研究の多くは作例に基づく単文を単位としたものであり，前置詞1語の意味を文脈から切り離して定義しようとする傾向も見られた。しかし，実際の会話データを見ると幼児による前置詞の産出は先行発話の形式に依存して行われている側面が大きく，発話の連鎖関係の中でその用法が習得されていることがわかる。本論で行った事例研究の結果は，使用文脈に根ざした形で前置詞の事例を観察する重要性を実証していると言えるだろう。さらに，幼児が響鳴を介して前置詞を産出し始める際は，「質問に答える」といった機能的な動機づけがある場合が多く，前置詞の産出がコミュニケーションの目的に依拠して行われている様子が見て取れる。認知言語学の前置詞研究の範囲では，話し言葉における前置詞の用例を相互行

為の観点から深く分析した研究は未だ少ないと思われる。今後，分析の対象を話し言葉にも広げていくことで，より動的な文脈との関わりの中から前置詞の用法の特徴を捉えることが可能になるのではないか。

今回は分析対象を前置詞に限定したが，習得において響鳴が重要な役割を担っていることは，ほかの品詞，あるいは構文の習得にも当てはまる可能性がある。一方で，前置詞は名詞や動詞のような内容語に比べて意味の抽象度が高く，文脈に依存して意味が決まる側面も大きい。そうであるからこそ，習得には発話の連鎖関係が非常に重要である可能性もある。今後，分析の対象を前置詞以外にも広げていくことで，言語習得一般に見られる傾向，および，前置詞の習得に特有の傾向を明らかにすることができると思われる。

## 6. まとめ

本論では，特定の幼児のデータを事例とし，前置詞の用法とその月齢に応じた変化を響鳴の観点から観察した。その結果として，幼児が前置詞を産出し始める初期段階では先行発話への響鳴による産出が多く見られること，発話の機能的変化に伴って響鳴なしでの産出が増加すること，月齢が進むにつれて響鳴の範囲が拡大することなどを示した。この結果からは，幼児が前置詞やそれを含む構造を発話の連鎖関係の中で認識し，産出する過程が見て取れる。

さらに，響鳴による前置詞の産出はそれを促すような親の発話(短く，前置詞部分が焦点化された発話)のあとに起こりやすく，また，響鳴範囲の拡大には親からの響鳴が重要な役割を担っていると思われる。本論では，こうした観察を基に，響鳴を介した双方向的な発話調整が前置詞の習得を促している可能性を示した。認知言語学の枠組みにおける従来の前置詞研究では，作例に基づく単文単位の分析がなされる傾向にあった。しかし，幼児による前置詞の習得過程では親の発話との連鎖関係やコミュニケーション上の目的が重要であり，生起文脈に根ざした形で前置詞の用例を分析する必要性が示唆される。

本論の成果は，使用の場からボトムアップ的に形成される言語知識の一端を示すと同時に，対話統語論の枠組みが，文法的要素の研究や習得研究にも広く有用であることを示していると言えるだろう。今後，分析対象を他の品詞や構

文レベルの習得にも拡大していくことで，より一般性の高い分析・考察を行うと共に，言語要素の性質に応じた習得プロセスの相違についても明らかにできると思われる。

注

*本論は，日本認知言語学会第 17 回全国大会（2016 年 9 月）における筆者の口頭発表および JCLA17 掲載論文の内容に基づいている。執筆の機会をくださった山梨正明先生，日頃よりご指導いただいている井上逸兵先生，本研究を進める中で多数の貴重なご意見をくださった吉川正人氏に感謝の意を表したい。また，本研究は筆者が慶應義塾大学大学院の講義「英語学特殊講義 IG」を受講した際に提出したレポートが出発点となっている。講義の担当教授であり，多くのご助言や励ましの言葉をくださった鈴木亮子先生に，この場を借りて御礼申し上げたい。本論に残る誤りと不備はすべて筆者個人に帰するものである。

(1) 同様のことは Tomasello (2003: 43) でも述べられている。
(2) イメージスキーマは身体を介した経験を通して形成される前概念構造であり，具体的な経験の中で繰り返し生じるパターンや規則性を反映したものとされる。また，図 1 の tr はトラジェクター (trajector)，lm はランドマーク (landmark) を表している。トラジェクターは焦点化された二者関係のうち最も際立ちの高い一次的焦点であり，ランドマークはそれを相対的に位置づける二次的焦点である。イメージスキーマや tr/lm に関する詳細は Lakoff (1987) を参照のこと。
(3) 前置詞の習得における生起環境の重要性を示している点で，Hallan (2001) の主張は Tomasello (1987, 2003) の研究結果とも合致している。Tomasello は共同注意の対象や談話の主題となりやすい前置詞が早期に習得されることを示している。この研究結果は，前置詞が「どのような概念を表すか」よりむしろ「どのように使われるか」に応じて習得されていることを示している。
(4) 響鳴については，Sakita (2006, 2008)，崎田・岡本 (2010)，本多 (2013) なども参照されたい。
(5) 幼児の選択は基本的にはランダムに行ったが，自閉症と診断されてコーパス内に映像データが含まれていなかった 1 名の男児については，条件の統一化を図るため今回の観察対象から除外した。
(6) 前置詞の用例抽出は基本的に書き起こしデータを基に行ったが，動画と合わせて確認していくと，書き起こしにはしばしば誤りも観察された。例えば，幼児の発話として書き起こされているものが実際は親の発話であったり，動詞として使われている like に前置詞のタグが付いていたりする事例が見られた。また，幼児による初期の発話は不明瞭なことも多く，特に up のような短い音節の語彙の場合，本当に当該語彙を産

出しているのか音声から判断しきれない事例があった。本論では，こうした書き起こしの誤りや不明瞭な事例は分析対象から除外した。

(7) コーパスデータには，幼児が同じ歌を繰り返し歌う場面が何度か観察された。しかし，本論では自然会話における前置詞の用例に焦点を当てるため，歌詞の中で生起した前置詞は分析対象から除外し，用例の集計結果にも含めなかった。

(8) 書き言葉において文は基本的な単位と見なされているものの，話し言葉において発話は必ずしも主語や動詞を含んだ「完全」な文の形でなされるとは限らない。大人の発話でも，述部を伴わない名詞句単独の発話(一語文)や，主節を伴わない従属節単独の発話(中断節)などが多く見られる。これらは，話し言葉の中ではごく一般的なものであり，通常は聞き手に誤解されることもなく自然と意味が解釈されうる。そのため，そうした発話は話し言葉の体系やコミュニケーション上の機能の点では決して「不完全」ではない。本論では便宜上，主語や動詞が揃った発話を「「完全」な文」と呼んでいるが，それが幼児の発話の習得上のゴールであることや，話し言葉における基本的な単位であることを含意するものではない。

(9) 前置詞の使用事例数を数え上げる際，out of は1語として扱った。

(10) 英語では一般に旧情報が主部(節の冒頭近く)，新情報が述部(節の末尾近く)に生起しやすいとされる。そのため，響鳴を通して先行発話の最後にある要素のみを発話した場合，それは意味的・語用論的にも重要な要素であることが多く，意味と形式のどちらが優先されて後続発話の形式が決まっているのかは定かではない。(28)で Alex は先行発話の "in this one" という部分を選択して発話しているが，それは意味的に重要であるから選択されたというだけでなく，先行発話の最後にあったため利用しやすかったという可能性もある。幼児が先行発話の一部を選んで響鳴する場合，どの部分を選択したり，置き換えたりする傾向があるのかについては，より多くの事例を観察して多角的に検証することが必要であろう。

(11) William のデータについては，1歳5ヶ月のデータがコーパスに含まれていなかったため，1歳4ヶ月27日のデータで代用した(しかし，そこには前置詞の使用が1例も見られなかった)。また，2歳10ヶ月のデータもコーパス内に含まれていなかったが，近い時期である2歳11ヶ月のデータとしては2歳11ヶ月0日と14日の2つが含まれていたため，この両者を集計に含めた。

## 参考文献

Altenberg, E. P. and Vago, R. M. (2010). *English Grammar Understanding the Basics*. Cambridge: Cambridge University Press.

Brugman, C. M. (1981). *The Story of* Over：*Polysemy, Semantics and the Structure of the Lexicon*. M. A. Thesis, University of California, Berkeley. Published from New York and London: Garland Press in 1988.

Carpenter, M., Akhtar, N. and Tomasello, M. (1998). Fourtenn-through 18-month-old infants differentially imitate intentional and accidental actions. *Infant Behavior and Development* 21: 315–330.

Deane, P. D. (2005). Multimodal spatial representation: On the semantic unity of *over*. In Hampe, B.(ed.), *From Perception to Meaning: Image Schemas in Cognitive Linguistics*, 235–282. Berlin and New York: Mouton de Gruyter.

Demuth, K., Culbertson, J. and Alter, J. (2006). Word-minimality, epenthesis, and coda licensing in the acquisition of English. *Language and Speech* 49: 137–174.

Dewell, R. B. (1994). Over again: Image-schema transformations in semantic analysis. *Cognitive Linguistics* 5(4)：351–380.

Du Bois, J. W. (2003). Discourse and grammar. In Tomasello, M.(ed.), *The New Psychology of Language: Cognitive and Functional Approaches to Language Structure*, Vol. 2, 47–87. Mahwah, NJ: Lawrence Erlbaum.

Du Bois, J. W. (2007). The stance triangle. In Englebretson, R.(ed.), *Stancetaking in Discourse: Subjectivity, Evaluation, Interaction*, 139–182. Amsterdam and Philadelphia: John Benjamins.

Du Bois, J. W. (2014). Towards a dialogic syntax. *Cognitive Linguistics* 25(3)：359–410.

Goodman, J., Dale, P. and Li, P. (2008). Does frequency count?Parental input and the acquisition of vocabulary. *Journal of Child Language* 35: 515–531.

Hallan, N. (2001). Paths to prepositions? A corpus-based study of the acquisition of a lexico-grammatical category. In Bybee, J. and Hopper, P.(eds.), *Frequency and the Emergence of Linguistic Structure*, 91–120. Amsterdam and Philadelphia: John Benjamins.

Hart, B. and Risley, T. (1995). *Meaningful Differences in the Everyday Experience of Young American Children*. Baltimore, MD: Brookes Publishing Company.

本多啓. (2013).「言語とアフォーダンス」, 河野哲也(編)『倫理 人類のアフォーダンス』, 77–103. 東京大学出版会.

Hopper, P. J. (1987). Emergent grammar. *BLS* 13: 139–157.

Hopper, P. J. (1988). Emergent grammar and a priori grammar postulate. In Tannen, D.(ed.), *Linguistics in Context: Connecting Observation and Understanding*, 117–134. Norwood, NJ: Ablex.

Hopper, P. J. (1998). Emergent grammar. In Tomasello, M.(ed.), *The New Psychology of Language: Cognitive and Functional Approaches to Language Structure*, 155–175. Mahwah, NJ: Lawrence Erlbaum.

Hopper, P. J. (2001). Grammatical constructions and their discourse origins: Prototype or family resemblance? In Pütz, M., Niemeier, S. and Dirven, R.(eds.), *Applied Cognitive Linguistics* I, 109–129. Berlin and New York: Mouton de Gruyter.

堀内ふみ野. (2017).「響鳴からみる子供の前置詞の使用―CHILDESを用いた観察か

ら―」,『日本認知言語学会論文集』17, 339-351. 日本認知言語学会.
Huttenlocher, J., Haight, W., Bryk, A., Seltzer, M. and Lyons, T. (1991). Early vocabulary growth: Relation to language input and gender. *Developmental Psychology* 27: 236-248.
Köymen, B. and Kyratzis, A. (2014). Dialogic syntax and complement constructions in toddlers' peer interactions. *Cognitive Linguistics* 25(3)：497-521.
Lakoff, G. (1987). *Women, Fire, and Dangerous Things: What Categories Reveal about Mind.* Chicago: The University of Chicago Press.
Langacker, R. W. (1987). *Foundations of Cognitive Grammar*, Vol. 1：*Theoretical Prerequisites.* Stanford: Stanford University Press.
Langacker, R. W. (2000). A dynamic usage-based model. In Barlow, M. and Kemmer, S. (eds.), *Usage-Based Models of Language*, 1-63. Stanford: CSLI Publications.
Langacker, R. W. (2008). *Cognitive Grammar: A Basic Introduction.* Oxford: Oxford University Press.
MacWhinney, B. (2000). The CHILDES Project: Tools for Analyzing Talk, 3rd Edition. Mahwah, NJ: Lawrence Erlbaum Associates.
Ono, T. and Thompson, S. A. (1995). What can conversation tell us about syntax? In Davis, P. W. (ed.), *Alternative Linguistics: Descriptive and Theoretical Modes*, 213-271. Amsterdam and Philadelphia: John Benjamins.
Roy, B. C., Frank, M. C. and Roy, D. (2009). Exploring word learning in a high-density longitudinal corpus. *Proceedings of the 31st Annual Meeting of the Cognitive Science Society*. Available online at http://csjarchive.cogsci.rpi.edu/Proceedings/2009/papers/501/paper501.pdf
Sakita, T. I. (2006). Parallelism in conversation: Resonance, schematization, and extension from the perspective of dialogic syntax and cognitive linguistics. *Pragmatics & Cognition* 14(3)：467-500.
Sakita, T. I. (2008). A cognitive basis of conversation: Alignment through resonance, 児玉一宏・小山哲春(編)『言葉と認知のメカニズム』, 621-633. ひつじ書房.
﨑田智子・岡本雅史. (2010).『言語運用のダイナミズム―認知語用論のアプローチ』研究社.
Taylor, J. R. (1988). Contrasting prepositional categories: English and Italian. In Rudzka-Ostyn, B. (ed.), *Topics in Cognitive Linguistics*, 299-326. Amsterdam and Philadelphia: John Benjamins.
Tomasello, M. (1987). Leaning to use prepositions: A case study. *Journal of Child Language* 14: 79-98.
Tomasello, M. (2003). *Constructing a Language: A Usage-based Theory of Language Acquisition.* Cambridge, MA: Harvard University Press.
Tyler, A. and Evans, V. (2003). *The Semantics of English Prepositions.* Cambridge: Cambridge University Press.

Vygotsky, L. S. (1978). *Mind in Society: Development of Higher Psychological Processes*. Cambridge, MA: Harvard University Press.

# 簡潔性の機能的動機づけについて

坪井栄治郎

## 1. 使役表現における類像性原則と経済性原則

　Haspelmath(2008)は，ともすればその内容が曖昧なままに様々な現象の説明に当てられてきた類像性(iconicity)概念の有効性を批判的に検討し，従来iconicity of quantity, iconicity of complexity, iconicity of cohesion の表れとして説明されることが多かった，形式量の点で対比を成す有標性のパターンは，むしろ「使用頻度の高さ→予測可能性の高さ→形式の簡潔性」という経済性原則の表れとして説明されるべきことを主張している。そのような見直しの対象にされているものの一つに，Haspelmath 自身がかつて Haspelmath(1993)で主張した，状態変化動詞の causative-inchoative alternation に見られる通言語的な傾向性，つまり，自然発生的な事象を表す動詞は後者が無標，外的動作主に依存して生じる事象を表す動詞は前者が無標という傾向性，に対する類像性原則に依拠した説明がある。

　Events that are more likely to occur spontaneously will be associated with a conceptual stereotype (or prototype) of a spontaneous event, and this will be expressed in a structurally unmarked way. On the other hand, events that are more likely to occur through causation by an external agent will be associated with a stereotype of a caused event, so the caused event will be expressed in a structurally unmarked way. (Haspelmath 1993: 106–107)

Haspelmath(1993)で行っていた，この概念的有標性と形態的有標性の対応を想定する説明とは異なり，Haspelmath(2008)では前者の使用頻度が inchoative > causative であるのに対して後者の使用頻度がその逆であるために，経済性原則に基づいてそれぞれ使用頻度が高い方が無標項・使用頻度が低い方が有標項になる，という説明法を採っている。使役形態素と動詞本体の密接度の高さ・融合の度合いと，表される使役の直接性・間接性の間に一般的に観察される対応関係についても，Haspelmath(2008)においてはより直接的な使役を表す形式の方がそうでないものよりも使用頻度が高いことに帰せられている。

使用頻度には計測可能な客観性という好ましさがあり，Bybee らの一連の研究が示してきたように，それが言語形式のあり方に対して重要な影響を及ぼすことにも疑いはない。しかしながら，使用頻度は予測可能性の決定要因の一つではあってもそれのみを言って足りるものではないだろうし，そもそも使用頻度に依拠したこうした説明法においては，観察される頻度分布と形式の相対的な簡潔性の対応が示されるのみで，鍵とされる頻度分布自体の理由は問われず，なぜそれがそうであってその逆ではないのかという点について語るところがないという不満が残る。

Haspelmath は，使用頻度は雑多かつ多様な要因によるのであり，観察される現象の直接の原因である使用頻度で言語構造のあり方が予測できるのであればそれ以外の説明は不要とする。*nurse/male nurse* のような有標性パターンに男性看護師の相対的な少なさという文化・社会的な理由があっても，それは結局は遭遇頻度・言及頻度に還元されるべきことであり，そもそも単数形が一般的に無標であることなどはモノが単数で存在することの多さなどに帰すことはできないだろうと言うなどして，使用頻度を他から導こうとすることに意義を認めない。

しかしながら，観察される言語のあり方をすべて予測可能な変化の結果とし

て説明することができないことは Haspelmath 自身も含めて多くの研究者が前提としていることであり，説明できない事例の存在は説明できる部分を説明しようとすることが不要であることを意味しない。*deer, sheep, fish* といった，複数形も無標である名詞が群れ集う動物を指すものであること[1]はその形態上の特殊性を考える際に考慮されるべきことであろうし，対立項の指示物がほぼ同数存在し，*nurse/male nurse* のようには現実世界での遭遇頻度に還元できない *widow/widower* については，配偶者を失うことがもたらす影響の大きさ・配偶者を失っていることに言及する必要性の高さが(特に伝統的な社会においては)男性の場合には女性の場合ほどには大きくなかったことに由来する，「配偶者に先立たれている，ただし男。」というある種の概念上の有標性とでも言うべき点に言及する必要があるだろう。Haspelmath が現実世界におけるモノのあり方から導けないとした単数形の無標性についても，Bybee (2010: 143) の "When we talk about entities in experience, we tend to individuate them, referring to them in the singular" という言葉は，認知の傾向性に帰す可能性という興味深い視点を与えてくれる。言語が今ある形である理由を，特定の物理的・社会的・文化的環境の中で非均整な認知機構を持つ人間が行う認知のあり方に関連づけて問おうとする認知言語学の一般的志向性からすれば，使用頻度の理由を問うことにも意義を認めて良いように思われる。

　*widow/widower* のような例は「概念的有標性」という言葉で論じられることが多く，そうした際に用いられる「有標性」という言葉が本来の意味よりはかなり広い場合にまで拡張使用されていることを指摘[2]している Haspelmath (2006) の論述自体は正しいものの，「有標性」として認定されるべきことを言おうとしているわけではない場合にまで，本来とは異なる意味で「有標性」という言葉が用いられていることを理由にその言葉を用いて述べられていることの有意義性まで否定する必要はないはずだし，すでにふれた，使用頻度の理由を問わないことはそれが観察されるものとは逆のパターンでもあり得たことを含意するという，そうした立場にまつわる根本的な問題も大きい。以下では，使役表現の意味と形式の関係に対する従来の扱いを批判的に検討することを通して，簡潔性(compactness)に関与する要因を再検討し，あわせて複合的な内容を言語化することの負荷という，従来考慮されてこなかった要因も関与して

いる可能性について論じる。

## 2. 非典型的使役の頻度と簡潔性

　状態変化動詞の causative/noncausative の対においては，類像性原則に依拠した説明において形態的無標性に対応付けられる概念的無標性がその無標性ゆえに相対的な使用頻度の高さを含意するため，どちらの原則によってもなされる予測に差がない。これに対して行為動詞の使役の直接性・間接性とそれを表す形式の簡潔性との対応関係の場合には，両者の予測に差が出ることがある。

　本来能動的に行われる行為が行為者の自発性によるのではなく外的な操作・命令のままに行われるという sociative causation[3] においては，被使役者が行う行為自体は意志的行為であっても，被使役者が言わば操り人形のように見立てられれば語彙的使役形式を用いることが可能な場合がある。そのような例としては，英語の *march the soldiers across the field* のようなものが従来からよく知られてきた[4]が，意志的行為を表す動詞がそうした使用条件を満たして実際に用いられる頻度は迂言的使役と比べて相対的に低い。

　例えば，Google のフレーズ検索でのヒット件数は *had them run around* が 40,800 件，*made them run around* が 58,100 件，*caused them to run around* が 198,000 件，*got them to run around* が 415,000 件あるのに対して，*ran them around* は 20,500 件，となっている。迂言的使役よりも語彙的使役の方が使用頻度が低いにもかかわらず語彙的使役でありうるのは表す使役の直接性が高いことによると思われるので，こうした場合には使用頻度に基づく説明ではなく，類像性原則による説明を採るべきだろう。

## 3. 使役の直接性とその類像的対応物

　前節では経済性原則によってよりは類像性原則によって説明すべき場合があることを見たが，使役表現において類像的に対応するものを Haiman(1983)に従って使役事象と被使役事象の "conceptual distance" と使役形態素と動詞本体との "formal distance" とすることには考えるべき問題があることを

Haspelmath(2008)は指摘している。Haiman(1983: 782)が想定している形式間の "formal distance" は、「別の語が間に入る＞語の境界がある＞形態素の境界がある＞融合して一体化」という順で小さくなる。これに対して Haspelmath(2008: 23)は、Amharic の形態的使役の *a-* と *as-* のような直接性の点で対立する使役形式が複数ある言語の例を挙げて、それらが形式量(長さ)に差があるだけで Haiman(1983)の規定ではいずれも間に形態素の境界が入る場合に分類されて区別が付かないことを指摘している。これはされるべき適切な指摘であり、使役の直接性に対応するものが何なのかという点については改めて考える必要がある。

この関連で Haiman とは異なる興味深い主張をしているのが Shibatani and Pardeshi(2002)で、使役の直接性／間接性を使役事象と被使役事象の時空的一致／分離として規定した上で、日本語の *-(s)ase-* のような生産的な使役形態素の動詞語幹からの分離可能性と、使役事象と被使役事象の時空的分離、つまりは使役の間接性、との間のものとして使役形式における類像性を捉えるべきことを主張している。

しかしながら、カチカチに凍ったものを冷蔵庫の冷凍室から冷蔵室に移してゆっくり融かす場合、移してから融け始めるまでに時間がかかっても非生産的な *-as-* を使って「融かした」と言えるし、逆に、立てと言われた者が弾かれるように即座に立った場合、「立たせた」とは言えても「*立てた」とは言えないなど、時空上の一致の有無が使役の直接性を規定するとは言えない。また、分離可能性に段階性はないので程度の差をそれで捉えることはできない上、非生産的でも分離可能な日本語の使役化形態素の *-e-* や *-as-* を見れば分かるとおり、そもそも生産性と分離可能性は独立のことなので、生産性が直接性とどのような意味で類像的に対応するかは説明されないまま残る[5]。

## 4. 直接性と使用頻度

しかしながら、Haspelmath(2008)の経済性原則に依拠した説明にも問題がないわけではない。すでに見たように、より直接的な使役を表す形式は使用頻度がより高く、そのために予測可能性が高くなって形式量が下がる、というの

がHaspelmathの主張であったが，より直接的な使役を表す形式の方が使用頻度が高いとする根拠としてHaspelmathが挙げているのは，cause-have使役文と比べてmake-get使役文の方がBritish National Corpusにおいて使用頻度が高いことであり，前者より後者の方がより直接的な使役を表すことを前提としている。しかしながら，ほぼ同一の事象を指してcause使役文とmake使役文が連続して用いられている以下の例が示すとおり，make使役文には実際にはcause使役文の領域まで含む使用域の広さがあるので，前者の使用頻度の高さから使役の意味の直接性と使用頻度の高さの相関を導くことはできない。

Correct constructions would cause an animated monkey head at the bottom of the computer screen to float to a corner at the top of the screen after briefly disappearing; incorrect constructions(anytime one male syllable was followed by another male syllable or more than one female syllable)would make the monkey head float to the opposite corner.

（http：//www.newyorker.com/magazine/2007/04/16/the-interpreter-2）

さらに，make-get使役が表すものの方がcause-have使役が表すものよりも程度が高いとされている直接性概念自体にも問題がある。Haspelmathは「直接性」で何を指しているのか明らかにしていないが，make使役やget使役において程度が高く，cause使役やhave使役において程度が低いとしていることから推測すると，おそらくは使役行為の強制の程度の高さを指しているものと思われる。しかしながら，使役の直接性と使役形式の簡潔性の類像的対応が論じられる際の直接性とは，使役者の行為と被使役事象の成立の間に介在するものの非存在を指すのであり，そのような被使役事象の成立における被使役者・中間行為者の役割の卓立性の程度という点からすれば，被使役者の側に使役者に逆らう内在性が想定されず，上司と部下，あるいは実験者と被験者の関係の場合に見られるような，言われれば言われた方が特に抵抗もせずに言われたことを当然のことのように行う場合に用いられるhave使役の方が被使役者の卓立性が相対的に低いという意味で，被使役者の側に使役者に逆らう内在性が想定される場合に用いられるmake使役やget使役より直接的と言いうる。上で

ふれた make 使役の用法の広さを考え合わせても，make-get 使役文の方が cause-have 使役文よりも使用頻度が高いことは，表す使役の直接性の高さとは独立の理由によるものと思われる。そうであれば，make-get 使役文の方が cause-have 使役文より直接性の高い使役を表していることを前提とし，前者の使用頻度が後者のそれより高いことを根拠にして，直接性の高い使役を表す形式の方が使用頻度が高いために簡潔性の高いものになるという主張を行うことには問題があるだろう。

## 5. タイプ頻度と緊密性

前節で見たように，BNC での cause-have 使役文と make-get 使役文の使用頻度を根拠にして使役の直接性の程度と使用頻度を結びつけようとすることには問題があるが，Haiman(1983) の formal distance scale では複数ある形態的使役間の程度の違いは扱えないという Haspelmath の指摘自体は正しい。ここで Shibatani and Pardeshi(2002) が使役の直接性・間接性と動詞語幹からの分離可能性の類像的対応を想定することで扱おうとした日本語の -(s)ase- と -as- の違いについて改めて考えてみると，ともに分離可能な拘束形態素という点で差がないにもかかわらず表す使役の直接性の点で両者の間に違いがあるのは，両者のタイプ頻度に大きな違いがあり，そのためにそれぞれの動詞語幹との結びつきの強さに違いが生じることによると考えられる。

-(s)ase- が生産的と言われるのは，それが(意味的な不整合なものにならない限り)どんな動詞とも結びつくからであり，つまりはそのタイプ頻度の高さを指している。タイプ頻度が高い使役形態素は，多様な動詞語幹と結びつくことで特定の動詞語幹には依存しない高い自立性と意味的な透明性を獲得する[6]一方で，タイプ頻度が低いものは結びつく相手が限定されているために個々の動詞語幹から独立した自立性を得られず，相対的に特定の動詞語幹への従属性・一体性が高まることになる。使役形態素の生産性が使役の直接性と逆比例するのは，生産性と逆比例するこの動詞語幹との間に働く結びつきの強さが，効力の強弱と効力源からの距離の相関に動機づけられた CLOSENESS IS STRENGTH OF EFFECT という一般的なメタファー[7]によって密接性に写

像され，これが類像性原則に従って使役事象と被使役事象の間の直接性につながることによると考えうる。

なお，タイプ頻度の高いものについてここで言っている自立性の高さとは，記憶において独自の要素としての強固な定着性を持ち，各種の認知操作に用いられる容易さを指しているのであって，音韻的な自立性の高さを指しているのではない。音韻的に縮約して語として自立しない拘束形態素になるかどうかはタイプ頻度の高低とは独立のことである。

## 6.「頻度」の役割

従属形態素という点で差のないものの間にもタイプ頻度の違いによって動詞語幹との間にメタファーを介した密接性の違いがあると言うことは，頻度に依拠する Haspelmath(2008) の主張を擁護するものであるように思われるかもしれないが，以下の理由でそれはそうではない。

まず，Haspelmath(2008)で批判されるべき点は，使用頻度への過大な依存である。本論は使用頻度の重要性自体を否定するわけではなく，前節で sociative causation を表す使役文について見たように，使用頻度では説明できない事例の存在を指摘して使用頻度の重要性を相対化するとともに，使用頻度が要因となっている現象にも他の要因が同時・重層的に関与している可能性を考慮すべきことを主張し，あわせて使用頻度自体の理由を問うべき場合があることを論じようとするものである。

causative-inchoative alternation について見たように，言語現象に関与する複数の要因は典型的な場合には凝集・一致することが珍しくないので，関与する要因のうちのどれか一つを決定的なものとして特定することには無理が伴うことが多い。形式の相対的な簡潔性を使用頻度で説明できるからといって意味と表現形式との間に類像的対応を促す圧力の存在を否定するのは Langacker (1987: 28) の言う exclusionary fallacy に当たる恐れがあり，自然言語のような複雑で余剰性の高い認知体系を扱う際にはオッカムの剃刀をふるうのは必ずしも適切なことではないように思われる。

また，使役形態素の動詞語幹との密接性に関わるものとして上で述べたのは

タイプ頻度だったが，経済性原則に依拠した説明において想定されているのは主に相対頻度[8]である。-(s)ase- と -as- を例に取ると，タイプ頻度がそれぞれがどのくらい幅広い動詞と結びつくのかを示すのに対して，相対頻度はそれぞれが付加されたすべての使役動詞形式の使用数の合計の相対比率を表す[9]。このように，頻度に言及する点では同じでも，実際に指しているものは異なり，それらの当該の現象への関与の仕方も同じではない。直接性の高い使役を表す形式は使用頻度が高く，使用頻度の高さによって予測可能性が高くなったものはより少ない形式量で済ますのが経済的であるため，直接性の高い使役を表す形式はそうでないものに比べて形式量が少なくなる，というのが経済性原則に基づく説明である。それに対して本論で述べているのは，相対的なタイプ頻度の低さがもたらす使役形態素の自立性の低さ・動詞語幹との結びつきの強さがメタファーを介して動詞語幹と使役形態素の密接性に写像され，それが類像性原則に従って使役事象と被使役事象の直接性と対応づけられる一方で，自立性が低下し，使役形態素としての分析可能性(analyzability)が下がって動詞語幹への融合が進む，という一連の過程である。このように，言及される使用頻度の種類が異なるだけでなく，それらが当該の現象において果たすと想定されている役割も異なっている。実際，生産性と直接性の逆比例の関係は類像性原則を前提すれば上で述べたような形でタイプ頻度の働きとメタファーの介在で説明されるが，頻度と形式の簡潔性を結びつける経済性原則を前提しても，そもそもなぜ生産性と直接性の間に相関関係があるのか，さらになぜそれが逆比例の関係なのかは説明されないまま残ると思われる。

## 7. 概念上の重なりと緊密性

　Haspelmath(2008)などで頻度にある種絶対的な役割が与えられるのは，頻度こそが結果として生じる形式の簡潔性を最終的に決める直接の原因という認識による。仮にそうであったとしても，その頻度分布の理由を問うことによって有意義な知見が得られることはありうるし，そうすることによってはじめて当該の頻度が観察されるものとは逆の分布にならないことが偶然ではないこととして説明されることについてはすでに述べたとおりである。ここでは，頻度

の役割を相対化して捉える必要性を示唆するまた別のこととして，頻度以外の要因が関与する可能性について見てみたい．

　Bybee(1985: 41–42)は，*would've* が *would of* と誤解されることがあっても *I've* が *I of* と誤解されることがないことを指摘し，このことを，音韻的には同じ縮約であっても，前者においては *would* も *have* も同じ助動詞として同系統の意味を表すものであるという点で相互の関連性(relevance)が高いのに対して *I* と *have* にはそのような意味的な関連性がないために，前者においては意味上の一体性がより高く，*'ve* の *have* としての分析可能性が低くなるために誤分析が生じているのではないかという趣旨の推測を述べている．つまり，言語形式同士の結びつきの緊密さの度合いは，それが複合(compose)する相手との意味的な関連性の程度にも影響される可能性がある．

　このことは，より一般的な観点から見れば，以下の引用において Langacker が言うように，言語形式の複合(composition)がその要素の間の概念上の重なり(conceptual overlap)によって支えられていることの1つの具体的な表れと考えうる．

> What appears to be the strongest factor [for conceptual grouping ; 坪井] is a kind of *conceptual overlap* involving the component symbolic elements of a complex expression. In CG this overlap is explicitly recognized and described in terms of *semantic correspondences*, which figure in the characterization of every construction [...]. More implicit reference to conceptual overlap is found in the traditional observation that elements which "belong together semantically" tend to occur together syntactically [...]. By its very nature, direct conceptual overlap provides a strong impetus for conceptual grouping. Each symbolic component evokes and categorizes some fragment of a coherent overall conceptualization (the composite semantic structure). When two such fragments overlap, it is natural to conceive of them together—as forming a single, larger fragment—and the tendency to merge them in this fashion is stronger to the extent that the shared element is central and salient within the two components.
>
> 　　　　　　　　　　　　　　　　　　　（Langacker 2000: 162–163）

意味的にまとまりを成すものは表現形式上もまとまって現れるという原則は，Bybee (1985) が relevance principle と呼んだ，動詞の意味との関連性が高いものほど動詞語幹との密接性・融合度が高くなるという傾向性に通じるもので，語としての独立性を持つもの同士だけではなく，拘束形態素の間にも働くものと思われる。意味的な関連性の高さが形式面での結束性・融合の度合いの高さにつながる1つの理由は，それが概念上の重なりの多さに対応するからであろう。相互に関連性のある意味を表すもの同士にはこの概念上の重なりという，共起使用に先行する緊密な関係があるため，複合して用いられる場合には概念上の重なりがある分だけ分かち難く結びついた複合体を構成しやすく，より緊密な表現形式を取りやすくなるものと思われる。

"elements which 'belong together semantically' tend to occur together syntactically" という原則には Haspelmath (2008) も iconicity of cohesion についての議論の際に言及しているが，その一方で Haspelmath は語としての独立性を保ったまま contiguous である段階とそれが部分的に失われて cohesive になる段階とを明確に区別する。

> I want to distinguish strictly between cohesion and contiguity. That there is a functionally motivated preference for contiguity, i. e., for elements that belong together semantically to occur next to each other in speech, is beyond question. […] I only argue against an iconicity-based explanation of phenomena related to cohesion. (Haspelmath 2008: 15)

しかしながら，Bybee (1985) が relevance principle との関連で論じているデータやその他の通言語的な様々な事実に照らせば，この2つを質的に異なるものとすることに，前者に認める機能的説明の有効性を使用頻度に還元しようとしている後者には認めない立場との整合性以上の理由があるのか，疑問であり，両者は連続的な一続きの過程を成すものと捉える方がより自然であろう。

## 8. 使役形式に関与する意味要因

　Haiman(1983)の formal distance scale で区別がつかない場合にも使役の直接性と類像的に対応する密接性の差が想定可能であることを日本語の -(s)ase- と -as- を例にして上で見たが，Haspelmath(2008)が挙げた Amharic の例に戻ると，まず形式量の少ない方の使用頻度が相対的に高く，それに応じて予測可能性が高いのであれば，直接性と形式量の相関に経済性原則の関与を想定して差し支えないだろう。タイプ頻度の関与については，Amberber(2000: 419)の Amharic に 2 つある形態的使役の a- と as- についての記述によると，"The causative as- has a wider distribution—it applies to transitive and (both unaccusative and unergative) intransitive." であり，Haspelmath(2008: 23)が他に挙げている[10] Creek の direct causative の -ic- と indirect causative の -ipeyc- についても Martin (2000: 394–399)の記述によれば同様と思われるので，それぞれ後者の使用域の方が広いのであればタイプ頻度もそれに応じて相対的に高く，後者の方がより間接的な使役を表すことにタイプ頻度の高さに由来する使役形態素としての自立性の高さが関与していると考えて良いと思われる。しかし，形式の簡潔性をもたらす高使用頻度と相関するものとしてであれ，タイプ頻度と相関する使役形態素としての自立性の程度に由来するものとしてであれ，使役表現の形式面に関与する意味面としては，ここまで直接性についてのみ見てきたが，実はそれ以外にも使役表現の簡潔性に影響するとされているものが Dixon(2000)に挙げられているので，それについてまず見ておく。

　Dixon(2000)は，使役表現の簡潔性に関与することとして，使役の直接性以外に一連の意味上のパラメータを挙げており，これについては Haspelmath (2008)が肯定的に引用している。引用元の Dixon(2000: 76)では，下の引用中の対応表の最初の 2 つは動詞に，3 番目から 5 番目は被使役者に，5 番目と 6 番目の間に "direct/indirect" があって，これから最後の "with effort/naturally" までは使役者に，それぞれ関わるものとされている。

　A further observation is that direct vs. indirect causation is not the only semantic parameter by which competing causatives differ. Dixon(2000: 76) lists the following parameters and observes that they all tend to correlate with the degree of 'compactness' of the causative marker (i. e., its shortness).

| LONGER MARKER | SHORTER MARKER |
|---|---|
| action | state |
| transitive | intransitive |
| causee having control | causee lacking control |
| causee unwilling | causee willing |
| causee fully affected | causee partially affected |
| accidental | intentional |
| with effort | naturally |

(Haspelmath 2008: note 10)

Dixon (2000: 78) は，使役形式の形式量の大小と一連の意味要素のこのような相関を，そうした意味要素から構成されるある種のプロトタイプの反映と考える可能性にふれているが，それらの意味要素が個々の言語の複数ある使役形式の使い分けにおいて一部しか関与しないことを理由として，そのような解釈を否定している。

There may be a number of ways of interpreting the correlations [...]. One is that each of the meaning columns characterizes some kind of prototype：

Protoype 1—Causer achieves a result naturally, intentionally and directly, the causee either lacking control or having control and being willing, and being only partially affected. May only apply to intransitive verbs (or just to intransitive and simple transitive), or be more restricted and apply just to state verbs.

Prototype 2—Causer achieves the result accidentally, or uses effort, or acts indirectly, the causee being in control but acting unwillingly, and being completely affected. It is likely to be used with all types of verbs.

These composite prototypes are artificial—and thus unsatisfying—inasmuch as only two or three of the components are likely to apply together (not all eight) to distinguish the causative mechanisms in a given language.　　(Dixon 2000: 77)

しかしながら，プロトタイプを構成する意味要素の一部しか個々の言語の使役形式の適用上の基準的特徴とならないことを理由にそうしたプロトタイプの存在を否定することには次に挙げるような問題があるように思われる。

まず，ここで Dixon は，個々の言語の文法に具現するものとしてプロトタイプを想定しているように思えるが，プロトタイプはしばしば言われるようにプロトタイプ「効果」として捉えるべきものであり，様々な面での認知の非均整が言語に与える影響のあり方として存在するのであって，個々の言語の文法にその対応物がそのままあるとは限らない。Mithun(1991)は，同じプロトタイプ[11]を前提としながらも，個々の言語が活格(active case)の適用上の基準的特徴としてはそのプロトタイプを規定する意味特徴のうちの特定のものを選んでいること，そしてそのために同一の事象に対しても活格の適用が一様にはならない様子について詳細に論じている。

> [...] active/agentive case-marking systems are not all based on the same single feature. In some languages aspect takes precedence (Colloquial Guarani), in some, performance/instigation (Lakhota), and in some, control (Caddo) ; and in some languages several features interact (Central Pomo). Other features may be criterial in similar systems in other languages. As a result, not all active/agentive case systems are perfectly isomorphic, although they are based on the same prototypes.
> (Mithun 1991: 538)

後述する典型的な単純使役事象の認知モデルと一致しない点のある事象の場合には，Dixon(2000)が示しているような言語ごとの基準的特徴の設定の仕方によって，ある言語において形式量小の使役形式が用いられる時に他の言語では形式量大の使役形式が用いられることがありうるが，そうだとしてもそうした言語間の異なりの背後に単純使役事象のモデルを想定することは依然可能である。プロトタイプがそれをそのまま具現するものの直接の反映とは限らないことは，現実の平均的な学生とは大きく異なりながらもあるべき学生像を規定するものとして存在する「(学生の本分をわきまえた)学生らしい学生」プロトタイプのような，"ideal" としてのプロトタイプの場合には明らかだろう。能

格的性格が最も顕著な「典型的」能格言語として良く引かれるジルバル語 (Dyirbar) が能格言語の典型例ではまったくないように，同様のことは文法の領域においても存在すると思われる。次節では，使役表現に関与する一種の理想化認知モデルとしての単純使役モデルについて見る。

## 9. 単純使役の理想化認知モデル

Dixon 自身が認めているように，Dixon が使役者・被使役者・動詞の特徴として分けて挙げた意味要素には互いに似通った面もあれば相互依存的なところもある。

> The parameters are not fully independent. If **state** is chosen under 1 then parameter 2 must be **intransitive**. Parameter 4, Volition, can only be applied if **control** is chosen under 3. Parameter 8, Naturalness, is only likely to apply if **directly** is chosen under 6. It can sometimes be difficult to distinguish between 3, Control, and 4, Volition on the part of the causee, and parameter 8, relating to whether the causer had to act **with effort** or achieved the result **naturally**.
> 
> (Dixon 2000: 63)

このことは，それらが一種のゲシュタルト的理想化認知モデルとして存在する単純使役モデルとでも呼ぶべきものの特定の面をそれぞれ取り出したものであって，互いに無関係・独立なものではないためと思われる。個々の言語において異なるパラメータが使役形式の適用上の基準的特徴として選ばれたとしても，特に何もなければその基準的特徴以外の，そのモデルが描き出す特徴を持った単純使役事象として了解されるものと思われるが，そのようなデフォールト解釈が可能なのはそうした基準的特徴の指定がここで言う単純使役モデルを前提とするからこそと思われる。このモデルが描き出すのは，使役者が行為を行うと，被使役者の抵抗など，特に注目対象となるような点もなく被使役事象が成立するような事象展開のあり方で，使役者の行為の遂行と被使役事象の成立とが単層的一体性を帯び，その意味で使役者が使役の客体としての被使役

者に働きかけて使役し，その結果として被使役者が自ら主体としての役割を果たすことによって被使役事象が成立するという，使役の使役たる由縁とも言える二段階的・二層的な性質が薄い。

Dixon(2000)が挙げた意味要素のリストをこのように了解する上で1つ問題になり得るのは，形式量小の方の被使役者の affectedness についての"partially"という指定である。これが形式量大の方の"completely affected"が当該の行為から通常予想されるだけの affectedness が得られたことを表すのに対してそれが得られなかったことを指すのであれば，ある種の限定を伴う使役を指しているという意味で上記のような意味での単純使役モデルにはそぐわないもののように思えるかもしれない。このパラメータで記述される対立は，Dixon(2000)が対象としている言語のうちで Aikhenvald(2000)が論じている Tariana においてのみ観察されるものであるが，Aikhenvald(2000)を見る限り，特に限定のない単なる使役と，使役行為によって生じる変化の程度の徹底性またはそれが及ぶ空間的広がりを強調する使役，という対立のようなので，形式量小の方の使役形式が表しているのは，"partially"という指定の不要な，特定の指定のない単純使役と考えて差し支えないように思われる。

## 10. 使役化の容易さと直接性

BNC のデータに基づいて直接性の高さと使用頻度の高さの相関を言う Haspelmath(2008)の議論に問題があることについてはすでに見たが，Rice (2000)に報告されているアサバスカ諸語の形態的使役の分布には，使役の直接性と使用頻度の間にある種の相関があることを示しているように思える点がある。

I have argued that the causativizer can take the following types of bases：
(111) Bases for causativization
　　　1. intransitive verb with patientive argument(all languages)
　　　2. intransitive verb with agentive argument(Ahtna, Koyukon, Carrier, Navajo)

3. both intransitive verb and transitive verb (productive) (Koyukon)

There is a hierarchy, with intransitive verbs with patientive arguments the most likely to be causativized, and transitive verbs the least likely. This hierarchy is not a surprising one. Intransitive verbs with patientive arguments are the most likely to undergo causativization because these contain no lexically specified initiation of the event that they depict. The eventive dyadic verbs include an initiation of the event in their lexical representation, and thus are the least likely to allow the addition of an argument that speicifies an initiation. (Rice 2000: 212)

ここで述べられているのは，複数ある形態的使役の相対的な使用頻度の高さについてではなく，動詞タイプごとの形態的使役の成立のしやすさについてだが，後者がそれぞれのタイプの用いられやすさの反映だとすれば，形態的使役が複数成立している場合には，transitive verb ＜ intransitive verb with agentive argument ＜ intransitive verb with patientive argument の順でそれに基づく形態的使役が頻度高く用いられる傾向があることが示唆されていると考えることが可能だろう。使役化の対象になる動詞が1の場合の patientive argument が使役者の行為を受けるだけで被使役事象の成立に積極的な役割を果たすものではなく，その意味で1の場合にはここで Rice が言うところの被使役事象を引き起こす initiator がいないことを考えれば，intransitive verb with patientive argument の場合に表される使役はより直接性の高いものであろうから，(111) は，より直接性が高い使役ほど迂言的構文を用いずともより簡潔性の高い形態的使役で表されやすく，使用頻度が高いことを示唆するものであり，使役の直接性と使用頻度の相関を示すものと解釈できるように思えるかもしれない。

しかし，(111) をそのように解釈することには問題がある。この使用分布の理由付けとして (111) に続いて Rice が述べていることには2への言及がないが，initiator がいないから intransitive verbs with patientive arguments は (initiator を付けることになる) 使役化がしやすい・eventive dyadic verbs は initiator があるから使役化はしづらい，のであれば，被使役者が agentive であって self-initiating である2は eventive dyadic verbs と使役化のしやすさの点で差がないはずである。直接性に引きつけて言えば，いずれも被使役者の意志的行為が対

象になる active intransitive と transitive の使役とは，使役の直接性の点に差はないはずである(12)。このことは，使役化のしやすさの違いは，直接性とは異なる観点からの説明がなされるべきであることを意味する。以下では，複合的な内容を圧縮して表現することの負荷の高さから生じる現象の一種として(111)の分布を説明する可能性について見る。

## 11. 圧縮表現の負荷の高さ

　使役表現の用いられやすさについて考える上で興味深いこととして，使役事象の言語化にあたって使役表現が避けられる傾向があるという Bohnemeyer et al.(2011)の報告がある。Bohnemeyer et al.(2011)は，見せられた使役事象の言語化を求められた被験者が，使役表現を用いずに単に事象の発生を表す自動詞的構文を用いようとする傾向が言語の違いを問わず強いことを報告している(13)。例として，オランダ語話者の発話例の英訳部分をあわせて引用しておく。

　　［…］a surprising language-independent tendency manifested itself in the ECOM descriptions to leave causality largely to implicature. Consider the ECOM clip E7: a blue square bumps into a red circle causing it to drop a yellow bar onto a green triangle, which breaks ［…］．　（Bohnemeyer et al. 2011: 50）
Dutch：'(…) a purple hook appears on the screen. Bumps into a red round thing with a yellow stick. The moment it bumps into it, the yellow stick falls off from the round thing and lands on the triangle, which splits in half(…)'
　　　　　　　　　　　　　　　　　　　　（Bohnemeyer et al. 2011: 51）

　使役表現を使えば単一節ですむ場合でもわざわざ複数の節に分割した表現をしていることは，Du Bois(1987)が指摘した情報構造に対する制約の一種である Given A Constraint("Avoid new A's.") や One New Argument Constraint ("Avoid more than one new argument per clause.")を思い起こさせる。これらの制約は，新たな指示物を談話に導入することと，それが行うことを述べることを同時に単一の他動詞文で行うことを避けさせるよう働くものだが，新たな指

示物を談話に導入する提示機能を持つ英語の there 構文が通常自動詞に限られることの理由として Bolinger(1977: 102)が指摘した "loose constraint against saying more than one thing at a time" に通じるものであり，そのような観点からすれば，通常前提部分となる名詞修飾節(句)を文末に回して文の情報構造の焦点にする英語の名詞句からの外置構文の主節述語が文の情報構造の焦点にならないようなものに限られることも同じ現象と考えられる[14]。

　自然発話においては，一表現単位あたりの内容を制限し，表現せずに推論に任せるか，あるいはある意味で経済性原則に反するかのように表現量を増やして分けて言うことの方が好まれることがあるが，それはつまるところ，何が人間にとって負荷が少なく効率的なのかは，人間の情報処理の仕方の非均整のあり方との関係によって決まるのであり，表現量の多寡といった機械的な基準で測った場合に経済的とされるものも人間にとって負荷が軽いとは限らないからであろう。

　そうした観点から使役形式を見直すと，使役事象と被使役事象及びその両者の間の因果性を言わば圧縮して1度に表現することには，そのための努力が要求される負荷の高さが本来的に潜在すると言えるだろう。その点からすると，被使役者が patientive である自動詞に基づく使役は，被使役事象を引き起こす 'energy source' なしの事象の核部分だけ[15]を対象とする，使役事象と被使役事象の一体性の高い単層的使役を表すものであり，言語化に伴う負荷が最も少ない。同じ自動詞でも agentive なものになると，被使役事象を自ら実現させる被使役者の意思的行為の層が加わり，他動詞の場合にはさらにそれが被使役者の行為が向けられる第三者を取り込んだ対他的なものとなる。上に引用した Rice(2000)のアサバスカ諸語の形態的使役の分布は，この使役文にするのに求められる圧縮操作の認知上の負荷の程度を反映しているものと考えられる。つまり，直接性の高い使役表現が簡潔性が一般的に高いのは，簡潔性またはそれをもたらす使用頻度の高さと相関するのが直接性だからではなく，簡潔性の高い使役形式を用いて言語化することの負荷が最も低いのが事象の核部分だけを対象とする場合であり，その場合に結果として直接使役になるからではないだろうか。同じ形態的使役でも，Amharic や Creek のように形式量の点で異なる複数の形態的使役がある場合により直接性が高い方の簡潔性が高いのも

同じように考えられる。

そのように考えれば，Haspelmath(2008)によって前提されていた，使役形式の使用頻度と直接性が相関するように見える理由に対する説明が可能になる。

## 12. 結語

本論は，Haspelmath(2008)においてあらためてその重要性が論じられている相対頻度の役割を再検討し，使役表現の形式と意味に関わると思われるいくつかの要因について考察を行った。従来使役表現の簡潔性およびそれをもたらす使用頻度の高さが使役の直接性を鍵として論じられてきたのに対して，複雑な内容を簡潔に表現する使役形式が本来的に持つ潜在的な負荷の高さという観点を前節において提示したが，これについては表現内容の複雑性と表現形式の複雑性の類像的対応を言うことも当然可能なところではある。しかし，使用頻度についてその理由を問うことが有意義でありうるのと同じように，類像性の表れとされる現象も最終的には人間の非均整な認知のあり方との関連で説明されるべきであり，その意味で類像性原則はその内実を問うことの中に解体されるべきものと思われる。本論では非典型的語彙的使役や生産性と直接性の逆比例関係に類像性原則の働きを認めたが，これも意味と形式の相同性がもたらす認知処理の効率性というGivón(1991)の観点などから捉え直すべきものかもしれない。Haspelmath(2008)の議論もそうした方向に向けての1つの大きな試みであり，前節において形態的使役の分布を他の現象にもその関与が認められると思われる1表現単位あたりの表現量に対する制約の表れとして捉える見方を試みたのも，本論のそのような認識に基づいている。

注
（1）Bybee(2010: 144)参照。
（2）有標性概念の過剰拡張使用については，Bybee(2010)も参照。
（3）sociative causation はある程度幅のある概念であり，以下で挙げている例には限られない。sociative causation 一般については Shibatani and Pardeshi(2002)参照。
（4）Levin(1993: § 1.1.2.2 "Induced Action Alternation")にこの種の使役の説明及びそれに

ついてのその時点での先行研究一覧がある。
( 5 ) これらの点については坪井(2013)参照。
( 6 ) Bybee(1985)等参照。タイプ頻度と自立性の相関は，-(s)ase- と比べて生産性の低い -as- にも，-(s)ase- ほどではないものの，一定程度の自立性があることにも反映している。-as- にはある程度のタイプ頻度があり，使役化と脱使役化の両方の用法がある -e- とは違って使役化接辞としての地位が安定しており，-(s)ase- との類似性もあって，生産的なものではないながらも動詞語幹から独立した，ある程度の自立性を持つと考えられる。本論の脱稿直前に Matsumoto(2016)を見る機会を得たが，そこで論じられている -as- の相対的な生産性(音韻的制限からの自由度)の高さや表す意味の -(s)ase- への近さはこのことの反映として了解できるもののように思われる。
( 7 ) Lakoff and Johnson(1980: 128–132)参照。
( 8 ) 相対頻度と絶対頻度については Haspelmath(2008: 10)参照。
( 9 ) 英語の規則変化動詞に付く過去時制接辞の -ed で分かるように，新たに作られた動詞や既存の動詞の誤用の際に用いられる活用変化にはタイプ頻度の高いものが選ばれるのが一般的である。Bybee(1985: 132–133)で紹介されている，フランス語を習得中の子供に見られる動詞活用形の誤用においては，最も頻繁に用いられるのはタイプ頻度が最も高い第1類の活用変化語尾であって，使用例が最も多い第3類の活用変化をする動詞の活用語尾ではない。
(10) Haspelmath(2008: 23)には他に Dixon(2000)から Hindi と Jinghpaw の例が引かれているだけで，使用域も含めてそれ以上の記述がない。
(11) Mithun は agent/patient という，事象の参与者のプロトタイプについて論じる形になっているが，それらはそれらが参与者である事象内での性質に基づいて規定されるものなので，事象のプロトタイプについて論じているものとして受け取りうる。
(12) Shibatani and Pardeshi(2002: Table 6)は，使役の直接性を尺度とする，典型的直接使役から典型的間接使役の連続体を用いて Rice(2000)が述べているアサバスカ諸語の形態的使役の分布を示しているが，active intransitive と inactive intransitive が1つにまとめて transitive よりも表の直接使役側に寄せて描かれているため，一見すると active intransitive の使役が transitive の使役より直接性が高いように見えているが，直接性の程度で分布を規定するのであれば，両者は分けて示されるべきだろう。
(13) Ghiaee(2011: 46)は，ペルシャ語を習得中の幼児に，使用できる習得済みの使役動詞があってもそれを使おうとしない，同様の傾向があることを報告している。
(14) Tsuboi(1984)参照。
(15) Langacker(1991: 389)の thematic process 参照。

参考文献

Aikhenvald, Alexandra Y.(2000)Transitivity in Tariana. In Dixon and Aikhenvald (eds.)pp.145–

172.
Amberber, Mengistu. (2000) Valency-changing and valency-encoding devices in Amharic. In Dixon and Aikhenvald (eds.) pp.312–332.

Bohnemeyer, Jürgen, N. J. Enfield, James Essegbey, and Sotaro Kita. (2011) The macro-event property. In Bohnemeyer, Jürgen and Eric Pederson (eds.) *Event Representation in Language and Cognition*, pp.134–165. New York: Cambridge University Press.

Bolinger, Dwight. (1977) *Meaning and Form*. London: Longman.

Bybee, Joan L. (1985) *Morphology*. Amsterdam: John Benjamins.

Bybee, Joan L. (2010) Markedness: Iconicity, economy, and frequency. In Song, Jae Jung (ed.) *The Oxford Handbook of Linguistic Typology*, pp.131–147. Oxford: Oxford University Press.

Dixon, R. M. W. (2000) A typology of causatives: Form, syntax and meaning. In Dixon and Aikhenvald (eds.) pp.30–83.

Dixon, R. M. W. and Alexandra Y. Aikhenvald. (2000) *Changing Valency: Case Studies in Transitivity*. Cambridge: Cambridge University Press.

Du Bois, John W. (1987) The discourse basis of ergativity. *Language* 63(4): 805–855.

Ghiaee, Leyla. (2011)『ペルシャ語の使役構文の習得―使用依拠アプローチの観点から―』東京大学大学院総合文化研究科博士論文.

Givón, Talmy. (1991) Isomorphism in the grammatical code. *Studies in Language* 15(1): 85–114.

Haiman, John. (1983) Iconic and economic motivations. *Language* 59(4): 781–819.

Haspelmath, Martin. (1993) More on the typology of inchoative/causative verb alternations. In Comrie, Bernard and Maria Polinsky (eds.) *Causatives and Transitivity*, pp.87–120. Amsterdam: John Benjamins.

Haspelmath, Martin. (2006) Against markedness. *Journal of Linguistics* 42(1): 25–70.

Haspelmath, Martin. (2008) Frequency vs. iconicity in explaining grammatical asymmetries. *Cognitive Linguistics* 19(1): 1–33.

Haspelmath, Martin, Andreea Calude, Michael Spangol, Heiko Narrog and Elíf Bamyaci. (2014) Coding causal-noncausal verb alternations: A form-frequency correspondence explanation. *Journal of Linguistics* 50(3): 587–625.

Lakoff, George and Mark Johnson. (1980) *Metaphors We Live By*. Chicago: University of Chicago Press.

Langacker, Ronald W. (1987) *Foundations of Cognitive Grammar*, vol. 1：*Theoretical Prerequisites*. Stanford: Stanford University Press.

Langacker, Ronald W. (1991) *Foundations of Cognitive Grammar*, vol. 2：*Descriptive Application*. Stanford: Stanford University Press.

Langacker, Ronald W. (2000) Conceptual grouping and constituency. In Langacker, Ronald W. *Grammar and Conceptualization*, pp.147–170. Berlin: Mouton de Gruyter.

Levin, Beth. (1993) *English Verb Classes and Alternations: A Preliminary Investigation.* Chicago: University of Chicago Press.

Mithun, Marianne. (1991) Active/agentive case marking and its motivations, *Language* 67(3): 510–546

Martin, Jack B. (2000) Creek voice: Beyond valency. In Dixon and Aikhenvald (eds.), pp.375–403.

Matsumoto, Yo. (2016) Phonological and semantic subregularities in noncausative-causative verb pairs in Japanese. In Kageyama, Taro and Wesley M. Jacobsen (eds.) *Transitivity and Valency Alternations,* pp.51–88. Boston & Berlin, De Gruyter Mouton.

Rice, Keren. (2000) Voice and valency in the Athapaskan family. In Dixon and Aikhenvald (eds.) pp.145–235.

Shibatani, Masayoshi and Prashant Paradeshi. (2002) The causative continuum. In Shibatani, Masayoshi (ed.) *The Grammar of Causation and Interpersonal Manipulation,* pp.595–649. Amsterdam: John Benjamins.

Tsuboi, Eijiro. (1984) Discontinuous modification. *Lexicon* 13: 15–33.

坪井栄治郎 (2013)「生産性と簡潔性」*Language, Information, Text* 20: 49–61.

# 理論言語学の文法観に
# 関する批判的検討

山梨正明

## 1. はじめに

　言語学は，人間の知のメカニズムの解明を試みる認知科学の研究の一分野として重要な役割をになっている。過去の半世紀以上に渡り，理論言語学を中心とする言葉の研究は，知のメカニズムの探求を目指す認知科学の研究に重要な貢献をしてきているといえる。しかし，これまでの理論言語学の研究，特に生成文法を中心とする理論言語学の研究は，言葉の形式や構造に反映される知の一面(i.e. 文法的ないしは統語的な知識)の定式化に力点がおかれ，その背後に存在する言語主体の身体化された認知能力との関連で言葉の本質を探究していくという視点が欠如している。これに対し，生成文法のパラダイムを根本的に批判し，新たな言語学のパラダイムとして展開している認知言語学は，言葉の背後に存在する主体の身体化された認知能力に関わる要因を言語現象の記述，説明の基盤とするアプローチをとる。本論では，認知言語学の観点から，形式文法のパラダイム(特に生成文法に代表される形式文法のパラダイム)の基盤となる文法観を批判的に検討する。理論言語学が前提とする文法観には，その文法観に基づく研究が，言葉の形式と構造の側面をどのように位置づける

か，言葉の意味と運用の側面をどのように位置づけるか，といった言語研究のアプローチの本質的な問題が関係している．この種の問題は，単に共時的な観点から見た言語研究だけでなく，通時的，歴史的な観点から見た言語研究や言語獲得の研究にも密接に関わっている．以下の考察では，特に言語獲得の問題に焦点を当てながら，生成文法の文法観と認知言語学の文法観を検討していく．この考察を通して，生成文法のパラダイムに基づく言語獲得の研究の本質的な問題を明らかにしていく．

## 2. 生成文法の普遍文法仮説と言語獲得

　生成文法に代表される生得説に基づく文法観は，言語獲得は，第一次言語データと人間に生得的な知識の一部として備わっているとされる言語獲得装置 (Language Acquisition Device, LAD) との相互作用を介して達成されるという前提に立っている[1]．

　ここで問題となる言語獲得装置は，一般に，日常言語として習得可能な文法のクラスを規定する普遍文法 (Universal Grammar, UG) とこの普遍文法と言語データとの相互作用を律する基本原理から成るとされている．生成文法が普遍文法の存在を主張する論拠の一つは，「刺激の貧困」(poverty of the stimulus) を前提とする点にある．この仮定によれば，言語獲得のための入力として子供に与えられる言語的経験は均一性を欠き不完全であるが，習得の結果としての大人の文法知識は複雑であるとされる．生成文法は，このように入力としての言語的経験が不完全で限界があるにもかかわらず，複雑な大人の文法を習得するという事実は，言語的経験と一般的な学習のメカニズムからは説明できないと主張する．そして，この問題を説明するために，人間には生得的な文法知識としての普遍文法が存在すると仮定する．

　この論法は，生成文法でクリシェイ的に繰り返し引用される，言語獲得に関するいわゆる「プラトンの問題」という先験的なテーゼを前提とする論法である[2]．

「プラトンの問題」
〈問い〉：かくも不完全で貧困な経験にもかかわらず，何故かくも複雑な知識が獲得されているのか？
〈答え〉：普遍的な知識があらかじめ備わっているからである。

　この「刺激の貧困」を前提とする生成文法の言語獲得の仮説に関しては，いくつかの本質的な問題が存在する。まず，この仮説は，子供に提供される言語刺激を，具体的な統計データを示さないまま不完全なものと断定している。しかし，この仮説はあまりにも単純すぎる。実際の母親から繰り返し与えられる言語データ(motherese)や子供をかこむ言語共同体から与えられる言語データは，その頻度と情報の余剰性からみて豊かな情報源となっているという事実を考慮する必要がある。また，この仮説で問題とされる刺激は，言語刺激だけにあまりにも狭く限定されている点に問題がある。子供が実際の言葉の獲得の場において与えられる情報(ないしは経験は)狭い意味での言語情報にかぎられる訳ではない。言葉の獲得の過程では，この種の言語情報と同時に，母親を中心とする言語共同体の人間との相互作用に関わる経験(例えば，ジェスチャー，視線，顔の表情，雰囲気，五感，身体感覚などから得られる非言語的な情報)，子供と大人の参加している具体的な場面，状況から得られる非言語的な情報が重要な役割をになっている。生成文法の「刺激の貧困」の仮説は，この種の豊かな情報源を考慮していない。
　生成文法のパラダイムに基づく言語獲得の仮説は，大人の複雑な文法的知識は，かぎられた経験と一般的な学習のメカニズムからは説明できないと主張する。しかし，ここで問題とされている一般的な学習のメカニズムは，連想，条件づけによる強化と帰納プロセスに基づく行動主義時代の学習のメカニズムを前提としている[3]。
　現時点での学習の研究では，このような単純な行動主義的な学習のメカニズムではなく，認知言語学やPDPモデル，ニューラルネットワークのパラダイムに代表される，身体的な経験に根ざす一般的な認知能力を基盤とする学習のメカニズムが研究の背景となっている。認知言語学のパラダイムに基づく言語獲得の研究(特に，用法基盤モデル(UBM＝Usage Based Model)に基づく研究)

では，スキーマ化，慣習化，自動化，脱文脈化，等の認知能力や，共同注視，意図理解，類推，等の認知能力が，学習プロセスにおいて重要な役割を担っている事実に注目し，この種の認知能力との関連で言語獲得の研究が進められている[4]。生成文法の言語獲得の仮説が批判の対象とする旧来の行動主義の学習のメカニズムは，現時点での認知言語学や神経科学，PDFモデル，ニューラルネットワーク，等の認知科学の関連分野では問題にされていない[5]。

　生成文法は，言語情報における否定的な証拠(negative evidence)の欠如を前提として，普遍文法の存在を仮定している。この仮説は，子供が過度の一般化や誤った言い回しをした際に，母親やその言語共同体の適切な修正に関する情報が十分に保証されないにもかかわらず，適切な大人の文法が習得されるとし，その原因を可能な言語表現の集合をトップダウン的に規定する普遍文法の原理に求める。

　しかし，この場合の否定的証拠も(いわゆる刺激の貧困に関わる情報と同様)狭い意味での言語情報に限定され過ぎている。子供の言語獲得は，言語情報だけにかぎられた場でなされるのではなく，言語内，言語外のさまざまな情報に満ちた生きた伝達の場においてなされる。子供が過度の一般化や誤りを犯した場合，母親やまわりの話し手からのパラ言語的な情報やノンヴァーバルな情報が否定的な証拠として直接的，間接的にフィードバックされることにより，過度の一般化や誤りが修正されていく状況も自然に予想される。したがって，言語情報の否定的な証拠が足りない(あるいは，欠如している)からといって，即，普遍文法の原理の存在を前提とするのはあまりにも短絡的な主張と言わねばならない[6]。

　また，仮に否定的な証拠が存在しないと仮定したとしても，そこから必然的に言語的な知識の一部を構成する普遍文法の原理の存在を仮定する必然性は出てこない。例えば，生成文法で仮定される構造依存の原理に代表されるような普遍文法の原理が，言語的な知識としての自律的な原理である保証はどこにもない。生成文法の言語獲得の仮説は，この種の原理をはじめから自律的な言語能力の一部と仮定しているが，この種の能力は，認知言語学が知のメカニズムの一部として注目する一般的な認知能力の一部とみなすことができる。実際，認知言語学の研究では，構造の依存性，有標性，等の制約が，この一般的な認

知能力に関わる制約として位置づけられる証拠が指摘されている⁽⁷⁾。

この後者の視点からみるならば,いわゆる普遍文法の知識として仮定される言語能力の生得性と言語的知識の自律性は経験的に否定されることになる。生得性が認められるとするならば,それはむしろ構造の依存性,有標性,等の制約の背後に存在する一般的な認知能力の一部に認められることになる。

## 3. 言語能力の根源と言葉の生物的・進化的背景

生成文法のパラダイムにおける言語獲得の仮説は,言語と人間の知のメカニズムに関し,さらに次のような前提に立っている。すなわち,生成文法が問題とする普遍文法の知識は,個別言語を律する普遍的な言語的知識として仮定され,ヒトという種に固有の生得的な知識,すなわち,生物的,遺伝的に脳に内蔵されている心的器官(mental organ)のモジュールとしての知識として仮定される。しかし,この種の仮定には,いくつかの基本的な問題がある⁽⁸⁾。

まず,前節でみたように,生成文法で普遍文法の名のもとに主張されている知識は,先験的に言語的な性質をもった知識であることが経験的に立証されている訳ではない。(仮にその知識が普遍的な性質をもっているとしても,個別言語の獲得を可能とする知識であることが,即,言語的な性質をになう知識であることにはならない。)ここで問題とされている知識が,仮に可能な文法の獲得を可能とする知識であるとしても,この種の知識それ自体は言語的な知識ではなく,前-記号的な一般的な認知能力(ないしは運用能力)に関わる知識の可能性も十分考えられる。言葉の背後に存在する身体性に根ざす認知能力と運用能力を言語現象との関連で明らかにしていく認知言語学のアプローチは,むしろこの後者の一般的な認知能力から,言語獲得のメカニズムを探究していく研究の場を提供する。

さらに,生成文法における普遍文法の仮説の問題は,モジュールとしての心的器官のメタファーにある。仮に,ヒトの種に固有の能力が存在するとしても,それを生物学的な意味での器官の一種とみなすことには本質的な問題がある。この種の能力が脳に存在するとしても,それは脳という器官になっている1つの機能であり,その能力(ないしは知識)自体は器官ではない。また,

仮にある器官レベルで特殊化された,言語にも関係する機能がヒトの脳に存在するとしても,その種の機能が言語のためだけの機能として存在している保証はない。その機能は,脳という器官において,言語に関係するだけでなく,視覚をはじめとする五感の機能や運動感覚の機能もになっている可能性も十分に考えられる。この点を考慮するならば,生成文法の領域固有性(ないしは機能固有性)を前提とするモジュールとしての心的器官のメタファーに基づく言語獲得の仮説には,やはり本質的な問題がある。

　普遍文法の仮定のもう1つの問題は,生物の延長としてのヒトの進化の文脈(ないしは系統発生の文脈)における知識の獲得過程を捨象し,個体レベルの言語獲得の問題だけを,普遍文法を前提として論じている点にある。自然言語,特にわれわれが伝達の手段として獲得するに至った日常言語は,環境世界に身をおき,環境との相互作用による身体的な経験を介して獲得してきた記号系の一種である。確かに,ヒトという種が,進化の過程で他の類人猿,等の生物とは異なる言語を獲得するに至ったという事実を考慮するならば,ヒトの個体レベルにおける知識の獲得とヒトの種レベルでの知識の獲得を分けて考えるのは妥当と言える。しかし,進化(ないしは系統発生)の結果として獲得された知識の一部が,現代のヒトの個体レベルの知識として普遍的な機能をになうに至ったとしても,後者のレベルの知識の普遍性を,すべてヒトだけに固有の知識とみなす言語観には問題がある[9]。ヒトの種のレベルでの知識の獲得とヒトの個体レベルにおける知識の獲得との間には,生物学的,進化的な関係が存在している。この知識の問題を言語に関わる知識の問題にかぎってみても,この2つの次元の生物学的,進化的な関係を無視することはできない。

　日常言語には,環境世界との相互作用を反映する主体の知覚のプロセス,カテゴリー化のプロセス,視線の投影,視線の移動,イメージ形成,等の認知プロセスが,さまざまな形で反映されている。長い進化の過程を経てわれわれが獲得するに至った日常言語の知識は,この種の認知プロセスと環境との相互作用を反映する身体的な経験に動機づけられており,この種の経験の一部は,ヒトだけでなく,類人猿をはじめとする他の高等動物にも共有されている。また,この種の経験の一部は,ヒトの個体レベルにおける言語的な知識だけでなく,類人猿をはじめとする他の高等動物の伝達手段に関わる知識にも反映され

ている。したがって，ヒトの個体レベルにおける知識の獲得の問題は，ヒトの種レベルでの知識の獲得の問題と切り離すことはできない。またこのことは，ヒトの個体レベルにおける知識の獲得の問題は，類人猿をはじめとする他の高等動物の進化の文脈における知識の獲得の問題と切り離して考えることは不可能であることを意味する[10]。

## 4. 人間中心の言語観と記号観の問題

　以上の考察から明らかなように，生成文法が前提とする普遍文法の仮説は，ヒトの種が獲得した言語的知識の問題を，この種の知識の発現の根源となっている進化の文脈における知識の獲得過程の問題から切り離し，前者に関係するヒトの個体レベルの言語の問題だけを一面的に考えている。またこの普遍文法の仮説は，ヒトの伝達の手段である言語の記号系と他の類人猿の伝達手段の記号系の質的な違いを強調し，他の高等動物からヒトに至る進化のグローバルな文脈において発達してきた前-言語的(ないしは前-概念的)な記号系から言語的な記号系に至る伝達手段の系統発生的な関連性を等閑視している。

　このスタンスは，生成文法の言語観ないしは記号観と無関係ではない。普遍文法の仮説で問題とされる言語の記号系は，音声の分節構造を中心とする人間言語のヴァーバルな記号系に限定されており，空間認知，指示，視線の移動，等に関わる参照点能力やジェスチャー，顔の表情，身体運動などの前-言語的(ないしは前-概念的)な認知能力は問題とされていない[11]。しかし，この種の認知能力は，類人猿をはじめとする高等動物だけでなく，ヒトの記号系(すなわち，われわれが使用する伝達手段としての記号系)においても重要な役割をになっている。ヒトと他の動物の伝達手段としての記号系を，進化の文脈における前-言語的なレベルからの発現過程を通して捉え直していくならば，ヒトの記号系と他の動物の記号系の関連性をより体系的に明らかにしていくことが可能となる。

　生物としてのヒトの認知システムは，自然界のなかで進化してきた生物一般の認知システムの制約から単純に切り離して考えることは不可能である。生成文法の普遍文法の言語観は，音声の分節構造を中心とする人間言語のヴァーバ

ルな記号構造の自律性を前提とし，ヒトと他の動物に共通する前-言語的(ないしは前-概念的)な認知システムと記号構造との関係を考慮していない。ヒトの種に固有な普遍文法を前提とする言語観に基づく研究方略を押し進めていくかぎり，進化の文脈における生物の延長としてのヒトを含む動物一般の記号系の発現過程を明らかにしていく方向はみえてこない。またこの研究方略を押し進めていくかぎり，実質的な意味で，ヒトの言語を系統発生を考慮した生物学的な視点，進化論的な視点から問い直していく方向はみえてこない。

認知言語学のアプローチは，記号の発現を可能とする前-言語的(ないしは前-概念的)な認知能力から記号の形式と意味の関係を探究するアプローチである。この種の認知能力のなかには，先に触れた空間認知，指示，視線の移動，等に関わる参照点能力やイメージ形成，記号形成の認知能力が含まれる[12]。この種の能力は，動物の伝達行動に関係する知覚，視線の移動，身体運動，指示行動，等を可能とする一般的な認知能力や運用能力の一部でもある。したがって，この認知言語学の研究方略は，狭い意味での日常言語の研究だけでなく，前-言語的(ないしは前-概念的)な動物の伝達行動を基盤とする記号の発現過程の研究を可能とする。この展望のもとに，認知言語学の研究方略を押し進めていくならば，進化の文脈における生物の延長としてのヒトを含む動物一般の記号系の発現過程を明らかにしていくことが可能となる[13]。

## 5. むすびにかえて—言葉の身体的基盤と記号の創発性

これまでの言語学の研究では，言語主体としての人間の想像性，情緒・感情，五感，運動感覚をはじめとする言葉の身体的な側面から独立した，言葉の形式的な側面，構造的な側面を中心とする文法(ないしはシンタクス)の研究に力点がおかれている。構造言語学，生成文法理論をはじめとする従来の言語学のアプローチは，この意味で，文法ショーヴィニズム，シンタクス・ショーヴィニズムの言語観に根ざす言語学のアプローチであると言える。さらに言えば，この種のアプローチは，文法ないしはシンタクスを中心とする言語能力の自律性を前提とする言語学のアプローチである。

これに対し認知言語学のアプローチでは，言語能力は，生物の延長としての

人間の身体性を反映する一般的な認知能力によって動機づけられ，この認知能力からの発現の一形態として位置づけられる(14)。換言するなら，認知言語学のアプローチは，いわゆる言語能力に関わる知識は，五感，運動感覚，イメージ形成，視点の投影，カテゴリー化，等に関わる人間の一般的な認知能力から独立した自律的なモジュールとしての言語知識としては規定できないという視点に立っている(15)。

　この視点は，身体性に関わる前-表象的，前-記号的な生きた経験の場から，言語的知識の発現と分節化のプロセスを根源的に問い直していく立場を意味する。日常言語の形式と意味はどのように発現し，実際の伝達の場においてどのよに機能しているのか。日常言語としての記号系は，どのようなカテゴリー化と意味の拡張のプロセスを経て概念体系を発展させてきたのか。言語能力の根源は，どこに求められるのか。言葉の意味と形式の関係は，どのように変化しどのように揺らいでいるのか。言葉の獲得過程は，どのような経験的な基盤に動機づけられているのか。言葉の創造性の根源は，どこに求められるのか。認知言語学の研究プログラムは，言語現象を身体的な動機づけに裏うちされた発現系として創発的に規定していくという視点から，これらの問題を探究していく一貫した方向性を打ち出している(16)。

　初期の認知科学は，いわゆる「言語論的展開」を背景とする記号主義，表示主義のパラダイムに基づく知の探究を試みてきたと言える。記号・表示主義のパラダイムは，暗黙のうちに，ソシュール的な意味での記号の恣意性，客観的指示性，カテゴリーの境界性，記号系の自律性を前提として知のメカニズムの探究を試みている(17)。

　これに対し認知言語学の研究プログラムは，生物の延長としての人間の身体性を反映する一般的な認知能力と運用能力に関わる経験的な根拠に基づき，記号・表示主義の認知科学のパラダイムとソシュール的な記号主義に基づく言語学のパラダイムの限界を実証的に明らかにしている。認知言語学のアプローチが重視する身体性の意味は，必ずしも他の関連分野における身体性の意味と一致するわけではない。身体性の意味は，それぞれの分野の研究文脈によって厳密には異なる。しかし，最近の脳科学，PDPモデル(ないしはコネクショニスト・モデル)の研究，生態論的視点に基づく認知科学の関連分野の研究におい

ても、広い意味での身体性を反映する新しい知の探究の場が着実に広がりつつある[18]。

これらの関連分野は、「言語論的展開」を背景とする初期の認知科学のパラダイムを越える、新しい認知科学の研究プログラム(いわば「身体論的展開」を背景とする新しい知の探究のプログラム)の場を形成している。認知言語学のパラダイムは、この広い意味での身体論的研究の場において展開されつつある知の探究の一翼をになう研究プログラムとして位置づけられる。

注
( 1 ) 本節で問題にする生成文法のパラダイムにおける普遍文法の仮説は、言語学を除く他の認知科学の関連分野では少数派の考え方になっており、この仮説に基づく認知発達、言語発達の関連分野における実験的な研究は積極的にはなされていない。しかし、言語学の分野(とくに日本における理論言語学の分野)においては、この仮説に関する理論面、実証面の批判的な検討は本格的にはなされていない。この仮説の批判的な考察に関しては、山梨(1991, 1997)、藤井(2010)、児玉・野澤(2009)、黒田(1998)を参照。
( 2 ) ここで問題とされている言語獲得の仮説は、ヒトという種の脳だけに普遍文法が存在するために、ヒトだけが他の類人猿をはじめとする動物とちがって言語の習得が可能となる、という論理を前提としている。これは、言語獲得を可能とする原因を、他には考えられないという理由で、はじめから脳の中になければならないとする論理である。この普遍文法の論理は、言語獲得の不思議に直面して、ウサギ(習得を可能とする原因)をはじめから帽子(ヒトの脳)のなかに入れておく手品に似ている(cf. Deacon 1997: Ch. 4)。この点で、普遍文法の論理は、「ハット・トリック(!?)」の手品(magic)の論理と言える。
( 3 ) 生成文法は、大人の複雑な文法的知識は一般的な学習のメカニズムからは説明できないと主張する。しかし、生成文法が前提とする学習のメカニズムは、「刺激―反動」理論に基づく、古い行動主義の時代の学習のメカニズム(cf. Skinner 1953, 1957)を批判の対象として議論を進めている点に問題がある。この線にそった言語獲得に対する批判的な考察に関しては、Bates(1979)、Dabrowska(1997)、Elman et al. (1996)、Evans(2014)、MacWhinney(1999)、Tomasello(1995, 1999, 2008)、山梨(2001, 2003, 2007)、Yamanashi(2002)を参照。
( 4 ) 認知言語学の言語獲得の研究は、子供の言語獲得は、自律的で普遍的な言語能力ではなく、具体的なコミュニケーションに関わる共同注意(joint attention)」、他者の意図理解(intention reading)を可能とする学習能力と、事態認知の基本的なパターンを離散的

な記号系としてカテゴリー化し，分節していく際に重要な役割をになうスキーマ化の認知能力に基づいて，語彙レベル，句レベル，構文レベル，等の言語発達のプロセスを体系的に探求していくアプローチをとっている。

　この方面の最新の研究に関しては，最近，海外から出版された認知言語学の包括的な論文集(Yamanashi(ed., 2016)：*Cognitive Linguistics* ［Vol. 1 〜 Vol. 5］, London: Sage Publications)を参照。また認知言語学の最新の研究の包括的な考察と展望に関しては，Yamanashi(2016)を参照。

　また認知言語学の観点からみた，生成文法の言語獲得研究の批判的な考察に関しては，Dabrowska(1997)，Evans(2014)，藤井(2010)，児玉・野澤(2009)，MacWhinney (ed., 1999)，Mandler(1992, 2004)，Tomasello(1995, 1999, 2008)，Tomasello and Slobin (eds., 2004)，山梨(2001, 2003, 2007)，Yamanashi(2002)を参照。

(5) PDPモデルやニューラルネットワークの系列学習のメカニズムに関する研究では，言語に領域固有的でないニューラルネットワークの一般的な学習メカニズムを仮定することにより，言語の文法カテゴリーと意味カテゴリーの学習，さらに埋め込みや長距離依存の統語構造の学習が可能となる実験結果が示されている(cf. Elman 1990, 1993, 1995; Elman et al. 1996)。この実験結果は，言語に固有な普遍文法を言語獲得の前提とする生成文法の仮説に対する反証となる。

　また，Arbib, Conklin and Hill(1987)は，言語ユニットを統括するスキーマ(ないしはテンプレート)を組みこむ学習モデルが，語の使用頻度と共起関係に関わる経験に基づき，名詞，動詞，等の文法カテゴリーの学習を可能とする実験結果を報告している。この結果は，文法カテゴリーの知識をトップダウン的に組みこむ普遍文法の仮説に対する反証となる。(この学習実験の詳細に関しては，さらにArbib(1989)，Arbib and Hill(1988)を参照。)

(6) また，この意味での言語獲得のモデルは，言語の獲得過程に関わる時間的な要因を捨象した言語獲得モデルを前提にしている。すなわち，このモデルによれば，第一次言語データとしての経験と言語獲得装置の相互作用の瞬時的な結果として大人の文法が獲得され，言語獲得に必要な経験を取りこむ時間的な順序やタイミングは，獲得される文法の性質に何ら影響を与えないという前提に立っている。

　しかし，実際の第一次言語としてのデータは，典型的な事例から拡張事例まで多様であり，また実際の習得に際しこの種の事例に接していく順序やタイミングは，言語発達の具体的なプロセスに大きな影響を与える(cf. McCawley 1973: 171–172)。この点で，生成文法の瞬時的モデルの言語獲得の仮説には，本質的な問題がある。(発達心理学，言語心理学の関連分野からみた，この言語獲得の仮説の批判に関しては，Dabrowska(1997)，Tomasello(1995)を参照。)

(7) 構造依存の原理は，根源的には，人間の言語の前駆体を構成する道具的な行動の組み合わせの(前 – 言語的な)能力に密接に関係している。系統発生の観点からみた場合，

この種の能力は，根源的には物体の系列的操作（ないしは階層的操作）を可能とする「行動文法」(action grammar)の能力に根ざしている(cf. Greenfield, Nelson, and Saltzman (1972), Greenfield(1991))。構造の依存性，有標性，等の制約が，言語固有の制約ではなく，一般的な認知能力に関わる制約に基づく証拠に関しては，Dean(1992), Elman(1990, 1993, 1995), Elman et al. (1996), Greenfield(1991), Greenfield, Nelson and Saltzman(1972)を参照。

(8) 生成文法で仮定するモジュール性の仮説は，Fodor(1983)の意味でのモジュール性の仮説とは異なる。後者の仮説では，モジュール性は，周辺処理系には認められるが中央処理系には認められない。これに対し，生成文法の普遍文法の仮説では，モジュール性は，脳の中央処理系にも仮定される。「モジュール」という用語は，言語学の分野において安易に使われているが，この概念の理解に関しては，情報の遮断性，領域固有性と知識の全体性，部分性の観点(cf. Quine 1953)からの厳密な検討が必要となる。

(9) この生成文法の言語観は，（言語能力を含む）人間の能力の特殊性，優越性を強調し，人間と類人猿をはじめとする他の動物との間に境界線を引く，「人間中心主義的」な言語観に通じる。この言語観には，人間以外の動物へのまなざしと人間の能力を他の動物の能力からの延長線上において問い直していく視点が欠けている。この言語観を持ち続けるかぎり，生物的な文脈において，他の動物からの進化の延長線上において人間と動物の伝達能力，記号能力の発現過程を明らかにしていく視点が失われていくことになる。

(10) Chomsky流の生成文法の言語観は，系列的操作（ないしは階層的操作）を可能とする「行動文法」の能力（すなわち，前駆体としての前-言語的な能力）から，人間の言語能力を創発的に規定していく進化論的な研究の可能性を先験的に否定している。換言するならば，この言語観は，言語の階層的な操作に関わる前-言語的な前駆体の存在を想定すべき理由はないとして，進化的な考察の必要性を先験的に否定している(Chomsky 2010: 54)。この主張は，彼の先験的な言語観に起因する。Chomskyは，（生成文法が前提とする「言語獲得の瞬時モデル」と平行して），先験的に，言語進化に関しても「言語進化の瞬時モデル」を前提としている。しかし，後者のモデルは，言語能力(faculty of language)の核となる回帰性（ないしは階層性）の機能は，突然変異による脳の瞬時的な再配線によるはずである(Chomsky 2008: 137)，という先験的な憶測(a priori speculation)に留まるものであり，この主張に関する経験的な証拠は何も提示されていない。

(11) これまでの言語学の研究では，ジェスチャーと日常言語の相互関係に関する考察は，本格的にはなされていない。日常言語と類人猿の伝達行動の相互関係を明らかにするためには，ジェスチャーをはじめとする身体的な認知能力の研究が必要となる。（この方面の基礎的な研究に関しては，Kendon(1981, 1993), McNeill(1987, 1992), Greenfield(1991), Greenfield, Nelson and Saltzman(1972)を参照。）

(12) 認知言語学のイメージ図式，参照点構造，等の規定は，日常言語だけでなく，動物の伝達行動に関係する知覚，視線の移動，身体運動，指示行動，等に関わる記号媒体の記述と分析を可能とする。

(13) 生成文法の言語観は，伝達手段としての記号系を問題にする場合，いわゆる日常言語のヴァーバルな記号系だけを問題にし過ぎている。このヴァーバルな記号系を中心にヒトと他の動物の伝達過程をみるかぎりでは，ヒトの言語だけが特筆すべき高度な記号系のようにみえる。生成文法の言語観は，これを論拠にして，ヒトと他の動物との不連続性を不当に強調し過ぎている。ヒトの言語記号だけでなく，他の類人猿にもみられる発声行動，参照点能力，身振り，模倣，等の行動を進化の文脈で綿密に見直していくならば，ヒトと類人猿をはじめとする他の動物とのミッシングリンクに関する記号の発現過程の体系的な研究が可能となる。

近年の動物行動学の分野では，このミッシングリンクの記号の発現過程を明らかにしていく研究がなされている。この方面の注目すべき研究としては，Donald(1998)，Dunbar(1998)，Heine and Kuteva(eds., 2007)，Hurford(2007)，Lieberman(1998)，Morris(1998)，Petitot(1995)，Savage-Rumbaugh and Lewin(1994)を参照。この分野の一般的な考察としては，さらにChristiansen and Kirby(eds., 2003)，Deacon(1997)，Hurford(2003)，Lieberman(1984)，Sampson(1997)，Tomasello and Slobin(eds., 2004)，等を参照。

(14) 言語能力にかぎらず，身振り，手振り，五感・身体運動的な媒体をはじめとする多様な表現系が，広い意味での一般的認知能力の発現形態として存在する。言語能力の反映としての記号系は，この意味での広義の一般的認知能力の発現形態の一種にすぎない。認知言語学で問題とする一般的な認知能力は，知・情・意における狭い意味での知性的な能力だけでなく，感性，情動性をも含む広い意味での身体的な認知能力を意味する。この種の認知能力の問題に関しては，さらにBruner(1975)，Piaget(1972)，Wallon(1942)を参照。

(15) ここに，認知言語学の研究プログラムの一貫した方向性をみてとることができる。それは，言葉の意味の根源としての言語主体の認知能力と運用能力から，言語現象の全体を，身体的な動機づけを背景とするダイナミックな発現系として創発的に規定していくという一貫した方向性である。

(16) ここで問題とする〈創発的〉な視点は，言語現象は，（派生・表示の規則に基づいて）部分からの構成的な総和として単純に予測できるのではなく，部分からは予測できない非線形的な特質が全体的に組織化され，新しいパターンとして発現するという視点に立脚している。

この〈創発的〉な視点に基づく認知言語学の最新の研究に関しては，認知言語学の包括的な論文集(Yamanashi(ed., 2016)：*Cognitive Linguistics* [Vol. 1 ～ Vol. 5]，London: Sage Publications)を，また認知言語学の最新の研究の体系的な考察と展望に関して

は，Yamanashi(2016)を参照。
(17) 認知言語学のパラダイムでは，音韻レベル，統語レベル，意味レベルのいずれの記号表示のレベルも，記号系の外の世界からの経験的な動機づけが与えられなければならない，という立場をとる。この立場は，日常言語の記号系は，本質的に身体的な〈有縁性〉によって動機づけられているという立場を意味する。従来のソシュール的な記号の〈恣意性〉に基づく構造主義と生成文法のパラダイムは，この点で本質的な限界がある。
(18) 言語学の一部の研究は，脳科学やPDPモデルの研究からみても興味深い知見を提供している。しかし，これらの関連分野の知見を評価する際には慎重な検討が必要になる。最近の言語学と脳科学の実験的な研究では，文法理論において仮定される抽象的な規則や表示に関わる局所的な計算機構を，脳内において実証しようとする研究が出てきている。しかし，そこに示される実験結果の評価は，前提とされる文法理論の抽象的な仮説と脳の実験機器の信頼性に多分に左右される。

最近の言語学と脳科学の実験研究のなかには，文法理論の規則・表示レベルの仮説と脳機能とを安易に，短絡的に結びつける研究が多々みうけられる。言語学と関連分野の知見を関連づけていく際には，その実験結果の評価・判断の前提になっている文法理論の仮説の抽象度，反証可能性，経験事実からみた理論の修正・変更の信頼性を慎重に検討していく必要がある。この点は，特に理論の修正・変更がテクニカルに繰り返される生成文法の研究に当てはまる。

## 参考文献

Arbib, Michael A. (1989). *The Metaphorical Brain 2: Neural Networks and Beyond.* New York：John Wiley and Sons.(金子隆芳(訳)『ニューラルネットと脳理論』，サイエンス社，1992)

Arbib, Michael A., E. Jeffrey Conklin, and Jane C. Hill (1987). *From Schema Theory to Language.* Oxford: Oxford University Press.

Arbib, Michael A. and Jane C. Hill (1988). "Language Acquisition: Schemas Replace Universal Grammar." in John Hawkins(ed.) *Explaining Language Universals*, 56–72. Oxford：Blackwell.

Bates, Elizabeth (1979). *The Emergence of Symbols: Cognition and Communication in Infancy.* New York: Academic Press.

Botha, Rudolf P. (2003). *Unravelling the Evolution of Language.* Amsterdam: Elsevier.

Bruner, Jerome S. (1975). "From Communication to Language." *Cognition*, 3: 255–287.

Chomsky, Noam (1965). *Aspects of the Theory of Syntax.* Cambridge, Mass.: MIT Press.

Chomsky, Noam (1986). *Knowledge of Language: Its Nature, Origin, and Use.* New York：Praeger.

Chomsky, Noam (1995). *The Minimalist Program.* Cambridge, Mass.: MIT Press.

Chomsky, Noam (2008). "OnPhases." in Robert Freidin, Carlos P. Otero, and Maria L. Zubizarreta(eds.)*Foundational Issues in Linguistic Theory: Essays in Honor of Jean-Roger Vergnaud*, 133–166. Cambridge, MA: MIT Press

Chomsky, Noam (2010). "Some Simple Evo Devo Theses: How True Might They be for Language." in Richard K. Larson, Viviane Déprez, and Hiroko Yamakido(eds.). *The Evolution of Language : Biolinguistic Perspectives*, 45–62. Cambridge: Cambridge University Press.

Christiansen, Morten H. and Simon Kirby(eds.) (2003). *Language Evolution*. Oxford: Oxford University Press.

Dabrowska, Ewa (1997). "The LAD Goes to School: A Cautionary Tale for Nativists." *Linguistics* 35: 735–766.

Dabrowska, Ewa (2004). *Language, Mind and Brain: Some Psychological and Neurological Constraints on Grammar*. Edinburgh: Edinburgh University Press.

Dean, Paul D. (1992). *Grammar in Mind and Brain: Explorations in Cognitiv Syntax*. Berlin : Mouton de Gruyter.

Deacon, Terrence W. (1997). *The Symbolic Species*. New York: W. Norton.(金子隆芳(訳)『ヒトはいかにして人となったか』, 新曜社, 1999)

Donald, Merlin (1998). "Mimesis and the Executive Suite: Missing Links in Language Evolution," in James R., Hurford, Michael Studdert-Kennedy, and Chris Knight(eds.) *Approaches to the Evolution of Language*. 44–67. Cambridge: Cambridge University Press.

Dunbar, Robin (1998). "Theory of Mind and the Evolution of Language," in James R. Hurford, Michael Studdert-Kennedy, and Chris Knight(eds.) *Approaches to the Evolution of Language*, 92–110. Cambridge: Cambridge University Press.

Elman, Jeffrey L. (1990). "Finding Structure in Time," *Cognitive Science*, 14: 179–211.

Elman, Jeffrey L. (1993). "Learning and Development in Neural Networks: The Importance of Starting Small," *Cognition*, 48: 71–99.

Elman, Jeffrey L. (1995). "Language as a Dynamical System." in Robert F. Port and Timothy van Gelder(eds.) *Mind and Motion: Explorations in the Dynamics of Cognition*, 195–225. Cambridge, Mass.: MIT Press.

Elman, Jeffrey L., Elizabeth A. Bates, Mark H. Johnson, Annette Karmiloff-Smith, Domenico Parisi, and Kim Plunkett (1996). *Rethinking Innateness: A Connectionist Perspective on Development*. Cambridge, Mass.: MIT Press.(乾 敏郎 他(訳)『認知発達と生得性』, 共立出版, 1998)

Evans, Vyvyan. (2014). *Why Language is Not an Instinct*. Cambridge: Cambridge University Press.

Fodor, Jerry A. (1983). *The Modularity of Mind*. Cambridge, Mass.: MIT Press.

藤井聖子(2010).「言語獲得論―用法基盤・構文理論的アプローチ」, 遊佐典昭(編)『言語

と哲学・心理学』, 143-171. 朝倉書店.
Greenfield, Patricia M. (1991). "Language, Tools, and Brain: The Ontogeny and Phylogeny of Hierarchically Organized Sequential Behavior." *Behavioral and Brain Science* 14(4)：531-595.
Greenfield, Patricia M., Karen Nelson, and Elliot Saltzman. (1972). "The Development of Rulebound Strategies for Manipulating Seriated Cups: A Paralel between Action and Grammar." *Cognitive Psychology* 3(2)：291-310.
Heine, Bernd and Tania Kuteva(eds.)(2007). *The Genesis of Grammar*. Oxford: Oxford University Press.
Hurford, James R., Michael Studdert-Kennedy, and Chris Knight(eds.)(1998). *Approaches to the Evolution of Language*. Cambridge: Cambridge University Press.
Hurford, James R. (2003). "The Language Mosaic and Its Evolution." in Morten H. Christiansen and Simon Kirby(eds.) *Language Evolution*, 38-57. Oxford: Oxford University Press.
Hurford, James R. (2007). *The Origin of Meaning: Language in the Light of Evolution*. Oxford: Oxford University Press.
Johnson, Mark (1987). *The Body in the Mind*. Chicago: University of Chicago Press.
Kendon, Adam (1981). "Geography of Gesture," *Semiotica*, 37: 129-163.
Kendon, Adam (1993). "Human Gesture," in Kathleen R. Gibson and Tim Ingold(eds.) *Tools, Language and Cognition in Human Evolution*, 43-62. Cambridge: Cambridge University Press.
児玉一宏・野澤 元(2009).『言語習得と用法基盤モデル』研究社.
黒田 航(1998).「言語習得への認知言語学からのアプローチ」,『言語』27(11): 38-45.
Lakoff, George (1987). *Women, Fire, and Dangerous Things*. Chicago: University of Chicago Press.
Lakoff, George and Mark Johnson (1983). *Metaphors We Live By*. Chicago: University of Chicago Press.
Lakoff, George and Mark Johnson (1999). *Philosophy in the Flesh: The Embodied Mind and its Challenge to Western Thought*. New York: Basic Books.
Laks, Bernard(ed.)(2008). *Origin and Evolution of Languages: Approaches, Models, Paradigms*. London：Equinox.
Langacker, Ronald W. (1990). *Concept, Image, and Symbol*. Berlin/New York: Walter de Gruyter.
Langacker, Ronald (1993). "Reference-point Constructions." *Cognitive Linguistics*, 4(1): 1-38.
Langton, Christopher G. (1991). *Computation at the Edge of Chaos: Phase Transitions and Emergent Computation*. Ph. D. Dissertation, University of Michigan.
Lieberman, Philip (1984). *The Biology and Evolution of Language*. Cambridge, Mass.: Harvard University Press.

Lieberman, Philip (1998). *Eve Spoke: Human Language and Human Evolution.* New York: W. W. Norton.
MacCormac, Earl R. and Maxim I. Stamenov(eds.)(1996). *Fractals of Brain, Fractals of Mind.* Amsterdam: John Benjamins.
McCawley, James D. (1973). *Grammar and Meaning.* Tokyo: Taishukan.
McCawley, James D. (1974). "Acquisition Models as Models of Acquisition," 51–64. Washington, D. C.：Georgetown University Press.
McCawley, James D. (1979). "Concerning a Methodological Pseudo-exorcism," *Linguistics*, 17: 3–20.
McClelland, James L. and David E. Rumelhart (1986).(ed.) *Parallel Distributed Processing*： *Explorations in the Microstructure of Cognition.* Vol. 2, Cambridge, Mass.: MIT Press.
McNeill, David (1987). *Psycholinguistics: A New Approach.* New York: Harper & Row.
McNeill, David (1992). *Hand and Mind.* Chicago: University of Chicago Press.
MacWhinney, B. (1999). "The Emergence of Language from Embodiment." in Brian MacWhinney(ed.) *The Emergence of Language,* 213–256. Mahwah, NJ: Lawrence Erlbau
MacWhinney, Brian(ed.)(1999). *The Emergence of Language.* Mahwah, NJ: Lawrence Erlbaum Associates.
Mandler, J. M. (1992). "How to Build a Baby II: Conceptual Primitives." *Psychological Review* 99：587–604.
Mandler, J. M. (2004). *The Foundations of Mind.* Oxford: Oxford University Press.
Moro, Andrea (2011). "'Kataptation' or the QWERTY-effect in Language Evolution." *Frontiers in Psychology* 2: 50.
Morris, William C. (1998). *Emergent Grammatical Relations: An Inductive Learning System.* Ph. D. Dissertation, University of California, San Diego.
Petitot, Jean (1995). "Morphodynamics and Attractor Syntax." in Robert F. Port and Timothy van Gelder(eds.) *Mind and Motion: Explorations in the Dynamics of Cognition,* 227–281. Cambridge, Mass.: MIT Press.
Piaget, Jean (1972). *Problèmes de psychologie génétique.* Paris: Éditions Denoël.
Quine, Willard van Orman (1953). *From a Logical Point of View.* New York: Harper & Row.
Rumelhart, David E. and James L. McClelland (1986).(ed.) *Parallel Distributed Processing*： *Explorations in the Microstructure of Cognition.* Vol. 1, Cambridge, Mass.: MIT Press.
Sampson, Geoffrey (1997). *Educating Eve: The 'Language Instinct' Debate.* London: Cassell.
Saussure, Ferdinand de (1916). *Cours de linguistique générale.* Paris: Payo.
Savage-Rumbaugh, Sue and Roger Lewin (1994). *KANZI: The Ape at the Brink of the Human Mind.* New York: Brockman.
Skinner, B. F. (1953). *Science and Human Behavior.* New York: Macmillan.

Skinner, B. F. (1957). *Verbal Behavior*. New York: Appleton-Century-Crofts.
Slobin, Dan I. (1973). "Cognitive Prerequisites for the Development of Grammar." in Charles A. Ferguson and Dan I. Slobin (eds.) *Studies of Child Language Development*, 175–208. New York: Holt, Rinehart & Winston.
Slobin, Dan I. (1981). "The Origins of Grammatical Encoding of Events." in Werner Deutsch (ed.) *The Child's Construction of Language*, 185–199. New York: Academic Press.
Slobin, Dan I. (1985). "The Child as a Linguistic Icon-Maker." in John Haiman (ed.) *Iconicity in Syntax*, 221–248. Amsterdam: John Benjamins.
Tomasello, Michael (1992). *First Verbs: A Case Study of Early Grammatical Development*. Cambridge: Cambridge University Press.
Tomasello, Michael (1995). "Language is Not an Instinct." *Cognitive Development* 10: 131–156.
Tomasello, Michael (1999). *The Cultural Origins of Human Cognition*. Cambridge, Mass: Harvard University Press.
Tomasello, Michael (2008). *Origins of Human Communication*. Cambridge, Mass: MIT Press.
Tomasello, Michael and Patricia J. Brooks 1998. "Young Children's Earliest Transitive and Intransitive Constructions." *Cognitive Linguistics* 9(4): 379–395.
Tomasello, Michael and Dan I. Slobin (eds.) (2004). *Beyond Nature-Nurture: Essays in Honor of Elizabeth Bates*. Mahwah, NJ: Lawrence Erlbaum.
Wallon, Henri (1942). *De l'acte à la pensée*. Paris: Flammarion.
Werner, Heinz and Bernard Kaplan (1963). *Symbol Formation*. Hillsdale, NJ: Lawrence Erlbaum.
Wray, Alison (ed.) (2002). *The Transition to Language*. Oxford: Oxford University Press.
山梨正明(1991).「言語能力と言語運用を問いなおす」,『言語』20(10): 70–77.
山梨正明(1997).「自然言語における身体性―言葉の根源と創造性の観点から」,『物性研究』(京都大学・基礎物理学研究所), 68(5): 583–591.
山梨正明(1999).「言葉と意味の身体性―認知言語学からの眺望」,『現象学年報』(日本現象学会), 15: 7–21.
山梨正明(2000).『認知言語学原理』くろしお出版.
山梨正明(2001).「モジュール仮説に基づく言語習得仮説の本質的問題」,『ベビーサイエンス』, 1: 20–21.
Yamanashi, Masa-aki (2002). "Cognitive Perspectives on Language Acquisition." *Studies in Language Science* 2: 107–116.
山梨正明(2003).「言語習得と認知言語学―認知科学の関連領域からの展望」,『日本認知言語学会論文集』, 3: 282–284.
山梨正明(2006).「言語の発生をめぐって―その起源・進化・獲得」,『関西言語学会論文集』, 26: 358–361.
山梨正明(2007).「言語習得への認知言語学的アプローチ」,『第二言語としての日本語の習

得研究』, 10: 122-129.
Yamanashi, Masa-aki (2016). "New Perspectives on Cognitive Linguistics and Related Fields." in M. Yamanashi (ed.) *Cognitive Linguistics*. Vol. 1, pp. xix-xlix. London: Sage Publications.
Yamanashi, Masa-aki (ed.) (2016). *Cognitive Linguistics*. (Vol. 1〜Vol. 5) London: Sage Publications.
Zipf, George K. (1949). *Human Behavior and the Principle of Least Effort*. Cambridge, Mass.： Addison-Wesley.

## 執筆者

貝森有祐(かいもりゆうすけ)(東京大学[院])

阪口慧(さかぐちけい)(東京大学[院])

眞田敬介(さなだけいすけ)(札幌学院大学)

高橋暦(たかはしこよみ)(北海道大学[非])

堀江薫(ほりえかおる)(名古屋大学)

中野研一郎(なかのけんいちろう)(関西外国語大学短期大学部)

有薗智美(ありぞのさとみ)(名古屋学院大学)

大澤(伊藤)理英(おおさわ(いとう)りえ)(関西外国語大学)

寺﨑知之(てらさきともゆき)(同志社大学[非])

堀内ふみ野(ほりうちふみの)(大東文化大学)

坪井栄治郎(つぼいえいじろう)(東京大学)

山梨正明(やまなしまさあき)(関西外国語大学)

## 編集

山梨正明

認知言語学論考 No. 14
Studies in Cognitive Linguistics No.14
Edited by Masaaki Yamanashi

| | |
|---|---|
| 発行 | 2018 年 8 月 30 日　初版 1 刷 |
| 定価 | 9800 円＋税 |
| 編者 | ⓒ 山梨正明 |
| 発行者 | 松本功 |
| 装幀 | 大崎善治 |
| 印刷所 | 三美印刷株式会社 |
| 製本所 | 株式会社 星共社 |
| 発行所 | 株式会社 ひつじ書房 |
| | 〒 112-0011 東京都文京区千石 2-1-2 大和ビル 2 階 |
| | Tel.03-5319-4916 Fax.03-5319-4917 |
| | 郵便振替 00120-8-142852 |
| | toiawase@hituzi.co.jp　http://www.hituzi.co.jp/ |

ISBN978-4-89476-895-6

造本には充分注意しておりますが、落丁・乱丁などがございましたら、小社かお買上げ書店にておとりかえいたします。ご意見、ご感想など、小社までお寄せ下されば幸いです。

# 認知言語学論考
シリーズ一覧

**認知言語学論考 No.1**
山梨正明／籾山洋介／中村芳久／高橋英光／本多啓／堀江薫／野村益寛／吉村公宏

**認知言語学論考 No.2**
森雄一／鍋島弘治朗／岡智之／坂本真樹／本多啓／宇野良子・池上高志

**認知言語学論考 No.3**
池上嘉彦／上原聡／二枝美津子／足立公平／李在鎬

**認知言語学論考 No.4**
池上嘉彦／中村渉／菅井三実／黒田航・中本敬子・野澤元／山泉実

**認知言語学論考 No.5**
森山新／貞光宮城／平井剛／酒井智宏／﨑田智子／Yoshikata Shibuya／Yuki-Shige Tamura

**認知言語学論考 No.6**
篠原和子／松本曜／谷口一美／出原健一／長谷部陽一郎／村尾治彦／Kazuya Yasuhara

**認知言語学論考 No.7**
樋口万里子／嶋田裕司／永澤済／大月実／浜田秀／Yasutaka Aoyama／Kingkarn Thepkanjana, Rungthip Rattanaphanusorn

**認知言語学論考 No.8**
碓井智子／仲本康一郎／早瀬尚子／進藤三佳／大谷直輝／今井澄子／金杉高雄

**認知言語学論考 No.9**
籾山洋介／深田智／長谷部陽一郎／野呂健一／木原恵美子／横森大輔／Yuki-Shige Tamura and Miyagi Sadamitsu

**認知言語学論考 No.10**
有光奈美／遠藤智子／尾谷昌則／内田諭／吉川正人／久保田ひろい／古牧久典

**認知言語学論考 No.11**
今井新悟／名塩征史／中野研一郎／菊田千春／寺西隆弘／徳山聖美／大西美穂／黒滝真理子／山本幸一／金光成

**認知言語学論考 No.12**
黒田一平／小松原哲太／加藤祥・岡本雅史・荒牧英治／小川典子・野澤元／田口慎也／今井隆夫／甲田直美／和田尚明／田村敏広／土屋智行／年岡智見

**認知言語学論考 No.13**
山梨正明／町田章／籾山洋介／岡田禎之／李在鎬／和佐敦子／澤田淳／杉山さやか／呂佳蓉／伊藤薫

[刊行のご案内]

メタファー研究 1
鍋島弘治朗・楠見孝・内海彰 編　定価 4,200 円＋税

Rhetorical Questions
A Relevance-Theoretic Approach to Interrogative Utterances in English and Japanese
後藤リサ 著　定価 10,000 円＋税

限界芸術「面白い話」による音声言語・オラリティの研究
定延利之 編　定価 8,800 円＋税

[刊行のご案内]

## 否定の博物誌
ローレンス R．ホーン 著
河上誓作 監訳　濱本秀樹・吉村あき子・加藤泰彦 訳　定価 8,800 円＋税

## 認知語用論の意味論　真理条件的意味論を越えて
コリン・イテン 著　武内道子・黒川尚彦・山田大介 訳　定価 3,800 円＋税

## 歴史語用論の方法
高田博行・小野寺典子・青木博史 編　定価 3,600 円＋税

## 相互行為におけるディスコーダンス
言語人類学からみた不一致・不調和・葛藤
武黒麻紀子 編　定価 3,200 円＋税

［刊行のご案内］

### ソシュール言語学の意味論的再検討
松中完二 著　定価 8,800 円＋税

### 現代日本語の視点の研究　体系化と精緻化
古賀悠太郎 著　定価 6,400 円＋税

### 日本語語彙的複合動詞の意味と体系
コンストラクション形態論とフレーム意味論

陳奕廷・松本曜 著　定価 8,500 円＋税

[刊行のご案内]

シリーズ　フィールドインタラクション分析　1
## 多職種チームで展示をつくる
日本科学未来館『アナグラのうた』ができるまで
高梨克也 編　定価 3,200 円＋税

## 日本の外国語教育政策史
江利川春雄 著　定価 8,200 円＋税

## 関西弁事典
真田信治 監修　定価 6,200 円＋税